UTB
FÜR WISSEN SCHAFT

Eine Arbeitsgemeinschaft der Verlage

Wilhelm Fink Verlag München
Gustav Fischer Verlag Jena und Stuttgart
A. Francke Verlag Tübingen und Basel
Paul Haupt Verlag Bern · Stuttgart · Wien
Hüthig Fachverlage Heidelberg
Leske Verlag + Budrich GmbH Opladen
J.C.B. Mohr (Paul Siebeck) Tübingen
Lucius & Lucius Verlagsgesellschaft Stuttgart
Quelle & Meyer Verlag · Wiesbaden
Ernst Reinhardt Verlag München und Basel
Schäffer-Poeschel Verlag · Stuttgart
Ferdinand Schöningh Verlag Paderborn · München · Wien · Zürich
Eugen Ulmer Verlag Stuttgart
Vandenhoeck & Ruprecht in Göttingen und Zürich

Hans-Dieter Hippmann

Statistik für Wirtschafts- und Sozialwissenschaftler

2., korrigierte Auflage

1997

Schäffer-Poeschel Verlag Stuttgart

Prof. Dr. Hans-Dieter Hippmann
lehrt an der Fachhochschule Rheinland-Pfalz in Mainz.

Die Deutsche Bibliothek – CIP-Einheitsaufnahme

Hippmann, Hans-Dieter:
Statistik für Wirtschafts- und Sozialwissenschaftler / Hans-Dieter Hippmann.
2., korrigierte Auflage - Stuttgart : Schäffer-Poeschel, 1997
  (UTB für Wissenschaft : Grosse Reihe)
  ISBN 3-8252-8084-5 (UTB)
  ISBN 3-7910-6015-5 (Schäffer-Poeschel)

Gedruckt auf säure- und chlorfreiem, alterungsbeständigem Papier.

ISBN 3-8252-8084-5 (UTB)

ISBN 3-7910-6015-5 (Schäffer-Poeschel)

© 1997 Schäffer-Poeschel Verlag für Wirtschaft · Steuern · Recht GmbH
Einbandgestaltung: Alfred Krugmann, Stuttgart
Druck und Bindung: Franz Spiegel Buch GmbH, Ulm
Printed in Germany

Schäffer-Poeschel Verlag Stuttgart
Ein Tochterunternehmen der Verlagsgruppe Handelsblatt

UTB-Bestellnummer: ISBN 3-8252-8084-5

Vorwort

Das vorliegende Lehrbuch der Statistik vermittelt Kenntnisse über die grundlegenden Methoden und Verfahren, die im Verlauf einer statistischen Untersuchung benötigt werden. Stoffauswahl und Anwendungsbeispiele orientieren sich am Bedarf der Wirtschafts- und Sozialwissenschaftler.

Die Idee für das Manuskript entstand durch das folgende kurze Erlebnis : Zwei Studenten der Betriebswirtschaftslehre führten im Zusammenhang mit der Bearbeitung ihrer Diplomarbeit eine statistische Untersuchung durch. Verschiedene statistische Methoden wurden angewendet. Bei der Auswertung der Daten kamen jedoch Probleme auf: In einigen Fragebögen fehlten Angaben. So enthielten z.B. einzelne Tabellen Informationen aus 150 ausgewerteten Fragebögen, andere dagegen aus nur 142 Fragebögen. Was tun ? Zudem sollten noch ein paar Diagramme angefertigt werden. Aber welcher Diagrammtyp und mit welchen Daten ?

Die Situation war eindeutig. Beide hatten zwar eine Statistik-Vorlesung besucht und sich mit komplizierten statistischen Methoden beschäftigt - praktische Erfahrungen besaßen sie jedoch keine. Ihnen fehlten Kenntnisse über den statistischen Arbeitsablauf, an dessen Anfang die Planung der statistischen Untersuchung steht.

Fazit: Die Gliederung dieser Veröffentlichung folgt in ihren Hauptteilen dem Ablauf einer statistischen Untersuchung. Dem Leser wird nicht nur Wissen auf dem Gebiet der statistischen Methodenlehre vermittelt, sondern auch über die Einbettung der Methoden in die gesamte statistische Untersuchung. Die dargestellten statistischen Formeln werden anhand von Beispielen aus der Praxis erläutert. Hierdurch soll die praktische Umsetzung des erlernten theoretischen Wissens erleichtert werden.

Auf komplizierte Darstellungen und Ableitungen wird - soweit nicht unbedingt notwendig - verzichtet. Eine verständliche und übersichtliche Darstellungsweise soll den Lehrbuchcharakter unterstreichen. Zur Vertiefung des Stoffs werden weiterführende Literaturquellen angegeben. Auf diese Weise soll den Studenten ein einfacher Einstieg in das Gebiet der Statistik vermittelt werden.

An dieser Stelle danke ich ganz besonders Herrn Dr. Joachim Schmidt, der einen großen Teil des Manuskripts kritisch überprüft und durch zahlreiche Verbesserungsvorschläge ergänzt hat. Außerdem danke ich den Herren Tim-Oliver Hippmann, Peter Pöllinger und Alexander Richter für das Korrekturlesen und das Nachrechnen einzelner Aufgaben.

Mainz, im Juli 1994

Hans-Dieter Hippmann

Vorwort zur 2. Auflage

Diese Auflage stellt eine *korrigierte Fassung* der ersten Auflage dar. Eine Erweiterung des vermittelten Lehrstoffs wurde nicht vorgenommen, ist aber für eine spätere Auflage vorgesehen. Insgesamt war die Resonanz auf die erste Auflage positiv. Für die verschiedenen wertvollen Anregungen bedanke ich mich an dieser Stelle bei den betreffenden Kolleginnen und Kollegen.

Besonders zu erwähnen sind Vorschläge zu einer erweiterten Darstellung der schließenden Statistik und Wünsche nach einem umfangreicheren Literaturverzeichnis. Bezüglich dieser beiden Punkte verweise ich auf die im Juli 1995 im gleichen Verlag erschienene *Formelsammlung Statistik*. Sie enthält alle Formeln dieses Lehrbuchs, ergänzt um übersichtliche Tabellen zu den verschiedenen Konfidenzintervallen und statistischen Tests. Wichtige statistische Prüfverteilungen sind formal und tabellarisch dargestellt. Auch ein ausführliches Verzeichnis statistischer Lehrbücher ist enthalten.

Lehrbuch und Formelsammlung ergänzen sich sinnvoll: Während das Lehrbuch die Anwendung der statistischen Methoden ausführlich beschreibt, bietet die Formelsammlung eine übersichtliche Zusammenfassung und Erweiterung des Formalen. So können beispielsweise mit den Kenntnissen der in diesem Lehrbuch dargestellten Grundprinzipien des statistischen Schätzens und Testens alle in der Formelsammlung aufgeführten Formeln und Tabellen dieses Gebietes angewendet werden.

Mainz, im Mai 1996

Hans-Dieter Hippmann

Inhaltsverzeichnis

A Die statistische Untersuchung

1. Was ist Statistik ?

Eine einfache und anschauliche Definition lautet : Statistik befaßt sich mit Daten. - Diese werden mit Hilfe von Zähl- und Meßvorschriften *empirisch*, also *aus der Realität*, gewonnen und anschließend verarbeitet. Sie liefern Informationen über die beobachteten empirischen Sachverhalte, z.B. die Altersstruktur der Bevölkerung, das Wirtschaftswachstum oder die Einstellung der Wähler zu den einzelnen Parteien. Durch die Zähl- und Meßvorschriften entsteht eine Objektivierung der statistischen Daten: Prinzipiell sind sie mit Hilfe dieser Vorschriften wiedergewinnbar oder reproduzierbar. Aus diesem Grunde kommt den genannten Vorschriften auch eine besondere Rolle bei der Datengewinnung zu. Besonders wichtig ist in diesem Zusammenhang die genaue sachliche, räumliche und zeitliche Beschreibung der Daten sowie die Festlegung der verwendeten Maßskalen.

Gewinnung und Verarbeitung von Daten

Typisch für die statistische Arbeitsweise ist das Zusammenfassen von vielen Einzelinformationen. Als Ergebnis erhalten wir *Tabellen, Diagramme* oder sogenannte *Maßzahlen*, die - teilweise in Verbindung mit zusätzlichen Erläuterungen - den Betrachter gezielt informieren und ihm in aller Kürze das mitteilen, was der Statistiker unter Zuhilfenahme der statistischen Methoden aus einer Vielzahl von Einzelinformationen als wesentlich zusammengestellt hat. Durch die Zusammenfassung der einzelnen Informationen (Informationsverdichtung) wird bewußt ein Informationsverlust in Kauf genommen. Dies geschieht allerdings zugunsten eines Zugewinns an Informationen über ein betrachtetes definiertes Ganzes (die sog. *Grundgesamtheit*). Erst durch die Zusammenfassung treten die Strukturen in einer Datenmenge und die Entwicklung der beobachteten Phänomene deutlich hervor.

Informationsverdichtung

Abbildung A1-1 : Informationsverdichtung durch das Kreisdiagramm

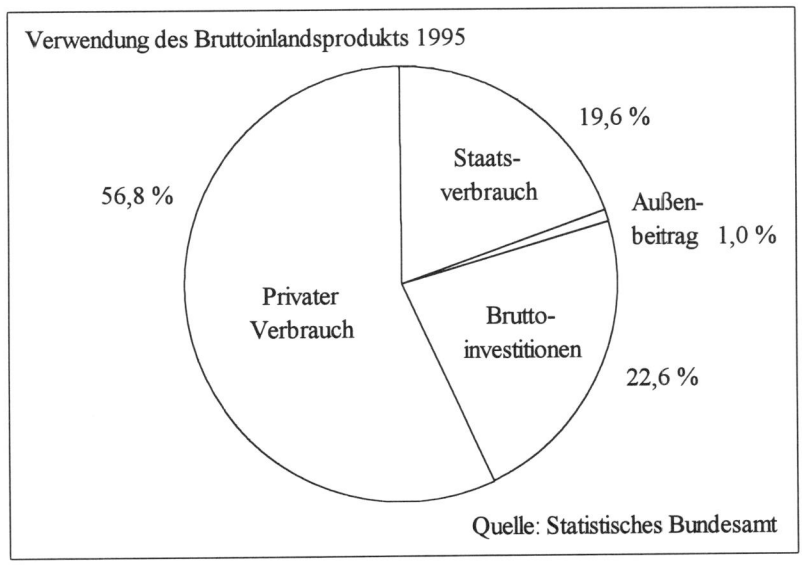

Der Statistikbegriff	Mit *Statistik* bezeichnet man nicht nur die gewonnenen und weiterverarbeiteten Daten, sondern auch die *Methoden und Verfahren*, die der Gewinnung, Aufbereitung, Beschreibung und Analyse der Daten dienen. Statistik - einerseits eine *Tabelle mit Daten*, z.B. die Bevölkerungsstatistik - andererseits ein Instrument, z.B. eine statistische Methode zur Berechnung von Mittelwerten. Dieser umfassendere Statistikbegriff läßt sich mit der Bezeichnung *Statistische Methodenlehre* umreißen. Aufgabe der Statistik ist es, solche Methoden zu entwickeln und anzuwenden.
Beschreibende und schließende Statistik	Die statistische Methodenlehre wird üblicherweise unterteilt in die *beschreibende (deskriptive) Statistik* einerseits und in die *schließende (induktive) Statistik* andererseits. Ist die statistische Untersuchung begrenzt auf die erhobenen und aufbereiteten Daten, sind die Methoden der beschreibenden Statistik anzuwenden. Mit Hilfe von Tabellen, Graphiken und Maßzahlen werden die beobachteten Erscheinungen herausgearbeitet. Sollen dagegen - ausgehend von einer Stichprobe mit einigen wenigen Fällen - Rückschlüsse auf eine Gesamtheit gezogen werden, müssen die Methoden der schließenden Statistik herangezogen werden. Wichtigste Grundlage für dieses Teilgebiet der Statistik ist die *Wahrscheinlichkeitstheorie*. Die Einteilung in Methoden der beschreibenden und schließenden Statistik ist auch Grundlage für die Gliederung dieses Buches in die Teile E und F.
Beispiel	Werden 10 Prozent der Absolventen eines bestimmten Prüfungsjahrganges einer Hochschule über ihren Studienverlauf befragt, so läßt sich der Studienverlauf der Befragten aufgrund ihrer Antworten mit statistischen Methoden sicher beschreiben: "Die durchschnittliche Studiendauer der befragten Absolventen beträgt 8,5 Semester." Auf der Basis dieser Stichprobe lassen sich auch Rückschlüsse auf alle Absolventen des Jahrganges ziehen. Die Aussagen müssen jedoch dann mit Hilfe von Wahrscheinlichkeitsangaben eingeschränkt werden. Dann läßt sich die Studiendauer aller Absolventen - und damit auch der nicht befragten Studenten - beispielsweise folgendermaßen angeben: "Mit einer Wahrscheinlichkeit von 95 Prozent liegt die Studiendauer aller Absolventen zwischen 7,6 und 9,4 Semestern."
Literatur	Für eine grundlegende Auseinandersetzung mit dem Statistikbegriff bietet sich die folgende Veröffentlichung an :

Menges, G., Grundriß der Statistik, Teil 1 : Theorie, 2., erw.Aufl., Opladen 1972, S. 24 ff.

2. Aufgaben der Statistik aus betriebswirtschaftlicher Sicht

Statistische Methoden können auf fast allen Gebieten angewendet werden. **Unterstützung** Es gibt keine spezielle Statistik für ein bestimmtes Gebiet, wohl aber **betrieblicher** Methoden, die zur Beantwortung spezifischer Fragestellungen besonders **Entscheidungen** geeignet sind. Die Beispiele und Fragestellungen dieses Lehrbuchs stammen aus dem wirtschafts- und sozialwissenschaftlichen Bereich, vorzugsweise aus der Betriebswirtschaftslehre. Jedes Gebiet bestimmt den Zweck, dem die statistischen Methoden und deren Ergebnisse dienen. Dieser besteht im Fall der Betriebswirtschaftslehre darin, Informationen zur Unterstützung betrieblicher Entscheidungen zu liefern und damit das Risiko von Fehlentscheidungen zu vermindern.

Statistiken, die auf *betriebsinternen Daten* basieren, dienen der Abbildung **Interne / externe** bestehender innerbetrieblicher Vorgänge. Mit Hilfe dieser Informationen **Daten** können auch neue Erkenntnisse über die betrieblichen Vorgänge und Erscheinungen gewonnen werden. So kann beispielsweise ein formaler Zusammenhang zwischen der hergestellten Gütermenge und einer bestimmten Kostenart oder zwischen der Umdrehungszahl einer Maschine und dem entstehenden Materialabfall bestimmt werden. *Außerbetriebliche (externe) Daten* liefern Informationen über Beschaffungs- und Absatzmärkte, die allgemeine Konjunkturlage und die Branchensituation.

Zu den Hauptaufgaben der Statistik in den Unternehmen und Betrieben **Aufgaben der** gehören im einzelnen: **Statistik im**
Betrieb

- die Präsentation und Beschreibung der Daten aus dem betrieblichen Rechnungswesen

- die Personalstatistik

- die Betriebsmittel- oder Anlagenstatistik

- die Beschreibung und Analyse von Lagerhaltungs- und Fertigungsverfahren

- die Qualitätskontrolle

- die Marktforschung

- die Unterstützung der betrieblichen Planung durch die Anwendung von Prognoseverfahren

- die Erstellung der statistischen Grundlagen für die betriebliche Forschung und neue Projekte

- die Weitergabe statistischer Daten an Verbände, Industrie- und Handelskammern, Institute, Unternehmensberatungen sowie an die statistischen Behörden

- die Erstellung und Veröffentlichung allgemeinverständlicher statistischer Unterlagen zur Image-Pflege des Unternehmens

Riedel, G., Betriebsstatistik - Wie aufbauen, wie auswerten ?, 6. Auflage, **Literatur** Stuttgart 1980, siehe Teil G. , Sachgebiete der Betriebsstatistik. *Scharnbacher, K., Statistik im Betrieb*, 10. Auflage, Wiesbaden 1994 .

3. Ablauf einer statistischen Untersuchung

**Informations-
bedarf und
Planung der
statistischen
Untersuchung**

Ausgangspunkt einer statistischen Untersuchung ist ein tatsächlicher *Informationsbedarf*. Dieser bestimmt die ganze weitere Vorgehensweise. Eine konkrete Situation könnte folgendermaßen aussehen :

Ein Unternehmer möchte Informationen über die Absatzchancen eines neuen Produktes erhalten: Wer wird das Produkt kaufen ? Wieviele Einheiten sind im Jahr abzusetzen ? Welcher Preis läßt sich auf dem Markt durchsetzen ? Wie hoch wird der Jahresumsatz mindestens sein ? Zur Beantwortung dieser Fragen gibt er eine statistische Untersuchung bei einem Marktforschungsinstitut in Auftrag. Das Institut wird den Informationsbedarf konkretisieren und zu diesem Zweck den Auftraggeber fragen : Welcher Branche gehört das Unternehmen an ? Welches sind die geplanten Käufer des Produktes ? Ist eine Erschließung des inländischen Marktes oder auch des ausländischen geplant ? Wann soll das Produkt auf den Markt kommen ? Als Ergebnis umfangreicher Vorüberlegungen wird dann von dem Institut ein Fragebogen entwickelt und ein Teil der privaten Haushalte einer bestimmten Region befragt. Die Fragen sind genau festgelegt, so daß nach der Aufbereitung und Auswertung der Antworten der Informationsbedarf befriedigt werden kann.

Zu diesem Zweck wird in der *ersten Phase* der statistischen Untersuchung - ausgehend von dem konkreten Informationsbedarf - die *Planung* der gesamten statistischen Untersuchung vorgenommen. Darunter fällt nicht nur die Festlegung, wer zu welchem Zeitpunkt was gefragt wird. Bestimmt wird ebenfalls, wie die statistische Information gezählt, gemessen und ausgewertet wird, ggf. auch wie die statistischen Tabellen formal aufgebaut sind, mit denen nach Abschluß der Untersuchung dem Auftraggeber die Informationen präsentiert werden. Ausführliche Überlegungen hierzu werden in Teil B, "Informationsbedarf und Planung der statistischen Untersuchung", angestellt.

**Informations-
gewinnung
(Erhebung)**

Nachdem die gesamte statistische Untersuchung "durchgeplant" ist und alle theoretischen Probleme gelöst sind, kann mit der Informationsgewinnung begonnen werden. In dieser *zweiten Phase* der statistischen Untersuchung *werden die Daten erhoben*. Sie werden in dem oben beschriebenen Beispiel durch eine schriftliche Befragung einer Anzahl von Privathaushalten gesammelt. Wird die Befragung mündlich mit Hilfe von Interviewern durchgeführt, so müssen diese zuerst eingewiesen werden. Alle diese Punkte werden schon in der Planungsphase festgelegt.

Hierzu ist es notwendig, Kenntnisse über die verschiedenen *Erhebungsverfahren* zu besitzen. Welches Verfahren ist im Einzelfall anzuwenden ? Wie wird der Fragebogen gestaltet ? Welche Möglichkeiten der Gewinnung zusätzlicher wirtschaftsstatistischer Rahmendaten hat das Unternehmen ? Diese Fragen werden in Teil C, "Gewinnung von Informationen", behandelt. Zuvor werden die wichtigsten Grundbegriffe einer statistischen Untersuchung dargestellt.

Die gewonnenen Daten mögen zu Beginn der *Aufbereitungsphase* in Form von mehreren Hundert ausgefüllten Fragebögen vorliegen. Zu diesem Zeitpunkt kann noch keine inhaltliche Aussage über die erhobenen Informationen gemacht werden. Einzelne Fragebögen können unvollständig oder falsch ausgefüllt sein, so daß nach einer ersten *manuellen Kontrolle* - sofern möglich - Rückfragen beim Befragten notwendig werden. Die Daten werden dann erstmals auf einen maschinell lesbaren Datenträger geschrieben. Diesen Vorgang bezeichnet man mit *Datenerfassung*. Die Informationen liegen danach in Form von *Dateien* vor. Die Angaben aus den einzelnen Fragebögen finden sich in den jeweiligen *Datensätzen* der Dateien wieder und können jetzt mit Hilfe von eigens erstellten EDV-Programmen oder geeigneter kommerzieller Software verarbeitet werden.

In dieser Phase der statistischen Untersuchung enthalten die in den Dateien gespeicherten Informationen in der Regel noch *Fehler*. Diese sind entweder schon während der Erhebung entstanden (z.B. durch versehentlich falsches Ausfüllen des Fragebogens oder bewußt unrichtige Antworten) oder erst während der Datenerfassung (z.B. durch eine fehlerhafte manuelle Dateneingabe mit der Tastatur). Daher werden in dem nächsten Arbeitsgang *Plausibilitätskontrollen* durchgeführt. Enthält ein Datensatz (= Angaben aus einem Fragebogen) beispielsweise die Angaben "Alter 50" und "besucht die Grundschule", so wird dieser Datensatz als fehlerhaft gekennzeichnet. Die fehlerhaften Angaben müssen anschließend korrigiert werden.

Die Aufbereitungsphase endet damit, daß die erhobenen Informationen in Tabellenform aufbereitet werden. In diesem Zusammenhang kommt es schon zu einer ersten gezielten *Transformation der Daten* durch eine mehr oder weniger starke Zusammenfassung der Informationen. Die in dieser Phase entstehenden Tabellen sind häufig relativ groß und wegen ihrer Unübersichtlichkeit - insbesondere für den statistischen Laien - noch nicht zur Interpretation einzelner Informationen geeignet. Sie dienen in erster Linie der Überprüfung der erhobenen Daten und liefern das Ausgangsmaterial für die nächste Bearbeitungsphase.

Welche Formen der Datenerfassung gibt es? Auf welche Weise können während der Aufbereitungsphase Kontrollen erfolgen? Wie wird mit fehlerhaften und fehlenden Angaben in den Fragebögen verfahren? Wie sieht das Ergebnis der Aufbereitung aus? Diese Fragen werden in Teil D, "Aufbereitung von Informationen", behandelt.

Aufbereitung von Informationen

Jetzt beginnt der spannende Teil des statistischen Arbeitens. Die erhobenen und aufbereiteten Informationen werden weiter zusammengefaßt und in überschaubaren *statistischen Tabellen* sinnvoll zusammengestellt, so daß erste Ergebnisse der statistischen Untersuchung leicht erkennbar sind. Der Informationsbedarf, der Anlaß für die statistische Untersuchung war, kann jetzt befriedigt werden. Zu den gestellten Fragen werden die Antworten gegeben. Die hierzu notwendigen statistischen Methoden sind in Teil E, "Präsentation und Beschreibung der Informationen", dargestellt.

Präsentation und Beschreibung der Informationen

Neben den Tabellen sind die statistischen *Schaubilder (Diagramme)* eine wichtige Darstellungsform der Daten. Graphische Darstellungen sind oftmals besser geeignet, komplizierte Zusammenhänge komprimiert zu vermitteln. Sie sind für den Nicht-Statistiker aussagefähiger als statistische Tabellen oder die Ergebnisse komplizierter Berechnungen. Diagramme werden jedoch auch vom Statistiker bei der Datenanalyse eingesetzt, um die vielfältigen Berechnungsergebnisse teilweise komplizierter statistischer Methoden überschaubar wiederzugeben. Oft wird eine genaue Diagnose der untersuchten Zusammenhänge erst durch eine geeignete graphische Darstellung möglich.

Eine der möglichen Antworten auf die eingangs gestellte Frage "Was ist Statistik ?" lautete : "Informationsverdichtung". Diese Zusammenfassung von Einzelinformationen geschieht in dieser Phase idealerweise mit Tabellen und Graphiken. Auf diese Weise kann der Betrachter neue Erkenntnisse erhalten. Tabelle und Graphik bestehen allerdings immer noch aus einem Bündel von Informationen. Die rechnerische Verarbeitung aller Einzelinformationen zu *statistischen Maßzahlen* erlaubt die stärkste Zusammenfassung der Einzelinformationen - im Extremfall bis hin zu einem einzigen Zahlenwert. Die sicher bekannteste Maßzahl ist das *arithmetische Mittel* oder kurz: "der Mittelwert". Mit ihm können beispielsweise die Altersangaben von mehreren befragten Personen als sogenanntes "Durchschnittsalter" in einer einzigen Zahl angegeben werden.

Schluß-folgerungen auf der Grundlage vorhandener Informationen

Mit der Beschreibung der erhobenen Informationen ist die statistische Untersuchung noch nicht abgeschlossen. Kommen wir auf das eingangs beschriebene Beispiel zurück: Wie sind nun die Absatzchancen des neuen Produktes ? Um dies zu untersuchen, wurde "ein Teil" der privaten Haushalte befragt. Die von diesen Haushalten erlangten Informationen liegen jetzt geprüft und aufbereitet vor. Ziel der Untersuchung ist es jedoch, eine Aussage über alle privaten Haushalte abzuleiten. Dies geschieht mit den *Methoden der schließenden Statistik*. Auf der Basis der vorhandenen Informationen über das Verhalten oder die Einstellung der *befragten* Haushalte wird auf das Verhalten oder die Einstellung *aller* Haushalte geschlossen, also auch derjenigen Haushalte, die nicht befragt wurden. Hierzu bietet die schließende Statistik verschiedene Methoden an. Wichtigstes Handwerkszeug liefert hierbei die *Wahrscheinlichkeitstheorie*. Weil die Informationen aus der statistischen Stichprobe nicht alle Haushalte betreffen, können Aussagen über die Haushalte eben nur mit einer gewissen Wahrscheinlichkeit gemacht werden und nicht mit hundertprozentiger Sicherheit.

Die statistischen Methoden der schließenden Statistik sowie die Grundlagen der Wahrscheinlichkeitstheorie sind in Teil F, "Schlußfolgerungen auf der Grundlage vorhandener Informationen", dargestellt.

4. Wo finden Sie was ? - Entscheidungshilfen für den Leser

Die Teile B bis F dieses Buches folgen in ihrer Gliederung dem Ablauf der statistischen Untersuchung. Neue Begriffe werden in dem Kapitel definiert, in dem sie das erste Mal von Wichtigkeit für die Darstellung des Stoffs werden. Durch Querverweise wird auf diejenigen Textpassagen aufmerksam gemacht, die auf den gleichen Begriff oder verwandte Themen eingehen.

Die Phase der statistischen Untersuchung als Gliederungsmerkmal

Abbildung A 4-1 :   **Die Phasen einer Statistischen Untersuchung**

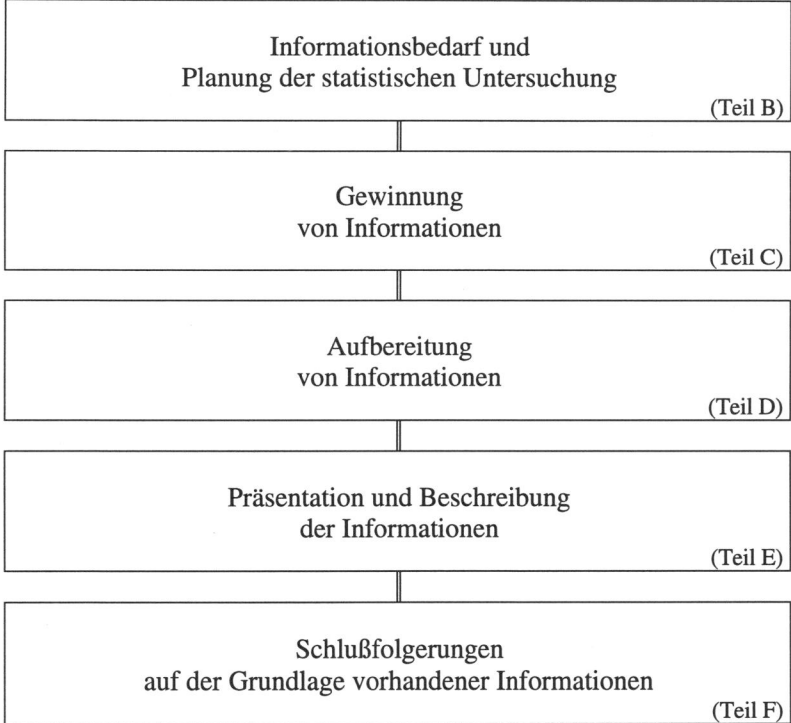

Informationsbedarf und
Planung der statistischen Untersuchung

(Teil B)

Gewinnung
von Informationen

(Teil C)

Aufbereitung
von Informationen

(Teil D)

Präsentation und Beschreibung
der Informationen

(Teil E)

Schlußfolgerungen
auf der Grundlage vorhandener Informationen

(Teil F)

In einer Reihe von statistischen Lehrbüchern, die auch die Methoden der deskriptiven Statistik behandeln, wird der Ablauf der Stoffvermittlung vorrangig durch die mit der Methode verbundene Technik bestimmt: Methoden der Darstellung von Häufigkeitsverteilungen - Methoden der Berechnung von statistischen Maßzahlen - Methoden zur Bestimmung von Abhängigkeiten zwischen mehreren Merkmalen, usw. Diese Vorgehensweise hat den Vorteil, daß ähnliche Techniken parallel entwickelt werden, Wiederholungen dadurch kaum vorkommen und die mathematischen Strukturen besser zu erkennen sind.

Traditionelle Gliederungsmerkmale

Anzahl der Merkmale und deren Skalierung als Gliederungsmerkmal

Diese Vorgehensweise bei der Stoffvermittlung hat aber den Nachteil, daß die praktische Arbeitsweise nicht in dieser Reihenfolge abläuft. Aus praktischen Erwägungen wird der Methodenteil E deshalb

1. nach der Anzahl der betrachteten Merkmale,
2. nach der Skalierung dieser Merkmale und
3. nach den statistischen Methoden

gegliedert. Die wiederholte Verwendung der Methoden wird durch *Querverweise* angezeigt. (Die Grundbegriffe *Merkmal* und *Skalierung* werden in Teil C ausführlich erläutert.)

Beispiel zur praktischen Methodenauswahl

Dargestellt werden soll *ein* Merkmal, z.B. "Bundesland", mit seinen *nominalskalierten* Ausprägungen "Bayern", "Hessen", usw. Gesucht wird nun das passende Instrumentarium zur Präsentation und Beschreibung. Welche Methoden sind anwendbar ? Die Antworten werden dem Leser in Kapitel E 3.1 gegeben, in dem statistische Methoden zur Beschreibung *eines nominal-skalierten Merkmals* beschrieben werden.

Oder: Die *beiden metrisch-skalierten Merkmale* "Höhe der Werbeausgaben" und "Höhe des Umsatzes" sollen untersucht werden, insbesondere der Zusammenhang zwischen diesen beiden Merkmalen. Es liegt keine Klassenbildung vor. Welche Methoden sind in diesem Fall sinnvollerweise anzuwenden ? Lösung : Die beiden Kapitel E 4.3 und E 4.4 befassen sich ausschließlich mit verschiedenen Methoden und Verfahren zur Präsentation *zweier metrisch-skalierter (kardinal-skalierter) Merkmale*. Welche dieser Methoden in der Praxis im Einzelfall verwendet wird, hängt letztlich von der Art der vorhandenen Daten ab.

Inhalts- und Sachwortverzeichnis

Beim *Inhaltsverzeichnis* wird bewußt auf Details verzichtet. Alle wichtigen (statistischen) Begriffe sind im *Sachwortverzeichnis* aufgeführt. Die Begriffe tauchen im Textteil nochmals als Randmarginalie (im Fettdruck) oder innerhalb der einzelnen Absätze (hervorgehoben durch Kursivdruck) auf.

Abkürzungsverzeichnis

Alle zur Abkürzung statistischer Maßzahlen verwendeten Buchstaben und Symbole sind im Anhang in einem *Abkürzungsverzeichnis* aufgeführt. Dies ermöglicht dem Leser einen einfacheren Zugang zu denjenigen Formeln, bei denen auch Symbole früherer Kapitel verwendet werden.

Literatur

Die Literaturangaben sollen dem Leser eine intensivere Auseinandersetzung mit dem behandelten Stoff ermöglichen. Die Auswahl der Quellen erfolgte subjektiv nach der Art und Weise der Darstellung. Hierbei wurde Wert auf eine ausführliche und verständliche Stoffvermittlung gelegt. Die angegebenen Quellen befinden sich jeweils am Ende eines Abschnitts (Teile A - D) oder eines Kapitels (Teile E und F). Ein *Autoren- und Herausgeberverzeichnis* im Anhang (Teil G) erleichtert das Auffinden der Quellen.

B Informationsbedarf und Planung der statistischen Untersuchung

1. Aspekte des Informationsbedarfs

Ausgangspunkt der statistischen Untersuchung ist der Informationsbedarf, der vom *Auftraggeber* der Untersuchung festgelegt wird. Der Auftraggeber muß nicht der *Endverbraucher* oder *Konsument* der statistischen Information sein. So geben z.B. Redaktionen größerer Zeitschriften statistische Untersuchungen in Auftrag, um die Untersuchungsergebnisse an ihre Leser - die eigentlichen Konsumenten der Informationen - weitergeben zu können.

Wer benötigt die Informationen ?

Je nach Vorbildung des Konsumenten der statistischen Information auf dem sehr formalen Gebiet der Statistik wird man zu *unterschiedlichen Mitteln der Darstellung und Präsentation* der Informationen greifen. Möglicherweise kommt im Einzelfall die Anwendung einer bestimmten statistischen Methode nur dann in Frage, wenn der Nutzer der Statistik die komplizierten Analyseergebnisse auch zu interpretieren vermag. Hierauf ist schon in der Planungsphase der statistischen Untersuchung zu achten.

Das schlechte Bild, das so mancher von der Statistik hat, resultiert häufig aus den falschen Erwartungen von der Statistik und den statistischen Ergebnissen. Statistiker können jedoch nicht zaubern ! Die statistischen Aussagen sind oftmals an ganz bestimmte *Einschränkungen* und *Annahmen* gebunden. Diese müssen bei der Interpretation der Ergebnisse, aber auch schon bei der Auftragsformulierung beachtet werden. So treten zum Beispiel die Vorhersagen statistischer Prognoseverfahren naturgemäß nicht mit Sicherheit ein. Auf die möglichen Fehler, die bei solchen Verfahren auftreten, muß der Nutzer der statistischen Informationen hingewiesen werden, da er ansonsten, beispielsweise bei dem Nichteintreten von Prognosewerten, das Vertrauen in die statistischen Verfahren verliert.

Der *Untersuchungsgegenstand* muß genauestens festgelegt werden, und die benötigten Informationen müssen präzise formuliert sein ! Nicht ausreichend ist beispielsweise der Auftrag : "Unser Unternehmen möchte wissen, wieviele Haushalte einen Personalcomputer besitzen !" Vielmehr ist eine genauere Formulierung des Informationsbedarfs notwendig : Was versteht der Auftraggeber unter einem Personalcomputer ? Welche Modelle interessieren ihn bzw. sollen erfragt werden ? Welche Haushalte sollen befragt werden (*sachlich* : alle Haushalte oder spezielle Haushaltstypen, *räumlich* : regional oder überregional, *zeitlich* : welcher Stichtag ?) Sollen die Ergebnisse der Befragung nach verschiedenen Haushaltstypen gegliedert vorliegen oder nur summarisch ?

Welche Informationen werden benötigt ?

Diese Angaben liefern die Grundlage für den *Fragenkatalog*, der einer statistischen Untersuchung zugrunde liegt. Zugleich werden schon in dieser Phase die Möglichkeiten der Darstellung und Präsentation mitbestimmt. Wie genau müssen die Informationen gemessen werden ? So ist es ein großer Unterschied, ob bei der Frage nach einem Einkommen die Antwort "ja" oder "nein" oder ein konkreter Wert (in DM) anzugeben ist.

Wie häufig werden die Informationen benötigt ?

Von vornherein ist festzulegen, ob die Informationen nur einmalig, mehrmals oder regelmäßig (z.B. monatlich oder jährlich) benötigt werden. Hiervon kann die *Auswahl des Erhebungsverfahrens* abhängen (Totalerhebung oder Stichprobe, ggf. Panel) und die Art der Befragung (z.B. mündlich oder schriftlich). Eine weitere Frage unter dem zeitlichen Aspekt lautet : Wie schnell sollen die Informationen vorliegen ? Danach richtet sich die Ausgestaltung der Erhebungs- und der Aufbereitungsphase. Sollen die statistischen Informationen möglichst schnell vorliegen, ist zu prüfen, ob eine automatische Erfassung der Informationen durchführbar ist (wie z.B. der Einsatz von Wahlautomaten bei Landtags- und Bundestagswahlen).

2. Problemformulierung

Festlegung der Inhalte

Der Informationsbedarf, der sich aus den Fragen der Nutzer der Statistik ergibt, wird vom Statistiker in sein eigenes *Begriffssystem* übertragen. Anhand von feststehenden Begriffen und Definitionen werden Inhalte und Ablauf der statistischen Untersuchung festgelegt.

Im folgenden werden stichwortartig diejenigen Punkte einer statistischen Untersuchung aufgeführt, die besonders wichtig für Inhalt und Ablauf sind und daher von vornherein einer grundsätzlichen Klärung bedürfen. Hierbei wird eine Unterteilung in sachliche, räumliche und zeitliche Aspekte der Untersuchung vorgenommen. Auf diese einzelnen Punkte wird in den folgenden Abschnitten und Kapiteln genau eingegangen.

Festzulegen sind folgende Einzelheiten :

sachliche Spezifikation

- Kreis der Befragten (Merkmalsträger)
- Merkmale und deren Ausprägungen
- Verwendete Klassifikation von Merkmalen
- Erhebungsart
- Form der Befragung

räumliche Spezifikation

- Definition und Abgrenzung des Erhebungsgebietes
- Verfahrensweise für Merkmalsträger, die im Erhebungsgebiet ansässig sind, sich aber zur Zeit in diesem nicht aufhalten (z.B. Problem der sogenannten "Auslandsdeutschen" bei Bundestagswahlen)
- Definition und Abgrenzung von Teilräumen als "Klumpen" für Stichprobenverfahren

zeitliche Spezifikation

- Erhebungszeitraum (Wann wird befragt ?)
- Zeitraum oder Zeitpunkt, für den die Informationen erfaßt werden sollen (Berichtszeit) und die damit verbundene Definition der Bestands- und Bewegungsmassen
- Fortschreibungsverfahren
- Periodizität bei laufenden Statistiken

3. Planung der statistischen Untersuchung

In der *Planungs- oder Vorbereitungsphase* einer statistischen Untersuchung sollten möglichst alle theoretischen, methodischen und technischen Probleme, die im Verlauf der Untersuchung auftreten können, durchdacht und gelöst werden. Nachdem der Informationsbedarf geklärt ist und die Problemformulierung durch den Statistiker vorgenommen wurde, wird die gesamte statistische Untersuchung in allen möglichen Details und der festgelegten Abfolge sozusagen auf dem Papier durchgespielt, damit bei der eigentlichen Durchführung keine Pannen passieren. Hierzu gehört auch, daß Alternativen (z.B. bei den Erhebungsverfahren) entwickelt und geprüft werden.

Die statistische Untersuchung als System

Man stelle sich vor, bei der späteren *Analyse der erhobenen Informationen* wird erkannt, daß für die Beurteilung bestimmter Zusammenhänge eine wichtige Information über die befragten Personen nicht vorliegt. Zu diesem Zeitpunkt ist die Erhebung jedoch schon abgeschlossen und eine ergänzende Befragung nicht mehr möglich. Oder: Die Ergebnisse der Umfrage bei den Beschäftigten eines großen Betriebes sollen zu einem späteren Zeitpunkt mit den Ergebnissen einer Umfrage aus einem anderen Betrieb verglichen werden. Erst beim Vergleich stellt man fest, daß bei der Erfassung der Bruttostundenlöhne unterschiedlich große Lohnklassen gebildet wurden und daher ein Vergleich der beiden Tarifstrukturen nicht möglich ist. In beiden Fällen läßt sich der Fehler durch eine genaue Planung vermeiden.

Die statistische Untersuchung stellt ein *System* aus mehreren Teilen dar, die nur im Zusammenhang geplant werden können. Maßnahmen zu Beginn der Untersuchung - z.B. die Auswahl der zu befragenden Personen oder die Wahl der Skalierung von Merkmalen - haben Auswirkungen auf den gesamten Ablauf der Untersuchung. So beinflußt die Auswahl der Befragten u.a. die Qualität der in der letzten Phase der statistischen Untersuchung vorzunehmenden Hochrechnung. Die Wahl des Meßniveaus statistischer Daten - metrisch oder nicht metrisch - bestimmt die Auswahl der statistischen Methode, mit deren Hilfe ein Zusammenhang zwischen den Antworten (bzw. Merkmalen) untersucht wird. Oder umgekehrt: Der Einsatz einer bestimmten statistischen Methode - z.B. zur formalen Berechnung des Zusammenhangs zwischen Materialeinsatz und produzierter Menge - verlangt nach Daten, die bezüglich des Meßniveaus in einer festgelegten Qualität vorliegen müssen.

Nachdem eine sachlich, räumlich und zeitlich konkretisierte Problemformulierung vorgenommen wurde, kann der weitere *Ablauf der statistischen Untersuchung* geplant und festgelegt werden. Die Grobeinteilung in die verbleibenden vier Phasen Erhebung, Aufbereitung, Beschreibung und Schlußfolgerungen bildet den Rahmen.

Ablaufplanung

Besonders wichtig ist für den Statistiker, wieviele statistische Einheiten wann, wo und wie oft befragt werden sollen. Davon hängt der Ablauf der statistischen Untersuchung und die Wahl der zu verwendenden statistischen Methoden ab. Dies wiederum hat Einfluß auf den Personal- und Zeitbedarf und damit auf die Kosten der statistischen Untersuchung.

**Aspekte der
Zeitplanung**

- Ansatzpunkt für die Zeitplanung ist die Festlegung, für welchen Zeitpunkt und / oder Zeitraum statistische Informationen gewünscht werden (*Berichtszeitraum*). Hiermit werden die Bestands- und Bewegungsmassen (siehe Kapitel C 1) festgelegt. Nun kann der Zeitraum geplant werden, innerhalb dessen die Erhebung stattfinden kann (*Erhebungszeitraum*).

- Sachliche, räumliche und zeitliche Spezifikation der zu erhebenden statistischen Daten müssen zügig erarbeitet werden, damit der Fragebogen und die sonstigen Erhebungspapiere rechtzeitig erstellt und gedruckt werden können.

- Testerhebungen (z.B. zur Überprüfung der Fragebögen oder zum Testen verschiedener Stichprobenauswahlverfahren) können den zeitlichen Ablauf der Haupterhebung sehr stark verzögern und damit die Aktualität der statistischen Ergebnisse vermindern. Sind Testerhebungen vorgesehen, sollten diese deshalb sehr frühzeitig stattfinden.

- Das Prüfen der EDV-Programme bzw. der statistischen Software für die maschinellen Plausibilitätskontrollen, die Aufbereitung und die Analyse der Daten kann sehr frühzeitig, z.B. parallel zur Erhebung, vorgenommen werden. Die Arbeiten am Fragebogen müssen allerdings schon abgeschlossen sein !

- Interviewer sind rechtzeitig vor der Erhebung (nach Fertigstellung des Fragebogens) zu schulen.

**Aspekte der
Kostenplanung**

Für die *Kostenplanung* der statistischen Untersuchung sind verschiedene Faktoren wichtig. Auf jeden Fall sind bei einer konkreten Maßnahme - z.B. anstelle von 1000 Personen werden 1500 Personen befragt - die zusätzlichen "Erträge" (= höhere Genauigkeit bei der Hochrechnung) und die hierdurch verursachten zusätzlichen Kosten (= mehr Fragebögen drucken, umfangreichere Datenerfassung und Kontrollen) abzuwägen und auch alternative Wege (z.B. Änderung des Stichprobenauswahlverfahrens) zu prüfen. Eine "maßgeschneiderte Technik" gibt es nicht.

Beispiele für kostenrelevante Überlegungen :

- Stichprobe oder Totalerhebung ? Je mehr Personen befragt werden, um so höher die Kosten der Befragung ! Muß unbedingt eine Testerhebung, die zusätzliche Kosten verursacht, durchgeführt werden ?

- Welches ist die kostengünstigste Form der Befragung im Hinblick auf die zu befragende Zielgruppe ? Müssen unbedingt Interviewer eingesetzt werden ? Kann kostengünstiger befragt werden ?

- Lassen sich die Daten kostengünstig automatisch oder auf elektronischem Weg erfassen ? Kann ein maschinenlesbarer Fragebogen verwendet werden ?

- Welcher Genauigkeitsgrad der statistischen Ergebnisse wird verlangt ? Möglicherweise ist eine kleinere Stichprobe ausreichend !

- Gibt es amtliche oder nichtamtliche Statistiken, die den Informationsbedarf teilweise oder weitgehend abdecken ?

Zusammenfassend lassen sich - ergänzt um weitere Punkte - für die Planungsphase folgende konkrete Arbeiten nennen :

- Vorüberlegungen zur Abgrenzung und Auswahl der zu erfassenden Einheiten

- die Festlegung der Art der Erhebung (Totalerhebung oder Teilerhebung)

- Vorüberlegungen und ggf. methodische Untersuchungen zu den verwendeten Erhebungsverfahren

- die Festlegung der zu erhebenden Merkmale und deren Ausprägungen, wobei zu berücksichtigen ist, welche Merkmale später, aufgrund von Annahmen über eine gegenseitige Abhängigkeit, paar- oder gruppenweise analysiert werden sollen

- die Ausarbeitung von Nomenklaturen (wird in Kapitel C 4 erläutert)

- die Ausarbeitung des Fragebogens, einschließlich erläuternder Angaben für den Befragten und / oder den Interviewer

- die Ausarbeitung von logischen Abfragen für eine Plausibilitätskontrolle

- die Erstellung und das Testen von Programmen der EDV zur Aufbereitung und Analyse der erhobenen Daten oder das Testen vorhandener Software

- das Aufstellen von statistischen Tabellen, ggf. mit simulierten Daten

- das Aufstellen von Kosten- und Zeitplänen

C Gewinnung von Informationen

1. Überblick

**Grund-
begriffe**

In den folgenden Kapiteln werden einige wichtige *Grundbegriffe* erläutert. Im Mittelpunkt der Betrachtung steht die Gesamtheit der *statistischen Einheiten*, wie diese Einheiten näher zu beschreiben sind, wie eine *repräsentative Stichprobe* aus der *Grundgesamtheit* zu ziehen ist und welche Formen der Datengewinnung es außerdem gibt. In einem letzten Abschnitt werden verschiedene *Informationsquellen* für wirtschaftsstatistische Daten benannt. Diese können ergänzende Informationen zu den primärstatistischen Untersuchungen liefern.

Abbildung C 1-1 : Grundbegriffe

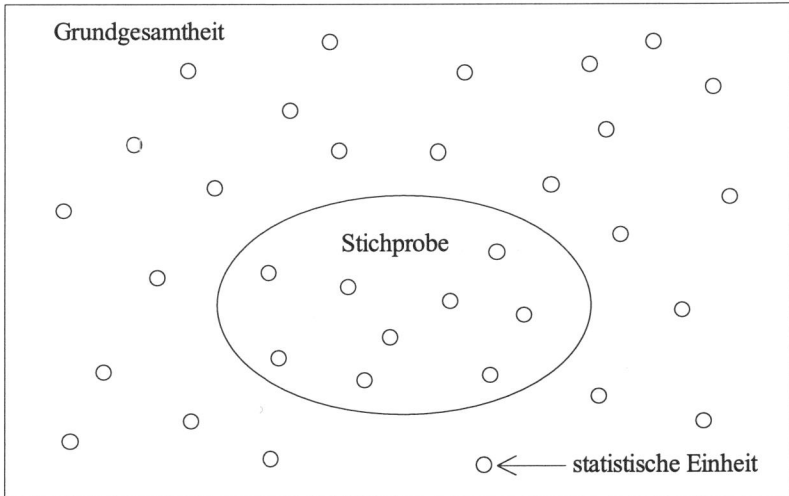

2. Statistische Massen und statistische Einheiten

**Statistische
Masse,
Grund-
gesamtheit**

Die Statistik untersucht Daten aus Massenerscheinungen - sie befaßt sich mit sogenannten *statistischen Massen*. Unter einer *statistischen Masse* (*statistische Gesamtheit oder Grundgesamtheit*) ist die Gesamtheit aller statistischen Einheiten, die bestimmte Identifikationsmerkmale aufweisen, zu verstehen. Über diese statistischen Einheiten sind im Verlauf der statistischen Untersuchung Informationen zu gewinnen.

**Statistische
Einheit**

Die ursprünglichen Träger der untersuchten Daten sind die *statistischen Einheiten*. Statistische Einheiten können Personen, soziale Gebilde, Dinge, Ereignisse oder Handlungen sein, über die etwas ausgesagt werden soll. Die Aussagen kommen dadurch zustande, daß die *Identifikationsmerkmale (Merkmale)* der *statistischen Einheiten (Merkmalsträger)* beobachtet werden. Die einzelnen Merkmale können grundsätzlich verschiedene *Modalitäten (Merkmalsausprägungen)* annehmen.

Abbildung C 2-1 : Begriffssystem "Statistische Einheiten"

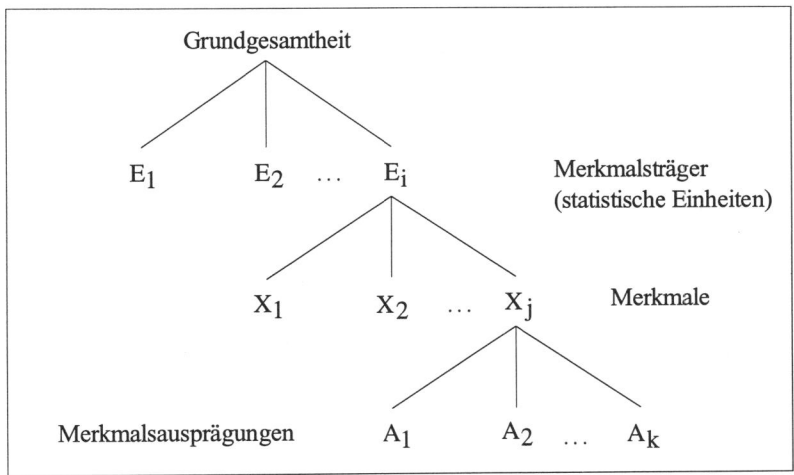

Merkmalsträger,
Merkmal,
Merkmals-
ausprägung

Eine statistische Einheit kann zum Beispiel eine Person sein. An dieser **Beispiel**
Person sind verschiedene Merkmale festzustellen : Geschlecht, Alter, Haarfarbe usw. Die einzelnen Merkmale besitzen wiederum verschiedene Ausprägungen. Das Merkmal "Geschlecht" hat die Ausprägungen "männlich"
und "weiblich"; das Merkmal "Alter" die Ausprägungen "5 Monate, 10 Jahre,
18,5 Jahre usw." und die "Haarfarbe" kann die Ausprägungen "schwarz,
braun, blond, rot usw." annehmen. Über eine bestimmte Person (statistische
Einheit) läßt sich dann beispielsweise folgende Aussage machen: Die Person
ist weiblich, 20 Jahre alt und besitzt eine braune Haarfarbe. Tabelle C 2-1
zeigt verschiedene Beispiele für Merkmalsträger sowie deren Merkmale und
Merkmalsausprägungen.

**Tabelle C 2-1:   Beispiele für die Verwendung der Begriffe Merkmals-
träger, Merkmal und Merkmalsausprägung**

Merkmals-träger	Merkmal	Merkmalsausprägung
Person	Körpergröße	1,65 cm; 1,80 cm ; ...
Unternehmen	Umsatz	4,5 Mill. DM; 34,5 Mill. DM ; ...
Umsatz	Sparte	Haushaltsgeräte, Lebensmittel, Möbel, Urlaubsreisen , ...
Klausur	Bewertung	sehr gut, gut, befriedigend, ausreichend, nicht bestanden
PKW	Katalysator	ja, nein
Betrieb	Bundesland / Standort	Baden-Württemberg, Bayern, Berlin, Brandenburg , ...

Abgrenzung statistischer Einheiten

Die sachlichen Angaben, die durch die Merkmale und Merkmalsausprägungen zustandekommen, reichen alleine nicht aus, um die statistische Einheit ausreichend zu beschreiben. Jeder weiß, daß beispielsweise die Merkmale Alter, Wohnort und gelegentlich auch die Haarfarbe von Personen in ihren Ausprägungen nicht beständig sind. Deshalb ist es sinnvoll, zusätzliche formale Kriterien für statistische Einheiten festzulegen : Für jede statistische Einheit ist neben den *sachlichen Identifikationsmerkmalen* mindestens noch ein *zeitliches* und ein *räumliches Merkmal* anzugeben.

So ist zum Beispiel die folgende statistische Aussage unvollständig : "81% der Bevölkerung sind wahlberechtigt." Zwar geht aus dieser Information eine sachliche Angabe zur Wahlberechtigung über eine Grundgesamtheit "Bevölkerung" hervor. Dennoch fehlen die Angaben über die Merkmale "Raum" und "Zeit". Die vollständige, korrekte Angabe lautet : 1990 waren in Hessen 81% der Bevölkerung wahlberechtigt."

Schon während der Planung der statistischen Untersuchung, insbesondere der Planung der Gewinnung der Informationen über die statistischen Einheiten, müssen die statistischen Einheiten mit Hilfe von sachlichen, räumlichen und zeitlichen Identifikationsmerkmalen eindeutig abgegrenzt und damit festgelegt werden. Nur auf dieser Basis kann dann die Erhebung geplant werden : Über wen oder was werden mit welchem Raum- und Zeitbezug welche sachlichen Inhalte erhoben ?

Ein praktisches Beispiel für diesen Aspekt der Planung bietet die amtliche Statistik. So werden in diesem Bereich aufgrund der besonderen Situation, in der sich der Staat als "Organisator und Produzent der Statistik" befindet, vor der Erhebung Rechtsgrundlagen geschaffen. In statistischen Rechtsvorschriften werden u.a. die statistischen (Erhebungs-) Einheiten und (Erhebungs-) Merkmale definiert und abgegrenzt.

Beispiel Volkszählungsgesetz 1987

So ist im "Gesetz über eine Volks-, Berufs-, Gebäude-, Wohnungs- und Arbeitsstättenzählung (*Volkszählungsgesetz 1987*)" vom 8. November 1985 zu lesen :

"*Erhebungseinheiten* (vom Verfasser gesperrt) sind Personen und Haushalte (Volks- und Berufszählung), Wohnungen (Wohnungszählung), Gebäude mit Wohnraum und ständig bewohnte Unterkünfte (Gebäudezählung) sowie nicht landwirtschaftliche Arbeitsstätten und Unternehmen (Arbeitsstättenzählung)." (§1, Absatz (1))

Die *Erhebungsmerkmale* der Volks- und Berufszählung werden in Paragraph 5 aufgeführt und sind u.a. : Gemeinde, Zahl der Personen im Haushalt, Geschlecht, Geburtsjahr, Familienstand, rechtliche Zugehörigkeit zu einer Religionsgemeinschaft, Staatsangehörigkeit, Art des überwiegenden Lebensunterhaltes, Beteiligung am Erwerbsleben, erlernter Beruf, Schulabschluß, bei Erwerbstätigen sowie Schülern und Studenten : Adresse der Arbeits- oder Ausbildungsstätte, hauptsächlich benutztes Verkehrsmittel und Zeitaufwand für den Weg zur Arbeits- oder Ausbildungsstätte, bei Erwerbstätigen : Wirtschaftszweig des Betriebes, Stellung im Beruf, tatsächlich ausgeübte Tätigkeit.

Auch die *Merkmalsausprägungen* sind - sofern nicht eindeutig aus der Merkmalsdefinition ableitbar - vorgeschrieben. Das Merkmal "Stellung im Beruf" hat u.a. die Ausprägungen : Facharbeiter, sonstiger Arbeiter, Angestellter, Auszubildender, Beamter, Richter, Soldat, Zivildienstleistender, Selbständiger, mithelfender Familienangehöriger (§ 5, Punkt 5) . Die Staatsangehörigkeit wird angegeben mit : deutsch, griechisch, italienisch, übrige EG-Staaten, jugoslawisch, türkisch, sonstige Staatsangehörigkeit oder keine Staatsangehörigkeit (§ 5, Punkt 3).

Bisher wurde von statistischen Einheiten oder auch Merkmalsträgern berichtet. Im Zusammenhang mit der Datengewinnung oder Erhebung von Informationen wird auch von *Erhebungseinheiten* gesprochen. Diese müssen im Vorfeld der Erhebung eindeutig bestimmt werden. Die Erhebungseinheiten sind jedoch nicht in jedem Fall identisch mit den *Untersuchungseinheiten*.

Erhebungseinheiten und Untersuchungseinheiten

So ist zum Beispiel im Fall der Volkszählung die Wohnung bzw. der Haushalt die Erhebungseinheit. Die Untersuchungseinheiten sind allerdings überwiegend die Personen, die in dem Haushalt leben. Sofern bei den weiteren Ausführungen diese Unterscheidung nicht von Bedeutung ist, wird weiterhin der Begriff "statistische Einheit" oder "Merkmalsträger" verwendet.

Die Unterscheidung von *Erhebungs- und Untersuchungseinheiten* ist für die Stichprobentheorie (siehe auch Kapitel C 6) von Bedeutung. Führt man die Beziehung "Person - Wohnung" weiter, so ergibt sich die Kette "Person - Wohnung - Stockwerk - Haus - Straße - Stadtteil usw." Auf diese Weise können aus einzelnen Einheiten höherstufige Einheiten gebildet werden. Es kommt zu einer Klumpenbildung (engl.: Klumpen = cluster). Die höherstufigen Einheiten ("Klumpen") beinhalten jeweils mehrere Untereinheiten. Anstelle einer zufälligen Auswahl und Befragung einzelner Personen einer Stadt kann man beispielsweise auch einzelne Wohnhäuser (Hausnummern in Straßen) zufällig auswählen ("Klumpenauswahl") und dann diejenigen Personen befragen, die in diesen Häusern wohnen und die eigentlichen Untersuchungseinheiten darstellen.

Die Betrachtung der zeitlichen Abgrenzung statistischer Einheiten führt zur Unterscheidung von *Bestandsmassen* einerseits und *Bewegungs- oder Ereignismassen* andererseits. Bestandsmassen beinhalten statistische Einheiten, die sinnvollerweise einem *Zeitpunkt* zugeordnet werden, etwa "Artikel in einem Lager (Lagerbestand)", "Einwohner einer Stadt" oder "Anbaufläche für Weizen in einer Region". Statistische Einheiten, die sinnvollerweise einem *Zeitraum* zuzuordnen sind, bilden Bewegungsmassen : "Artikel, die auf Lager gehen oder vom Lager kommen (Lagerzugang / -abgang)", "Geburten in einer Stadt" oder "geerntete Weizenmenge".

Bestands- und Bewegungsmassen

Bestands- und Bewegungsmassen können insofern miteinander korrespondieren *(korrespondierende Massen)*, als daß die Bewegungsmasse die Zu- oder Abgänge *(Zugangs-, Abgangsmasse)* der Bestandsmasse beschreibt.

Es gilt:

	Bestandsmasse	zum Zeitpunkt t_1
+	Zugangsmasse	im Zeitraum t_1 bis t_2
-	Abgangsmasse	im Zeitraum t_1 bis t_2
=	Bestandsmasse	zum Zeitpunkt t_2

Fortschreibung

Diese Staffelrechnung beschreibt die *Fortschreibung* der Bestandsmasse in t_1 mit Hilfe von Zugängen und Abgängen. Die Fortschreibung ist ein wichtiges Instrument der praktischen Statistik. Anstelle von zeit- und kostenintensiven laufenden Erhebungen (z.B. Jahr für Jahr eine Totalzählung der Bevölkerung) werden nur die weniger umfangreichen Daten erhoben, die für eine Fortschreibung bzw. Aktualisierung "alter Zahlen" notwendig sind.

So kann anstelle einer aufwendigen Erhebung der Bevölkerung in t_2 die Fortschreibung der Angaben über die Bevölkerung in t_1 treten. Zusammen mit den Angaben über die natürliche Bevölkerungsbewegung (Geburten und Sterbefälle) und die Wanderungsbewegungen zwischen t_1 und t_2 lassen sich die Angaben über die Bevölkerung in t_2 ermitteln.

Beispiel

	Bevölkerung	am 31.12.1995
+	Geburten	vom 1.1.1996 bis zum 31.12.1996
+	Zuzüge	vom 1.1.1996 bis zum 31.12.1996
-	Sterbefälle	vom 1.1.1996 bis zum 31.12.1996
-	Fortzüge	vom 1.1.1996 bis zum 31.12.1996
=	Bevölkerung	am 31.12.1996

Auf die Unterscheidung in Bestands- und Bewegungsmassen und ihren logischen Zusammenhang ist schon bei der Planung einer statistischen Untersuchung und der Definition der Merkmalsträger und Merkmale zu achten, da nach erfolgter Datengewinnung einzelne Massen - wie zuvor gezeigt - bilanziert werden sollen. Außerdem ist der zeitliche Aspekt auch schon bei der Befragung direkt einzubringen : "Wo wohnten Sie am 1.1.1996 (Stichtag)" oder "Wie häufig haben Sie im Jahr 1996 (Zeitraum) Urlaub gemacht ?".

Literatur

"Gesetz über eine Volks-, Berufs-, Gebäude-, Wohnungs- und Arbeitsstättenzählung (*Volkszählungsgesetz 1987*)" vom 8. November 1985, Bundesgesetzblatt I, S.2078 ff.

3. Die Merkmalsausprägungen statistischer Einheiten

Durch die Merkmale und ihre *Ausprägungen* wird etwas über die statistischen Einheiten ausgesagt. Unternehmen lassen sich z.B. durch die Rechtsform, den Jahresumsatz oder die Zahl der Beschäftigten beschreiben. Betrachtet man eine Gesamtheit von mehreren Unternehmen (z.B. die 263 Unternehmen einer Region), so läßt sich diese Gesamtheit mit Hilfe der einzelnen Unternehmensangaben strukturieren. Dies ist die Hauptaufgabe der Merkmale. Die Merkmalsausprägungen stellen hierbei die eigentlichen statistischen Informationen bzw. Daten dar. Weil diese Informationen nicht nur aus Zahlen bestehen, spricht der Statistiker nicht vom Zahlen- sondern vom *Datenmaterial*.

Merkmalsausprägung

Die Vielzahl der möglichen Merkmale wird grundsätzlich in *qualitative (nicht-metrische)* und *quantitative (metrische)* Merkmale unterteilt. Qualitative Merkmale lassen sich nicht zahlenmäßig darstellen, lediglich die Häufigkeit ihres Auftretens kann festgestellt werden, quantitative Merkmale lassen sich darüberhinaus zahlenmäßig darstellen. Ein Aspekt der im folgenden beschriebenen Klassifikation von Merkmalen liegt darin, daß die Anwendung der in Abschnitt E und F dargestellten statistischen Methoden vorrangig vom Typ der betrachteten Merkmale abhängig ist.

qualitative und quantitative Merkmale

Unter "Messen" versteht man meist das Vergleichen einer (metrischen) Größe mit einer festgesetzten Einheit (z.B. Meter, Kilogramm, DM). Zu diesem Zweck werden *metrische Maß-Skalen* benutzt. Der Statistiker muß jedoch auch Ausprägungen von nicht-metrischen Merkmalen erfassen bzw. "messen". Demzufolge verwendet er neben metrischen auch *nicht-metrische Maß-Skalen*. Merkmale können *nominal, ordinal* oder *kardinal skaliert* sein. Sie werden daher auf einer *Nominal-Skala, Ordinal-Skala* oder *Kardinal-Skala* gemessen.

Statistische Maß-Skalen

Nominal-skalierte Merkmale sind z.B. bei Personen "Nationalität", "Geschlecht" oder "Haarfarbe". Die *Merkmalsausprägungen* lauten "Amerikaner", "Deutscher", "Franzose", . . . , "männlich" / "weiblich" und "schwarz", "braun", "blond", "rot", . . . Typisch für die nominale Skalierung ist, daß die einzelnen Ausprägungen nicht in zahlenmäßiger Form dargestellt werden und auch nicht zwingend in eine bestimmte Reihenfolge zu bringen sind. So lassen sich beispielsweise die Ausprägungen des Merkmals "Nationalität" alphabetisch, nach der geographischen Lage oder nach der Einwohnerzahl des jeweiligen Landes ordnen.

Nominal-Skala

Die Ausprägungen *ordinal-skalierter Merkmale* sind ebenfalls nicht-metrisch, lassen sich jedoch - im Gegensatz zu nominal-skalierten - zwingend in einer bestimmten *Rangfolge* anordnen. Werden Personen nach dem Geschmack eines bestimmten Produktes gefragt, könnten die möglichen Antworten lauten: "sehr gut", "gut", "weniger gut", "mittelmäßig" und "schlecht". Andere Beispiele für ordinal-skalierte Merkmale sind "Beurteilungen von Examensklausuren" oder "Plazierungen bei Wettbewerben". Die einzelnen Ausprägungen werden *intensitätsmäßig abgestuft* dargestellt. Es lassen sich jedoch keine Abstände zwischen den einzelnen Ausprägungen messen. Ein Abstand zwischen "sehr gut" und "gut" ist ebensowenig definiert wie derjenige zwischen "mittelmäßig" und "schlecht".

Ordinal-Skala

Kardinal-Skala	Die *Kardinal-Skala* dient zur Messung zahlenmäßig ausgeprägter (quantitativer bzw. metrischer) Merkmale. Beispiele hierfür sind der Umsatz von Unternehmen (in Millionen DM), die Haushaltsgröße (1, 2, 3 ... Personen) oder die Körpergröße (1,65 cm; 1,80 cm ...). Die einzelnen Ausprägungen lassen sich eindeutig in eine bestimmte Reihenfolge bringen und der Abstand zwischen den einzelnen Ausprägungen ist meßbar.
Intervall- und Verhältnis-Skala	Die Kardinal-Skala läßt sich weiter hierarchisch untergliedern in eine *Intervall-Skala* und eine *Verhältnis-Skala*. Eine Intervall-Skala hat die folgenden Eigenschaften: Neben der Rangordnung einzelner Merkmalsausprägungen lassen sich die Abstände zwischen den einzelnen Ausprägungen messen. Es existiert allerdings nur ein willkürlich gesetzter Nullpunkt. Aus diesem Grunde lassen sich keine sinnvollen Verhältniszahlen bilden. Ein Beispiel hierfür ist die Temperaturmessung. Steigt die Temperatur von $10°$ Celsius auf $20°$ Celsius, so hat sie sich nicht verdoppelt. Die Berechnung $20°/10° = 2$ ist somit nicht sinnvoll.
	Die *Verhältnis-Skala* beinhaltet alle Eigenschaften der Intervall-Skala, es existiert allerdings ein *natürlicher Nullpunkt*. Beispiele hierfür sind Körpergröße, Alter, Kosten, Preisangaben. Das Berechnen von *Verhältniszahlen* ist möglich und sinnvoll : Steigt beispielsweise der Marktpreis eines Artikels von 3 DM auf 6 DM je Stück, so hat er sich verdoppelt $(6 / 3 = 2)$.
diskrete und stetige Merkmale	*Metrische Merkmale* werden weiter untergliedert in *diskrete und stetige Merkmale*. Diskrete Merkmale nehmen nur genau festgelegte Werte an. Beispiele hierfür sind "Haushaltsgröße", "Kinderzahl einer Familie", "Beschäftigte in Betrieben". Stetige Merkmale können innerhalb eines bestimmten Wertebereichs beliebige Werte annehmen. Stetige Merkmale sind "Alter", "Körpergröße", "Wechselkurs", "Rechnungsbetrag", "Umsatz", "Preis". Die Einteilung in "diskret" und "stetig" wird allerdings beim praktischen statistischen Arbeiten nicht immer exakt eingehalten. Betrachtet man die "Anzahl der Personen je Haushalts", so ist dieses Merkmal eindeutig diskret. Zählt man dagegen die "Einwohner einer Stadt", so ist dieses Merkmal zwar nach der vorstehenden Definition ebenfalls diskret. Der Statistiker spricht jedoch in diesem Fall von einem "quasi stetigen" oder "praktisch stetigen" Merkmal, da man bei diesem Merkmal die gleichen statistischen Methoden anwendet wie bei einem stetigen Merkmal.
Meßniveaus und Niveauregression	Die verschiedenen statistischen Maß-Skalen stehen in einem übergeordneten Verhältnis zueinander. Auf dem höchsten Niveau ist die Verhältnisskala angesiedelt, auf dem niedrigsten die Nominal-Skala. Die Bezeichnungen "hoch" und "niedrig" richten sich hierbei nach dem Grad des zahlenmäßigen Charakters der betrachteten Merkmale (vgl. Tabelle C 3-1). Höher skalierte Merkmale lassen sich in niedriger skalierte Merkmale überführen. Anstelle einer kardinal-skalierten Angabe der Körpergröße (z.B.: 165 cm; 180 cm; 190 cm) läßt diese sich auch ordinal-skaliert formulieren (z.B.: sehr klein, klein, mittel, groß, sehr groß). Der Übergang von höheren zu niedrigeren Meßniveaus wird als *Niveauregression* bezeichnet. Mit Hilfe einer Niveauregression lassen sich auch unterschiedlich skalierte Merkmale korrelieren (vgl. hierzu die Ausführungen in Kapitel E 4.6).

Tabelle C 3-1 : Hierarchie der verschiedenen Maßskalen

Maßskala	Charakteristik	Beispiele für Merkmale und Merkmalsausprägungen
Kardinal-skala	- die Rangfolge der einzelnen Ausprägungen ist definiert - gleichgroße Skalenabschnitte, konstante Maßeinheit	
a) Verhältnis-skala	- natürlicher Nullpunkt vorhanden	- Haushaltsgröße in Personen (1, 2, 3, ...) - Körpergröße in cm (... 165, 166, 167 ...)
b) Intervall-skala	- Nullpunkt willkürlich, aber festgelegt	- Temperatur in °C (... -1, 0, 1, 2 ...)
Ordinal-skala	- intensitätsmäßige Abstufung bei den Ausprägungen - Rangfolge bzw. Rangordnung festlegbar - keine Angaben über die Abstände zwischen den einzelnen Ausprägungen möglich	- Geschmack (sehr gut, gut, befriedigend ...) - Vorkommen (häufig, selten, nie)
Nominal-skala	- verschiedene Kategorien - keine Reihenfolge für die einzelnen Ausprägungen definiert	- Geschlecht (männlich, weiblich) - Farbe (rot, blau, gelb ...) - Ja / Nein -Antworten

Häufbare und nicht häufbare Merkmale

Die Unterscheidung in *häufbare* und *nicht häufbare Merkmale* wird bei *qualitativen Merkmalen* getroffen. Ein Merkmal gilt als häufbar, wenn gleichzeitig mehrere Merkmalsausprägungen bei einem Merkmalsträger vorkommen können. (Mehrfachantworten, siehe das Beispiel in Kapitel E 4.2, die Befragten können mehrere Urlaubsländer angeben). Häufbare Merkmale können beispielsweise bei Berufsangaben vorkommen. Eine Person (Merkmalsträger) kann durchaus mehrere Berufe (= Ausprägungen des Merkmals "Beruf") haben. Räumliche und zeitliche Merkmale sind nicht häufbar, da für jede statistische Einheit nur eine Orts- und eine Zeitangabe möglich ist.

4. Die Klassifikation von Merkmalen

Ordnen der Merkmalsausprägungen

Wirtschaftliche Vorgänge, die als Massenerscheinungen auftreten, bedürfen einer *systematischen Gliederung*, damit sie bearbeitet oder in ihrer Größenordnung statistisch erfaßt werden können. Man stelle sich die Warenvielfalt eines Versandhauses vor: Bekleidung, technische Geräte, Lebensmittel und Urlaubsreisen - um nur einige Beispiele zu nennen - in jeder Sparte viele hundert Artikel. Wie lassen sich diese unzähligen Ausprägungen des Merkmals "Ware" praktikabel ordnen?

Klassfikation, Klasseneinteilung

Besitzen Merkmale eine Vielzahl von Merkmalsausprägungen, wird sinnvollerweise eine *Klassifizierung* oder *Klasseneinteilung* vorgenommen. Hierdurch wird erreicht, daß mehrere Ausprägungen jeweils zu einzelnen *Klassen* bzw. *Gruppen* zusammengefaßt werden. Anstelle der unzähligen Merkmalsausprägungen erhält man auf diese Weise eine überschaubare Anzahl von Klassen. Die Beschreibung dieser Einteilung wird als *Klassifikation* oder *Nomenklatur* bezeichnet. Von der amtlichen Statistik wird die Bezeichnung *Systematik* verwendet. Wichtige Systematiken aus diesem Bereich sind Unternehmens-, Betriebs- und Gütersystematiken. Die Bezeichnung *Nomenklatur* deutet darauf hin, daß mit diesen Begriffen die Klassifikation nominal-skalierter bzw. qualitativer Merkmale bezeichnet wird. Im Zusammenhang mit quantitativen Merkmalen wird dagegen von der *Klasseneinteilung* gesprochen.

Beispiel

Grundsätzlich kann für jeden Merkmalstyp eine Klassifizierung bzw. Klassenbildung vorgenommen werden. Außerdem kann man die entstandenen Klassen bei Bedarf zu einzelnen Gruppen weiter zusammenfassen. Als Beispiel für ein nominal-skaliertes Merkmal dient im folgenden die "Ware".

Tabelle C 4.1 zeigt in der 1. Stufe die Zusammenfassung verschiedener Waren zu Warenklassen. In der 2. Stufe werden die Warenklassen zur Warengruppe Lebensmittel zusammengefaßt. Zusammen mit anderen Warengruppen könnte diese Gruppe weiter zu einer Hauptgruppe "Nahrungs- und Genußmittel" (hier nicht abgebildet) zusammengefaßt werden. Auf diese Weise kann eine tief gegliederte Klassifikation mit Hauptgruppen, Gruppen, Untergruppen usw. entstehen.

Klassenbildung bei quantitativen Merkmalen

Eine Klassenbildung kann durch die vorliegende Meßgenauigkeit bewirkt werden. Begnügt man sich mit der Altersangabe in vollen Jahren (25 Jahre, 26 Jahre, ...), so entstehen von vornherein Klassen (von 25 bis unter 26 Jahre, von 26 bis unter 27 Jahre, ...).

Eine Klasseneinteilung kann jedoch auch nachträglich, im Zuge der Aufbereitung der statistischen Daten erfolgen. Tabelle E 34-1 auf Seite 71 zeigt eine Darstellung der Bruttomonatsverdienste von Mitarbeitern eines Industrieunternehmens mit Hilfe von "Einkommensklassen". Das betrachtete Merkmal ist kardinal-skaliert. Mit der *Klassenbildung* bei einem metrisch-skalierten Merkmal befaßt sich außerdem eingehend das Kapitel E 3.5 .

Für den Statistiker sind Klassifikationen zur systematischen Darstellung statistischer Informationen unentbehrlich. Auch im Betrieb - beispielsweise bei der Lagerung und Verwaltung vieler Artikel - müssen die einzelnen Artikel "systematisch" gelagert und bearbeitet (z.B. bei der Rechnungsstellung) werden. Hierzu werden Klassifikationen, die nach verschiedenen Ordnungskriterien erstellt werden können, benötigt.

Erstellen von betrieblichen Klassifikationen

Tabelle C 4-1 : Klassifizierung eines nominal-skalierten Merkmals

Merkmalsausprägung (Warenbenennung)	Zusammenfassung zur	
	Klasse	Gruppe
...	...	
Rindfleisch Kalbfleisch Schweinefleisch Geflügel ...	Fleisch	Lebensmittel
Hering Kabeljau Thunfisch Makrele ...	Fisch	
Frischmilch Buttermilch Joghurt Butter Käse ...	Milch	
...	...	

Ordnungskriterien können der Verarbeitungsgrad der Ware (Rohstoff - halbfertiges Erzeugnis - Endprodukt), der Verwendungszweck der Ware (Grund- und Rohstoff, Investitionsgut, Verbrauchsgut, Nahrungs- und Genußmittel usw.) oder die Lagerfähigkeit (begrenzt haltbar, unbegrenzt haltbar) sein. Andere Kriterien sind die Leistung oder Arbeitsweise von Maschinen, Form, Abmessung, Gewicht oder der Zustand einer Ware.

Ordnungskriterien

Codierung

Die einzelnen Positionen einer (Waren-) Klassifikation, die zugleich den Ausprägungen des Merkmals (Ware) entsprechen, werden in der Praxis üblicherweise mit einem *Zifferncode* oder einer Kombination aus Ziffern und Buchstaben (*alphanumerischer Code*) verschlüsselt. Die Angabe dieser Codes kann bei einer Befragung die Niederschrift langer (Waren-) Bezeichnungen ersparen und auch die Aufbereitung erleichtern. Dies setzt allerdings voraus, daß der Befragte die Codes kennt und im Besitz einer Klassifikation ist. Bei der automatischen Datenerfassung kann die Verwendung von Prüfziffern als Zusatz zum Code das Fehlerrisiko einer falschen Übertragung weitgehend ausschalten.

Vergleichbarkeit von Klassifikationen (Nomenklaturen)

Das praktische Arbeiten mit "fremden" Klassifikationen geht nicht ohne eine hohe Sachkenntnis der speziellen Nomenklaturen. Unternehmen und Verbände stehen häufig vor dem Problem, statistische Informationen der amtlichen Statistik zu nutzen. Die einfache Lesbarkeit einzelner Positionen wird beim Vergleich verschiedener Statistiken häufig zur Fehlerquelle. So entspricht die Position "Werkzeuge" in der Produktionsstatistik nicht notwendigerweise der gleichlautenden Position in der Außenhandelsstatistik, da beide Statistiken nach unterschiedlichen Nomenklaturen aufgebaut sind.

Bei einer Aufbereitung betrieblicher Daten ist von vornherein zu überlegen, ob es sinnvoll ist, betriebliche Daten auch in einer mit den amtlichen Nomenklaturen vergleichbaren Abgrenzung zu erstellen. Dies kann Vergleiche mit der Branche oder auf Güterebene erleichtern (z.B. die Berechnung von Marktanteilen).

Literatur

Weiterführende Literatur zu dem Gebiet der Wirtschaftsnomenklaturen : *Lux, M., Reiser, B.*, "Das Harmonisierte System zur Bezeichnung und Codierung der Waren des internationalen Handels, Köln 1986.

Grundsätzlich Überlegungen zur Gruppierung von Waren bietet *Fürst, G., Über die Gruppierung von Waren nach dem Verarbeitungsgrad, dem Verwendungszweck und der Dauerhaftigkeit*, in : Wirtschaft und Statistik, Statistisches Bundesamt Wiesbaden (Hrsg.), Heft 7 / 1956, S. 331-340. Die Ausführungen sind durchaus auf betriebliche Anwendungen übertragbar.

Beispiele für Gütersystematiken in der amtlichen Statistik sind : *Statistisches Bundesamt (Hrsg.), Systematisches Güterverzeichnis für Produktionsstatistiken*, 2. überarbeitete Auflage 1989, sowie : ders., Warenverzeichnis für die Außenhandelsstatistik, Ausgabe 1993 .

5. Erhebungsarten

Bei einer *Totalerhebung* werden alle statistischen Einheiten einer Grundgesamtheit erfaßt und aufbereitet. Beispiele hierfür sind die Volkszählung, Wohnungszählung und die Arbeitsstättenzählung der amtlichen Statistik.

**Total-
erhebung**

Beispielsweise werden mit der Volkszählung die wichtigsten bevölkerungsstatistischen Grunddaten, Angaben über die Quelle des Einkommens und die Zusammensetzung der Haushalte gewonnen (siehe Kapitel C 2). Befragt wird die Gesamtbevölkerung (In der Regel alle 10 Jahre: 1950, 1961 und 1970; die für 1981 geplante Zählung wurde erst nach Verabschiedung des Volkszählungsgesetzes am 25. Mai 1987 durchgeführt.).

Bei einer *Teilerhebung* oder *Stichprobe* wird nur ein Teil der statistischen Einheiten erfaßt und aufbereitet. Der Zweck einer Stichprobe besteht in der Regel darin, von den Informationen über den erfaßten und aufbereiteten Teil einer Gesamtheit auf Informationen über die Grundgesamtheit zu schließen ("Schließende Statistik").

**Teilerhebung,
Stichprobe**

Ein Beispiel aus der amtlichen Statistik ist der Mikrozensus. Jedes Jahr im April wird ein Auswahlsatz von einem Prozent der Bevölkerung erfaßt. Auf diese Weise werden die verschiedensten bevölkerungsstatistischen Daten gewonnen. Auswahlgrundlage für diese Stichprobenerhebung sind die Ergebnisse der Volkszählung.

Wird eine einmal ausgewählte und befragte Teilgesamtheit des gleichen Personenkreises weiterbefragt, so spricht der Statistiker vom *Panel*. Durch diese mehrfache Befragung über einen bestimmten Zeitraum hinweg wird versucht, Änderungen in der Verhaltensweise und der Meinung dieser Personen zu beobachten. Diese Form der Erhebung und Befragung wird häufig in der Markt- und Meinungsforschung angewendet, kommt aber auch in der amtlichen Statistik vor. Nicht auszuschließen ist bei Paneluntersuchungen, daß allein der Umstand, im Panel zu sein, Einfluß auf die Verhaltensweise der Befragten ausübt.

Panel

Totalerhebungen sind wegen des erhöhten Aufwandes kostspielig und zeitraubend. Stichproben sind dagegen wegen des geringeren Erhebungsaufwandes (weniger Befragungen) und Aufbereitungsaufwandes schneller durchzuführen und daher kostengünstiger als Totalerhebungen. Ob hingegen Stichproben ungenauer als Totalerhebungen sind, läßt sich nicht pauschal sagen. Bei einer Stichprobe kann beispielsweise auf die Kontrolle eines einzigen Fragebogens mehr Sorgfalt verwendet werden, als dies bei einer Totalerhebung möglich ist. Dadurch können Erhebungs- und Aufbereitungsfehler bei Stichproben oft in engen Grenzen gehalten werden.

**Vergleich von
Totalerhebung
und
Teilerhebung**

Im folgenden wird davon ausgegangen, daß mit Hilfe einer Stichprobe Rückschlüsse auf die Grundgesamtheit gezogen werden sollen. In Abbildung C 5-1 ist die Vorgehensweise schematisch dargestellt.

**Arbeitsweise
bei Teilerhebungen**

Phase 1 : Aus der Grundgesamtheit wird ein Teil der statistischen Einheiten ausgewählt (Stichprobe). Hierzu bietet die Statistik verschiedene Auswahlverfahren an.

Phase 2 : Die Stichprobendaten werden erhoben, aufbereitet und dargestellt. Hierzu werden dieselben statistischen Verfahren verwendet wie bei Total-erhebungen. Beispielsweise werden mit den Stichprobendaten verschiedene Maßzahlen (z.B. Mittelwerte und Streuungsmaße) zur Beschreibung der Stichprobe berechnet.

Phase 3 : Mit Hilfe der berechneten und zu diesem Zeitpunkt bekannten Maßzahlen der Stichprobe sowie spezieller *Schätzverfahren* werden die (unbekannten) Maßzahlen der Grundgesamtheit "geschätzt". Dieser Vorgang wird als *Hochrechnung* bezeichnet. Man unterscheidet "freie" und "gebun-dene" Hochrechnungsverfahren. *Freie Hochrechnungsverfahren* stützen sich ausschließlich auf die Informationen aus der Stichprobe; in *gebundenen Hochrechnungsverfahren* werden zusätzliche Informationen über die Grundgesamtheit herangezogen. Ziel der gebundenen Hochrechnung ist die Verbesserung der Qualität der hochgerechneten Ergebnisse.

Abbildung C 5-1 : Arbeitsweise bei Teilerhebungen

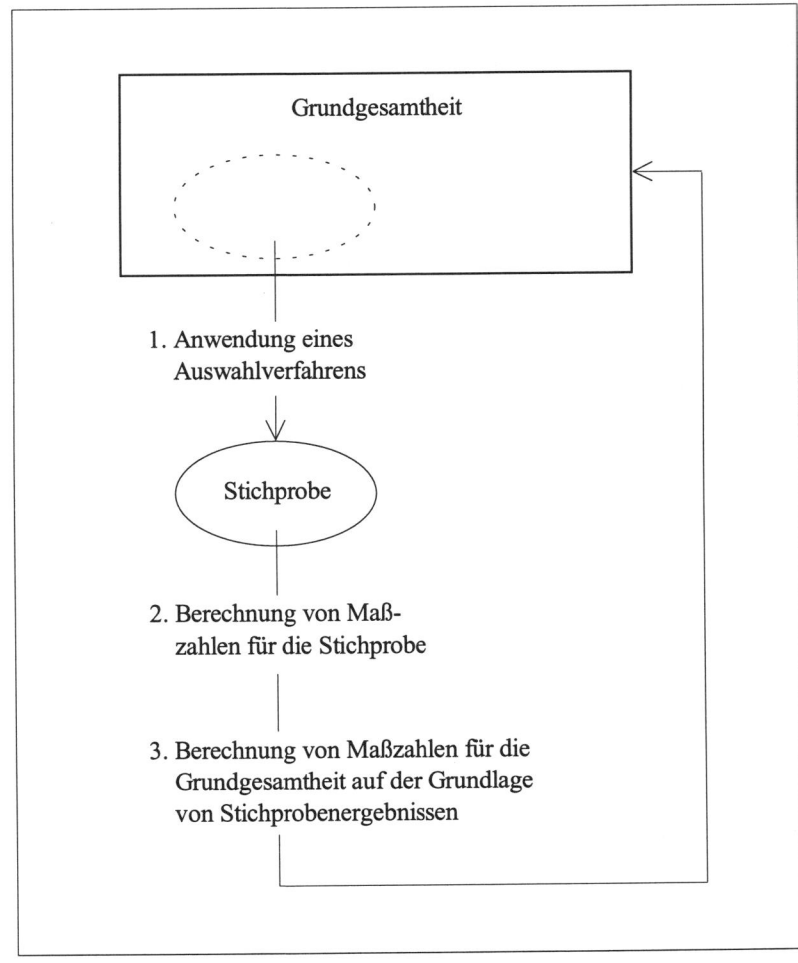

Eine *Testerhebung* wird dann durchgeführt, wenn eine umfangreiche statistische Untersuchung zu einem neuen Themengebiet geplant ist, aber noch keine praktischen Erfahrungen vorliegen. Untersucht werden kann auf diese Weise die Verständlichkeit des Fragebogens, das Antwortverhalten der Befragten, die Rücklaufquote, das Stichprobenverfahren und die Techniken der Aufbereitung.

Testerhebung

Die Erhebung und Aufbereitung von Daten für statistische Zwecke führt zu sogenannten *Primärstatistiken*. Diese resultieren aus vollständigen statistischen Untersuchungen, deren Beschreibung Hauptgegenstand dieser Veröffentlichung ist. Man spricht in diesem Zusammenhang auch von *Primärerhebungen*.

Primär- und Sekundärerhebung

Wird dagegen auf bereits erhobenes und für andere Zwecke aufbereitetes Datenmaterial zurückgegriffen, indem man dieses für neue Zwecke aufbereitet, so spricht man von *Sekundärerhebung*. Als Resultat erhält man Sekundärstatistiken. Typische Beispiele hierfür sind Bundesstatistiken, bei denen steuerstatistische Daten der Finanzverwaltungen (in der Regel der Rechenzentren der Finanzämter) den Statistischen Landesämtern und über diese dem Statistischen Bundesamt gemeldet werden. Die amtliche Statistik stellt diese Informationen dann zu den verschiedenen Steuerstatistiken zusammen.

Aus Sicht des Unternehmens und seiner Betriebe sind alle amtlichen und nicht-amtlichen Daten, die nicht aus dem Unternehmen stammen, *externe Daten*, unerheblich ob es sich um Primär- oder Sekundärstatistiken handelt. Daneben steht dem Unternehmen die Masse der *betriebsinternen Daten* zur Verfügung. Die in Teil E und F dargestellten statistischen Methoden lassen sich sowohl auf die betriebsinternen als auch auf die betriebsexternen Daten anwenden. Der Begriff "Erhebung" läßt sich hierbei sehr weit fassen : Die Informationsgewinnung kann beispielsweise durch die Erfassung einzelner statistischer Einheiten, z.B. der einzelnen Warenlieferungen an das Unternehmen, oder aber durch einen Blick in die Veröffentlichungen der amtlichen Statistik oder in andere betriebsexterne statistische Informationsquellen geschehen.

betriebsinterne/ -externe Daten

Menges,G., Skala, H.J., Grundriß der Statistik, Teil 2: Daten, Opladen 1973, siehe 2.Kapitel, Erhebungsplanung, S.59 ff.

Literatur

6. Stichproben

Stichproben-
planung

Bevor mit der Gewinnung der Informationen mit Hilfe der Stichproben-
technik begonnen werden kann, sind die sogenannten *Stichprobenpläne* zu
erstellen. In diesen werden die im Hinblick auf die geplante statistische Erhebung verwendeten Verfahren beschrieben. Im einzelnen handelt es sich um
die Verfahren

a) zur *Auswahl der Stichproben,*
b) zur *Hochrechnung* der Stichprobenergebnisse sowie
c) zur *Beurteilung der Qualität* der Ergebnisse.

Auswahlverfahren
für Stichproben

Es gibt verschiedene Prinzipien, nach denen Stichproben aus der Grundgesamtheit "gezogen" werden. Der Zweck einer Stichprobe besteht im
allgemeinen darin, Rückschlüsse auf die Grundgesamtheit zu ziehen. Um
dieser Aufgabe gerecht zu werden, sollte die Stichprobe die Struktur der
Grundgesamtheit, aus der sie stammt, möglichst gut widerspiegeln : Die
Stichprobe wird dann als *repräsentativ* bezeichnet. Grundsätzlich lassen sich
die Auswahlverfahren in zwei Gruppen gliedern : Verfahren mit *nicht zufäl-*
liger und solche mit *zufälliger* Auswahl der statistischen Einheiten.

Abbildung C 6-1 : Auswahlprinzipien und -verfahren für Stichproben

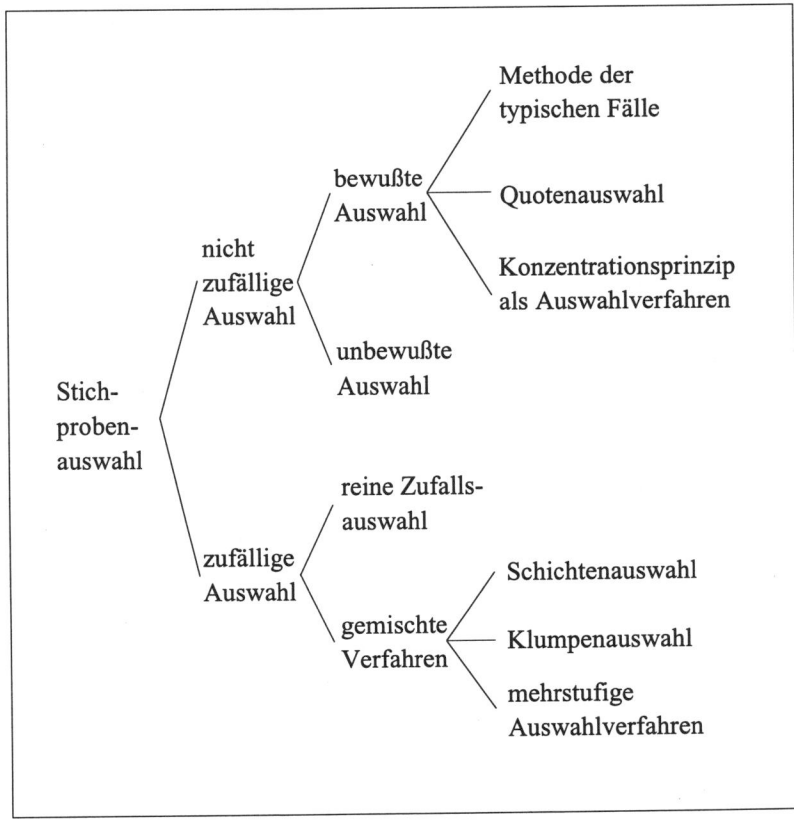

Eine *nicht zufällige Auswahl* kann bewußt oder unbewußt vorgenommen werden. Wird die Auswahl der statistischen Einheiten *unbewußt* und ohne spezielle Anforderungen an die Repräsentativität der Stichprobe getroffen, erhält man mehr oder weniger planlos zustandegekommene und mit hoher Wahrscheinlichkeit nicht repräsentative Informationen aus der Stichprobe. Der Interviewer befragt beispielsweise Besucher einer Veranstaltung oder seine Freunde und Familienangehörigen, da sich dies gerade so ergibt oder für ihn am einfachsten ist.

Nicht zufällige Auswahl

Bei der *bewußten Auswahl* versucht man dagegen eine *repräsentative Stichprobe* zu erhalten. Verfahren hierzu sind die *Methode der typischen Fälle*, die *Quotenauswahl* und die Auswahl nach dem *Konzentrationsprinzip*. Bewußte Auswahlverfahren haben den Nachteil, daß sie subjektive Entscheidungen beinhalten. Insofern können auch nicht die Gesetze der Wahrscheinlichkeitsrechnung angewendet werden. Eine Berechnung des Stichprobenfehlers ist nicht möglich.

Als *Methode der typischen Fälle* bezeichnet man die Vorgehensweise, statistische Einheiten zu erfassen, die für eine Fragestellung typisch sind. Der Interviewer befragt etwa Personen, die offenbar - etwa aufgrund des Alters oder des Berufs - zur untersuchten Zielgruppe gehören. Die Auswahl typischer Fälle hat zum Beispiel Bedeutung bei der Berechnung des Preisindex in der amtlichen Statistik, der aufgrund der Preisnotierungen typischer Waren ermittelt wird.

Methode der typischen Fälle

Eine andere mögliche Form der bewußten Auswahl ist die *Quotenauswahl*. Die Struktur der in der Stichprobe enthaltenen statistischen Einheiten soll bezüglich eines oder mehrerer Merkmale der Struktur der Grundgesamtheit entsprechen. Deshalb verwendet man Informationen über die Struktur der Grundgesamtheit zur Bildung von Quoten.

Quotenauswahl

Ein Marktforschungsinstitut führt eine Umfrage über ein bestimmtes Produkt durch. Die Stichprobe soll bezüglich der Altersstruktur mit der Altersstruktur der Gesamtbevölkerung übereinstimmen. Insgesamt werden 5000 Personen befragt. Da man weiß, daß von der Gesamtbevölkerung 3,5 Prozent der Altersgruppe "18 bis unter 21 Jahre", 30,4 Prozent der Altersgruppe "21 bis unter 40 Jahre" usw. angehören, wird man 175 Personen ($= 0,035 \cdot 5000$ Personen) der ersten Altersgruppe, 1520 Personen ($= 0,304 \cdot 5000$ Personen) der zweiten Altersgruppe usw. befragen.

Beispiel

Die Stichprobe wird folglich so geplant, daß für bestimmte Merkmalsausprägungen *Quoten* vorgeschrieben werden. Man erhält auf diese Weise eine bezüglich des verwendeten Merkmals repräsentative Stichprobe. In dem beschriebenen Beispiel ist es die Altersstruktur.

Wird eine Grundgesamtheit mit statistischen Einheiten (z.B. Unternehmen) untersucht, die überwiegend "hohe" und selten "niedrige" Merkmalsausprägungen (z.B. Umsatzwerte) aufweisen, werden diejenigen Einheiten in die (Teil-) Erhebung genommen, die den größten Beitrag zu den aufzubereitenden Merkmalen liefern (die "großen" Einheiten). Die "kleinen" Einheiten werden dagegen weggelassen. Dieses Auswahlverfahren liefert eine sogenannte *Konzentrationsstichprobe*.

Konzentrationsprinzip

Das Verfahren wird zum Beispiel von der amtlichen Statistik bei der kurzfristigen Berichterstattung im Produzierenden Gewerbe angewendet. In die monatliche Erhebung und Aufbereitung kommen nur Betriebe von Unternehmen mit 20 und mehr Beschäftigten, "kleine" Einheiten werden "abgeschnitten". Dieses sogenannte *Abschneideverfahren* hat den Nachteil, daß die Entwicklung der kleinen Einheiten nicht erfaßt wird (z.B. "kleine", die zu "großen" heranwachsen, und umgekehrt).

Zufällige Auswahlverfahren

Nach dem Zufallsprinzip lassen sich Verfahren mit *reiner Zufallsauswahl*, das *Schichtenauswahlverfahren*, das *Klumpenauswahlverfahren* sowie *mehrstufige Auswahlverfahren* unterscheiden.

Reine Zufallsauswahl

Eine *reine Zufallsauswahl* liegt vor, wenn jedes Element der Grundgesamtheit - unabhängig von den anderen Elementen - die gleiche Chance hat, in die Stichprobe zu gelangen. Dies kann z.B. durch Würfeln, Losen oder die Verwendung von *Zufallstafeln* geschehen.

Zufallstafel

Zufallstafeln bilden die vorteilhafteste Technik. Sie enthalten in mehreren Zeilen und Spalten mehrziffrige *Zufallszahlen*. Soll aus einer Grundgesamtheit vom Umfang N=100 Merkmalsträger eine Stichprobe vom Umfang n=10 zufällig gezogen werden, so wählt man zuerst eine beliebige Spalte und Zeile der Zufallstafel aus und beginnt vertikal oder horizontal fortlaufend die Zufallszahlen auszuwerten. Für das beschriebene Beispiel werden jeweils die beiden letzten Ziffern der in der Tabelle enthaltenen Zufallszahlen zeilenweise abgelesen. Begonnen wird in Zeile 5 und Spalte 2.

Tabelle C 6-1 : Zufallszahlen

441425	157136	711327	163069	797674	956480
926356	401559	258751	008863	665288	358055
862351	326815	293872	942479	424573	053784
320012	939223	461432	820309	191387	278381
035136	942594	307986	326250	541309	058683
204900	633642	531353	376165	879052	386383
318010	809195	359393	290413	674787	931928
675870	814221	556217	724198	067764	329585
054487	329788	906335	284258	656254	516388
368934	040032	960883	359816	301410	011515
758456	572604	299904	426646	152043	922405

Dann ergibt sich :

94, 86, 50, 09, 83, 00, 42, 53, 65, 52

Bei jeder Auswertung ist zu beachten, daß das erste Element der Grundgesamtheit die Nummer Null (00) hat, das zweite die Nummer Eins (01), usw. Doppelt auftretende Zahlen oder solche, die nicht im gewünschten Bereich liegen, werden ausgelassen. In diesem Beispiel kommen das

1., 10., 43., 51., 53., 54., 66., 84., 87. und 95.

Element in die Stichprobe.

Dieses Auswahlverfahren wird herangezogen, wenn die statistischen Einheiten der Grundgesamtheit (z.B. Unternehmen einer Region) bei wichtigen Merkmalsausprägungen (z.B. dem Umsatz oder der Beschäftigtenzahl) stark voneinander abweichen. Die Grundgesamtheit wird dann in einem ersten Schritt anhand eines oder mehrerer Merkmale in sogenannte *Schichten* unterteilt. Während die Grundgesamtheit - wie zuvor beschrieben - bezüglich einzelner Merkmale sehr unterschiedliche (*heterogene*) statistische Einheiten beinhaltet, sind die einzelnen Schichten bezüglich dieser Merkmale ausgewogen (*homogen*). Ohne eine *Schichtung* und bei einer bezüglich des untersuchten Merkmals heterogenen Grundgesamtheit kann folgender Fall eintreten : Die gezogene Stichprobe enthält überwiegend "große" oder überwiegend "kleine" Einheiten und ist deshalb auf keinen Fall repräsentativ. Innerhalb der einzelnen Schichten werden dann in einem zweiten Schritt *Zufallsstichproben* gezogen. Sind einzelne Schichten nicht sehr stark besetzt, so sollte innerhalb dieser Schichten eine Vollerhebung durchgeführt werden, d.h. alle Einheiten dieser Schichten werden erfaßt und aufbereitet. Nun können für die einzelnen Schichten Maßzahlen (z.B. Mittelwerte, Streuungsmaße, Anteilswerte) berechnet bzw. geschätzt werden. Für den *Rückschluß* auf die Grundgesamtheit müssen die Maßzahlen jeder einzelnen Schicht jeweils mit dem Anteil der Schicht, den diese an der Grundgesamtheit hat, gewichtet werden.

Schichten-auswahlverfahren

Sind sich die statistischen Einheiten der Grundgesamtheit in ihren Ausprägungen sehr ähnlich oder sind die unterschiedlichen Einheiten einer Grundgesamtheit in dieser gut verteilt, kann man die Grundgesamtheit in einzelne *Klumpen* zerlegen. Diese Klumpen müssen die gleiche Struktur wie die Grundgesamtheit aufweisen. Oder anders formuliert : Innerhalb der einzelnen Klumpen kann *Heterogenität* bezüglich der Merkmalsausprägungen der einzelnen Einheiten vorliegen, zwischen den Klumpen herrscht *Homogenität*, d.h. jeder Klumpen besitzt annähernd die gleiche Struktur. Nachdem die einzelnen Klumpen festgelegt sind, wählt man nach dem Zufallsprinzip einige Klumpen aus und führt innerhalb der Klumpen eine Totalerhebung durch.

Klumpenauswahl-verfahren

In einem Wohngebiet, das überwiegend aus Hochhäusern gleicher Bauweise besteht, soll eine Untersuchung über die Freizeitgestaltung der Bewohner durchgeführt werden. Geplant ist, 10 Prozent der etwa 2000 Bewohner zu befragen. Das Wohngebiet umfaßt 570 Wohnungen. Die einzelnen Wohnungen stellen die Klumpen der Grundgesamtheit dar. Aus diesen 570 Wohnungen werden zufällig 57 Wohnungen ausgewählt. Anschließend werden die Mieter der ausgewählten Wohnungen befragt.

Beispiel

Bei *mehrstufigen Auswahlverfahren* werden verschiedene Auswahlverfahren nacheinander ausgeführt, um zu repräsentativen Stichproben zu gelangen. So könnte für eine Befragung aller Einwohner eines Bundeslandes dieses Land mit Hilfe verschiedener Indikatoren in die Schichten "Ballungsraum", "ländliche Gebiete" und "Randgebiete" unterteilt werden (Stufe 1). Innerhalb der einzelnen Schichten werden nun *Klumpen* gebildet, die aus den einzelnen Kreisen bestehen (Stufe 2). Nach dem Zufallsprinzip werden nun einige Klumpen ausgewählt. Da diese Teilgesamtheiten immer noch relativ viele statistische Einheiten beinhalten, werden innerhalb der ausgewählten Kreise nochmals Klumpen gebildet, die aus den einzelnen Gemeinden bestehen (Stufe 3). An dieser Stelle kann abgebrochen werden, es ist jedoch auch vorstellbar, weitere Stufen zu konstruieren. Mit jeder weiteren Auswahlstufe wird die Zahl der ausgewählten Einheiten kleiner.

Mehrstufige Auswahlverfahren

Die verschiedenen einfachen und mehrstufigen Stichprobenauswahlverfahren zielen darauf ab, bei ausreichender Genauigkeit die Kosten der Datengewinnung zu senken. Der Vorteil der Zufallsauswahl ist hierbei, daß wahrscheinliche Abweichungen vom Stichprobenergebnis berechenbar sind und durch eine hinreichend große Stichprobe klein gehalten werden können.

"Schätzen" und "Testen"

In der Stichprobentheorie werden zwei Verfahren zur *Hochrechnung* von Stichproben unterschieden. Mit Hilfe der für die Stichprobe berechneten Maßzahlen (z.B. Mittelwerte, Anteilswerte usw.) wird auf die unbekannten Parameter der Grundgesamtheit geschlossen. Hierbei werden *Schätzverfahren (Punktschätzungen, Intervallschätzungen)* angewendet, wenn man keine Vorstellung über die Parameter der Grundgesamtheit hat. Hat man bereits eine Vorstellung über die Größe der unbekannten Parameter (*Hypothese*), so überprüft man diese mit Hilfe von *Hypothesenprüfverfahren* (auch : *Hypothesentestverfahren* oder kurz : statistischer *Test*). Diese Techniken werden in Abschnitt F 3 behandelt.

Zuverlässigkeit von Stichproben

Mit Stichprobenverfahren werden nicht alle statistischen Einheiten der Grundgesamtheit erfaßt. Man erhält nur ein verkleinertes Bild der Grundgesamtheit. Erst durch die Vergrößerung (*Hochrechnung*) dieses Bildes erhält man das Bild der Grundgesamtheit, das allerdings nicht exakt mit der Realität übereinstimmt, sondern *Fehler* aufweist.

Stichprobenstatistiken können zwei Arten von Fehlern enthalten: *systematische Fehler* und *Zufallsfehler (Stichprobenfehler)*.

Statistische Fehler

Systematische Fehler (nicht zufällige Fehler) entstehen durch fehlerhafte oder falsche Angaben der Befragten, durch Fehler bei der Abgrenzung der Grundgesamtheit oder durch Fehler im Verlauf der Erhebung und Aufbereitung. Systematische Fehler lassen sich durch *Kontrollerhebungen*, deren Ergebnisse man mit den Ergebnissen der zu beurteilenden Erhebung vergleicht, abschätzen und vermeiden.

Abweichungen von dem "wahren" (und nur theoretisch bekannten) Ergebnis, die darauf zurückzuführen sind, daß nicht alle Einheiten der Grundgesamtheit erfaßt wurden, sondern nur ein bestimmter Auswahlsatz, bestimmen den *Zufalls- oder Stichprobenfehler*. Für die Genauigkeit sind *Umfang der Stichprobe* und *Auswahlsatz* von Bedeutung. Größere Stichproben liefern bei gleichem Stichprobenplan genauere Ergebnisse als kleine Stichproben (siehe Kapitel F 3.2). Der *Zufallsfehler* kann für Auswahlverfahren, die nicht nach dem Zufallsprinzip vorgenommen werden, nicht bestimmt werden. Bei einer zufälligen Auswahl kann der Zufallsfehler allerdings gemessen bzw. geschätzt werden, sofern der Stichprobenumfang ausreichend groß ist.

Systematischer Fehler und Zufallsfehler ergeben den *Gesamtfehler* einer Statistik. Dieser ist entscheidend für die Qualität der statistischen Ergebnisse aus *Stichprobenerhebungen*. Da systematische Fehler auch bei *Totalerhebungen* entstehen, kann nicht generell gesagt werden, daß Totalerhebungen "bessere" Ergebnisse als Stichproben liefern. Sind die bei einer Totalerhebung zu erwartenden systematischen Fehler hoch, kann es zweckmäßiger sein, eine Teilerhebung durchzuführen. Diese kann u.U. trotz des hinzukommenden Stichprobenfehlers einen geringeren Gesamtfehler aufweisen, da der systematische Fehler wegen der gründlicheren Erhebungsvorbereitung und Durchführung gering gehalten wird.

Menges, G., Skala, H.J., Grundriß der Statistik, Teil 2 : Daten, Opladen 1973, 3. Kapitel : Datengewinnung : Beobachtungen, S.85 ff. und 8. Kapitel : Fehler und ihre Fortpflanzung, S. 271 ff.　　　　　**Literatur**

Krug, W., Nourney, M., Wirtschafts- und Sozialstatistik : Gewinnung von Daten, München und Wien 1982.

7. Formen der Gewinnung primärstatistischer Informationen

Primärstatistische Daten lassen sich durch *Beobachtung, automatische Erfassung, Experiment* sowie durch eine mündliche oder schriftliche *Befragung* gewinnen (siehe auch Kapitel C 5 : Primärerhebung). Diese Formen der Datengewinnung werden in diesem Kapitel kurz beschrieben. Auf die Befragung, den Fragebogen und die Fragen wird etwas ausführlicher eingegangen, da diese Form der Datengewinnung sowohl von Studierenden (Diplomarbeit !) als auch Praktikern in eigener Regie durchgeführt werden kann.

Die *Beobachtung* stellt eine einfache Möglichkeit zur Gewinnung primärstatistischer Daten dar. Sie ist jedoch eher auf technischem als auf rein betriebswirtschaftlichem Gebiet anwendbar. So wird beispielsweise bei Verkehrszählungen in einer Stadt der laufende Verkehr beobachtet. Durch das Führen von Strichlisten (siehe Kapitel D 3) wird ermittelt, wie häufig Kraftfahrzeuge von der einen oder anderen Richtung in eine Kreuzung einfahren.　　**Beobachtung**

Die *automatische Erfassung* stellt eine weitere Form der Informationsgewinnung dar. So werden in Betrieben die Kommens- und Gehenszeiten des Personals mit Hilfe von Magnetstreifenkarten und entsprechenden Lesegeräten im Eingangsbereich des Betriebes erfaßt. Bei Bundes- und Landtagswahlen werden Wahlautomaten aufgestellt. Der Straßenverkehr wird durch die sich unter der Straßendecke befindlichen Induktionsschleifen laufend erfaßt und die Informationen an den Verkehrsrechner weitergegeben.　　**Automatische Erfassung**

Die Datenerhebung über das *Experiment* kommt ebenfalls eher in den technisch-naturwissenschaftlichen Disziplinen vor als bei der Beobachtung wirtschaftlicher Abläufe. Denkbar sind allerdings im betriebswirtschaftlichen Bereich die probeweise Einführung neuer technischer Verfahren, z.B. veränderte Maschinenlaufzeiten oder die Verwendung unterschiedlicher Rohmaterialien in der Fertigung. Mit Hilfe statistischer Methoden wird nun versucht, den Einfluß dieser Techniken auf die Kosten zu messen.　　**Experiment**

Befragung

Eine wichtige Form der Datengewinnung ist die *Befragung*, beispielsweise von Personen, Unternehmen usw. Die *mündliche Befragung* oder das *Interview* kann hierbei "face to face" oder am Telefon stattfinden. Die *schriftliche Befragung* kann über *Fragebogen*, ggf. auch elektronisch, z.B. über Bildschirmtext oder hausinterne Netze durchgeführt werden.

Fragebogen

Für primärstatistische Untersuchungen ist der *Fragebogen* immer noch die gebräuchlichste Technik der Befragung. Während z.B. nicht alle Haushalte oder Unternehmen mit Hilfe geeigneter interaktiver elektronischer Medien erreichbar sind, kann ein Fragebogen auf postalischem Wege jedem zugestellt werden.

**Erhebungs-
papiere**

Die *Erhebungspapiere* bestehen bei einer schriftlichen Befragung aus dem Anschreiben, den Richtlinien über das Ausfüllen des Fragebogens (ggf. einschließlich einer *Nomenklatur*, siehe Abschnitt C 4) und dem Fragebogen. Aus dem *Anschreiben* muß deutlich hervorgehen, wer die statistische Untersuchung durchführt, welchem Zweck sie dient und warum der Befragte als Zielperson ausgewählt wurde (Motivation !). Wichtig ist es außerdem, den *Einsendetermin* für den Fragebogen anzugeben.

Fragetechniken

Grundsätzlich unterscheidet man *offene* und *geschlossene Fragen*. *Geschlossene Fragen* beinhalten außer der Fragestellung auch die möglichen Antwortalternativen. Diese sind im Fragebogen anzugeben und sind vollständig auszuformulieren. Außerdem müssen genügend Alternativen, die auch das Meinungsspektrum hinreichend abbilden, angegeben werden.

Offene Fragen erlauben dem Befragten spontanes Antworten. Diese werden erst später zum Zeitpunkt der Aufbereitung zu sinnvollen Kategorien zusammengefaßt. Die Auswertung offener Fragen ist daher wesentlich aufwendiger als die der geschlossenen Fragen. Zudem ist nicht jeder Befragte in der Lage, seine Meinung zu bestimmten Problemen frei zu formulieren. Andererseits erhält man auf diese Weise Informationen, die möglicherweise durch geschlossene Fragen unentdeckt bleiben. Offene Fragen spielen eine Rolle bei Testerhebungen bzw. Testinterviews (sogenannte *Pre-Tests*, siehe Kapitel C 5). Aufgrund der Ergebnisse aus offenen Fragen in der Testerhebung lassen sich die Kategorien für geschlossene Fragen einer geplanten Erhebung herausfinden.

**Meßniveau der
Frage**

Mit den *Fragen* werden die Ausprägungen der nominal-, ordinal-, oder kardinal-skalierten Merkmale festgestellt; in diesem Zusammenhang spricht man vom *Meßniveau der Fragen*.

Nominale Fragen lauten beispielsweise: Wie heißen Sie ? Welcher Branche gehört das Unternehmen an ? Die Fragen können offen oder geschlossen formuliert werden. Eine spezielle Form der nominalen Frage sind Fragen, die nur zwei mögliche Antworten zulassen (*dichotomische Antwort*). Hierzu gehören zum Beispiel Fragen nach dem Geschlecht (Antwort: männlich / weiblich) und Ja-Nein-Fragen. Bei manchen Ja-Nein-Fragen kann es allerdings sinnvoll sein, auch die Antwortkategorie "weiß nicht" vorzugeben.

Ordinale Fragen sind : Wie häufig benutzen Sie dieses Produkt ? (Antworten: immer, oft, selten, nie) oder : Welchen Schulabschluß haben Sie ? (Hauptschulabschluß - Mittlere Reife - Fachhochschulreife - Allgemeine Hochschulreife). Vielfach bedient man sich bei ordinalen Fragen der Visualisierung der Antwort-Maßskala. Zu der Behauptung "Die Arbeitsmarktlage ist im Osten schlechter als im Westen !" kann die Einstellung der Befragten durch Ankreuzen eines Kästchens der *"Leiter"-Skala* zum Ausdruck gebracht werden :

Abbildung C 7-1 : Leiterskala

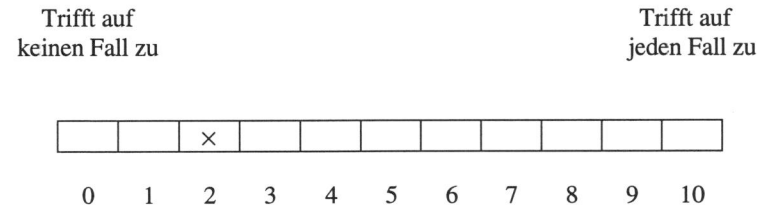

Der Befragte gibt durch das Ankreuzen eines Wertes auf dieser *(Rang-) Skala* den Grad seiner Übereinstimmung mit der Aussage an. Hiedurch kommt es zu einer Quantifizierung ordinaler Fragen. Die einzelnen (Rang-) Zahlen lassen sich mit geeigneten statistischen Methoden analysieren und liefern auf diese Weise mehr Informationen als es mit rein verbalen Antwortalternativen (Trifft auf jeden Fall zu, trifft zu, trifft weniger zu, trifft kaum zu, trifft auf keinen Fall zu) möglich ist. Siehe hierzu das Kapitel E 4.2 im Methodenteil zur beschreibenden Statistik.

Kardinale oder quantitative Fragen sind: Wie alt sind Sie ? Um wieviel Prozent ist der Umsatz im letzten Jahr gestiegen ? Wie hoch ist der Marktpreis für Messing ? Wie hoch ist Ihr monatliches Nettoeinkommen (Antworten: unter 2000 DM, 2000 DM bis unter 3000 DM, 3000 DM bis unter 4000 DM, usw.) ?

Anforderungen an einen *Fragebogen* aus der Sicht der Befragten (Dies können Personen, Unternehmen oder beispielsweise Betriebe sein. Die folgenden Ausführungen beziehen sich auf die Befragung von Personen.) :

Anforderungen an den Fragebogen

... aus der Sicht der Befragten

- Der Fragebogen sollte *übersichtlich* gestaltet sowie leicht lesbar sein.

- Es muß eine *klare Aufteilung* zwischen den *Fragen zur Person* (persönliche Daten) und dem eigentlichen *Interview* ersichtlich sein. Außerdem ist anzugeben, was mit den persönlichen Angaben nach der Aufbereitung und Analyse der Informationen geschieht (*Datenschutz*).

- Die einzelnen Fragen müssen einen inhaltlich *sinnvollen "Gesprächsablauf"* vorspielen und hinreichend interessant sein (Aufmerksamkeit und Motivation).

- Die Fragestellung darf nicht mißverständlich sein (Fehlerquelle).

- Die *Anweisungen zum Ausfüllen* dürfen nicht zu kompliziert sein (Motivation, Fehlerquelle).

- Es sollten nicht zuviele Fragen gestellt werden. Ein zu umfangreicher Fragebogen schreckt ab, und der Befragte gibt sich bei der Beantwortung einzelner Fragen keine Mühe mehr. Als Faustregel gilt für die schriftliche Befragung eine *maximale Bearbeitungszeit von 20 Minuten* (Mit Interviewer sollte die Befragung nicht länger als eine halbe bis eine dreiviertel Stunde andauern.).

- Möglichst sollte eine Fragetechnik durchgehend verwendet werden und nicht zwischen verschiedenen Techniken gewechselt werden.

... aus der Sicht der Daten-erfassung

Anforderungen aus der Sicht der Datenaufbereitung :

- Die Angaben auf dem Fragebogen (Daten) sollten *einfach zu erfassen* sein. Dies ist zum Beispiel beim einfachen "Ankreuzen" vorgegebener Antworten der Fall. Die Datenerfassung hat dann bei ja / nein - Fragen nur zwischen "1" und "0" zu unterscheiden. Einfach zu erfassen sind auch Antworten, die mit Hilfe von Codes verschlüsselt werden (vgl. S.24, Codierung).

- *Maschinenlesbare Fragebögen* minimieren die für die Datenerfassung benötigte Zeit.

- Es sollten Kontrollfragen gestellt werden, damit eine eingehende Plausibilitätskontrolle möglich ist.

- Offene Fragen sind möglichst zu vermeiden, da durch diese ein hoher Aufwand bei der Datenerfassung und der Auswertung entsteht.

Literatur

Grundsätzliches zur Befragung und zur Fragebogengestaltung ist dargestellt in *Holm, K. (Hrsg.)*, Die Befragung 1, München 1975.

8. Informationsquellen für wirtschaftsstatistische Daten

Unter dem Begriff *amtliche Statistik* werden alle staatlichen Stellen zusammengefaßt, die Statistiken erstellen und veröffentlichen. Für die Unternehmen ist dies eine besonders wichtige und kostengünstige Quelle für wirtschaftsstatistische Daten. Die amtliche Statistik umfaßt die *Bundes- und Landesstatistiken* sowie die *Ressortstatistiken*. Im Gegensatz zur nichtamtlichen Statistik ist die amtliche Statistik an gesetzliche Vorschriften, die Aufgaben und Umfang der einzelnen Statistiken regeln, gebunden.

Amtliche Statistik

Zu den wichtigsten Nutzern der amtlichen Statistik gehören die politische Führung, Ministerien, wissenschaftliche Institute, Unternehmen sowie Arbeitgeber- und Arbeitnehmerverbände.

Bundesstatistiken werden überwiegend direkt von den Statistischen Ämtern der Bundesländer erhoben und aufbereitet. Die Ergebnisse werden durch das *Statistische Bundesamt* in Wiesbaden in der vorgeschriebenen sachlichen und regionalen Gliederung zusammengestellt und veröffentlicht. Auftraggeber der Statistiken sind zumeist die Fachressorts der Bundesministerien.

Bundes- und Landesstatistiken

Die Ergebnisse der Bundesstatistiken werden in vielen Fällen in der erforderlichen regionalen Gliederung auch von den Bundesländern verwendet. Bei reinen *Landesstatistiken* wirkt das Statistische Bundesamt koordinierend, da den Nutzern der Landesstatistiken an vergleichbaren Ergebnissen gelegen ist.

Wichtige *Informationen für Wirtschaftsverbände und Unternehmen* liefern folgende Statistiken :

- Volkswirtschaftliche Gesamtrechnungen
- Kostenstruktur- und Bilanzstatistik
- Statistik im Produzierenden Gewerbe
- Handels- und Verkehrsstatistik
- Preis- und Lohnstatistik
- Erwerbstätigkeitsstatistik
- Außenhandelsstatistik

Die Veröffentlichung der statistischen Ergebnisse geschieht über Querschnittsveröffentlichungen, beispielsweise das *Statistische Jahrbuch für die Bundesrepublik Deutschland* oder Broschüren und Faltblätter, sowie über die sogenannten *Fachserien*, die den Nutzern tief gegliederte und ausführliche Informationen über ein begrenztes Gebiet oder die Ergebnisse einer statistischen Erhebung bereitstellen. Ergänzend werden die benötigten Nomenklaturen veröffentlicht. Der methodische Hintergrund der Statistiken und die aktuellen Ergebnisse des letzten Monats werden in den Abhandlungen der monatlich erscheinenden Zeitschrift *Wirtschaft und Statistik* dargestellt. Über neuere Entwicklungen der amtlichen Statistik informiert die Reihe *Forum der Bundesstatistik*.

Neben den gedruckten Informationen können die Nutzer gegen Gebühr aus dem sogenannten *Statistischen Informationssystem des Bundes (STATIS-BUND)* Daten online, per Magnetband oder auf Diskette beziehen. Die statistischen Informationen können auf diese Weise vom Nutzer direkt maschinell weiterverarbeitet werden. Für den dringenden Informationsbedarf gibt es den *statistischen Auskunftsdienst.* Wichtige aktuelle Daten (z.B. Index des Auftragseingangs, Preisindex der Lebenshaltung, Aktienkurse) werden mündlich oder per Telefax übermittelt.

Tabelle C 8-1 : Fachserien des Statistischen Bundesamtes

FS-Nr.	Titel der Fachserie (FS)
1	Bevölkerung und Erwerbstätigkeit
2	Unternehmen und Arbeitsstätten
3	Land- und Forstwirtschaft, Fischerei
4	Produzierendes Gewerbe
5	Bautätigkeit und Wohnen
6	Handel, Gastgewerbe, Reiseverkehr
7	Außenhandel
8	Verkehr
9	Geld und Kredit
10	Rechtspflege
11	Bildung und Kultur
12	Gesundheitswesen
13	Sozialleistungen
14	Finanzen und Steuern
15	Wirtschaftsrechnungen
16	Löhne und Gehälter
17	Preise
18	Volkswirtschaftliche Gesamtrechnungen
19	Umweltschutz

Ressortstatistik   Werden von den Bundes- und Landesministerien oder deren nachgeordneten Behörden selbst statistische Daten erhoben und aufbereitet, spricht man von sogenannten *Ressortstatistiken.* Beispiele hierfür sind die Arbeitsmarktstatistiken der Bundesanstalt für Arbeit oder Statistiken über die Neuzulassungen und den Bestand von Kraftfahrzeugen des Kraftfahrtbundesamtes.

Die wichtigsten Träger der *nichtamtlichen Statistik* sind die Wirtschafts- und Berufsverbände, Arbeitgeber- und Arbeitnehmerorganisationen, Industrie- und Handelskammern, die wirtschafts- und sozialwissenschaftlichen Forschungsinstute, die Hochschulen, kommerzielle Wirtschafts- und Meinungsforschungsinstitute, aber auch die Unternehmen.

Nichtamtliche Statistik

Ein großer Teil der von diesen Institutionen erhobenen und aufbereiteten Daten ist allerdings nicht jedem Interessenten zugänglich. So ist es z.B. kaum möglich, als Nichtmitglied die von den Verbänden gesammelten statistischen Daten zu erhalten. Diese werden in der Regel nur an die Mitglieder weitergegeben. Kommerzielle Institute hingegen stellen die Ergebnisse ihrer statistischen Untersuchungen jedem gegen Entgelt zur Verfügung.

Einen Überblick über Ziele, Grundlagen, Methoden und Organisation der Bundesstatistik sowie einen umfangreichen Katalog aller Bundesstatistiken bietet die Veröffentlichung *Das Arbeitsgebiet der Bundesstatistik, Statistisches Bundesamt (Hrsg.)*, Wiesbaden 1988 .

Literatur

Eine inhaltliche Auseinandersetzung mit den Methoden und Ergebnissen der amtlichen Statistik erfolgt bei *Zwer, R., Einführung in die Wirtschafts- und Sozialstatistik,* München und Wien 1985 .

Häufig ist es nicht einfach, die Anbieter von Informationen bzw. statistischen Daten aufzuspüren. Wertvolle Hinweise über Informationseinrichtungen aus den Verwaltungsbereichen des Deutschen Bundestages, des Bundesrates, der Bundesregierung und der Bundesministerien mit ihren nachgeordneten Behörden liefert das *Informationshandbuch des Bundes (IHB), Gesellschaft für Information und Dokumentation mbH (Hrsg.)*, Frankfurt am Main 1987.

Eine wichtige Quelle für Informationen aus dem Unternehmensbereich liefert der Verlag *Hoppenstedt & Co (Hrsg.)*. Zu den Titeln gehören u.a. das *Handbuch der Großunternehmen*, Bd. 1, Alphabetisches Firmenregister, Firmenberichte der Orte A - J, Bd. 2, Firmenberichte der Orte K - Z, Ortsregister, Branchenregister, Darmstadt 1994; *Mittelständische Unternehmen* Bd. 1, Alphabetisches Firmenregister, Firmenberichte der Orte A - J, Bd. 2, Firmenberichte der Orte K - Z, Ortsregister, Branchenregister, Darmstadt 1992 ; *Firmen der neuen Bundesländer* , Darmstadt 1991 ; *Verbände, Behörden, Organisationen der Wirtschaft,* Darmstadt 1993 .

Daten aus der Bilanz- und Erfolgsrechnung und zur Dividendenentwicklung deutscher Aktiengesellschaften enthält der *Wegweiser durch deutsche Unternehmen 1991*, Bayerische Hypotheken und Wechsel-Bank AG (Hrsg.), München 1991 .

D Aufbereitung von Informationen

1. Überblick

**Fehlersuche,
Kontrollen**

Die statistische Analyse von Informationen besteht nicht allein darin, eine statistische Methode auszuwählen und mit Hilfe von Daten und einem geeigneten Computerprogramm Graphiken und Mittelwerte zu berechnen (und das quasi per Knopfdruck). Dies ist praktisch erst der letzte Schritt. Grundsätzlich ist davon auszugehen, daß die erhobenen Informationen im Einzelfall auch fehlerhaft sein können. Die erste Untersuchung der Informationen muß daher das Ziel haben, mögliche Fehler aufzudecken und - wenn möglich - zu beseitigen.

In der *Aufbereitungsphase* werden daher die erhobenen Daten umfangreichen *Kontrollen* unterworfen und schon mehr oder weniger stark zusammengefaßt. Im Anschluß daran stehen sie für eine Analyse mit Hilfe der Methoden der beschreibenden und schließenden Statistik bereit.

Beispiel

Im folgenden wird - um von einem praktischen Beispiel auszugehen - von einer Befragung bei Privathaushalten durch ein Meinungsforschungsinstitut oder die Marketingabteilung eines Unternehmens ausgegangen. Die Befragung erfolgt mit Hilfe eines Fragebogens; insgesamt 1000 Personen wurden die Erhebungsunterlagen zugeschickt. Hierbei wurde aufgrund von Erfahrungen aus früheren Untersuchungen ein Ausfall von 10% der Fragebögen einkalkuliert, so daß mit einem Rücklauf von etwa 900 Fragebögen zu rechnen ist.

Welches sind nun die ersten Schritte der Aufbereitung der Informationen auf dem Fragebogen ? Welche Vorarbeiten müssen geleistet werden, damit die nächste Phase der statistischen Untersuchung, die Darstellung und Präsentation der Daten, erfolgen kann ?

2. Manuelle Vorarbeiten

**Prüfung auf
Vollzähligkeit**

Nachdem der größte Teil der Fragebögen ausgefüllt beim Absender eingegangen ist, wird die *Vollzähligkeit* der Bögen überprüft (*quantitative Kontrolle)*. Anhand der Adresskartei der befragten Personen wird der Rücklauf kontrolliert. Fehlende Fragebögen werden ggf. telefonisch erbeten, oder es wird durch nochmaliges Anschreiben der gleichen Adressaten der Versuch unternommen, die ausstehenden Informationen zu erhalten.

**Prüfung auf
Vollständigkeit**

Danach erfolgt die *qualitative Kontrolle* der Fragebögen. Hierbei wird überprüft, ob die Fragebögen vom Befragten vollständig ausgefüllt wurden. Sofern dies nicht der Fall ist, kann versucht werden, fehlende Informationen - ggf. durch fernmündliche Rückfrage - beim Befragten einzuholen. Sollte dies nicht möglich sein, ist zu entscheiden, ob auch die unvollständigen Informationen in dem Fragebogen für die statistische Analyse brauchbar sind und der Fragebogen zur Datenerfassung zugelassen wird.

Sofern einzelne Antworten "verschlüsselt" anzugeben sind, kann noch vor der Datenerfassung die Zulässigkeit der in den einzelnen Fragebögen vorkommenden Schlüssel überprüft werden (*Signierkontrolle*). Im vorstehenden Beispiel mußten die Befragten beispielsweise über einen Schlüssel die Berufsgruppe angeben, der sie angehören. Vorgegeben wurden die Schlüsselzahlen 001 bis 150 , wobei 001 = Schlosser, 002 = Elektriker, 003 = Maurer, 004 = Tischler usw. bedeutet. Alle anderen Schlüssel (z.B. 151 oder 355) werden als falsch beanstandet. Die Signierkontrolle kann auch nach der Datenerfassung mit Hilfe einer statistischen Software erfolgen. **Signierkontrolle**

3. Datenerfassung

Weist der Fragebogen nur wenige Merkmale (bzw. Fragen) und Merkmalsausprägungen auf, können die statistischen Daten direkt aus dem Fragebogen mit Hilfe einer *Strichliste* ausgezählt werden (siehe Beispiel in Kapitel E 3.5). So ergebe sich etwa bei der Frage nach der Parteizugehörigkeit : **Strichliste**

Abbildung D 3-1 : Strichliste

CDU / CSU	‖‖‖ ‖‖‖ ‖‖‖ ‖‖‖
SPD	‖‖‖ ‖‖‖ ‖‖‖ ‖‖‖ ‖‖
F.D.P.	‖‖‖ ‖
Die Grünen	‖‖‖ ‖‖‖
Sonstige Parteien	‖‖

Dieses Verfahren einer manuellen Datenerfassung kann jedoch nur für sehr einfache "Umfragen", z.B. für geheime Wahlen im Verlauf einer Betriebsversammlung oder Abstimmungen auf Sitzungen, verwendet werden.

Bevor die elektronische Datenverarbeitung mit Hilfe einer geeigneten statistischen Software vorgenommen werden kann, müssen die Informationen bzw. Daten in den Rechner eingegeben werden. Dies ist die Aufgabe der elektronischen Datenerfassung. Durch diesen Vorgang werden die Daten erstmals auf einen maschinell lesbaren Datenträger (z.B. Diskette oder Festplatte eines PC) abgelegt. **Elektronische Datenerfassung**

Grundsätzlich sind folgende Formen der elektronischen Datenerfassung zu unterscheiden :

a) Die Daten werden von einem Fragebogen oder einem anderen schriftlichen Beleg abgelesen und mit Hilfe der Tastatur manuell am Rechner eingegeben.

b) Die (handschriftlich vorliegenden) Daten werden maschinell eingelesen. Dies setzt voraus, daß Fragebögen, Formulare, Aufdrucke auf den Etiketten von Waren usw. maschinenlesbar sind.

c) Die Daten werden durch den Interviewer direkt während der Befragung in ein elektronisches Datenerfassungsgerät (z.B. Notebook) eingegeben oder die Umfrage wird direkt über ein elektronisches Netz (z.B. Bildschirmtext bzw. Datex-J) abgewickelt. Bei diesem Verfahren kommt es zu keiner schriftlichen "Uraufzeichnung".

d) Die Daten werden automatisch erfaßt. Ein einfaches Beispiel ist die Geschwindigkeitsmessung auf Autobahnen und Landstraßen.

Der Einsatz von maschinellen Verfahren bereitet in der Praxis Schwierigkeiten. Eine manuelle Nachbearbeitung derjenigen Fälle wird dort notwendig, wo Sachverstand und Entscheidungskompetenz benötigt werden. Für maschinelle Verfahren sprechen dennoch die Schnelligkeit und eine geringe Fehlerquote dieser Art der Datenerfassung. Hierdurch kann dann auch eine höhere *Wirtschaftlichkeit* als bei manuellen Verfahren erreicht werden.

4. Maschinelle Plausibilitätskontrolle

Signierkontrolle

Die *Signierkontrollen* wurden bereits unter dem Punkt "manuelle Vorarbeiten" angesprochen. Eine falsche Signierung kann entweder als "Verschreiber" erkannt und maschinell oder manuell korrigiert werden, oder die Signierung wird gelöscht und im weiteren Ablauf wie ein fehlender Wert behandelt. Signierkontrollen sind i.d.R. immer auf einzelne Merkmale und deren Ausprägungen ausgerichtet.

Behandlung unplausibler Datenwerte

Nur mit Hilfe von EDV-Programmen können umfangreiche *Plausibilitätskontrollen* vorgenommen werden. Diese Kontrollen haben den Zweck, unplausible Datenwerte aufzuspüren und ggf. zu korrigieren. Häufig sind diese Kontrollen auf mehrere Merkmale zugleich ausgerichtet.

So besteht beispielsweise eine enge Beziehung zwischen dem Alter und dem Familienstand: Ein zehnjähriges Kind kann nicht verheiratet oder geschieden sein. Oder man betrachtet die Beziehung zwischen der Verkaufsmenge einer Ware und dem Verkaufspreis : Ein neues Fernsehgerät kann nicht 49,50 DM kosten.

Wie werden jedoch solche unplausiblen Angaben behandelt ? Nicht in jedem Fall läßt sich eindeutig feststellen, ob zwingend ein Fehler vorliegen muß. So kann die Altersangabe "60 Jahre" und die Angabe "Student" durchaus richtig sein. Aus diesem Grunde unterscheiden die Statistiker *Kann-Fehler* und *Muß-Fehler*.

Prinzipiell unmögliche Werte

Muß-Fehler müssen korrigiert werden. Hierbei handelt es sich um Angaben, die in Kombination unmöglich sind, also um *prinzipiell unmögliche Werte*. So kann beispielsweise eine befragte Person nicht 55 Jahre alt sein und eine Grundschule besuchen. Eine Korrektur kann manuell oder maschinell erfolgen.

Kann-Fehler können - ggf. nach Durchsicht des gesamten Datensatzes - korrigiert werden. Dies muß jedoch nicht geschehen, sofern es wahrscheinlich ist, daß die betrachtete Merkmalskombination auch auftreten kann. Es handelt sich also hier um *prinzipiell mögliche Werte*. Eine befragte Person kann beispielsweise 65 Jahre alt sein und eine Universität besuchen. Arbeitstechnisch lassen sich Kann-Fehler nur manuell und "mit Sachverstand" korrigieren. Das Prüfen und ggf. Korrigieren vieler unplausibler Datensätze ist deshalb sehr zeitaufwendig.

Prinzipiell mögliche Werte

Nicht beantwortete Fragen (*Nonresponse*) werden bei der Datenerfassung besonders gekennzeichnet bzw. codiert und nach Möglichkeit um "sinnvolle" Antworten ergänzt. Diese Vorgehensweise hat zum Ziel, eine vollständige *Datenmatrix* (jede Zeile der Matrix entspricht einem Fragebogen, jede Spalte einer Antwortkategorie) zu erstellen, damit die statistische Untersuchung mit möglichst vielen Fällen durchgeführt werden kann. Die fehlenden Antworten müssen allerdings so ergänzt oder vervollständigt werden, daß sie die statistische Analyse nicht beeinflussen oder verfälschen.

Vorgehensweise bei fehlenden Datenwerten

Eine verbreitete, einfache Möglichkeit, fehlende (quantitative) Antworten zu ersetzen, besteht darin, den *Mittelwert aus den vorhandenen Angaben* zu den gleichen Fragen zu bilden und an die Stelle der fehlenden Antwort zu setzen. Anstelle des Mittelwertes kann auch (z.B. bei qualitativen Fragen) die *häufigste Ausprägung* oder der *häufigste Wert* (siehe Abschnitt E 3) verwendet werden.

Eine sehr aufwendige aber auch sachlich fundierte Methode besteht darin, *(kausale) Zusammenhänge* zwischen den Antworten zu untersuchen und diese Zusammenhänge für die Korrektur unplausibler oder zur Vervollständigung fehlender Angaben zu verwenden.

Problem : Aus einer Befragung verschiedener Haushalte zu ihrem Konsumverhalten liegen einzelne Fragebögen (maschinell: Datensätze) vor, in denen die Angaben zum Haushaltseinkommen fehlen. Bei den vollständigen Fragebögen / Datensätzen läßt sich eindeutig ein Zusammenhang zwischen der Verbrauchsstruktur bestimmter Güter und der Höhe des Haushaltseinkommens berechnen. Lösung : In den unvollständigen Fragebögen wird jeweils dasjenige Haushaltseinkommen eingesetzt, das sich mit Hilfe des bekannten Zusammenhangs aus der speziellen Verbrauchsstruktur der befragten Person ableiten läßt.

Beispiel einer inhaltlich begründeten Korrektur

Ein weiteres einfaches Beispiel zu fehlenden Antworten bei qualitativen Fragen: In einigen Fragebögen fehlt die Angabe zum Geschlecht (männlich / weiblich). Die zuvor beschriebene Methode läßt sich in diesem Fall folgendermaßen umsetzen: Es wird festgestellt, daß Männer bevorzugt Produkt A und Frauen bevorzugt Produkt B konsumieren. Daher kann anhand der Antworten in den unvollständig ausgefüllten Fragebögen bezüglich der Verwendung von Produkt A und B auf das Geschlecht geschlossen werden. (Siehe hierzu Kapitel E 4.1, Statistische Abhängigkeit)

5. Veränderung der Daten

Transformation Liegen die erhobenen Daten noch nicht in geeigneter Form für die Darstellung oder Analyse vor, so wird eine Transformation dieser Daten vorgenommen. Betriebe müssen beispielsweise für die Aufstellung der monatlichen Umsatzstatistik die in einer Fremdwährung angefallenen Umsätze über den Wechselkurs in die heimische Währung umrechnen (transformieren). Das Merkmal "Umsatz (in frz. Francs, FF)" wird transformiert in das Merkmal "Umsatz (in DM)".

Allgemein gilt : Eine Transformation eines Merkmals X_1 in ein Merkmal X_2 liegt dann vor, wenn jeder Merkmalsausprägung x_{1i} des Merkmals X_1 eindeutig eine Ausprägung x_{2i} des Merkmals X_2 zuzuordnen ist.

Beispiel **Tabelle D 5-1 : Transformation von FF-Umsätzen in DM-Umsätze**

Auftrags-nummer	Merkmal X_1 Umsatz in FF	Merkmal X_2 Umsatz in DM
1	20000	6000
2	15000	4500
3	8000	2400
4	150000	45000

In diesem Beispiel wurden die FF-Umsätze X_1 über den Wechselkurs (100 FF = 30 DM) in DM-Umsätze X_2 umgerechnet. Die Transformation lautet $X_2 = 0,3 \cdot X_1$.

Erhaltung des Skalenniveaus Bei dem zuvor beschriebenen Beispiel wird ein metrisch-skaliertes Merkmal in ein anderes metrisch-skaliertes Merkmal transformiert. Das Skalenniveau bleibt erhalten. Dies hat in diesem Fall den Vorteil, daß die für metrisch-skalierte Merkmale vorgesehenen statistischen Methoden weiterhin angewendet werden können. Die Umbenennung von Straßennamen ist ein Beispiel für die Transformation eines nominal-skalierten Merkmals.

Absenkung des Skalenniveaus (Niveauregression) Die Absenkung des Skalenniveaus (*Niveauregression*) wird in Kapitel E 4.6 behandelt. Sie wird vorgenommen, wenn zwei Merkmale mit unterschiedlicher Skalierung betrachtet werden sollen und die verwendete statistische Methode ein einheitliches Skalenniveau verlangt. In diesem Fall handelt es sich um eine Transformation, bei der Informationen verloren gehen, da bei dem einen Merkmal von einem höheren Skalenniveau zu einem niedrigeren Skalenniveau übergegangen wird.

Klassenbildung Unter *Klassenbildung* ist die Zusammenfassung der statistischen *Urdaten* in Größenklassen zu verstehen. Der Begriff wird in der Regel nur für metrisch-skalierte Daten verwendet. Auf die Klassenbildung wird ausführlich in Kapitel E 3.5 eingegangen.

Als *Ausreißer* bezeichnet man Datenwerte, die außerhalb der Größenordnung der übrigen (Stichproben-) Werte liegen. Sie können im Rahmen der maschinellen Plausibilitätskontrolle - sofern sie in dieser Phase der statistischen Untersuchung schon entdeckt werden - als Kann-Fehler definiert werden. Sind solche extremen Werte in den Urdaten enthalten, führen manche statistischen Methoden nicht zu der gewünschten Aussagequalität. Das arithmetische Mittel z.B. reagiert auf Ausreißer empfindlich und beschreibt die Lage der betrachteten Werte in Verbindung mit Ausreißern verzerrt. Der Zentralwert oder Median beschreibt die Lage der Werte in diesem Fall besser.

Ausreißer

Ob Ausreißer aus der statistischen Analyse ausgeschlossen oder mit den anderen Daten zusammen verwendet werden, hängt vom Ziel der Untersuchung ab. Bei einer Untersuchung des Alters von Gebrauchtwagen und ihres Marktpreises bewegen sich "Alter" und "Preis" normalerweise gegenläufig : Je älter das Fahrzeug umso geringer der Preis. Ausreißer sind in diesem Beispiel Oldtimer, die gerade wegen ihres hohen Alters einen hohen Preis erzielen, und Unfallwagen mit wenigen gefahrenen Kilometern, die trotz des geringen Alters nur einen geringen Wert haben. Ist es das Ziel der Untersuchung, auch die extremen Fälle zu analysieren, müssen diese in die Analyse einbezogen werden. Sollen jedoch nur "normale" Fälle analysiert werden, so sind die Ausreißer und damit ggf. die betreffenden Datensätze von der statistischen Untersuchung auszuschließen.

Eine einfache *Faustregel* besagt, daß alle Datenwerte außerhalb des sogenannten 3-S-Bereichs um den Mittelwert $\bar{x}$ einer Verteilung Ausreißer sind. Hierbei steht S für die Standardabweichung der Werte um den Mittelwert. Der kleinste Datenwert darf nicht kleiner als $\bar{x} - 3 \cdot S$ und der größte nicht größer als $\bar{x} + 3 \cdot S$ sein.

Gegeben sind die folgenden Datenwerte : 1× der Wert 0,9 ; 7×1,0 ; 10×1,1 ; 4×1,2 und 1×1,6. Der Mittelwert beträgt $\bar{x}$ = 1,1 und die Standardabweichung S = 0,13 (zur Berechnung siehe Kapitel E 3.3). Der 3-S-Bereich liegt dann zwischen 0,7 (= 1,1 - 3 · 0,13) und 1,49 (1,1 + 3 · 0,13). Der Wert 1,6 ist demnach ein Ausreißer. Zu entscheiden ist nun, ob dieser untypische Datenwert in die Untersuchung aufgenommen wird oder auszuschließen ist, da er die Analyseergebnisse verfälscht.

Beispiel

Abbildung D 5.1 : Häufigkeit des Auftretens verschiedener Werte

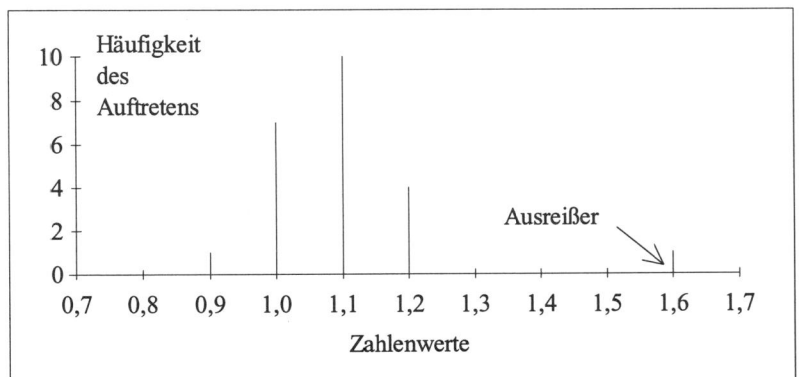

E Präsentation und Beschreibung der Informationen

1. Überblick

Beschreibende Statistik

In diesem Teil E werden die Methoden und Verfahren zur Präsentation und Beschreibung der erhobenen und aufbereiteten statistischen Informationen dargestellt. Dies entspricht dem Teilgebiet der *beschreibenden (deskriptiven) Statistik*. Die dargestellten Methoden sind teilweise auch Grundlage für die in Teil F dargestellten Verfahren der schließenden Statistik. Auch die Strukturen einiger Formeln und die Konstruktion der verschiedenen Diagrammtypen sind in Teil F wiederzufinden.

Im folgenden wird ein tabellarischer Überblick über die einzelnen Themen, die in Teil E behandelt werden, gegeben.

Tabelle E 1-1 : Übersicht zur beschreibenden Statistik

Anzahl der betrachteten Merkmale	Themen	Abschnitt
ein Merkmal	- Darstellung von Häufigkeitsverteilungen - Berechnung von Mittelwerten und Streuungsmaßen - Klassenbildung bei metrischen Merkmalen - Messung der Konzentration	E 3
zwei Merkmale	- Darstellung von Häufigkeitsverteilungen zweier Merkmale - Statistische Abhängigkeit / Unabhängigkeit - Korrelations- und Regressionsanalyse - Verursachungs- und Beziehungszahlen	E 4
ein Merkmal und die Zeit als zweites Merkmal	- Meß- und Indexzahlen - Zeitreihenanalyse - Prognose	E 5
mehrere Merkmale	- Multivariate Verfahren	E 6

Gliederung der Abschnitte und Kapitel

Wie schon in Abschnitt A 4 beschrieben, sind die einzelnen Abschnitte E 3 bis E 6 thematisch nach der Anzahl der betrachteten Merkmale gebildet worden und die Kapitel E 3.1, E 3.2 ... vorrangig nach der Skalierung der Merkmale gestaltet und erst in zweiter Linie nach den statistischen Methoden. Ausgehend von statistischen Informationen (Daten), die in einer bestimmten Skalierung vorliegen, werden in den einzelnen Kapiteln jeweils diejenigen Methoden vorgestellt, die speziell zur Präsentation und Darstellung von Daten mit dieser Skalierung geeignet sind.

2. Grundsätzliche Alternativen der Darstellung
2.1 Tabellen

In der Aufbereitungsphase der statistischen Untersuchung und für die Darstellung und Präsentation der statistischen Informationen werden Tabellen benötigt, die dem Betrachter die Ergebnisse der jeweiligen Stufe der statistischen Untersuchung möglichst übersichtlich darbieten sollen.

Arbeits- und Veröffentlichungstabellen

Während in der Aufbereitungsphase noch von sogenannten *Arbeitstabellen* gesprochen wird, die nicht immer vollständig beschriftet sind und oftmals nur dem Eingeweihten Zugang zu den Informationen verschaffen, müssen *(Ergebnis-) Tabellen*, mit denen auch der Nicht-Eingeweihte informiert werden soll, mit besonderer Sorgfalt gestaltet werden. Dies gilt insbesondere dann, wenn die Ergebnisse der statistischen Untersuchung an Dritte weitergegeben oder veröffentlicht werden. *Veröffentlichungstabellen* müssen aus sich heraus lesbar sein, ohne daß zunächst zusätzliche Hinweise gegeben werden.

Tabellentechnik

Da für die verschiedensten Zwecke Tabellen aufgestellt werden, ist es nicht möglich, "die Tabelle" zu definieren. Es können jedoch einige Grundelemente benannt werden, die eine Tabelle enthalten muß, damit sie auch für jeden Betrachter lesbar wird.

Abbildung E 21-1 : Schema einer Tabelle

Überschrift [1]

Vorspalten

Lfd. Nr.	Spaltentext	Spaltenübergreifender Text			Summenspalte
		Spaltentext	Spaltentext	. . .	
1	2	3	4	. . .	. . .
1	Zeilentext				
2	Zeilentext				
3	Zeilentext		Tabellen-		
. . .	. . .		felder		
Summenzeile					

Tabellenkopf

1) Fußnote

- Jede Tabelle muß mit einer *Überschrift* versehen sein, die über den sachlichen Inhalt, den Zeitraum oder Zeitpunkt der Erfassung sowie den örtlichen Geltungsbereich informiert.

Faustregeln zur Tabellentechnik

- Tabellen müssen eine *Kopf-* und / oder eine *Vorspalte* enthalten. Diese kennzeichnen die genauen Inhalte der einzelnen Spalten und Zeilen, beispielsweise die Bezeichnung der Merkmale und Merkmalsausprägungen.

- Tabellen können *Summenzeilen* und *Summenspalten* enthalten. Diese müssen auch als solche kenntlich gemacht sein. Hierbei sollte allerdings nicht das Summenzeichen Σ verwendet werden, da es der Fachfremde nicht unbedingt kennt, sondern Begriffe wie "Summe" oder "insgesamt". Auch Zwischensummen müssen besonders hervorgehoben werden.

- Durch die Unterteilungen in den Tabellenspalten und - zeilen entstehen die einzelnen *Tabellenfelder*. Umrahmt von Vorspalte und Tabellenkopf liegt der *Zahlenteil der Tabelle*, der die statistischen Informationen enthält. Die Tabellenfelder des Zahlenteils dürfen bei fehlenden Informationen nicht leer bleiben, sondern müssen durch "0" , "-" oder andere Sonderzeichen besetzt und ggf. erläutert werden.

- Zur Ergänzung und Erläuterung der Tabellenüberschrift, einzelner in der Tabelle verwendeter Bezeichnungen und Abkürzungen oder für Anmerkungen zu einzelnen Tabellenfeldern können *Fußnoten* verwendet werden.

- Sollen in den Fußnoten oder in einem kommentierenden Textteil einzelne Zeilen oder Spalten sowie Tabellenfelder direkt angesprochen werden, so bietet sich zur besseren Orientierung in der Tabelle eine *Numerierung* der einzelnen Tabellenspalten an. Die Zeilen der Tabelle können ebenfalls mit einer "laufenden Nummer" versehen werden.

Faustregeln zum Tabelleninhalt

- Die in der Tabelle enthaltenen Informationen müssen grundsätzlich ohne zusätzliche erläuternde Angaben verstanden werden können. Alle notwendigen Erläuterungen müssen in der Tabelle enthalten sein. Hierzu dienen *Überschrift, Zeilen- und Spaltentexte, Fußnoten*.

- *Abkürzungen*, z.B. zur Beschreibung der verwendeten Maßeinheiten, sollten vermieden werden, es sei denn, es handelt sich um allseits bekannte DM usw.

- Die *Quellen*, aus denen die Informationen stammen, sind anzugeben.

- Die Interpretation der Informationen und Besonderheiten in der Datenstruktur sind in einem *zusätzlichen Begleittext*, der nicht Bestandteil der Tabelle ist, zu formulieren.

2.2 Graphische Darstellungen

Die *statistische Graphik* ist neben der Tabelle eine zweite wichtige Form der Darstellung statistischer Informationen. Aufgabe des Statistikers ist es, geeignete Graphiken zu entwickeln und zur Präsentation und Beschreibung der Ergebnisse einer statistischen Untersuchung einzusetzen. Grundsätzlich gibt es nur drei *Grundelemente* zur graphischen Darstellung statistischer Informationen : Punkte, Linien (Kurven) und Flächen. Hieraus lassen sich *Punkt-, Linien- und Flächengraphiken* entwickeln. Mit Hilfe moderner Computersoftware ist es jedoch auch möglich, sehr schnell komplizierte räumliche (dreidimensionale) Darstellungen zu erzeugen. Damit werden die Grundelemente der Darstellung um Funktionen mit zwei Veränderlichen und um die geometrischen Körper (z.B. Würfel, Kugel, Säule) erweitert. In Tabelle E 22-1 wird eine Klassifikation der wichtigsten statistischen Graphiken nach der Art der Wertedarstellung und der Anzahl der betrachteten Merkmale vorgenommen.

Grundtypen statistischer Graphiken

Mit *Punkten* kann in einem Koordinatensystem die Häufung oder Streuung beobachteter Phänomene dargestellt werden (Abb. E 22-1, oben links). In Verbindung mit einer Zeitachse beschreiben Punkte die Entwicklung eines Merkmals im Zeitablauf (Abb. E 22-1, oben rechts). Streuungsdiagramme werden in Kapitel E 4.3 zur Darstellung des Zusammenhangs zweier Merkmale verwendet, die Behandlung von Zeitreihen erfolgt in Kapitel E 5.4 , Zeitreihenanalyse.

Punktdiagramme

In *Liniendiagrammen* werden die Linien parallel zu einer Achse eingezeichnet. Die Länge einer Linie repräsentiert beispielsweise die Häufigkeit des Auftretens eines Phänomens oder das Ausmaß der Abweichung zwischen zwei Werten (Abb. E 22-1, Mitte). *Flächendiagramme* zeichnen sich dadurch aus, daß die Flächen den statistischen Wert repräsentieren. Je größer die Fläche, desto größer auch der Wert. Die Problematik, die Flächen proportional zu den dargestellten statistischen Werten zu konstruieren, tritt besonders bei der Darstellung von Histogrammen mit variablen Klassenbreiten hervor (siehe Kapitel E 3.5). Wichtige Grundelemente in Flächendiagrammen sind Rechtecke und Kreise sowie deren Teilflächen, z.B. Kreissektoren (Abb. E 22-1, unten).

Linien- und Flächendiagramme

Bei *räumlichen Darstellungen* ist Vorsicht geboten, da perspektivische Verzerrungen die statistische Aussage verfälschen können. Außerdem kann es vorkommen, daß der Blick auf Teile der Darstellung verdeckt wird, z.B. wenn größere Säulen vor kleineren angeordnet sind. Dadurch wird nur ein Teil der statistischen Information sichtbar (siehe z.B. Abbildung E 41-1). Häufig ist deshalb auch von einer räumlichen Darstellung abzuraten.

Räumliche Darstellungen

Die meisten statistischen Schaubilder verwenden ein *rechtwinkliges Koordinatensystem*, das den äußeren Bezugsrahmen liefert. Mit Hilfe des Koordinatensystems läßt sich die Lage von Punkten, Geraden, Kurven, Flächen sowie bei der räumlichen Darstellung von Funktionen mit zwei Veränderlichen und die Lage von Körpern eindeutig beschreiben. Von Vorteil für die Darstellung ist ein sogenanntes *Hintergrundnetz*, das ein einfaches Zuordnen der graphischen Elemente (Punkt, Linie, Fläche, Körper) zu den an den Achsen des Koordinatensystems abgetragenen Skalen und das Ablesen der Skalenwerte ermöglicht (siehe z.B. Abbildung E 41-1).

Koordinatensystem

Elemente einer Graphik

Ebenso wie bei statistischen Tabellen ist es erforderlich, daß der Betrachter einer Graphik deren Inhalt und Aussage schnell erfassen kann. Folgende *Elemente* gehören daher zu *einer vollständigen Graphik* :

- die Überschrift bzw. der Titel der Graphik
- die Beschriftung der Achsen
- eine Skaleneinteilung an den Achsen und die Bezeichnung der Maßeinheit
- ein Hintergrundnetz, wenn das Ablesen einzelner Werte an den Achsen dadurch erleichtert wird
- die Erläuterung der unterschiedlichen Schraffuren einzelner Flächen (Legende)
- Fußnoten, sofern ergänzende Angaben zum Inhalt oder zu Details des Diagramms gegeben werden müssen
- Quellenangaben

Layout

Neben den Inhalten einer Graphik gibt es noch die *äußeren Gestaltungsmerkmale (Layout)*. Diese können einen erheblichen Einfluß auf die "Lesbarkeit" der Informationen ausüben, die mit Hilfe der Graphik vermittelt werden sollen. Ohne hierauf näher einzugehen (siehe Literaturangabe), sind folgende Aspekte zu nennen :

- die Verwendung von Farben oder Graustufen in der Graphik
- die Verwendung von Schraffuren oder Raster
- die Formatwahl
- die Wahl der Schriftart und der Schriftgröße
- die Verwendung von Photographien, Bildsymbolen, Hintergrundzeichnungen bei der graphischen Ausgestaltung von statistischen Schaubildern

Tabelle E 22-1 : Klassifikation wichtiger statistischer Graphiken *)

Anzahl der darge-stellten Merkmale	Art der Wertedarstellung			
	Punkt	Linie	Fläche	Körper
ein Merkmal	-	- Stabdia-gramm, E 3.3 - Lorenzkurve, E 3.7 - Verteilungs-funktion, E 3.3, E 3.4	- Kreisdia-gramm, Bal-kendiagramm E 3.1 - Histogramm, Rechteckdia-gramm, E 3.4 - Dichtefunk-tion, F 2.4	- Darstellung der Merkmals-ausprägun-gen durch geometri-sche Körper, z.B. Kugeln
zwei Merkmale	- Punkte-diagramm, - Streu-diagramm, E 4.3	- Kurven-diagramm, - Funktionen, E 4.3, E 4.4	- Verglei-chende Histogram-me, E 4.1 - Bevöl-kerungs-pyramide	- Säulen-gebirge, E 4.1 - Funktions-gebirge

*) Angegeben wird zusätzlich das Kapitel, in dem die Graphik behandelt wird.

Abbildung E 22-1 : Diagrammtypen

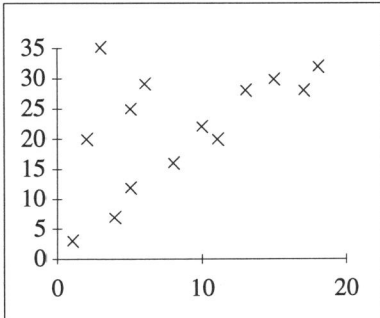 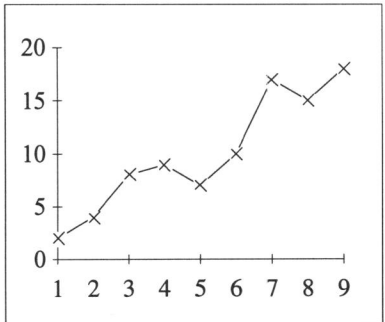 **Punkt-diagramm**

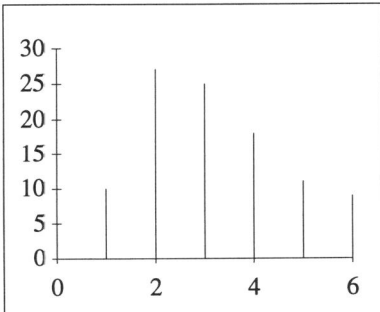 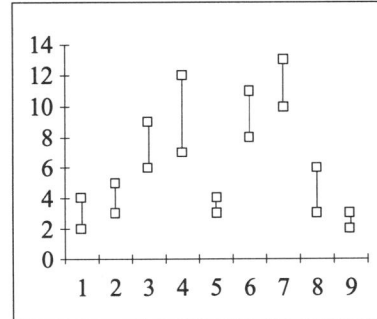 **Linien-diagramm**

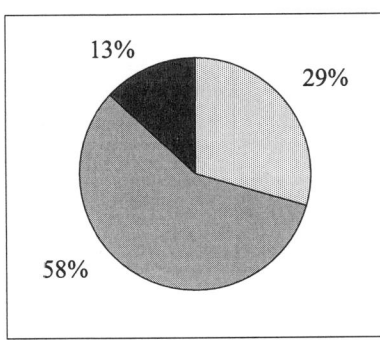 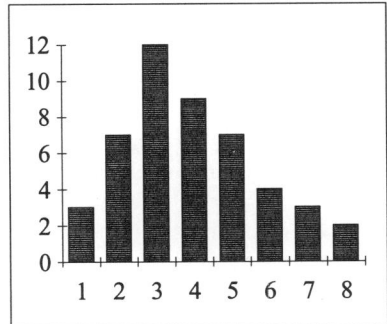 **Flächen-diagramm**

Eine Klassifikation der statistischen Graphiken findet man in : *Kopp, N., Statistik-Schaubild und Datenverarbeitung : Konzeption für den Einsatz eines interaktiven Graphiksystems*, Statistische Monatsberichte Bremen, Heft 7/1987. **Literatur**

Eine umfassende Auseinandersetzung mit dem statistischen Schaubild erfolgt bei *Abels, H., Degen, H., Handbuch des statistischen Schaubilds, Konstruktion, Interpretation und Manipulation von graphischen Darstellungen*, Berlin 1981. Siehe auch *Riedwyl, H., Graphische Gestaltung von Zahlenmaterial*, 2., überarb. Auflage, Bern und Stuttgart 1979.

Große Erfahrung mit der Anfertigung statistischer Schaubilder haben die Statistischen Landesämter und das Statistische Bundesamt. Praktische Beispiele für Graphiken findet man beispielsweise in der Fachzeitschrift *Wirtschaft und Statistik*, die vom Statistischen Bundesamt herausgegeben wird.

2.3 Statistische Maßzahlen

Aufgabe der Maßzahlen

Tabellen und graphische Darstellungen ermöglichen schon einen guten Überblick über die erfaßten und aufbereiteten statistischen Informationen. Besondere Eigenschaften des Datenmaterials können erkannt und beschrieben werden. Zur genauen Charakterisierung der Daten und deren Besonderheiten bietet die statistische Methodenlehre eine ganze Reihe *statistischer Maßzahlen (Parameter, statistische Kennzahlen)* an. Deren grundlegende Aufgabe ist es, die in den Daten enthaltenen, teils nicht überschaubaren Informationen auf eine kurze Beschreibung zu reduzieren. Da bei der Berechnung solcher Maßzahlen auch Informationsverluste hingenommen werden müssen, werden teilweise auch mehrere, sich in ihrer Aussage ergänzende Maßzahlen verwendet. So reicht es nicht aus, nur den Mittelwert einer Datenmenge anzugeben, da durch diesen die Variation der Meßwerte nicht beschrieben wird. Ergänzend zum Mittelwert sollte die Streuung oder Varianz berechnet werden (siehe die Kapitel E 3.3 und E 3.4).

Typen von Maßzahlen

Mittelwerte

Mittelwerte sagen etwas über eine "typische" oder "mittlere" Merkmalsausprägung aus. In den folgenden Kapiteln wird gezeigt, daß es verschiedene Mittel gibt und die Durchschnittsbildung nicht der einzige Ansatz ist, die statistische "Mitte" einer Gesamtheit von Daten zu beschreiben. Oftmals wird im Zusammenhang mit der Berechnung der Mittelwerte für Häufigkeitsverteilungen von *Lageparametern* gesprochen. Diese Bezeichnung deutet darauf hin, daß zur Beschreibung der Mitte der Verteilung nicht unbedingt die Originaldaten verwendet werden. Dies ist zum Beispiel bei der Berechnung des arithmetischen Mittels für klassifizierte Daten der Fall (siehe Kapitel E 3.4). Anstelle der einzelnen Merkmalswerte in den Klassen werden die Klassenmitten zur Berechnung herangezogen.

Streuungsmaße

Streuungsmaße beschreiben die Variation der einzelnen Ausprägungen und ergänzen dadurch die Aussagen der Mittelwerte ganz wesentlich. Mit Hilfe von Streuungsmaßen, aber auch mit speziell hierzu konstruierten *Formparametern (Schiefemaße, Wölbungsmaße)* läßt sich die Verteilungsform charakterisieren. Von besonderem Interesse ist hierbei, ob Verteilungen symmetrisch oder unsymmetrisch (schief) sind. Bei einer symmetrischen Verteilung ist die linke (bzw. untere) Hälfte der Verteilung das Spiegelbild der rechten (bzw. oberen) Hälfte.

Konzentrationsmaße

Mit der Hilfe von *Konzentrationsmaßen* werden Phänomene beschrieben, bei denen die Summe der Merkmalsausprägungen (z.B. der Branchenumsatz) auf nur wenige Merkmalsträger (z.B. Unternehmen) verteilt ist.

Verhältniszahlen werden aus dem Quotienten zweier verschiedener (Maß-) Zahlen gebildet. Beispiele hierfür sind das Pro-Kopf-Einkommen (z.B. das Einkommen dividiert durch die Erwerbstätigen) oder die Bevölkerungsdichte (Einwohner pro Fläche). Beispiele für die Verhältnisbildung mit Maßzahlen sind der Variationskoeffizient (= die Streuung dividiert durch das arithmetische Mittel) und der Korrelationskoeffizient (= die Kovarianz zweier Merkmale dividiert durch die Streuungen der einzelnen Merkmale). Durch diese Konstruktion kommt es zum Vergleich oder zur Relativierung verschiedener Informationen. Eine Sonderform der Verhältniszahl stellt die Indexzahl dar. Beispiele hierfür sind Preis- und Mengenindizes.

Verhältniszahlen

Eine besondere Gruppe statistischer Maßzahlen bilden die *Kontingenz-, Assoziations- und Korrelationsmaße*. Sie beschreiben den Zusammenhang zwischen zwei oder mehreren Merkmalen und dienen der Untersuchung von vermuteten Abhängigkeiten zwischen den verschiedenen beobachteten Phänomenen (siehe Abschnitt E 4). Die Bezeichnung dieser Maßzahlen richtet sich nach dem Skalenniveau (Nominal-, Ordinal- oder Kardinalskala) der betrachteten Merkmale. Da sie der sogenannten Korrelationsanalyse dienen, werden sie gelegentlich auch unter dem Oberbegriff *Korrelationsmaße* zusammengefaßt.

Korrelationsmaße

3. Methoden und Verfahren bei einem Merkmal

3.1 Ein nominal-skaliertes Merkmal

Beschreibung qualitativer (nominal-skalierter) Informationen

Untersucht wird ein nominal-skaliertes Merkmal bei mehreren Merkmalsträgern. Die verschiedenen Merkmalsausprägungen unterliegen im Falle der Nominal-Skala nicht von vornherein einer bestimmten Reihenfolge. Für die Darstellung der Informationen in Tabellen und mit Hilfe von Graphiken ist deshalb anhand sachlicher Kriterien eine Reihenfolge der Ausprägungen festzulegen. Hierbei ist darauf zu achten, daß die Neutralität der statistischen Aussage gewahrt bleibt.

Beispiel

Tabelle E 31-1 : Ausgangsdaten

Tätigkeitsbereich	Anzahl der Beschäftigten
1	2
Beschaffung	5
Fertigung	82
Lagerhaltung	7
Vertrieb	18
Verwaltung	12
Insgesamt	124

Zur Erläuterung dient ein Beispiel aus der Personalstatistik eines Betriebes. Über die Tätigkeitsbereiche von insgesamt 124 Beschäftigten liegen die in der Tabelle E 31-1 dargestellten Angaben vor. Wie lassen sich diese Informationen statistisch aufbereiten ?

Merkmalsträger, Merkmal, Merkmalsausprägung

Die erste Spalte der Tabelle zeigt die in alphabetischer Reihenfolge sortierten k *Merkmalsausprägungen* für das *Merkmal* "Tätigkeitsbereich". Andere Kriterien für eine Sortierung könnten zum Beispiel die Personalstärke der einzelnen Bereiche oder die Reihenfolge, in der das hergestellte Produkt die einzelnen Bereiche des Betriebes durchläuft, sein. *Merkmalsträger* sind die Beschäftigten des betrachteten Betriebes.

Häufigkeiten

Spalte 2 gibt Auskunft, wieviele Beschäftigte in den einzelnen Bereichen tätig sind bzw. wie häufig die Angaben "Tätig im Bereich Beschaffung", "Tätig im Bereich Fertigung" oder andere Angaben bei der Untersuchung vorkamen. Die einzelnen Werte werden daher als *Häufigkeiten* bezeichnet. Die gesamte zweite Spalte zeigt somit die *Häufigkeitsverteilung* der insgesamt n Beschäftigten auf die einzelnen k Ausprägungen des Merkmals "Tätigkeitsbereich".

Absolute Häufigkeiten

Die *absolute Häufigkeit* h gibt an, wieviele Merkmalsträger auf eine bestimmte Merkmalsausprägung entfallen. Die Gesamtheit der Häufigkeiten bildet die Häufigkeitsverteilung.

Es gilt : $h_1 + h_2 + \ldots + h_k = n$ mit : $0 \leq h_i \leq n$ und $i = 1, 2, \ldots, k$

n = Anzahl der Beobachtungen
k = Anzahl der dabei aufgetretenen verschiedenen Ausprägungen

Schwer zu erfassen sind absolute Häufigkeiten dann, wenn sie große Werte annehmen. Für manche Zwecke werden daher keine absoluten Zahlen verwendet, sondern Anteile. Der Statistiker bezeichnet sie auch als *relative Häufigkeiten* f . Relative Häufigkeiten werden mittels einer Division der absoluten Häufigkeiten h durch die Gesamtzahl der betrachteten Merkmalsträger n gebildet :

Relative Häufigkeiten

$$f_i = \frac{h_i}{n} \quad ; \quad i = 1, 2, \ldots, k$$

Die *relative Häufigkeit* f gibt an, welcher Anteil der n Merkmalsträger auf eine bestimmte Merkmalsausprägung entfällt.

Es gilt : $f_1 + f_2 + \ldots + f_k = 1$ mit : $0 \leq f_i \leq 1$ und $i = 1, 2, \ldots, k$

Die Multiplikation der relativen Häufigkeit f mit Hundert, ergibt den Prozentsatz p :

$$p_i = f_i \cdot 100$$

Es gilt : $p_1 + p_2 + \ldots + p_k = 100$

mit : $0 \leq p_i \leq 100$ und $i = 1, 2, \ldots, k$

Tabelle E 31-2 zeigt die aus der absoluten Häufigkeitsverteilung in der Spalte 2 abgeleiteten relativen Häufigkeitsverteilungen in den Spalten 3 und 4. Beide Darstellungen vermitteln die gleiche Information; populärer ist jedoch die Verwendung von Prozentzahlen.

Häufigkeits-verteilung

Tabelle E 31-2 : **Ausgangsdaten und abgeleitete Daten**

| Tätigkeitsbereich | Beschäftigte | | |
	Anzahl h	Anteil f	Prozent p
1	2	3	4
Beschaffung	5	0,040	4,0
Fertigung	82	0,661	66,1
Lagerhaltung	7	0,057	5,7
Vertrieb	18	0,145	14,5
Verwaltung	12	0,097	9,7
Insgesamt	124	1,000	100,0

Interpretation der Tabelle E 31-2

Von den insgesamt 124 Beschäftigten des Betriebes arbeiten z.B. 18 Beschäftigte im Vertrieb. Dies entspricht einem Anteil von 0,145 , oder dies sind 14,5 Prozent aller Beschäftigten.

Die relativen Häufigkeiten in der Spalte 3 der Tabelle E 31-2 geben Auskunft über den Anteil der Beschäftigten in den einzelnen Bereichen. Die Spalte 4 zeigt die entsprechenden Prozentsätze. 66,1% der Beschäftigten - das ist der größte Teil - sind in der Fertigung tätig. Die Angabe "Fertigung" ist somit die *häufigste Ausprägung* (siehe: häufigster Wert, Kapitel E 3.3) der Verteilung.

Meßzahlen

Sogenannte *Meßzahlen* (siehe auch Kapitel E 4.7) lassen sich bilden, indem man einzelne absolute Häufigkeiten ins Verhältnis setzt :

$$\frac{\text{Beschäftigte in der Verwaltung}}{\text{Beschäftigte in den übrigen Bereichen}} = \frac{12}{112} = 0,107 = 10,7\%$$

Gemessen an den Beschäftigten in den übrigen Bereichen sind 10,7% der Beschäftigten in der Verwaltung tätig. Plastischer sind Angaben wie: Das Beschäftigungsverhältnis Verwaltung zu den übrigen Bereichen liegt bei ca. 1 : 9,3 (dies entspricht dem Verhältnis 12 : 112). Das bedeutet : Etwa jeder 10. Beschäftigte ist in der Verwaltung tätig.

Graphische Darstellung der Häufigkeitsverteilung

Kreisdiagramm

Die graphische Darstellung der Häufigkeitsverteilung eines qualitativen Merkmals erfolgt üblicherweise mit Hilfe eines *Kreisdiagramms* oder in Form eines *Balkendiagramms*. Das Kreisdiagramm veranschaulicht den Charakter des nominal-skalierten Merkmals sehr gut, da hier die einzelnen Ausprägungen gleichberechtigt um den Mittelpunkt des Kreises angeordnet sind. Im Säulendiagramm gibt es dagegen ein "Oben" und "Unten" oder ein "Links" und "Rechts". Dies sind Freiheitsgrade für die Gestaltung, die aber dem Betrachter zugleich Aussagen über das ausgewertete statistische Material hinaus vermitteln können. Hier muß der Statistiker entscheiden, ob diese zusätzlichen Aussagen gewünscht werden.

Die Größe der einzelnen Kreissektoren bzw. der einzelnen Balken einer Säule wird proportional zu den (relativen) Häufigkeiten bestimmt. Die einzelnen Winkel des Kreisdiagramms sind durch die folgende Beziehung zu berechnen:

$$\text{Winkelgrad des i-ten Sektors} = f_i \cdot 360$$

Grundsätzlich trägt man die (relativen) Häufigkeiten im Kreisdiagramm, beginnend bei der "12.00-Uhr-Marke", im Uhrzeigersinn ab. Wird zusammen mit dem Diagramm eine Tabelle mit den zugehörigen Zahlenangaben präsentiert, so muß die Reihenfolge der Merkmalsausprägungen in der Vorspalte der Tabelle und dem Diagramm übereinstimmen.

Abbildung E 31-1 : Kreisdiagramm

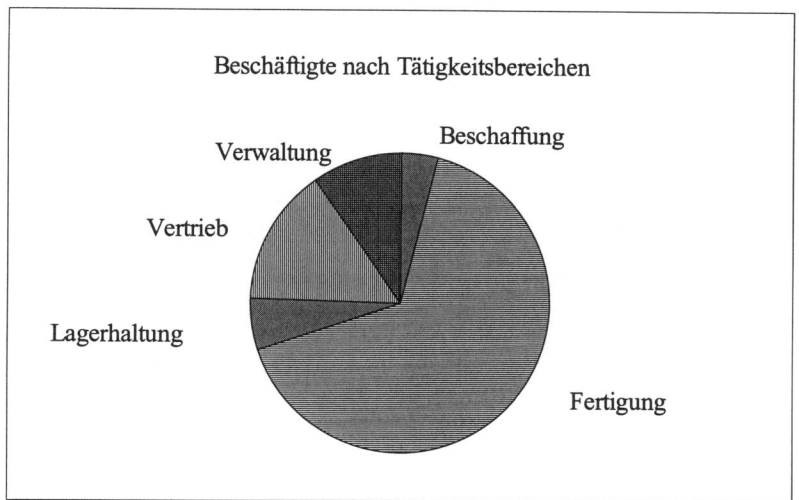

Beschäftigte nach Tätigkeitsbereichen

Verwaltung   Beschaffung

Vertrieb

Lagerhaltung

Fertigung

- Zusätzlich zu den Bezeichnungen der einzelnen Merkmalsausprägungen kann man auch die relativen Häufigkeiten (in Prozent) direkt im Diagramm angeben.

- Bei längeren Bezeichnungen der Merkmalsausprägungen werden die einzelnen Sektoren mit einer unterschiedlichen Schraffur versehen und die Erläuterung erfolgt dann mittels einer Legende. In Abbildung E 31-1 werden die Bezeichnungen direkt den Segmenten zugeordnet.

- Eine zusätzliche Information bietet die Angabe der Summe aller absoluten Häufigkeiten (z.B. in der Kreismitte).

- Für den Vergleich der Ergebnisse aus mehreren Untersuchungen werden Kreisdiagramme nebeneinander gestellt. Die Größe der einzelnen Kreise wird proportional zur jeweiligen Anzahl der Beobachtungen bzw. zur Anzahl der Merkmalsträger in den einzelnen Untersuchungen bestimmt.

- Eine zusätzliche Unterteilung einzelner Merkmalsausprägungen (Klassifizierung) kann durch eine Hervorhebung der betroffenen Kreissektoren kenntlich gemacht werden.

Gestaltungs-möglichkeiten des Kreis-diagramms

Das Balkendiagramm ermöglicht dem Betrachter in Verbindung mit einer Skala, an der die (kumulierten) relativen Häufigkeiten abgetragen sind, das Ablesen der Anteile der Beschäftigten in den verschiedenen Tätigkeitsbereichen. Dies kann allerdings teilweise nur grob und mit Hilfe einer Differenzbildung geschehen. So sind beispielsweise etwa 66% (=70% - 4%) der Beschäftigten in der Fertigung tätig und 10% (= 100% - 90%) in der Verwaltung. Knapp 5% der Beschäftigten kommen aus dem Tätigkeitsbereich "Beschaffung".

Balkendiagramm

Abbildung E 31-2 : Balkendiagramm

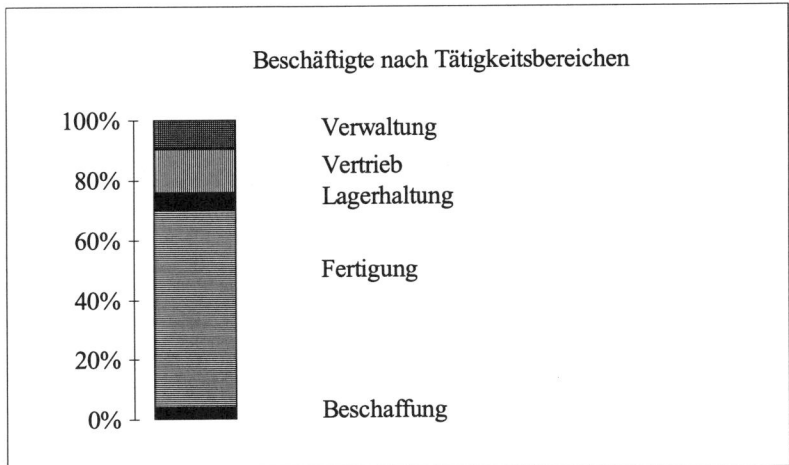

3.2 Ein ordinal-skaliertes Merkmal

Beschreibung ordinal-skalierter Informationen

Bei einem *ordinal-skalierten Merkmal* können die einzelnen Merkmals-ausprägungen in eine Reihenfolge gebracht werden. Abstände zwischen den einzelnen Ausprägungen lassen sich jedoch nicht messen. Dies ist u.a. bei der Wahl der graphischen Darstellung zu berücksichtigen. Das - verglichen mit einem nominal-skalierten Merkmal - höhere Skalenniveau erlaubt die Bestimmung anderer Maßzahlen.

Beispiel

Tabelle E 32-1 : Ausgangsdaten

Einschätzung der Kenntnisse über neue Fertigungsverfahren	Anzahl der Mitarbeiter
1	2
sehr gut	24
gut	51
eher gut	32
eher schlecht	9
schlecht	4
sehr schlecht	4
Insgesamt	124

In einem Betrieb werden im Rahmen der Aus- und Weiter-bildung die Mitarbeiter zu ihren Kenntnissen über neue Fertigungs-verfahren befragt. Jeder Mitarbeiter soll seinen Kenntnisstand anhand von vorgegebenen "Noten" beurteilen.

Wie häufig die einzelnen Einschätzungen genannt wurden, zeigt Tabelle E 32-1. Wie lassen sich diese Angaben beschreiben und welche Folgerungen sind möglich ?

Mit Hilfe der Formeln des vorangegangenen Abschnitts und zusätzlicher Berechnungen läßt sich Tabelle E 32-1 folgendermaßen erweitern:

Häufigkeits-verteilung

Tabelle E 32-2 : Ausgangsdaten und abgeleitete Daten

Einschätzung der Kenntnisse über neue Fertigungsverfahren	Beschäftigte			
	Anzahl h	Anteil f	Anteil in Prozent p	kumulier-ter Anteil F
1	2	3	4	5
sehr gut	24	0,194	19,4	0,194
gut	51	0,411	41,1	0,605
eher gut	32	0,258	25,8	0,863
eher schlecht	9	0,073	7,3	0,936
schlecht	4	0,032	3,2	0,968
sehr schlecht	4	0,032	3,2	1,000
Insgesamt	124	1,000	100,0	-

Spalte 1 der Tabelle zeigt die einzelnen Ausprägungen des ordinal-skalierten Merkmals "Kenntnisse über neue Fertigungsverfahren des Betriebes". In Spalte 2 werden die absoluten Häufigkeiten dargestellt. Spalte 3 zeigt, welcher Anteil der Beschäftigten welche Einschätzung abgab; in Spalte 4 werden diese Angaben in Prozent wiedergegeben.

Oftmals interessiert, welcher Anteil der Merkmalsträger *unter* einer bestimmten Ausprägungsgrenze liegt. Zu diesem Zweck werden die relativen Häufigkeiten kumuliert und die relativen Summenhäufigkeiten F gebildet.

Summen-häufigkeit

Die *Summenhäufigkeit* F_i gibt den Anteil der Merkmalsträger an , der die erste bis i-te Ausprägung zeigt.

$$F_i = f_1 + f_2 + f_3 + \ldots + f_i \quad ; \quad i = 1, 2, \ldots, k$$

In Tabelle E 32-2 werden die Summenhäufigkeiten in der Spalte 5 nachgewiesen. So schätzen beispielsweise 60,5% der Beschäftigten ihre Kenntnisse als gut oder besser ein.

Die graphische Darstellung der Häufigkeitsverteilung kann durch ein Stabdiagramm mit "freischwebenden" Stäben erfolgen, d.h. die Stäbe sitzen nicht auf einer Achse auf, da die Abstände zwischen den Merkmalsausprägungen nicht meßbar sind. Die einzelnen Häufigkeiten werden durch die Länge der Stäbe angezeigt. Zum Ablesen der Häufigkeiten wird parallel zu den Stäben eine Achse in das Diagramm eingetragen.

Graphische Darstellung

Stabdiagramm

Werden die einzelnen Stäbe zu Rechtecken verbreitert, so spricht man allgemein von einem Rechteckdiagramm (siehe Abbildung E 32-1). Für die Breite der Rechtecke gibt es keine Regeln. Allerdings müssen alle Rechtecke innerhalb eines Diagramms gleichbreit sein, und üblicherweise werden die Rechtecke gleichweit voneinander entfernt gezeichnet.

Rechteck-diagramm

Abbildung E 32-1 : Rechteckdiagramm

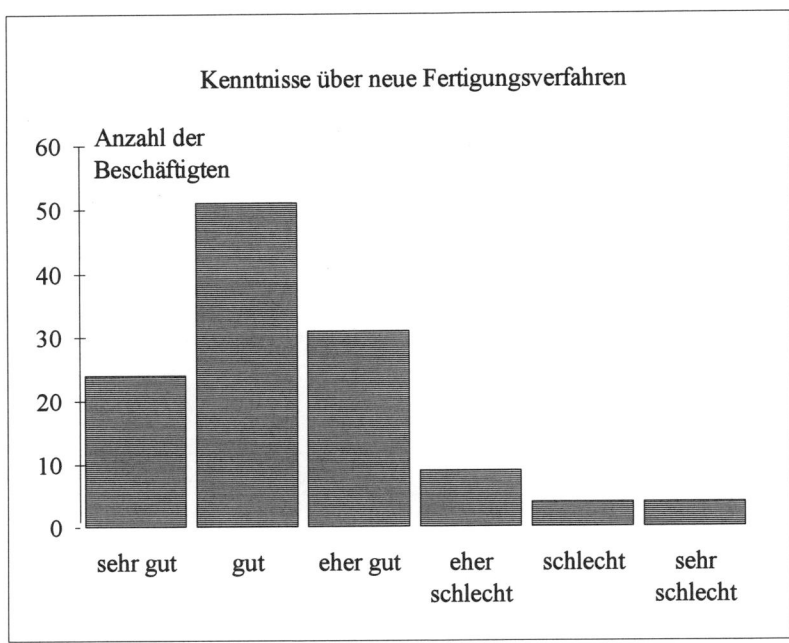

Anstelle der absoluten Häufigkeiten können auch die relativen Häufigkeiten an der senkrechten Achse abgetragen werden. Die Form der Verteilung wird jedoch davon nicht berührt. Gebräuchlich sind auch Darstellungen, in denen Rechtecke und Achse liegend angeordnet sind. Dies hat den Vorteil, daß längere Bezeichnungen der Merkmalsausprägungen leichter in der Graphik plaziert werden können.

Häufigste Merkmalsausprägung

Die Charakterisierung der Verteilung durch Angabe der *häufigsten Ausprägung* zeigt: Mit 41,1% wurde die Beurteilung "gut" am häufigsten abgegeben, gefolgt von "eher gut" (25,8%) und "sehr gut" (19,4%). Die Angaben stammen aus Tabelle E 32-2, Spalte 4. Im Rechteckdiagramm fällt die häufigste Ausprägung durch das höchste Rechteck auf (vgl. Abbildung E 32-1). Siehe auch: *Häufigster Wert* oder *Modus*, Kapitel E 3.3, Seite 65 f .

3.3 Ein metrisch-skaliertes Merkmal (ohne Klassenbildung)

Beschreibung metrischer (nicht klassifizierter) Informationen

Metrisch oder *kardinal-skalierten Merkmalen* liegt eine Maßskala zugrunde, bei der die möglichen Merkmalsausprägungen einer eindeutigen Reihenfolge unterliegen und die Abstände zwischen den einzelnen möglichen Ausprägungen eindeutig meßbar und konstant sind. Hierdurch ergeben sich gegenüber niedriger skalierten Merkmalen (nominal oder ordinal) erweiterte Darstellungs- und Auswertungsmöglichkeiten. Dies gilt insbesondere für die Berechnung statistischer Maßzahlen. Im folgenden Beispiel werden die Daten nach Art und Umfang so gewählt, daß eine Klassenbildung nicht sinnvoll vorzunehmen ist.

Tabelle E 33-1 : Ausgangsdaten

Ein Bauunternehmer erhält im ersten Quartal eines Jahres insgesamt 200 Einzelaufträge zur Sanierung von Altbau- wohnungen.

Tabelle E 33-1 zeigt die Verteilung der Auf- träge auf die unter- schiedlich großen Woh- nungen.

Zimmer je Wohnung	Anzahl der Aufträge
1	2
1	20
2	54
3	50
4	36
5	22
6	18
Insgesamt	200

Zur Bestimmung der Auftragslage und für einen Vergleich mit Konkurrenz- unternehmen werden präzise statistische Informationen verlangt.

Tabelle E 33-2 enthält die Ausgangsdaten und die daraus abgeleiteten *relativen Häufigkeiten* und *Summenhäufigkeiten*. Hierbei werden die in den letzten beiden Abschnitten E 3.1 und E 3.2 eingeführten Definitionen verwendet. Die *Merkmalsträger* sind die einzelnen Aufträge des Bauunter- nehmers. Betrachtet wird das *Merkmal* x "Zimmer je Wohnung", die aufge- tretenen *Merkmalsausprägungen* x_i lauten 1, 2, . . . , 6 Zimmer (Spalte 1)

Auswertung von Häufigkeits- verteilungen

Tabelle E 33-2 : Ausgangsdaten und abgeleitete Daten

Zimmer je Wohnung x	Aufträge			
	Anzahl h	Anteil f	Anteil in Prozent p	Kumulierter Anteil F
1	2	3	4	5
1	20	0,10	10	0,10
2	54	0,27	27	0,37
3	50	0,25	25	0,62
4	36	0,18	18	0,80
5	22	0,11	11	0,91
6	18	0,09	9	1,00
Insgesamt	200	1,00	100	-

Für die spätere "Weiterverarbeitung" der Ausprägungen bzw. Daten mit Hilfe von Formeln wird eine formalisierte Darstellung benötigt. Beispiels- weise lautet die dritte Merkmalsausprägung $x_3 = 3$. Sie kommt insgesamt $h_3 = 50$ mal vor. Die Spalten 3 und 4 zeigen die relativen Häufigkeiten, dargestellt als Anteil f und in p Prozent. In Spalte 5 stehen die kumulierten relativen Häufigkeiten F.

**Interpretation
der Tabelle
E 33-2**

Beispielsweise 36 Aufträge von 200, das sind 18 Prozent aller Sanierungsaufträge, entfallen auf Wohnungen mit 4 Zimmern. 62 Prozent der Aufträge entfallen auf Wohnungen mit bis zu 3 Zimmern. 20 Prozent der Aufträge (= 100% abzüglich 80% der Aufträge mit bis zu 4 Zimmern) betreffen Wohnungen mit mehr als 4 Zimmern.

**Graphische
Darstellung**

Für die graphische Darstellung von Verteilungen absoluter und relativer Häufigkeiten einerseits sowie der Summenhäufigkeiten andererseits gibt es verschiedene Diagrammtypen. Die im folgenden beschriebenen Diagramme (Abbildungen E 33-1 und E 33-2) werden verwendet, wenn metrisch-skalierte Merkmale ohne Klassenbildung vorliegen.

Stabdiagramm

Die graphische Darstellung der Häufigkeitsverteilung eines metrisch-skalierten Merkmals kann mit Hilfe eines *Stabdiagramms* erfolgen. In einem rechtwinkligen Koordinatensystem wird an der waagrechten Achse die jeweils beobachtete Merkmalsausprägung abgetragen und an der senkrechten Achse die Häufigkeit ihres Auftretens. Hierbei sind wahlweise absolute oder relative Häufigkeiten verwendbar, die Verteilungsform bleibt hiervon unberührt. Die Verwendung von absoluten Häufigkeiten bietet dem Betrachter der Graphik den Vorteil, die ursprünglichen Informationen zu erhalten. Nachteilig kann jedoch die Umsetzung sehr großer Zahlen sein. In diesem Fall erhöht die Verwendung relativer Häufigkeiten die Aussagefähigkeit der Graphik.

Abbildung E 33-1: Stabdiagramm

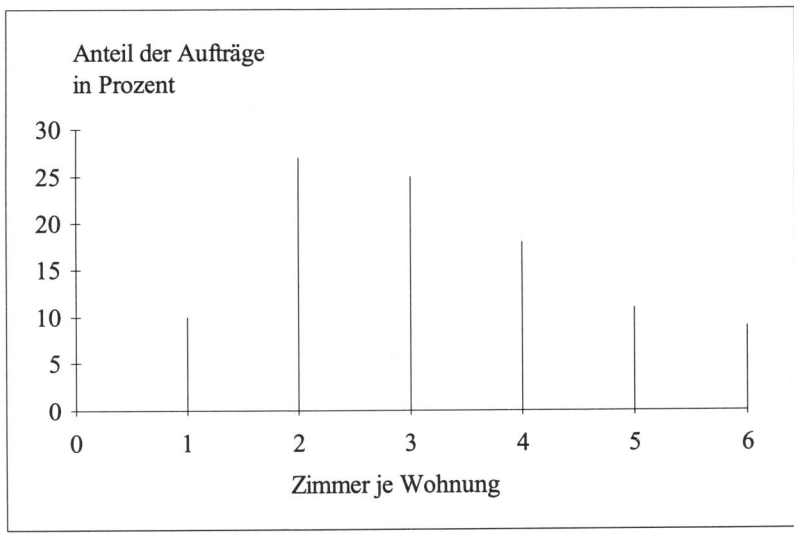

Aus der Konstruktion des Stabdiagramms in Abbildung E 33-1 geht hervor, daß die einzelnen Stäbe jeweils einer (diskreten) Merkmalsausprägung zugeordnet sind. Die Stäbe sitzen daher auf der x-Achse auf. Die Höhe eines Stabes repräsentiert die (relative) Häufigkeit der beobachteten Merkmalsausprägung.

Interpretation am Beispiel des ersten Stabes : Der Anteil der Ein-Zimmer-Wohnungen an den Bauaufträgen beträgt 10%. Die graphische Darstellung der Häufigkeitsverteilung von Bauaufträgen nach dem Merkmal Wohnungsgröße vermittelt eine Häufung der Aufträge im Bereich einer mittleren Wohnungsgröße. Besonders kleine oder große Wohnungen sind weniger häufig vertreten.

Interpretation der Abbildung E 33-1

Die in der Spalte 5 der Tabelle E 33-2 ausgewiesenen Summenhäufigkeiten können mit Hilfe der *Summenhäufigkeitsfunktion (empirische Verteilungsfunktion)* dargestellt werden (siehe Abbildung E 33-2). An der waagrechten Achse werden die Merkmalsausprägungen abgetragen und an der senkrechten Achse die kumulierten Häufigkeiten ihres Auftretens. Wegen der fehlenden Zwischenwerte des diskreten Merkmals "Zimmer je Wohnung" - die relative Summenhäufigkeit erhöht sich in diesem Bereich nicht - hat die Funktion die Form einer Treppe ("Treppenfunktion"), wobei die Funktionswerte an den Sprungstellen der Funktion an den jeweils oberen "Treppenstufen" abzulesen sind.

Summenhäufigkeitsfunktion

Abbildung E 33-2 : Summenhäufigkeitsfunktion

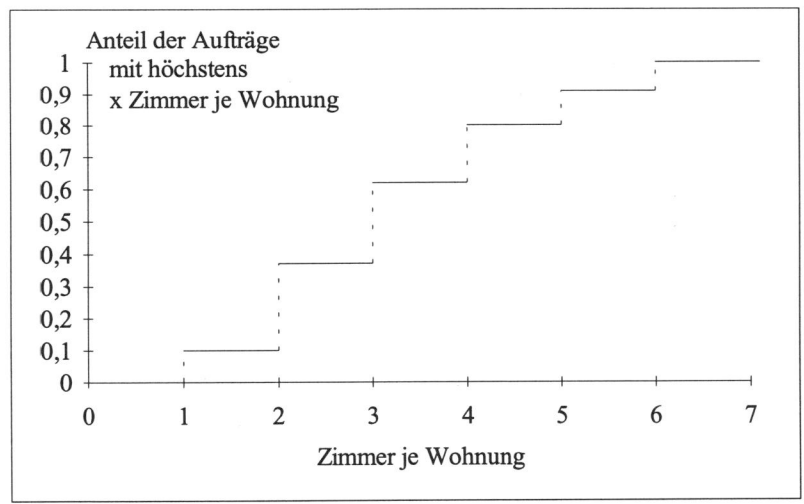

Wie bei einer mathematischen Funktion läßt sich zu *jedem* x-Wert der durch die Funktion zugeordnete Funktionswert ablesen. So beträgt beispielsweise der Anteil der Aufträge mit höchstens 4 Zimmern je Wohnung 80 Prozent. Der Anteil der Aufträge mit höchstens 4,5 Zimmern je Wohnung beträgt ebenfalls 80 Prozent. Die Aussage ist richtig, obwohl in der Erhebung die Angabe "4,5 Zimmer" nicht vorkommt. Die Formulierung "höchstens 4,5 Zimmer" schließt jedoch 1, 2, 3 und 4 Zimmer ein.

Interpretation der Summenhäufigkeitsfunktion

Durch Kumulation der relativen Häufigkeiten f_i in umgekehrter Reihenfolge, also von den 6-Zimmer- zu den 1-Zimmerwohnungen, erhält man die kumulierten relativen Häufigkeiten F_i , die den Anteil der Aufträge mit *mindestens* x_i Zimmer je Wohnung nachweisen. Die dazugehörige Summenhäufigkeitsfunktion (Verteilungsfunktion) ist in Abbildung E 33-3 dargestellt. Aus der Graphik ist direkt abzulesen, daß 20% der Aufträge Wohnungen mit mehr als 4 Zimmern betreffen.

Abbildung E 33-3 : Summenhäufigkeitsfunktion bei "umgekehrter" Kumulierung

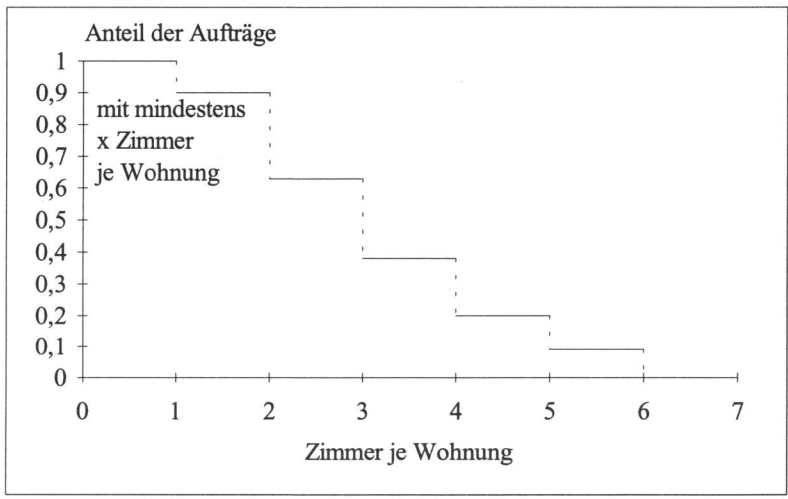

Maßzahlen

Die betrachtete Häufigkeitsverteilung eines metrischen Merkmals wird im folgenden mit Hilfe verschiedener (ausgewählter) *statistischer Maßzahlen* charakterisiert. Diese vermitteln ein Bild über die Lage und die Form der Verteilung.

Mittelwerte

Zur Beschreibung der Lage des Zentrums der Häufigkeitsverteilung dient die Berechnung von *Mittelwerten*. Die verschiedenen in der Praxis verwendeten Mittelwerte beschreiben dieses Zentrum bzw. die "Mitte" der Verteilung auf unterschiedliche, aber sich ergänzende Art und Weise. Der bekannteste Mittelwert ist das *arithmetische Mittel*. Andere gebräuchliche Mittelwerte sind der *Modus* und der *Median*.

Arithmetisches Mittel

Das *arithmetische Mittel* $\bar{x}$ ist die Summe aller beobachteten Merkmalsausprägungen, geteilt durch deren Anzahl. Es gilt:

$$\bar{x} = \frac{x_1 + x_2 + \ldots + x_n}{n} = \frac{1}{n} \sum_{i=1}^{n} x_i$$

mit den Merkmalsausprägungen $x_1, x_2, \ldots, x_n$
und der Anzahl der Beobachtungen n

Kommen verschiedene Merkmalsausprägungen mehrfach vor, so wird zur einfacheren Berechnung des Mittelwertes die Formel für das *gewogene arithmetische Mittel* herangezogen :

Gewogenes arithmetisches Mittel

$$\overline{x}_{gew.} = \frac{x_1\,h_1 + x_2\,h_2 + \ldots + x_k\,h_k}{h_1 + h_2 + \ldots + h_k} = \frac{x_1\,h_1 + x_2\,h_2 + \ldots + x_k h_k}{n}$$

$$= \frac{1}{n}\sum_{i=1}^{k} x_i h_i \quad \text{und wegen } \frac{h_i}{n} = f_i \text{ , läßt sich dafür schreiben :}$$

$$= x_1\,f_1 + x_2\,f_2 + \ldots + x_k\,f_k \quad = \sum_{i=1}^{k} x_i f_i$$

mit n = Anzahl der Beobachtungen und
      k = Anzahl der dabei aufgetretenen verschiedenen Ausprägungen,
      wobei $k \le n$.

Anmerkung: Für den Fall $k = n$ haben alle Häufigkeiten h_i den Wert 1. Es ergibt sich dann die "einfache" Formel für das arithmetische Mittel.

Benutzt man für die Daten des betrachteten Beispiels zur Berechnung des arithmetischen Mittels die "einfache" Formel , so steht im Nenner 20 mal die "1", 54 mal die "2" usw.

Berechnung

$$\overline{x} = \frac{1 + 1 + \ldots + 2 + 2 + \ldots + 3 + 3 + \ldots + 4 + 4 + \ldots + 5 + 5 + \ldots + 6 + 6 + \ldots}{200} = 3,2$$

Die Verwendung der "einfachen" Formel ist bei den hier vorliegenden Daten korrekt, aber umständlich. Man verwendet hier besser die Formel für das gewogene arithmetische Mittel:

$$\overline{x}_{gew.} = \frac{1 \cdot 20 + 2 \cdot 54 + 3 \cdot 50 + 4 \cdot 6 + 5 \cdot 2 + 6 \cdot 18}{200} = 3,2$$

Die sanierten Altbauwohnungen haben eine durchschnittliche Größe von 3,2 Zimmern.

Interpretation des arithmetischen Mittels

Das arithmetische Mittel $\overline{x}$ gibt an, welche Merkmalsausprägung jeder Merkmalsträger hätte, wenn die Summe der Merkmalsausprägungen gleichmäßig auf alle Merkmalsträger verteilt wäre. Dieses Beispiel macht auch deutlich, daß das arithmetische Mittel nicht unbedingt einen Wert aus der Masse der möglichen Merkmalsausprägungen annehmen muß.

Der *Modus* Mo (auch: *häufigster Wert, dichtester Wert*) gibt an, welche der beobachteten Merkmalsausprägungen am häufigsten vorkommt.

Modus

In dem aktuellen Beispiel kommen die Aufträge mit 2 Zimmern je Wohnung am häufigsten vor (größter Anteil 27%). Es ergibt sich daher : Mo = 2 .

Median

Der *Median* Me (auch: *Zentralwert*) bezeichnet die Merkmalsausprägung desjenigen Merkmalsträgers, der *in der Mitte* einer nach der Größe des betrachteten Merkmals geordneten Folge aller untersuchten Merkmalsträger steht.

Berechnung

Bei ungeradem n existiert ein mittleres Element, so daß n auf einfache Weise abzulesen ist. Für die geordnete Folge der Ausprägungen:

$$1 ; 1 ; 2 ; 3 ; 5$$

gilt somit

$$Me = 2.$$

Bei geradem n existiert kein mittleres Element. Deshalb ermittelt man Me aus den Ausprägungen der beiden Elemente, die der Mitte am nächsten stehen, mit Hilfe des arithmetischen Mittels. Für die Folge der Ausprägungen:

$$1 ; 1 ; 2 ; 3 ; 5 ; 6$$

gilt somit

$$Me = \frac{2+3}{2} = 2{,}5 \, .$$

In unserem Beispiel mit den 200 Aufträgen eines Bauunternehmers beträgt der Median Me = 3 .

Interpretation des Medians

Der Median teilt die Häufigkeitsverteilung in zwei Hälften. Die ersten 50% der Merkmalsträger besitzen eine Merkmalsausprägung, die kleiner oder gleich dem Median ist. Die andere Hälfte der Merkmalsträger besitzt eine Ausprägung, die gleich oder größer als der Median ist.

Der Median läßt sich auch für ordinal-skalierte Merkmale bestimmen. Für die Daten in Kapitel E 3.2 hat der Median die Ausprägung "gut". 50% der Befragten schätzen ihre Kenntnisse mit "gut" oder besser ein; die andere Hälfte als "gut" oder schlechter.

Quartile

Neben dem Median, der auch mit "50%-Marke" bezeichnet wird, lassen sich ebenso die sogenannten *Quartile* der Verteilung ermitteln. Das erste Quartil Q_1 entspricht der 25%-Marke, das zweite Quartil Q_2 dem Median und das dritte Quartil Q_3 der 75%-Marke. Mit Hilfe der Quartile wird die Verteilung "geviertelt". Zur Berechnung gelten die Regeln für die Ermittlung des Medians entsprechend.

Unter Zuhilfenahme der Angaben in der Spalte 5 der Tabelle E 33-2 ergibt sich für das Beispiel :

$$Q_1 = 2 \, , \quad Q_2 = 3 \quad \text{und} \quad Q_3 = 4 \, .$$

Die Beschreibung der Mitte der Häufigkeitsverteilung - beispielsweise mit dem arithmetischen Mittel - kann durch Maßzahlen ergänzt werden, die zum Ausdruck bringen, wie stark die beobachteten Merkmalsausprägungen von dieser Mitte abweichen (um diese Mitte "streuen"). Gebräuchliche *Streuungsmaße* sind die *Varianz* und die *Standardabweichung*. Diese "empirisch" - also durch Beobachtung - ermittelten Maßzahlen unterscheiden sich in der Berechnung von den in Teil F betrachteten Streuungsmaßen "theoretischer" Verteilungen. Anschließend wird die *Spannweite* - ein sehr einfaches Streuungsmaß - vorgestellt.

Streuungsmaße

Die *empirische Varianz* S^2 ist die Summe aller quadrierten Abweichungen zwischen den beobachteten Merkmalsausprägungen und dem arithmetischen Mittel (aus diesen Merkmalsausprägungen), geteilt durch deren Anzahl. Die *empirische Standardabweichung* oder *Streuung* S ist die positive Quadratwurzel aus der Varianz.

Empirische Varianz und empirische Standardabweichung

Es gilt :

$$S^2 = \frac{(x_1 - \overline{x})^2 + (x_2 - \overline{x})^2 + \ldots + (x_n - \overline{x})^2}{n} \quad \text{und wegen} \quad S = \sqrt{S^2} \quad \text{folgt}$$

$$S = \sqrt{\frac{(x_1 - \overline{x})^2 + (x_2 - \overline{x})^2 + \ldots + (x_n - \overline{x})^2}{n}}$$

Kommen verschiedene Merkmalsausprägungen mehrfach vor (wie dies auch bei der Berechnung des arithmetischen Mittels der Fall ist), so kann eine Berechnung der Varianz über folgende Formel durchgeführt werden :

$$S^2 = \frac{(x_1 - \overline{x})^2 \cdot h_1 + (x_2 - \overline{x})^2 \cdot h_2 + \ldots + (x_k - \overline{x})^2 \cdot h_k}{n}$$

mit   n =   Anzahl der Beobachtungen und
       k =   Anzahl der dabei aufgetretenen verschiedenen Ausprägungen,
             wobei $k \leq n$.

Mit den Daten des Beispiels folgt :

Berechnung

$$S^2 = \frac{4{,}84 \cdot 20 + 1{,}44 \cdot 54 + 0{,}04 \cdot 50 + 0{,}64 \cdot 36 + 3{,}24 \cdot 22 + 7{,}84 \cdot 18}{200}$$

$$= \frac{96{,}80 + 77{,}76 + 2{,}00 + 23{,}04 + 71{,}28 + 141{,}12}{200} = \frac{412}{200} = 2{,}06$$

und   S = 1,44

Abbildung E 33-4 :   Verteilungsform und Standardabweichung

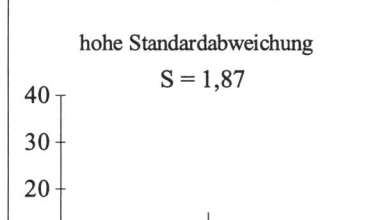
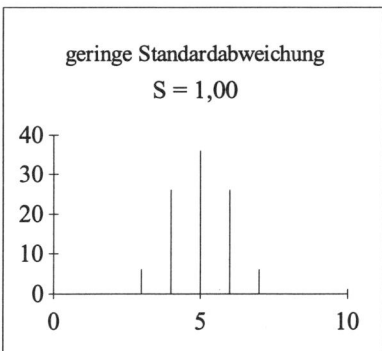

Interpretation der Standardabweichung (Streuung)

Die Aussage der Standardabweichung läßt sich leicht anhand einer graphischen Darstellung der Häufigkeitsverteilungen von Grundgesamtheiten mit unterschiedlichen Standardabweichungen verdeutlichen. Abbildung E 33-4 zeigt die Häufigkeitsverteilungen zweier Grundgesamtheiten mit identischen Mittelwerten $\overline{x} = 5$ aber unterschiedlichen Standardabweichungen S.

Bei geringer Standardabweichung liegt ein großer Anteil der Merkmalsträger mit den Ausprägungen in der Nähe des Mittelwertes; die Verteilung ist steil, da die einzelnen Elemente stark um den Mittelwert zentriert sind (rechte Verteilung in Abbildung E 33-4). Verteilungen von Merkmalsträgern aus Grundgesamtheiten mit hoher Standardabweichung sind flach; ein Großteil der Merkmalsträger liegt weiter entfernt vom Mittelwert (linke Verteilung in Abbildung E 33-4): Die Werte streuen stark.

Standardabweichung und Varianz sind stets positiv oder gleich Null. Der Wert Null ergibt sich dann, wenn alle Merkmalsausprägungen einander gleich sind und somit auch mit ihrem arithmetischen Mittel übereinstimmen.

Formel zur einfacheren Berechnung

Eine Vereinfachung der Berechnung der Varianzformel ergibt sich durch die folgende Umformung. Mit Hilfe binomischer Formeln läßt sich der Zähler

$$(x_1 - \overline{x})^2 + (x_2 - \overline{x})^2 + \ldots + (x_n - \overline{x})^2 \qquad \text{folgendermaßen zerlegen :}$$

$$x_1^2 + x_2^2 + \ldots + x_n^2 - 2x_1\overline{x} - 2x_2\overline{x} - \ldots - 2x_n\overline{x} + \overline{x}^2 + \overline{x}^2 + \ldots + \overline{x}^2$$

Daraus folgt :

$$S^2 = \frac{x_1^2 + x_2^2 + \ldots + x_n^2}{n} - 2\overline{x}\,\frac{x_1 + x_2 + \ldots + x_n}{n} + \frac{n\,\overline{x}^2}{n}$$

$$= \frac{x_1^2 + x_2^2 + \ldots + x_n^2}{n} - 2\overline{x}^2 + \overline{x}^2 \quad = \quad \frac{\sum\limits_{i=1}^{n} x_i^2}{n} - \overline{x}^2$$

Für die "gewogene" Formel der Varianz ergibt sich analog :   **Varianz**

$$S^2 = \frac{\sum_{i=1}^{k} x_i^2 h_i}{n} - \bar{x}^2$$

Der *Variationskoeffizient* V ist das Verhältnis aus Standardabweichung   **Variations-**
(Streuung) und arithmetischem Mittel :   **koeffizient**

$$V = \frac{S}{\bar{x}}$$

Dieses "relative Streuungsmaß" ist zum Vergleich von Standardabweichungen aus Grundgesamtheiten mit unterschiedlichen Mittelwerten
geeignet.

Bauunternehmer A saniert Wohnungen mit einer durchschnittlichen   **Beispiel**
Wohnungsgröße von 3,2 Zimmer. Die Streuung beträgt S_A = 1,44 Wohnungen (Ergebnis aus den Daten der Tabelle E 33-1). Konkurrenzunternehmer B
saniert Wohnungen mit durchschnittlich 2 Zimmer je Wohnung; S_B beträgt
1,2 Wohnungen (= neue, für einen Vergleich angenommene Werte). Der
Vergleich "Streuung S_A ist größer als Streuung S_B" ist unzulässig, weil die
durchschnittliche Wohnungsgröße in Fall A größer ist als in Fall B. Hier ist
der Variationskoeffizient zu bilden : V_A = 1,44 / 3,2 = 0,45 und V_B =
1,2 / 2 = 0,6. Somit ist die (relative) Streuung in Fall A geringer als in Fall B.

Die *Spannweite* SPW gibt die Differenz zwischen der größten und der   **Spannweite**
kleinsten aufgetretenen Merkmalsausprägung (bzw. zwischen dem größten
und kleinsten Merkmalswert) an.

$$SPW = x_{max} - x_{min}$$

Aus den Daten der Tabelle E 33-1 kann eine Spannweite von SPW = 5
(= 6 - 1) ermittelt werden. Bei der Berechnung der Spannweite ist darauf zu
achten, daß die Ausgangsdaten um die Ausreißer bereinigt werden, da die
Maßzahl sonst nicht sinnvoll interpretierbar ist (zum Ausreißerproblem siehe
Kapitel D 5). Für einen Vergleich verschiedener Gesamtheiten sollte die
Anzahl der Beobachtungen übereinstimmen. In Kapitel E 3.5 wird die
Spannweite für Überlegungen der Klassenbildung herangezogen.

Die Spannweite läßt sich auch für ordinal-skalierte Merkmale (verbal)
angeben. Die Spannweite der Angaben in Tabelle E 32-2 geht von "sehr gut"
bis "sehr schlecht".

Damit sind erste Aussagen über die Form der Häufigkeitsverteilung   **Schiefemaße**
getroffen. Eine weitere wichtige Information zur Verteilungsform liefern die
sogenannten *Schiefemaße*. Sie beschreiben, ob die Häufigkeitsverteilung
symmetrisch oder nicht symmetrisch, also "schief" ist. Auf die sogenannten
Wölbungsmaße wird im weiteren nicht eingegangen. Wie der Name schon
zum Ausdruck bringt, wird mit diesen Maßzahlen der Grad der Wölbung
einer Verteilung beschrieben.

Schiefemaß nach Pearson	Das (zweite) *Schiefemaß nach Pearson* SMP wird aus der dreifachen Differenz aus arithmetischem Mittel und Zentralwert, geteilt durch die Standardabweichung, ermittelt. Es gilt :

$$SMP = \frac{3\,(\,\overline{x} - Me\,)}{S}$$

Berechnung	Für die betrachtete Häufigkeitsverteilung der Aufträge zur Sanierung von Altbauwohnungen ergibt sich :

$$SMP = \frac{3\,(3,2 - 3)}{1,44} = 0,42$$

Interpretation des Schiefemaßes	Der Wertebereich des SMP liegt zwischen -3 und +3 . Negative Werte deuten auf eine linksschiefe Verteilung, positive Werte auf eine rechtsschiefe Verteilung hin. Das SMP nimmt den Wert Null bei symmetischer Verteilung an.
	Hier liegt also eine rechtsschiefe Verteilung vor, wie auch Abbildung E 33-1 verdeutlicht.
Fechnersche Lageregel	Eine weitere Möglichkeit zur Beurteilung der Schiefe einer Verteilung bietet der Vergleich von arithmetischem Mittel, Modus und Median (*Fechnersche Lageregel*).
	Bei einer symmetrischen Verteilung gilt :

$$\overline{x} = Me = Mo$$

Die Reihenfolge

$$\overline{x} < Me < Mo$$

deutet auf eine linksschiefe und die Reihenfolge

$$\overline{x} > Me > Mo \quad bzw. \quad Mo < Me < \overline{x}$$

auf eine rechtsschiefe Verteilung hin.

Interpretation der Fechnerschen Lageregel	Bei dem betrachteten Beispiel liegt folgende Konstellation vor :

$$Mo = 2 \ < \ Me = 3 \ < \ \overline{x} = 3,2$$

Die Verteilung ist somit rechtsschief. Die Untersuchung der Schiefe mit Hilfe der Fechnerschen Lageregel und den Schiefemaßen führt - wie man sieht - zu gleichen Ergebnissen.

Übungs-aufgabe 1	Für 15 Außendienstmitarbeiter liegen die folgenden Angaben über die Anzahl der im letzten Quartal erzielten Abschlüsse vor :

$$2, 2, 4, 1, 3, 10, 3, 8, 3, 3, 5, 5, 4, 4, 6$$

Geben Sie die durchschnittliche Anzahl der Abschlüsse, den Median und den Modus an !

3.4 Ein metrisch-skaliertes Merkmal (mit Klassenbildung)

Besitzt ein metrisch-skaliertes (kardinales) Merkmal sehr viele unterschiedliche Ausprägungen, so wird eine mit den bisher kennengelernten Mitteln dargestellte Häufigkeitsverteilung unübersichtlich. Der Effekt der Informationsverdichtung durch eine Häufung einzelner Merkmalsträger auf wenige Merkmalsausprägungen tritt nicht ein. Um dies zu vermeiden, bildet man sogenannte "*Klassen*". Hierdurch entstehen klassifizierte Häufigkeitsverteilungen.

Beschreibung metrischer Informationen bei Klassenbildung

Die Berechnung der bisher diskutierten Maßzahlen aus den Urdaten ist weiterhin möglich. Allerdings lassen sich diese Maßzahlen auch aus den klassifizierten Daten näherungsweise bestimmen, so daß Lage und Form der Verteilung ausreichend beschrieben werden können. Dies ist vor allem dann bedeutsam, wenn das Urmaterial nicht mehr zur Verfügung steht.

Tabelle E 34-1 : Ausgangsdaten

Beispiel

Nebenstehend wird von den Informationen über die Bruttomonatsverdienste von 250 Mitarbeitern eines Industrieunternehmens ausgegangen.

Die Daten liegen schon in einer klassifizierten Form vor. Die Einzelangaben der Mitarbeiter stehen für die statistische Bearbeitung nicht zur Verfügung.

Bruttomonats-verdienst in DM	Anzahl der Mitarbeiter
1	2
1000 bis unter 1500	7
1500 bis unter 2000	23
2000 bis unter 2500	35
2500 bis unter 3000	46
3000 bis unter 3500	42
3500 bis unter 4000	33
4000 bis unter 4500	23
4500 bis unter 5000	15
5000 bis unter 5500	12
5500 bis unter 6000	8
6000 bis unter 6500	4
6500 bis unter 7000	2
Insgesamt	250

Im Hinblick auf kommende Tarifverhandlungen möchte sich die Unternehmensführung ein Bild von der Verteilung der Bruttomonatsverdienste machen. Mit Hilfe von Graphiken und statistischen Maßzahlen soll die derzeitige Situation beschrieben werden.

Auf die Entstehung der vorliegenden *Klassen (-einteilung)* soll zunächst nicht eingegangen werden. Einige praktische Überlegungen hierzu werden in Kapitel E 3.5 angestellt. Zunächst werden die verschiedenen Häufigkeitsverteilungen bestimmt und die graphischen Darstellungsmöglichkeiten betrachtet. Danach folgt die Beschreibung der Verteilung mit Hilfe verschiedener Maßzahlen.

Klasseneinteilung

Die verschiedenen *Größenklassen* der Bruttomonatsverdienste werden mittels *Unter- und Obergrenze* beschrieben. Da keine Verdienste unterhalb von 1000 DM auftreten, beginnt die erste Klasse bei 1000 DM und beinhaltet Verdienste, die niedriger als 1500 DM sind, die zweite Klasse erstreckt sich von 1500 DM bis unter 2000 DM, usw. Insgesamt wurden auf diese Weise 12 Klassen gebildet. Die letzte Klasse endet mit Verdiensten, die unter 7000 DM liegen.

Alle Klassen weisen eine konstante *Klassenbreite* von 500 DM auf. Die *Klassenmitten* (siehe Spalte 3 der Tabelle E 34-2) liefern eine weitere Möglichkeit, die Klassen zu beschreiben. Geht man von der Annahme aus, daß die (unbekannten) Einzelwerte innerhalb einer Klasse symmetrisch um die Klassenmitte verteilt sind, so stellt die Klassenmitte zugleich den Mittelwert der einzelnen Ausprägungen der Einzelwerte in der Klasse dar. Diese Überlegung macht man sich bei der Berechnung des arithmetischen Mittels aus den klassifizierten Daten zunutze.

Häufigkeits-
verteilungen

Die *Häufigkeitsverteilung* des Merkmals "Bruttomonatsverdienst" wird in den Spalten 4 bis 6 der Tabelle E 34-2 auf die schon in den beiden vorangegangenen Abschnitten beschriebene Weise dargestellt. Spalte 4 zeigt die Verteilung der absoluten Häufigkeiten h, Spalte 5 und 6 die Verteilung der relativen Häufigkeiten als Anteil f und in p Prozent.

Verteilungs-
funktion

Die *Verteilungsfunktion* mit den kumulierten relativen Häufigkeiten ist in Spalte 7 wiedergegeben. Der Term x · h in Spalte 8 wird zur Berechnung des Durchschnittsverdienstes benötigt.

Tabelle E 34-2 : Ausgangsdaten und abgeleitete Daten

Lfd. Nr.	Bruttomonats- verdienst in 1000 DM	Klas- sen- mitte in DM x	Personen				Spalte 3 · Spalte 4
			An- zahl h	An- teil f	Pro- zent p	kumu- lierter Anteil F	x · h
1	2	3	4	5	6	7	8
1	1,0 bis unter 1,5	1250	7	0,028	2,8	0,028	8750
2	1,5 bis unter 2,0	1750	23	0,092	9,2	0,120	40250
3	2,0 bis unter 2,5	2250	35	0,140	14,0	0,260	78750
4	2,5 bis unter 3,0	2750	46	0,184	18,4	0,444	126500
5	3,0 bis unter 3,5	3250	42	0,168	16,8	0,612	136500
6	3,5 bis unter 4,0	3750	33	0,132	13,2	0,744	123750
7	4,0 bis unter 4,5	4250	23	0,092	9,2	0,836	97750
8	4,5 bis unter 5,0	4750	15	0,060	6,0	0,896	71250
9	5,0 bis unter 5,5	5250	12	0,048	4,8	0,944	63000
10	5,5 bis unter 6,0	5750	8	0,032	3,2	0,976	46000
11	6,0 bis unter 6,5	6250	4	0,016	1,6	0,992	25000
12	6,5 bis unter 7,0	6750	2	0,008	0,8	1,000	13500
	Insgesamt	-	250	1,000	100	-	831000

Die Betrachtung klassifizierter Daten erlaubt keinen Rückschluß auf einzelne Merkmalsausprägungen. Die in Abschnitt E 3.3 angegebene Interpretation der Daten kann jedoch sinngemäß auf die einzelnen Klassen übertragen werden. **Interpretation der Tabelle E 34-2**

Spalten 4, 5 und 6 : So haben beispielsweise 35 Mitarbeiter, das sind 14% der Belegschaft, einen Bruttomonatsverdienst zwischen 2000 und 2500 DM (genau: von 2000 DM bis unter 2500 DM). Mitarbeiter mit Verdiensten von 2000,00 DM oder 2499,99 DM werden in dieser 3. Klasse gezählt, Mitarbeiter mit Verdiensten von 1999,99 DM oder 2500,00 DM fallen in die darunter bzw. darüber liegende Klasse.

Spalte 7 : Knapp 90 Prozent der Mitarbeiter ($F_8 = 0{,}896 = 89{,}6\%$) haben einen Bruttomonatsverdienst unter 5000 DM. Etwa 10 Prozent haben einen Verdienst von 5000 DM oder mehr (100% - 89,6% = 10,4%).

Zur graphischen Darstellung einer Häufigkeitsverteilung mit klassifizierten Daten wird ein *Histogramm* verwendet. Die einzelnen Histogrammsäulen repräsentieren die Häufigkeiten in den einzelnen Klassen. Die Grundseite der einzelnen Säulen erstreckt sich jeweils von der Klassenunter- bis zur Klassenobergrenze. Die Säulenfläche ist proportional zur Häufigkeit anzulegen. Bei konstanter Klassenbreite - wie dies in dem betrachteten Beispiel der Fall ist - führt eine Bestimmung der Säulenhöhe proportional zu den (relativen) Häufigkeiten zugleich zu proportionalen Flächen. Der Fall variabler Klassen wird in Kapitel E 3.5 erörtert. **Graphische Darstellung** **Histogramm**

Abbildung E 34-1: Histogramm

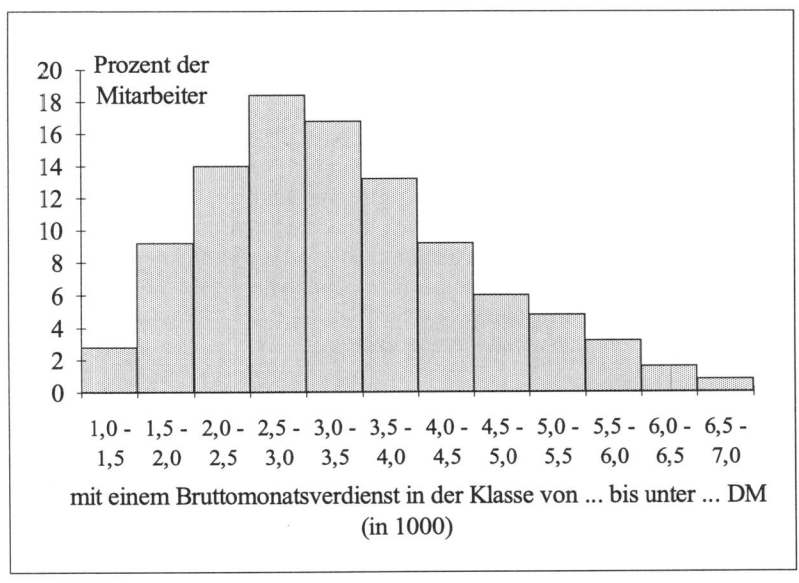

Häufigkeits-polygon

Alternativ läßt sich die Verteilung durch ein sogenanntes *Häufigkeitspolygon* darstellen. In einem rechtwinkeligen Koordinatensystem werden auf der x-Achse die Verdienste und auf der y-Achse die relativen Häufigkeiten abgetragen. Die Ecken des Polygons bilden die *Wertepaare* Klassenmitte und jeweilige relative Häufigkeit der Klasse. Das Polygon entsteht durch Verbindung dieser Punkte.

Abbildung E 34-2 : Häufigkeitspolygon

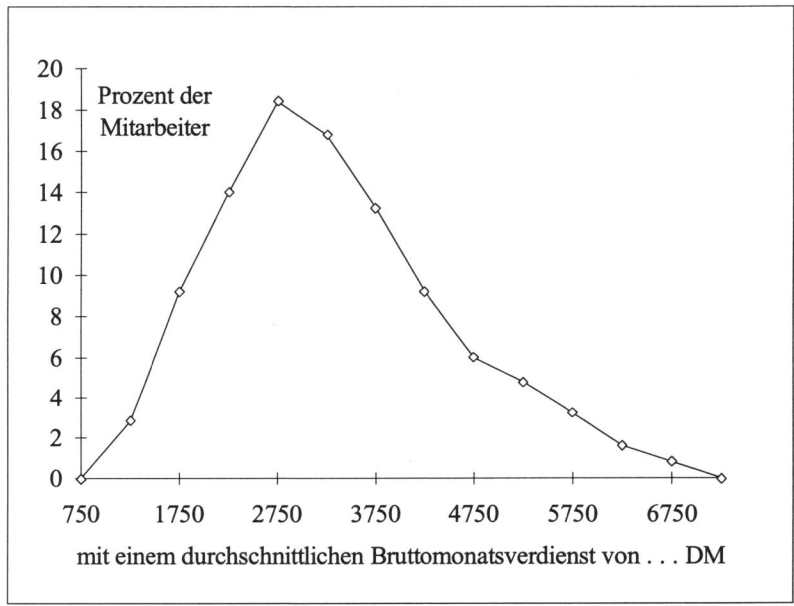

Vergleich Häufigkeits-polygon / Histogramm

Es läßt sich zeigen, daß die Flächen unter dem Histogramm und unter dem Polygon gleich groß sind. Der optische Eindruck von der Verteilung der Fälle (in welchem Bereich mehr Fälle liegen und in welchem weniger) ist daher bei beiden Darstellungen etwa der gleiche. Für den statistischen Laien ist die Darstellung des Polygons weniger verständlich, da sie wegen des Bezuges zu den künstlich geschaffenen Klassenmitten nur mit zusätzlichen Annahmen interpretierbar ist. Allerdings kann das Häufigkeitspolygon bei einer großen Anzahl von Klassen die Bestimmung typischer Verteilungs-formen erleichtern. (Siehe hierzu auch die Kapitel F 2.3, F 2.4 und F 2.5 über theoretische Verteilungen und Approximation.)

Verteilungs-funktion

Die *Verteilungsfunktion (Summenhäufigkeitsfunktion)* eines klassifizierten Merkmals wird ebenfalls als Polygonzug dargestellt. Hierbei ist von der Annahme auszugehen, daß die einzelnen Fälle innerhalb der Klassen gleichverteilt sind. Folglich steigt der Graph der Verteilungsfunktion von der Klassenuntergrenze bis zur Klassenobergrenze linear an. Erst bei Erreichen der Obergrenze der jeweiligen Klasse wird der Wert der kumulierten (relativen) Häufigkeit F erreicht.

Abbildung E 34-3 : Verteilungsfunktion

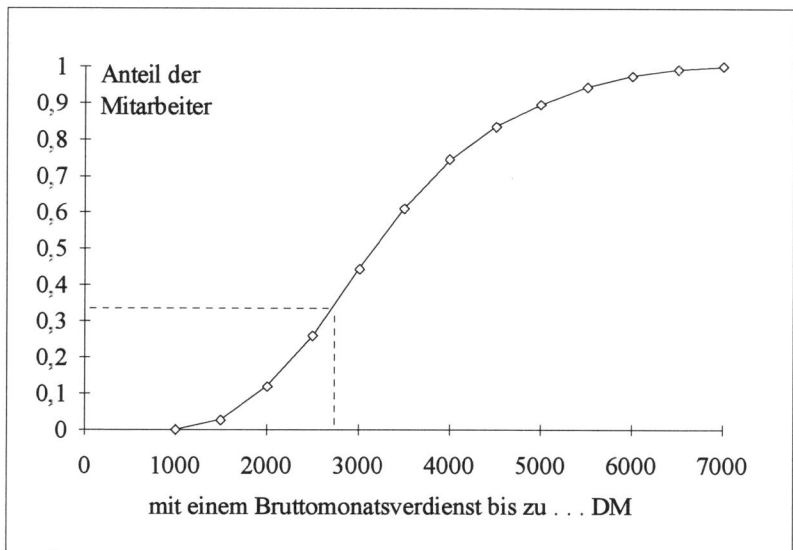

Die Verteilungsfunktion liefert für beliebige Merkmalsausprägungen Funktionswerte bzw. kumulierte relative Häufigkeiten, obwohl die Urdaten wegen der vorgenommenen Klassenbildung nicht mehr vorliegen. So haben in dem Beispiel etwa 34 Prozent der Mitarbeiter einen Bruttomonatsverdienst bis zu 2750 DM, wie aus Abbildung E 34-3 abzulesen ist.

Interpretation der Verteilungsfunktion

Abbildung E 34-4 : Verteilungsfunktion bei "umgekehrter" Kumulierung

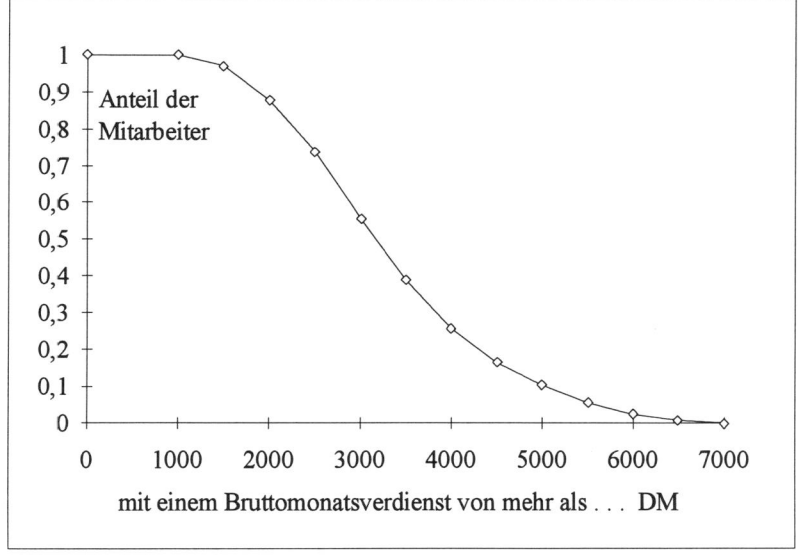

Maßzahlen   Für die Berechnung der Maßzahlen zur Charakterisierung der Häufigkeitsverteilung eines metrisch-skalierten Merkmals und vorliegender Klasseneinteilung werden teilweise die gleichen Formeln herangezogen (z.B. Mittelwert, Streuung), wie im Fall der nicht klassifizierten Daten. Allerdings tritt die Klassenmitte in der Formel als "Stellvertreter" der unbekannten Urdaten auf. In anderen Fällen werden neue Konstruktionen benötigt (z.B. Modus, Median).

Arithmetisches Mittel   Liegen die Urdaten nicht vor, so ist die Berechnung der Mitte der Verteilung mit Hilfe des (einfachen) arithmetischen Mittels nicht möglich. Eine gute Näherung bietet die Anwendung der Formel des gewogenen arithmetischen Mittels, wenn man für die x_i die bekannten Klassenmitten einsetzt und die h_i als Gewichtungsfaktor heranzieht.

Für das aktuelle Beispiel folgt :

$$\overline{x}_{gew.} = \frac{1250 \cdot 7 + 1750 \cdot 23 + 2250 \cdot 35 + \ldots + 6750 \cdot 2}{250} = \frac{831000}{250} = 3324$$

Der durchschnittliche Bruttomonatsverdienst liegt somit bei 3324 DM.

Dieser Wert kommt dem "richtigen", aus den Urdaten ermittelten Mittelwert dann sehr nahe, wenn die Klassenmitten die Urdaten innerhalb der einzelnen Klassen gut repräsentieren. Im Idealfall fällt der Mittelwert aus den Urdaten mit dem gewogenen arithmetischen Mittel aus den klassifizierten Daten zusammen. Dies ist dann der Fall, wenn die einzelnen Klassenmitten mit dem jeweiligen aus den Urdaten innerhalb der Klassen gebildeten Mittelwert identisch sind.

Modus   Der Modus errechnet sich für den Fall klassifizierter Daten nach folgender Formel :

$$Mo = x_u + c \frac{d_1}{d_1 + d_2}$$

mit : x_u = Klassenuntergrenze der Modalklasse
d_1 = Häufigkeit in der Modalklasse abzüglich der Häufigkeit in der darunterliegenden Klasse
d_2 = Häufigkeit in der Modalklasse abzüglich der Häufigkeit in der darüberliegenden Klasse
c = Klassenbreite

Berechnung des Modus   In dem vorliegenden Beispiel ist die 4. Klasse die Modalklasse, da in dieser Klasse die meisten Fälle liegen : $h_4 = 46$. Für die Berechnung des Modus ergibt sich daher

$$Mo = 2500 + 500 \cdot \frac{(46 - 35)}{(46 - 35) + (46 - 42)} = 2866,67$$

Der Modus ist mit 2866,67 DM anzugeben.

Der Median errechnet sich wie folgt : **Median**

$$Me = x_u + c \ \frac{h' - (\Sigma h)_{Me}}{h_{Me}}$$

mit $\quad x_u \quad$ = Klassenuntergrenze der Medianklasse

$\quad\quad\quad h' \quad$ = n / 2 (Position von Me)

$\quad\quad\quad (\Sigma h)_{Me}$ = Summe aller Häufigkeiten in den Klassen unterhalb der Medianklasse

$\quad\quad\quad h_{Me} \quad$ = Häufigkeit in der Medianklasse

$\quad\quad\quad c \quad$ = Klassenbreite

Die Medianklasse der klassifizierten Häufigkeitsverteilung ist diejenige **Berechnung** Klasse, in der bei einer Kumulation die Hälfte der Merkmalsträger erreicht wird, und somit die 50%-Marke der Verteilung liegt. In Tabelle E 34-2 ist dies leicht in Spalte 7 abzulesen. F_4 beträgt 0,444 und F_5 schon 0,612. Der Wert 0,5 - dies entspricht den 50% - wird folglich in der 5. Klasse erreicht. Die 5. Klasse ist somit die Medianklasse, auf die sich die weiteren Angaben in der Formel beziehen.

$$Me = 3000 + 500 \ \cdot \ \frac{125 - 111}{42} = 3166,67$$

Wie leicht zu erkennen ist, stehen über und unter dem Bruchstrich ausschließlich Angaben über absolute Häufigkeiten. Dividiert man diese Angaben durch die Anzahl der Beobachtungen n, so erhält man die zugehörigen relativen Häufigkeiten. Für die Berechnung ergibt sich dann

$$Me = 3000 + 500 \ \cdot \ \frac{0,5 - 0,444}{0,168} = 3166,67$$

Die beiden Ergebnisse sind natürlich identisch. Der Median beträgt 3166,67 DM. Die Werte 0,444 (= F_4) und 0,168 (=f_5) lassen sich leicht der Tabelle E 34-2 entnehmen. Der Wert 0,5 entspricht der Position des Medians (50%-Marke).

Die Überlegungen zur Beziehung von Klassenmitte und Urdaten lassen sich **Varianz,** auch für die Berechnung der Varianz und der Standardabweichung nutzen. **Standard-** Mit den Daten des Beispiels auf Seite 71 ergibt sich : **abweichung**

$$S^2 = \frac{(1250 - 3324)^2 \cdot 7 + (1750 - 3324)^2 \cdot 23 + \ldots + (6750 - 3324)^2 \cdot 2}{250}$$

$$= 1\ 393\ 524$$

$$S = 1180,48$$

Die Standardabweichung beträgt 1180,48 DM. Unter Bezugnahme auf das arithmetische Mittel läßt sich die relative Streuung mit Hilfe des Variationskoeffizienten V ausdrücken (siehe hierzu Abschnitt E 3.3). Man erhält V = 0,36 (= 1180,48 / 3324). Die Standardabweichung macht folglich 36% des arithmetischen Mittels aus und ist somit relativ hoch.

Schiefe der Verteilung

Das Schiefemaß nach Pearson (siehe Abschnitt E 3.3) liefert einen Wert von :

$$SMP = \frac{3 \cdot (3324 - 3166{,}67)}{1180{,}48} = 0{,}40 \ .$$

Der positive Wert 0,40 deutet auf eine rechtsschiefe Verteilung hin. Zu diesem Ergebnis führt auch die Anwendung der *Fechnerschen Lageregel* (siehe Abschnitt E 3.3) :

Ein Vergleich von $\bar{x}$, Me und Mo liefert 3324 > 3166,67 > 2866,67. Diese Reihenfolge ergibt sich bei rechtsschiefen Verteilungen. Ein Blick auf die Abbildungen E 34-1 und E 34-2 bestätigt dieses Ergebnis. Die unteren Verdienstklassen sind stärker besetzt als die oberen Verdienstklassen.

Übungs- aufgabe 2

Bei einer Radarkontrolle werden auf einer Bundesstraße die folgenden Geschwindigkeiten (in Kilometer pro Stunde) gemessen :

Geschwindigkeit (in km/h)	Anzahl der Kraftfahrzeuge
1	2
50 bis unter 60	10
60 bis unter 70	15
70 bis unter 80	20
80 bis unter 90	25
90 bis unter 100	28
100 bis unter 110	20
110 bis unter 120	6
120 bis unter 130	3
130 bis unter 140	2
140 bis unter 150	1
Insgesamt	130

Bestimmen Sie Durchschnittsgeschwindigkeit, Modus und Median der Verteilung ! Was läßt sich über die Verteilungsform aussagen ?

3.5 Aspekte der Klassenbildung

Die *Klasseneinteilung* spielt eine wichtige Rolle bei der Darstellung der statistischen Information. Die Zusammenfassung von Einzelinformationen in Klassen führt zu einer höheren Übersichtlichkeit. Die Struktur einer Verteilung kann auf diese Weise leichter erkannt werden. Andererseits bewirkt eine Klassifizierung den Verlust der Einzelinformationen. Der durch die Klassifizierung entstandene Informationsgewinn sollte den Informationsverlust jedoch mehr als ausgleichen.

Zusammenfassung von Einzelinformationen

Eine ungeeignete Klasseneinteilung und damit eine ungeeignete Zusammenfassung von Einzelinformationen kann zu falschen Aussagen und Schlüssen auf der Basis dieses klassifizierten Datenmaterials führen. Deshalb sind für das praktische Arbeiten mit klassifizierten Daten grundlegende Regeln zu beachten! Zu klären sind folgende Fragen: Wieviele Klassen sind sinnvollerweise zu bilden? Welche Klassenbreite ist geeignet? Wie verarbeitet man klassifizierte Daten und unterschiedliche Klassenbreiten? Sind die bisher behandelten Methoden dann noch anwendbar?

Probleme der Klassenbildung

In einem metallverarbeitenden Betrieb wurden die Rüstzeiten (in Stunden) für eine Presse bei 50 Rüstvorgängen untersucht. Tabelle E 35-1 zeigt die 50 einzelnen Meßwerte. Da die Vielfalt der Meßergebnisse für den Betrachter einen Eindruck von der Verteilung der Rüstzeiten verhindert, sollen die Daten klassifiziert werden.

Beispiel

Tabelle E 35-1 : Ausgangsdaten

Merkmalsausprägungen x									
1,5	5,0	4,5	3,0	3,0	3,0	6,7	6,1	6,5	6,0
1,0	5,0	4,5	6,9	6,0	6,0	6,5	7,5	7,5	7,8
2,0	2,5	2,7	9,5	9,1	9,8	6,8	8,0	10,8	6,0
8,8	5,5	2,1	3,0	3,8	7,3	6,8	8,0	7,0	7,9
6,0	5,9	3,2	3,5	3,9	7,2	7,1	7,4	8,9	8,8

Die einzelnen Rüstvorgänge an der Presse eines metallverarbeitenden Betriebes stellen in diesem Fall die *Merkmalsträger* dar. Das betrachtete *Merkmal* ist die Zeit, in der die Presse für eine andere Aufgabe umgerüstet wird (Rüstzeit). Das Merkmal ist kardinal bzw. metrisch-skaliert. Die *Ausprägungen* können stetig erfaßt werden.

Merkmalsträger, Merkmal, Merkmalsausprägung

Bevor auf die Entscheidung zugunsten einer bestimmten Anzahl und Breite der einzelnen Klassen eingegangen wird, werden im folgenden alternative Klasseneinteilungen untersucht. Die Darstellung der Ausgangsdaten erfolgt in Tabelle E 35-2 mit Hilfe einer *Einteilung in 10 Klassen* (siehe Spalte 2). Spalte 1 enthält die laufende Nummer der jeweiligen Klasse. Die erste Klasse nimmt die Meßwerte von einer Stunde bis unter 2 Stunden, die zweite Klasse von 2 bis unter 3 Stunden , . . . , die letzte Klasse von 10 bis unter 11 Stunden auf. Alle Klassen weisen eine *konstante Klassenbreite* von einer Stunde auf.

Klassenbildung mit den Ausgangsdaten (Urdaten)

Tabelle E 35-2 : Strichliste und aufbereitete Ausgangsdaten
(Häufigkeitsverteilung)

Lfd.Nr.	Klasseneinteilung	Strichliste	Häufigkeit h
1	2	3	4
1	1 bis unter 2	| |	2
2	2 bis unter 3	| | | |	4
3	3 bis unter 4	₶ | | |	8
4	4 bis unter 5	| |	2
5	5 bis unter 6	| | | |	4
6	6 bis unter 7	₶ ₶ | |	12
7	7 bis unter 8	₶ | | | |	9
8	8 bis unter 9	₶	5
9	9 bis unter 10	| | |	3
10	10 bis unter 11	|	1
Insgesamt	-	–	50

In Spalte 3 wird die sogenannte "Strichliste" dargestellt. Bei einer Auswertung der Ausgangsdaten "per Hand" werden die erhobenen Daten Wert für Wert gelesen. Für jeden Meßwert wird ein Strich bei derjenigen Klasse gesetzt, in die der Wert hineinfällt. Spalte 4 enthält die *absolute Häufigkeitsverteilung* der Meßwerte auf die einzelnen Klassen.

Abbildung E 35-1 : Histogramm

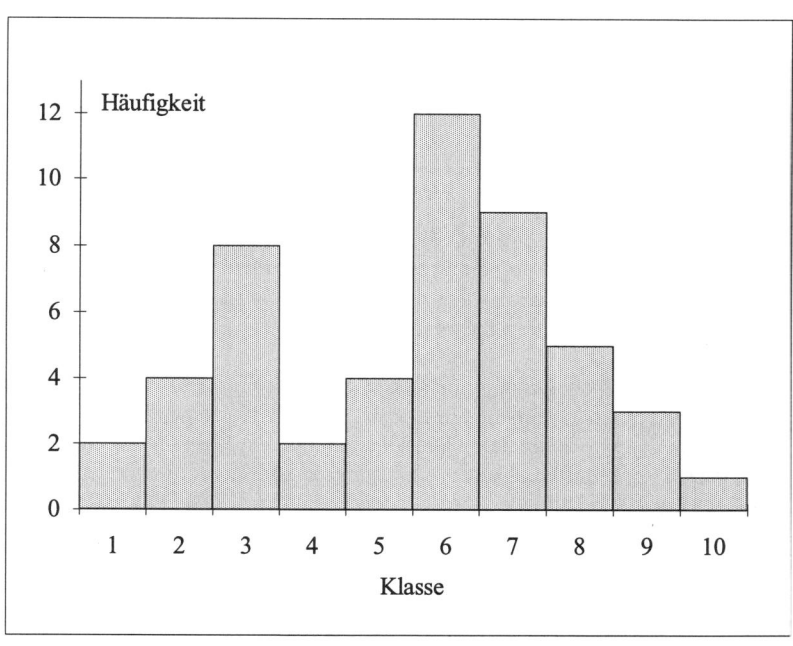

In Tabelle E 35-3 sind zwei weitere, alternative Klasseneinteilungen darge- **unterschiedliche**
stellt und die Ausgangsdaten entsprechend auf die Klassen verteilt. Beide **Reduktionslage**
Klasseneinteilungen zeigen eine konstante Klassenbreite von zwei Stunden.
Klasseneinteilung (a) liegt jedoch um eine Stunde versetzt zur Klassen-
einteilung (b). Man spricht in diesem Fall von der *unterschiedlichen*
Reduktionslage der beiden Klasseneinteilungen.

**Tabelle E 35-3 : Häufigkeitsverteilungen mit unterschiedlicher
Klasseneinteilung bei identischen Ausgangsdaten**

Nr. der Klasse	Klasseneinteilung	Häufigkeit h
1	2	3
	Fall (a)	
1	1 bis unter 3	6
2	3 bis unter 5	10
3	5 bis unter 7	16
4	7 bis unter 9	14
5	9 bis unter 11	4
Insgesamt	-	50
	Fall (b)	
1	0 bis unter 2	2
2	2 bis unter 4	12
3	4 bis unter 6	6
4	6 bis unter 8	21
5	8 bis unter 10	8
6	10 bis unter 12	1
Insgesamt	-	50

Das Histogramm in Abbildung E 35-1 zeigt eine sogenannte *zweigipflige* **Graphische**
Häufigkeitsverteilung. An der Stelle der vierten und fünften Klasse zeigt das **Darstellung und**
Histogramm einen Einschnitt in der Verteilungsform. Entscheidet man sich **Kommentierung**
für eine grobere Klasseneinteilung, so kann diese zweigipflige Form der **der Klassen-**
Häufigkeitsverteilung verdeckt werden (siehe Abbildung E 35-2, oben) oder **einteilung**
bei geeigneter Auswahl der Klassengrenzen weiterhin erkennbar sein (siehe
Abbildung E 35-2, unten). An diesem einfachen Beispiel, in dem die gleichen
Ausgangsdaten auf 5, 6 und 12 Klassen verteilt wurden, ist erkennbar, daß
aufgrund der verschiedenen Klasseneinteilungen unterschiedliche Vertei-
lungsformen entstehen. Diese wiederum führen zur unterschiedlichen Interpretation der Ausgangsdaten. Da dies nicht sein sollte, stellt sich die Frage
nach einer optimalen - in der Aussage neutralen - Klasseneinteilung.

Abbildung E 35-2 : Histogramme mit unterschiedlicher
Klasseneinteilung bei identischen Ausgangsdaten *)

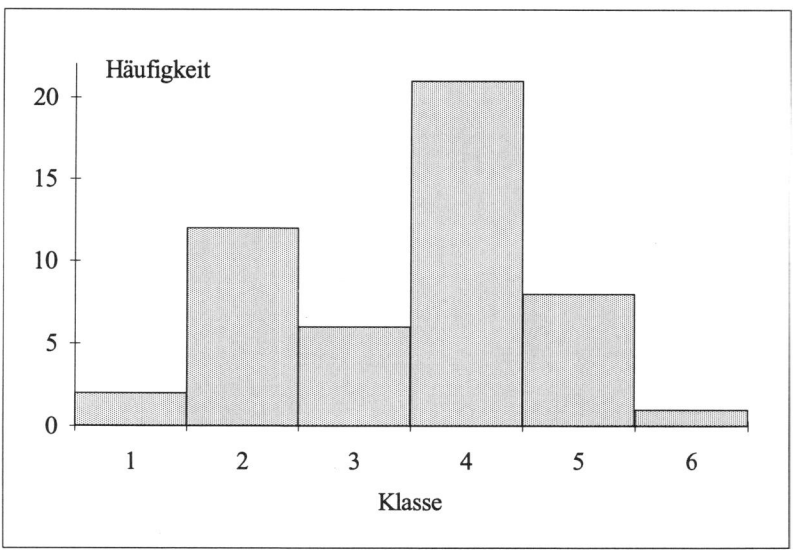

*) Vorsicht, die beiden Histogramme beginnen wegen der unterschiedlichen
   Reduktionslage nicht an der gleichen Stelle der x-Achse, wie dies bei der
   Betrachtung der untereinanderliegenden Schaubilder den Anschein hat !

Anwendung der   Liegen sehr viele Einzelinformationen mit unterschiedlichen Merkmalsaus-
Klassenbildung   prägungen vor, so bietet sich die Klassenbildung zu einer Zusammenfassung
                      an. Dies ist bei diskreten Merkmalen mit sehr vielen unterschiedlichen Aus-
                      prägungen oder bei stetigen Merkmalen der Fall. Die zum aktuellen Beispiel
                      vorgenommenen Klasseneinteilungen haben verdeutlicht, welchen Einfluß die
                      Klassenbildung auf die statistische Aussage haben kann. Im folgenden
                      werden daher Hilfsmittel zur Bestimmung der Anzahl der Klassen und der
                      Klassenbreite vorgestellt.

Werden zuviele Klassen gebildet, so bleibt die Häufigkeitsverteilung unübersichtlich. Bei zu wenigen Klassen geht die charakteristische Verteilungsform verloren. In der Praxis wählt man *zwischen 5 und 20 Klassen*. Die konkrete Anzahl der Klassen hängt vom Einzelfall ab. Wichtig für die Zahl (und Breite) der Klassen sind unter Umständen auch Ergebnisse aus anderen Untersuchungen, mit denen die bearbeiteten Daten später verglichen werden sollen.

Anzahl der Klassen

Als Hilfsmittel zur Bestimmung der Anzahl der Klassen dient (nach *Sturges*) folgende Formel :

$$k = 1 + \frac{\lg n}{\lg 2}$$

wobei :
k = Anzahl der Klassen
n = Anzahl der Beobachtungswerte

In dem betrachteten Beispiel ist n=50, so daß sich für k der Wert 1 + (1,70 / 0,30) = 6,7 ergibt. Somit werden sieben Klassen vorgeschlagen. Eine andere Faustregel besagt, daß die Anzahl der Klassen das Fünffache des dekadischen Logarithmus der Beobachtungen nicht überschreiten soll :

$$k \leq 5 \cdot \lg n$$

Danach ergibt sich : $k \leq 5 \cdot \lg 50 = 8,5 \Rightarrow k \leq 9$. Es sollten nicht mehr als neun Klassen gebildet werden.

Für die *Klassenbreite c* wird üblicherweise bei allen Klassen der gleiche Wert verwendet (*konstante Klassenbreite*). Die Klassenbreite kann direkt aus der Anzahl der Klassen k und der Spannweite SPW der einzelnen Merkmalsausprägungen ermittelt werden :

Klassenbreite

$$c = \frac{SPW}{k}$$

Im aktuellen Beispiel liegen die einzelnen Ausprägungen zwischen einer und 11 Stunden; dies ergibt eine Spannweite von 10 Stunden. Wird dieser Wert durch 5 dividiert (Annahme: k = 5 Klassen) so ergibt sich eine Klassenbreite von zwei Stunden.

Für die gezielte Wahl der Klassenbreite sprechen auch praktische Gründe. So wird man nach Möglichkeit ganzzahlige Klassenbreiten (und ganzzahlige Klassenunter- und Klassenobergrenzen) wählen. Gebräuchlich sind Vielfache von 2, 5 oder 10. Ist die Klassenbreite vorgegeben, so kann mit Hilfe der Spannweite (nach vorheriger Ausschaltung von Ausreißern) die Anzahl der Klassen festgelegt werden :

$$k = \frac{SPW}{c}$$

Allerdings ist es nicht möglich, dieses Problem ausschließlich mit formalen Überlegungen zu klären. Wie die unterschiedlichen Histogramme in den Abbildungen E 35-1 und E 35-2 zeigen, kann auch die durch die Klassifizierung entstehende Verteilungsform Entscheidungskriterium für eine bestimmte Klassenbreite (und die Anzahl der Klassen) sein.

Unten und oben offene Klassen

Offene Klassen kommen durch Formulierungen wie "1000 DM und weniger" oder "6000 DM und mehr" zustande. Bei der Beschreibung einer klassifizierten Verteilung mit offenen Klassen entstehen Probleme, wenn die Ausgangsdaten nicht mehr vorhanden sind : Welche Klassenmitte soll z.B. für die Berechnung des gewogenen arithmetischen Mittels herangezogen werden ? Es sollten daher soviele Klassen gebildet werden, daß offene Klassen sehr gering besetzt sind. Die Wahl einer fehlerhaften Klassenmitte fällt dann nicht so stark ins Gewicht. Werden die Klassen für die Befragung vorgegeben, so ist schon in der Planungsphase der statistischen Untersuchung die Klassifizierung so vorzunehmen, daß die offenen Klassen nur in Ausnahmefällen zu besetzen sind. Die optimale Klasseneinteilung kann auch mit Hilfe einer Testerhebung gefunden werden.

Variable Klassenbreiten

Variable Klassen tauchen oft durch institutionelle Gegebenheiten (z.B. Steuerklassen) in statistischen Untersuchungen auf. Ist man in der Klassenbildung frei, sollte man diese möglichst vermeiden. Aussagen über die Verteilungsform - wie zum Beispiel: Die Verteilung ist symmetrisch oder asymmetrisch - verlieren bei vorliegender variabler Klassenbreite ihren Sinn, weil die Verteilungsform bei variablen Klassen sehr stark von den unterschiedlichen Klassenbreiten abhängt. Dennoch können auch Häufigkeitsverteilungen mit variabler Klassenbreite graphisch dargestellt oder Maßzahlen berechnet werden.

Tabelle E 35-4 : Berechnung der Histogrammsäulen bei variabler Klassenbreite

Lfd.Nr. der Klasse	Klasse	Histogrammsäule		
		Fläche = h	Grundseite = c	Höhe = h/c
1	2	3	4	5
1	0 bis unter 4	14	4	3,5
2	4 bis unter 7	18	3	6
3	7 bis unter 8	9	1	9
4	8 bis unter 11	9	3	3
Insgesamt	-	50	-	-

Berechnung der Histogrammsäulen

In Tabelle E 35-4 ist die Berechnung der Säulen eines Histogramms bei vorliegender Klassenbreite (siehe Spalte 2) dargestellt. Die zur Bildung der Histogrammsäulen verwendeten Rechtecke repräsentieren durch ihre Fläche die Häufigkeiten in den einzelnen Klassen. Die Fläche ergibt sich aus dem Produkt von Grundseite und Höhe. Da Grundseite (= Klassenbreite, siehe Spalte 4) und Fläche (= Häufigkeit h, siehe Spalte 3) bekannt sind, ergibt sich die Höhe der einzelnen Säulen aus dem Quotient von Fläche und Grundseite bzw. aus der Beziehung : Häufigkeit dividiert durch Klassenbreite (Spalte 5).

Abbildung E 35-3 zeigt die graphische Darstellung dieser Häufigkeitsverteilung. Bei dem entstandenen Histogramm verhält sich die Höhe der Säulen nicht proportional zur Häufigkeit, wie dies im Fall der konstanten Klassenbreite der Fall ist. Deshalb können an der senkrechten Achse auch keine Häufigkeiten abgelesen werden, sondern die Verhältnisse Fläche / Grundseite = h / c .

Graphische Darstellung

Abbildung E 35-3 : Histogramm bei variablen Klassenbreiten

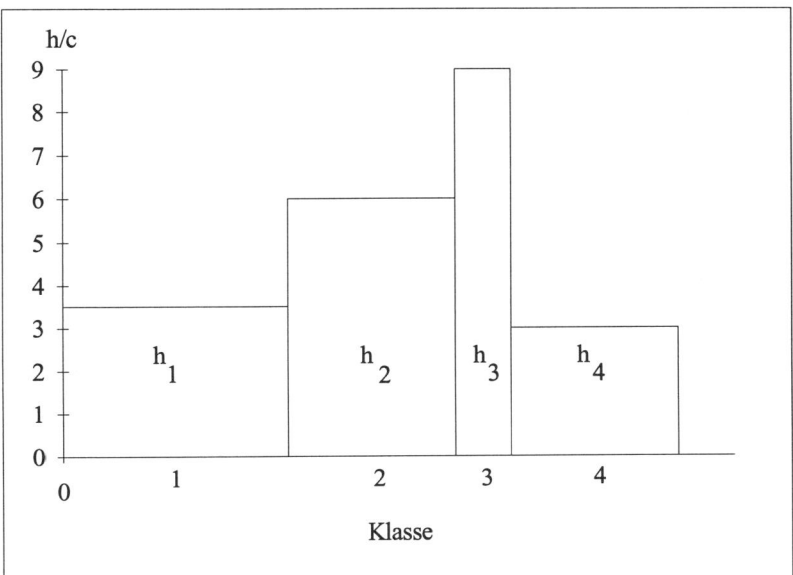

Unter der Annahme, daß die Merkmalsträger in den einzelnen Klassen gleichmäßig verteilt sind und die Klassenmitte die Merkmalswerte hinreichend genau repräsentiert, läßt sich das gewogene arithmetische Mittel berechnen (Formel siehe Kapitel E 3.4) :

Berechnung des arithmetischen Mittels

$$\overline{x}_{gew.} = \frac{2 \cdot 14 + 5,5 \cdot 18 + 7,5 \cdot 9 + 9,5 \cdot 9}{50} = 5,6$$

Die durchschnittliche Merkmalsausprägung beträgt im vorliegenden Fall 5,6.

Mit Hilfe der in Kapitel E 3.4 beschriebenen Formel ergibt sich für den Median (Zentralwert) :

Berechnung des Medians

$$Me = 4 + 3 \cdot \frac{25 - 14}{18} = 5,8$$

50% der Fälle besitzen eine Merkmalsausprägung von 5,8 oder darunter.

Für den Modus oder häufigsten Wert ergibt sich :

Berechnung des Modus

$$Mo = 7 + 1 \cdot \frac{3}{3 + 6} = 7,3$$

Der Modus beträgt 7,3. Anstelle der Häufigkeiten h wurden die Säulenhöhen in die Formel (siehe Kapitel E 3.4) eingesetzt. Dies entspricht dem Grundgedanken, der der Konstruktion der Formel zugrunde liegt.

3.6 Sonderprobleme der Durchschnittsbildung

Lage- und Durchschnitts- parameter

Jedem Studierenden und jedem Praktiker ist das *arithmetische Mittel* vertraut. Es wird ständig benutzt und berechnet, ob in seiner gewogenen oder ungewogenen Form. In Kapitel E 3.3 wurden zusätzliche Maßzahlen, die etwas über die Mitte einer Häufigkeitsverteilung aussagen, vorgestellt. Hierbei ergänzen sich die Aussagen von *(gewogenem) arithmetischen Mittel, Modus und Median.* Werden nicht alle Beobachtungswerte zur Berechnung einer statistischen Maßzahl benötigt, wird von sogenannten *Lageparametern* einer Häufigkeitsverteilung gesprochen : Die verwendeten Mittelwerte sagen in diesem Fall etwas über die Lage des Zentrums der Verteilung aus.

Im Gegensatz hierzu spricht man von *Durchschnittsparametern*, wenn *alle* Beobachtungswerte für die Berechnung eines Mittelwertes verwendet werden. Zu den Durchschnittsparametern, die nur für ein metrisches Skalenniveau definiert sind, zählen *arithmetisches, geometrisches und harmonisches Mittel.* Die Anwendung bzw. Berechnung dieser Maßzahlen erfolgt nicht nach Belieben, sondern ist im Einzelfall auf einen bestimmten Mittelwert beschränkt. Welcher Durchschnittsparameter muß nun im konkreten Fall angewendet werden ? Gibt es Kriterien, die diese Frage zu beantworten erlauben ? Wieso kann die Anwendung des arithmetischen Mittels bei bestimmten Fragestellungen zu völlig falschen Ergebnissen (Durchschnittswerten) führen ?

Beispiel zum harmonischen Mittel

Ein Unternehmen der Fertigungsindustrie stellt sein Produkt in großen Serien her. Der Einkäufer möchte bei der Beschaffung des wichtigsten Rohstoffs seine vier Lieferanten gleich behandeln. Deshalb ordert er bei jedem der Lieferanten den Rohstoff stets mit gleichem Nettorechnungsbetrag. (Im letzten Quartal wurde der Rohstoff bei jedem der Lieferanten im Wert von jeweils 50000 DM geordert.) Die Lieferanten verlangen allerdings unterschiedliche Durchschnittspreise je Kilogramm (siehe Tabelle). Wie hoch ist der erzielte Durchschnittspreis ?

Tabelle E 36-1 : Ausgangsdaten

Lieferant	L1	L2	L3	L4
Preis (DM/kg)	22,00	22,50	20,00	19,50

Der Einkäufer berechnet den Durchschnittspreis mit Hilfe des arithmetischen Mittels (siehe Kapitel E 3.3) :

$$\overline{x} = \frac{22,00 + 22,50 + 20,00 + 19,50}{4} = 21,00$$

Demnach beträgt der Durchschnittspreis offenbar 21,00 DM je Kilogramm. *Das Ergebnis ist jedoch falsch !* Eine einfache Berechnung zeigt dies :

Tabelle E 36-2 : Direkte Durchschnittsbildung

Lieferant	Netto-rechnungs-betrag (DM)	Preis (DM/kg)	Menge Spalte 2 / Spalte 3 (kg)
1	2	3	4
L1	50000	22,00	2272,7
L2	50000	22,50	2222,2
L3	50000	20,00	2500,0
L4	50000	19,50	2564,1
Insgesamt	200000	-	9559,0

Somit beträgt der gesamte Nettobetrag aller vier Rechnungen 200000 DM für insgesamt 9559 Kilogramm des Rohstoffs. Der richtige Durchschnittspreis ergibt sich mit 200000 DM / 9559 DM/kg = 20,92 DM und liegt somit 8 Pfennige unter dem zuvor errechneten. Lösung: In diesem Fall ist das harmonische Mittel anzuwenden.

Das *harmonische Mittel* H ist der Quotient aus der Anzahl der Beobachtungen n und der Summe aller reziproken Merkmalsausprägungen x_i. Es gilt : **Harmonisches Mittel**

$$H = \frac{n}{\dfrac{1}{x_1} + \dfrac{1}{x_2} + \dfrac{1}{x_3} + \ldots + \dfrac{1}{x_n}} = \frac{n}{\sum\limits_{i=1}^{n} \dfrac{1}{x_i}}$$

Das harmonische Mittel *muß* angewendet werden bei der Mittelung von Verhältniszahlen in Verbindung mit einer *vorgegebenen Zählergröße*.

Die zu mittelnden Merkmalsausprägungen sind in dem betrachteten Beispiel Verhältniszahlen vom Typ Preis / Kilogramm bzw. Wertangabe / Mengenangabe. Das in Beispiel 1 beschriebene Problem ist so konstruiert, daß ein Wert von 50000 DM - und damit die Zählergröße der Verhältniszahl - fest vorgegeben ist. Mit den Daten des Beispiels ergibt sich : **Berechnung des harmonischen Mittels**

$$H = \frac{4}{\dfrac{1}{22,00} + \dfrac{1}{22,50} + \dfrac{1}{20,00} + \dfrac{1}{19,50}} = \frac{4}{0,19118} = 20,92 \text{ (DM / kg)}$$

Der erzielte Durchschnittspreis beträgt somit 20,92 DM/kg.

| **Beispiel zum arithmetischen Mittel** | Wie ändert sich der erzielte Durchschnittspreis, wenn der Einkäufer - ausgehend von den gleichen Preisangaben für die Lieferanten wie in Beispiel 1 - stets die gleiche Menge bei allen Lieferanten ordert (beispielsweise 2500 kg) ? |

Tabelle E 36-3 : Direkte Durchschnittsbildung

Lieferant	Menge (kg)	Preis (DM/kg)	Netto- rechnungs- betrag Spalte2·Spalte 3 (DM)
1	2	3	4
L1	2500	22,00	55000
L2	2500	22,50	56250
L3	2500	20,00	50000
L4	2500	19,50	48750
Insgesamt	10000	-	210000

Der Durchschnittspreis beträgt in diesem Fall offenbar 210000 / 10000 = 21 DM / kg.

| **Arithmetisches Mittel** | In diesem zweiten Beispiel läßt sich der Durchschnittspreis mit Hilfe des *arithmetischen Mittels* (siehe Kapitel E 3.3) berechnen. Gemittelt werden wiederum Verhältniszahlen. In diesem Fall ist jedoch mit einer konstanten Bestellmenge von 2500 Kilogramm die *Nennergröße* des Verhältnisses Wertangabe / Mengenangabe *fest vorgegeben*. |

| **Entscheidungs-regel H oder $\overline{X}$?** | Falls bei der Durchschnittsbildung nach einer Beziehung gefragt wird, die als Quotient zweier Größen definiert ist (Weg / Zeit, Preis / Menge, Menge / Zeit), so ist

a) das arithmetische Mittel anzuwenden, wenn die Größe im Nenner vorgegeben ist und
b) das harmonische Mittel anzuwenden, wenn die Größe im Zähler vorgegeben ist. |

| **Beispiel zum geometrischen Mittel** | In sieben aufeinanderfolgenden Jahren wurde in einer Branche das folgende Umsatzwachstum erzielt : |

Tabelle E 36-4 : Ausgangsdaten

Jahr	1	2	3	4	5	6	7
Umsatz (Veränderung zum Vorjahr in Prozent)	-	3,5	4	5,5	4	2,1	2

Wie hoch war in dem betrachteten Zeitraum die durchschnittliche Umsatzentwicklung ? Erster Hinweis: *Die Anwendung des arithmetischen Mittels ist hier auf jeden Fall falsch!* Zweiter Hinweis : Es *muß* das sogenannte *geometrische Mittel* angewendet werden - aber wieso ?

Das *geometrische Mittel* G ist die n-te Wurzel aus dem Produkt von n beobachteten Merkmalsausprägungen. Es gilt

$$G = \sqrt[n]{x_1 \cdot x_2 \cdot x_3 \cdot \ldots \cdot x_n}$$

n = Anzahl der Beobachtungen
$x_1, x_2, \ldots, x_n$ = Merkmalsausprägungen

Man wendet das geometrische Mittel dann an, wenn die Merkmalsausprägungen sinnvoll multiplikativ verknüpft werden können.

Die "sinnvolle" multiplikative Verknüpfung ergibt sich in diesem Fall durch die *Wachstumsfaktoren*, die aus den gegebenen *Wachstumsraten* abzuleiten sind. Anstelle der Wachstumsrate von 3,5 Prozent oder 0,035 wird der Wachstumsfaktor 1 + 0,035 = 1,035 in die Formel eingesetzt. Anstelle von 4 Prozent wird der Wert 1,04 eingesetzt. Entsprechend wird mit den übrigen Wachstumsraten verfahren. Mit den ermittelten Wachstumsfaktoren ergibt sich :

$$G = \sqrt[6]{1,035 \cdot 1,04 \cdot 1,055 \cdot 1,04 \cdot 1,021 \cdot 1,02} = \sqrt[6]{1,22994} = 1,0351$$

Als Ergebnis erhält man den *durchschnittlichen Wachstumsfaktor* 1,0351. Die *durchschnittliche Wachstumsrate* beträgt somit in diesem Fall 3,5 Prozent. Sie leitet sich aus dem um Eins verminderten durchschnittlichen Wachstumsfaktor ab.

Wieso ist in diesem Fall die Mittelung über die *Wachstumsfaktoren* notwendig ? Die Antwort ist einfach : Um eine Größe mit p Prozent anwachsen zu lassen, ist sie mit 1 + p / 100, dem Wachstumsfaktor, zu multiplizieren. Dies ist leicht durch eine Gegenrechnung nachzuvollziehen :

Beträgt z.B. der Umsatz im ersten Jahr 2,5 Millionen DM, so wird er mit den in Beispiel 3 gegebenen Wachstumsraten bis zum siebten Jahr auf

$$2,5 \cdot 1,035 \cdot 1,04 \cdot 1,055 \cdot 1,04 \cdot 1,021 \cdot 1,02 = 3,07 \text{ Mill.DM}$$

angewachsen sein. Ist die berechnete durchschnittliche Wachstumsrate realistisch, so muß auch ein Wachstum mit dieser durchschnittlichen Rate, angewendet auf den ursprünglichen Umsatz von 2,5 Mill.DM, zum gleichen Ergebnis führen :

$$2,5 \cdot 1,035 \cdot 1,035 \cdot 1,035 \cdot 1,035 \cdot 1,035 \cdot 1,035 = 2,5 \cdot 1,035^6 = 3,07 \text{ Mill.DM}$$

Die hier betrachteten Mittelwerte lassen sich auch als *gewogene Mittelwerte* formulieren. Das *gewogene arithmetische Mittel* wurde in Kapitel E 3.3 beschrieben. Auf eine Besprechung des *gewogenen harmonischen Mittels* und des *gewogenen geometrischen Mittels* wird verzichtet. Die Konstruktion und die spezielle Anwendung dieser beiden gewogenen Mittelwerte läßt sich leicht aus der Darstellung des gewogenen arithmetischen Mittels ableiten.

Gewogenes geometrisches Mittel

$$G_{gew.} = \sqrt[n]{x_1^{h_1} \cdot x_2^{h_2} \cdot x_3^{h_3} \cdot \ldots \cdot x_k^{h_k}}$$

Gewogenes harmonisches Mittel

$$H_{gew.} = \frac{n}{\dfrac{h_1}{x_1} + \dfrac{h_2}{x_2} + \dfrac{h_3}{x_3} + \ldots + \dfrac{h_k}{x_k}}$$

Übungs-aufgabe 3

Eine Gruppe von Arbeitern fertigt 8 Stunden lang gewisse Werkstücke an. Der Arbeiter A stellt ein Werkstück in 4 Minuten her, der Arbeiter B in 5 Minuten, C in 6 Minuten, D in 10 Minuten und E in 12 Minuten. Welche Zeit braucht ein Arbeiter für das Werkstück durchschnittlich ?

Übungs-aufgabe 4

Von einer Gruppe von 5 Arbeitern werden je 100 Werkstücke hergestellt, und zwar von A je eins in 4 Minuten, von B in 5 Minuten, von C in 6 Minuten, von D in 10 Minuten und von E in 12 Minuten. Welche Zeit braucht ein Arbeiter in diesem Fall für das Werkstück durchschnittlich ?

Übungs-aufgabe 5

Ein Kraftfahrer kauft bei drei Tankstellen jeweils für 10 DM Benzin. Bei der ersten muß er für den Liter 50 Pfennig bezahlen, bei der zweiten 60 Pfennig und bei der dritten 70 Pfennig. Wieviel hat er im Durchschnitt bezahlt ?

Übungs-aufgabe 6

Die deutschen Direktinvestitionen in Afrika betrugen von 1985 bis 1989 (in Mill. DM):

Jahr	1985	1986	1987	1988	1989
Investition	1520	1380	1124	907	784

Quelle: Statistisches Jahrbuch

Wie hoch war in diesem Zeitraum die durchschnittliche Wachstumsrate ?

Literatur

Die Quelle für die Aufgaben 3, 4 und 5 ist *Nicolas, Ein unentbehrlicher Mittelwert*, in : Statistische Praxis Heft 12, 1948, S. 185 f.

3.7 Konzentrationsmessung

Unter *Konzentration* wird die ungleiche Verteilung eines metrisch-skalierten Merkmals auf wenige Merkmalsträger verstanden. Beispiele hierfür sind die ungleiche Verteilung des Einkommens bei Personen (wenige haben ein hohes, viele dagegen ein niedriges Einkommen), die unterschiedlichen Marktanteile von Unternehmen (wenige Unternehmen haben zusammen einen großen Marktanteil, die übrigen dagegen einen sehr geringen) oder der relativ hohe Wert eines kleinen Teils des für die Fertigung benötigten Materials (Gegenstand der ABC-Analyse in der Betriebswirtschaftslehre). Wie lassen sich Konzentrationserscheinungen messen ?

Beschreibung der Konzentration

Bei der Konzentrationsmessung werden zwei Betrachtungsweisen unterschieden : Von einer hohen *absoluten Konzentration* wird gesprochen, wenn ein großer Teil der Merkmalssumme auf *absolut wenige* Merkmalsträger verteilt oder konzentriert ist. Dies setzt voraus, daß die Daten nicht klassifiziert sind. Eine Möglichkeit zur Messung der absoluten Konzentration bietet die *Konzentrationsrate*. Eine hohe *relative Konzentration (Disparität)* liegt vor, wenn ein großer Teil der Merkmalssumme auf einen *geringen Anteil* der Merkmalsträger entfällt. Die relative Konzentration kann auch bei einer vorliegenden Klasseneinteilung ermittelt werden. Zur graphischen Darstellung der relativen Konzentration ist die *Lorenzkurve* geeignet. Eine Berechnung des relativen Konzentrationsgrades kann mit Hilfe des Gini-Koeffizient erfolgen.

absolute und relative Konzentration

Auf einem regionalen Markt bieten 7 Unternehmen ein bestimmtes Erzeugnis an. Mit Hilfe des bekannten Jahresumsatzes, der mit diesem Produkt erzielt wird, soll die Konzentration und damit die Wettbewerbssituation auf dem Markt beschrieben werden.

Beispiel 1

Tabelle E 37-1 : Ausgangsdaten

Unternehmen	A	B	C	D	E	F	G
Jahresumsatz (in Mill.DM)	1,5	2,1	0,3	10	2,5	3,4	0,2

Ein einfaches Maß zur Messung der *absoluten Konzentration* stellt die Konzentrationsrate C_m dar. Sie gibt denjenigen Anteil der Merkmalssumme an, der auf die m größten von n untersuchten Merkmalsträgern entfällt.

Konzentrationsrate

$$C_m = \frac{\sum\limits_{i=1}^{m} x_i}{\sum\limits_{i=1}^{n} x_i}$$

x_i = Merkmalsausprägung des i-ten Merkmalsträgers
n = Anzahl der Beobachtungen (Merkmalsträger)
m = Anzahl der betrachteten größten Merkmalsträger, gemessen an der Merkmalsausprägung x

$$\text{Es gilt}: C_{min} \leq C_m \leq 1 \quad \text{mit}: C_{min} = \frac{m}{n}$$

Berechnung   Die Berechnung erfolgt am Beispiel der Konzentrationsrate C_1 und C_2 :

$$C_1 = \frac{10}{20} = 0,5$$

Auf den größten Anbieter entfallen 50 Prozent des Umsatzes. Bei völliger Gleichverteilung wären es 14,3 Prozent :

$$C_{min} = \frac{1}{7} = 14,3 \text{ Prozent}$$

und

$$C_2 = \frac{10 + 3,4}{1,5 + 2,1 + 0,3 + 10 + 2,5 + 3,4 + 0,2} = \frac{13,4}{20} = 0,67$$

Somit entfallen 67 Prozent des Umsatzes auf die zwei größten Anbieter. Bei völliger Gleichverteilung sind dies 28,6 Prozent :

$$C_{min} = \frac{m}{n} = \frac{2}{7} = 0,286$$

Interpretation von Konzentrationsstatistiken

Daten zur *Unternehmenskonzentration* veröffentlichen das *Statistische Bundesamt* und die statistischen Landesämter für die Unternehmen mit 20 und mehr Beschäftigten im Bergbau und Verarbeitenden Gewerbe (einschl. Handwerk, siehe *Statistisches Jahrbuch für die Bundesrepublik Deutschland 1993*, Tabelle 9.4). So betrug beispielsweise der Anteil der 6 umsatzgrößten Unternehmen in der chemischen Industrie 1990 (früheres Bundesgebiet !) 39,2 Prozent ($C_6 = 0,392$). In der Tabakverarbeitung konnten die 6 umsatzgrößten Unternehmen einen Marktanteil (gemessen am Umsatz) von 93 Prozent erzielen. Im Jahr 1990 gab es in der chemischen Industrie 1208 Unternehmen und in der Tabakverarbeitung 31 Unternehmen mit 20 und mehr Beschäftigten (Statistisches Jahrbuch, Tabelle 9.1). Mit Hilfe dieser Angaben können die zur Interpretation der Konzentrationsraten benötigten Untergrenzen berechnet werden. Sie betrugen in den genannten Fällen 6/1208 = 0,004 (Chemie) und 6/31 = 0,194 (Tabak). Die absolute Konzentration ist in diesen beiden Branchen sehr hoch.

Beispiel 2   **Tabelle E 37-2 : Ausgangsdaten**

Jahresumsatz von . . . bis unter . . . . (in Mill. DM)	Anzahl der Anbieter
1	2
50 - 100	2
20 - 50	5
10 - 20	8
5 - 10	10
1 - 5	15
0 - 1	40

Über den Jahresumsatz mit einer bestimmten Produktgruppe liegen für eine Branche die in Tabelle E 37-2 dargestellten Angaben vor. Für eine Marktstudie soll die Unternehmenskonzentration auf diesem Markt aussagefähig dargestellt werden.

Die *relative Konzentration* oder *Disparität* läßt sich graphisch mit Hilfe der **Konzentrations-**
Konzentrationskurve oder *Lorenzkurve* darstellen. An dieser Kurve ist **kurve**
abzulesen, welchen Anteil an der gesamten Merkmalssumme ein bestimmter
Anteil der größten Merkmalsträger auf sich vereinigt. Für die Herleitung und
Darstellung der Konzentrationskurve werden die Angaben zu Beispiel 2
verwendet. In der folgenden Tabelle sind die erforderlichen Berechnungsschritte dargestellt.

Berechnung

**Tabelle E 37-3 : Berechnung der Angaben zur Konstruktion der
            Konzentrationskurve**

Nr. der Klasse	Ausgangsdaten			Anbieter		Umsatz	
	Umsatz-Klassen-mitte	Anzahl der Anbieter	gesamter Umsatz der Klasse	Anteil der Anbieter	Anbieter Anteil kumuliert	Anteil am Bran-chen-umsatz	Umsatz-anteil kumu-liert
	x_i	h_i	$x_i \cdot h_i$	f_i	$F_{(x_i)}$	g_i	$G_{(x_i)}$
1	2	3	4	5	6	7	8
1	75	2	150	0,025	0,025	0,256	0,256
2	35	5	175	0,063	0,088	0,299	0,556
3	15	8	120	0,100	0,188	0,205	0,761
4	7,5	10	75	0,125	0,313	0,128	0,889
5	3	15	45	0,188	0,500	0,077	0,966
6	0,5	40	20	0,500	1,000	0,034	1,000
Insge-samt	-	80	585	1,000	-	1,000	-

Spalte 2 zeigt die Klassenmitten der sechs Umsatzgrößenklassen. Durch
Multiplikation der Klassenmitte (Spalte 2) mit der Anzahl der Anbieter
(absolute Häufigkeit) in der Klasse (Spalte 3) erhält man einen
Näherungswert für den Umsatz, der von allen Anbietern der Klasse erzielt
wurde (Spalte 4). Diese Vorgehensweise ist gerechtfertigt, wenn die
Umsätze innerhalb der Klasse nahezu gleichverteilt sind.

Spalte 5 zeigt den Anteil der Anbieter der Branche, der auf die einzelnen
Umsatzgrößenklassen entfällt, Spalte 7 den Anteil des Branchenumsatzes,
der auf diese einzelnen Klassen entfällt. In den Spalten 6 und 8 werden diese
Anteile (relativen Häufigkeiten) kumuliert dargestellt (zur Berechnung
kumulierter Anteile siehe Kapitel E 3.3 und E 3.4).

Graphische   **Abbildung E 37-1 : Konzentrationskurve**
Darstellung

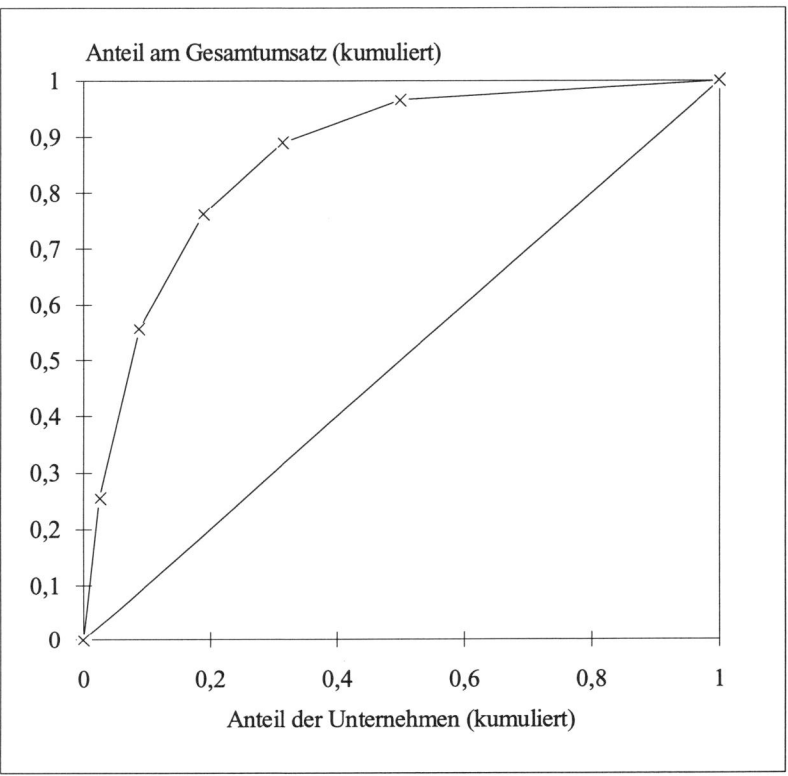

Interpretation   Mit den Berechnungsergebnissen in den Spalten 6 und 8 der Tabelle E 37-3
der kumulierten   lassen sich folgende Angaben über die Branche machen : Nur 2,5 Prozent der
Anteile   größten Anbieter erzielen 25,6 Prozent des gesamten Branchenumsatzes.
                        Oder : 8,8 Prozent der größten Anbieter der Branche erzielen mit 55,6
                        Prozent über die Hälfte des Branchenumsatzes. Mit anderen Worten: Es liegt
                        eine hohe (Umsatz-) Konzentration in dieser Branche vor ; die Umsätze sind
                        ungleich auf die einzelnen Unternehmen verteilt.

Interpretation der Die *relative Konzentration* oder *Disparität* läßt sich mit Hilfe der in
Lorenzkurve   Abbildung E 37-1 dargestellten Konzentrationskurve anschaulich darstellen.
                        Je größer die Fläche zwischen der Diagonalen und der Kurve ist, desto
                        größer die Disparität. Für den (theoretischen) Fall einer *maximalen*
                        Konzentration des Branchenumsatzes auf nur ein Unternehmen verläuft die
                        Kurve nahezu deckungsgleich mit der Ordinate und am oberen Rand des
                        Koordinatensystems entlang. Die Konzentrationskurve fällt mit der
                        Diagonalen zusammen, wenn eine *völlige Nicht-Konzentration* vorliegt : Alle
                        Unternehmen der Branche erzielen in diesem Fall den gleichen Umsatz. Die
                        Diagonale ist somit die *Gleichverteilungslinie* und ist für den Vergleich mit
                        der Konzentrationskurve stets in das Diagramm einzutragen.

In dem betrachteten Beispiel 2 liegt die *Lorenzkurve* über der Diagonalen. Dies ist deshalb der Fall, weil die einzelnen Merkmale absteigend nach ihrer Größe sortiert bzw. kumuliert werden. In dieser Untersuchung interessieren die "Großen". Interessiert man sich für die "Kleinen", z.B. bei der Betrachtung der Einkommensverteilung eines Landes, werden die Fälle aufsteigend nach der Größe der Merkmalsausprägung sortiert und kumuliert. Die Lorenzkurve verläuft dann unterhalb der Diagonalen !

Als Maß für die relative Konzentration dient der *Gini-Koeffizient* GK. Dieser ist das Verhältnis aus Fläche zwischen Konzentrationskurve und Gleichverteilungslinie einerseits sowie Fläche zwischen Gleichverteilungslinie und 100-Prozent-Linie am oberen Rand des Diagramms andererseits. **Gini-Koeffizient**

$$GK = \frac{\text{Fläche zwischen Konzentrationskurve und Gleichverteilungslinie}}{\text{Fläche zwischen Gleichverteilungslinie und 100 Prozent - Linie}}$$

$$\text{Es gilt}: 0 \leq GK \leq \frac{n-1}{n}$$

Zur Berechnung des *Gini-Koeffizienten* wird die Fläche unterhalb der *Konzentrationskurve* - entsprechend den hier vorliegenden Daten - in sechs Flächenstreifen zerlegt. Diese Flächenstreifen bestehen im unteren Teil aus einem Rechteck und im oberen Teil aus einem Dreieck (siehe Abbildung E 37-2). **Berechnung des Gini-Koeffizienten**

Tabelle E 37-4 zeigt die einzelnen Berechnungsschritte. In den Spalten 2 und 3 werden Breite und Höhe der Rechtecke angegeben, die benötigten Zahlenangaben wurden der Tabelle E 37-3 entnommen. In Spalte 4 stehen die Flächenwerte der einzelnen Rechtecke. Spalte 5 enthält die Höhe der einzelnen Dreiecke, die Grundseite der Dreiecke entspricht den Angaben in Spalte 2. Aus Grundseite × Höhe / 2 ergeben sich in Spalte 6 die Flächenwerte für die einzelnen Dreiecke.

Tabelle E 37-4 : Berechnung des Gini-Koeffizienten

Nr. des Streifens unterhalb der Kurve i	Rechteck			Dreieck	
	Breite f_i	Höhe $G(x_i)$	Fläche $f_i \cdot G(x_i)$	Höhe g_i	Fläche $\frac{f_i \cdot g_i}{2}$
1	2	3	4	5	6
1	0,025	0,000	0,000	0,256	0,003
2	0,063	0,256	0,016	0,299	0,009
3	0,100	0,556	0,056	0,205	0,010
4	0,125	0,761	0,095	0,128	0,008
5	0,188	0,889	0,167	0,077	0,007
6	0,500	0,966	0,483	0,034	0,009
Insgesamt	1,000	-	0,816	1,000	0,047

Der Gini-Koeffizient errechnet sich danach wie folgt :

	0,816	Flächenwert aller Rechtecke
+	0,047	Flächenwert aller Dreiecke

=	0,863	Fläche unterhalb der Konzentrationskurve
-	0,5	Fläche unterhalb der Diagonalen

=	0,363	Fläche zwischen Kurve und Diagonale
:	0,5	Fläche zwischen Diagonale und 100 Prozent-Linie

=	<u>0,726</u>	Ginikoeffizient (= 0,363 / 0,5)

Graphische Darstellung der relativen Konzentration

Abbildung E 37-2 :   Konzentrationskurve mit Hilfslinien zur Berechnung des Gini-Koeffizienten

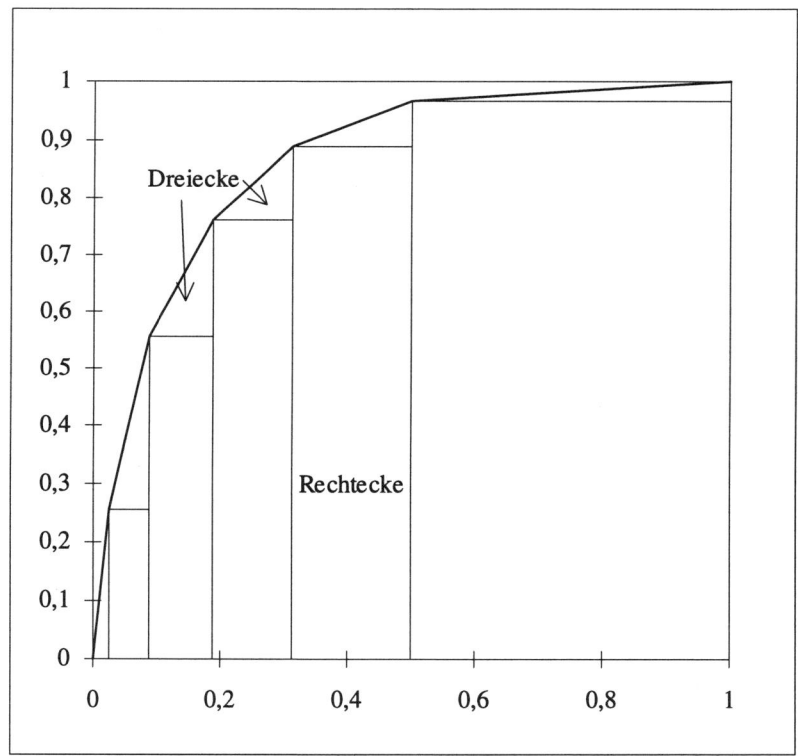

Interpretation des Gini-Koeffizienten

Der *Gini-Koeffizient* liegt zwischen 0 (vollständige Nicht-Konzentration) und (n-1)/n (vollständige Konzentration). n gibt hierbei die Anzahl der Beobachtungen an.

In dem betrachteten Beispiel liegt die Obergrenze des Koeffizienten bei $G_{max.} = (80-1)/80 = 0,988$. Der berechnete Gini-Koeffizient beträgt 0,726. Die *Disparität* oder *relative Konzentration* ist daher als hoch einzustufen.

Ein Betrieb stellt hochwertige Möbel her. Für den Bereich "Stühle" liegen Angaben über den Materialverbrauch des letzten Jahres vor : **Übungsaufgabe 7**

Artikel	Verbrauch / Jahr (Stück)	Einkaufspreis / Artikel (DM/Stück)
Stuhlbein	6000	6,60
Armlehne	3000	5,00
Rückenlehne	1500	6,67
Stoff	4500	2,00
Sitzrahmen	1500	4,00
Leiste	6000	0,80
Gewindeeinsatz	13500	0,33
Füllung	9000	0,33
Polsterknopf	12000	0,20
Stuhlbeinnagel	6000	0,27
Schrauben	18000	0,06
Holzdübel	24000	0,01
Nägel	30000	0,01
Insgesamt	135000	-

Für eine sogenannte ABC-Analyse ist die Konzentrationskurve der Materialkosten zu ermitteln.

Statistisches Bundesamt (Hrsg.), Statistisches Jahrbuch für die Bundesrepublik Deutschland 1992, Tabelle 9.4, Unternehmenskonzentration im Bergbau und Verarbeitenden Gewerbe 1990. **Literatur**

Bruckmann, G., Konzentrationsmessung, in: Bleymüller, J., Gehlert, G., Gülicher, H., Statistik für Wirtschaftswissenschaftler, München 1979.

Piesch,W., Statistische Konzentrationsmaße, Tübingen 1975.

Eine intensive praktische und theoretische Auseinandersetzung mit den konzentrationsstatistischen Meßverfahren findet man bei *Laux, G., Ausbau der Konzentrationsstatistiken im Produzierenden Gewerbe*, in : Wirtschaft und Statistik, Heft 3/1983, S.385-395 .

4. Methoden und Verfahren bei zwei Merkmalen

4.1 Zwei nominal-skalierte Merkmale

Probleme bei der Beschreibung mehr-dimensionaler Verteilungen

Im letzten Abschnitt wurden Häufigkeitsverteilungen eines Merkmals beschrieben. Im folgenden werden sogenannte *mehrdimensionale Verteilungen* betrachtet. Das sind Verteilungen, die für das gemeinsame Auftreten *mehrerer* Merkmale Häufigkeiten ausweisen. Bei der Analyse dieser mehr-dimensionalen Verteilungen ergeben sich neue Fragestellungen : Erfolgt das gemeinsame Auftreten der verschiedenen Merkmale nach bestimmten Regeln ? Treten die einzelnen Merkmale unabhängig voneinander auf ? Wie sind solche Zusammenhänge statistisch zu messen ?

Diese Fragen werden in den folgenden Kapiteln behandelt. Die Ausführungen beschränken sich allerdings auf Häufigkeitsverteilungen zweier Merkmale oder auf sogenannte *2-dimensionale Häufigkeitsverteilungen*. Die Ergebnisse lassen sich jedoch auf die Betrachtung mehrdimensionaler Verteilungen übertragen. In diesem Kapitel wird die Verteilung zweier nominal-skalierter (qualitativer) Merkmale beschrieben.

Beispiel

Ein Fleisch- und Wurstwarenfabrikant beliefert seine neuen Verkaufsfilialen mit Gebinden von jeweils 20 Kilogramm. Nach einem halben Jahr gibt er eine Absatzanalyse in Auftrag. Er möchte u.a. wissen, ob die Absatzstruktur, gegliedert nach den verschiedenen Fleischsorten, von den Standorten der Filialen abhängig ist. In Tabelle E 41-1 ist die Anzahl aller im ersten Halbjahr gelieferten Gebinde (im folgenden auch kurz : "Lieferungen") aufgeführt, gegliedert nach verschiedenen Fleischsorten und den Standorten der Filialen.

Tabelle E 41-1 : Ausgangsdaten (Häufigkeitstabelle)

Standort der Filiale	Fleischsorte				Insgesamt
	Rind	Kalb	Schwein	Geflügel	
1	2	3	4	5	6
Anzahl der Lieferungen im 1. Halbjahr					
Bonn	330	150	690	400	1570
Dortmund	680	310	1350	780	3120
Düsseldorf	660	270	1190	800	2920
Duisburg	610	250	1130	680	2670
Köln	1030	480	1980	1230	4720
Insgesamt	3310	1460	6340	3890	15000

Merkmalsträger, Merkmal, Merkmals-ausprägung

Merkmalsträger sind die einzelnen Lieferungen, die im ersten Halbjahr von der Fleisch- und Wurstwarenfabrik an die neuen Filialen gingen. Betrachtet werden die *Merkmale* "Standort" und "Fleischsorte". Die *Merkmalsaus-prägungen* "Bonn, Dortmund, ..." sowie "Rind, Kalb, ..." sind nominal-skaliert.

Tabelle E 41-1 zeigt den Zusammenhang zwischen den nominal-skalierten Merkmalen "Standort" und "Fleischsorte". Man bezeichnet diesen Tabellentyp deshalb auch als *Kontingenztabelle*. Allerdings läßt sich der Zusammenhang ohne eine weitere Verarbeitung der Zahlen in dieser Tabelle nur schwer erkennen. Deshalb werden im folgenden wie auch schon in dem vorangegangenen Abschnitt zunächst verschiedene neue Begriffe und deren Abkürzungen eingeführt. Erst danach wird die Auswertung der Kontingenz- oder *Häufigkeitstabelle* vorgenommen.

Kontingenztabelle, Häufigkeitstabelle

Tabelle E 41-2 zeigt das Schema einer *Kontingenz-* oder *Häufigkeitstabelle* mit zwei Merkmalen. Die erste Spalte (Vorspalte) zeigt die möglichen Ausprägungen des Merkmals X und der Tabellenkopf die Ausprägungen des Merkmals Y.

Tabelle E 41-2 : Häufigkeitstabelle mit zwei Merkmalen (Schema)

Merkmal X	Merkmal Y						Zeilen-summen
	y_1	y_2	...	y_j	...	y_c	
x_1	h_{11}	h_{12}	...	h_{1j}	...	h_{1c}	$h_{1.}$
x_2	h_{21}	h_{22}	...	h_{2j}	...	h_{2c}	$h_{2.}$
...	...	...	...	...	...	...	...
x_i	h_{i1}	h_{i2}	...	h_{ij}	...	h_{ic}	$h_{i.}$
...	...	...	...	...	...	...	...
x_r	h_{r1}	h_{r2}	...	h_{rj}	...	h_{rc}	$h_{r.}$
Spalten-summen	$h_{.1}$	$h_{.2}$	...	$h_{.j}$	...	$h_{.c}$	n

Bezogen auf die Zeilen und Spalten im Zahlenteil der Tabelle stellt i den allgemeinen Zeilenindex und j den allgemeinen Spaltenindex dar. Insgesamt besteht der Zahlenteil aus r Zeilen und c Spalten. Hinzu kommt eine Spalte mit den Zeilensummen am rechten Rand und eine Zeile mit den Spaltensummen am unteren Rand (Randsummen).

Im Zahlenteil der Tabelle stehen die gemeinsamen absoluten Häufigkeiten h_{ij} der paarweisen Kombination der Merkmalsausprägungen x_i und y_j. Die Zeilensummen werden allgemein mit $h_{i.}$ und die Spaltensummen mit $h_{.j}$ bezeichnet. Hierbei wird für den jeweils überflüssigen Zeilenindex i oder Spaltenindex j ein Punkt gesetzt. Die Summe aller in der Tabelle enthaltenen Häufigkeiten ergibt die Anzahl der Beobachtungswerte n. Es gilt :

Gemeinsame absolute Häufigkeiten

$$\sum_{i=1}^{r} \sum_{j=1}^{c} h_{ij} = n$$

Die Summe der Zeilensummen und die Summe der Spaltensummen müssen ebenfalls n ergeben :

$$\sum_{i=1}^{r} h_{i\cdot} = h_{1\cdot} + h_{2\cdot} + \ldots + h_{r\cdot} = n$$

$$\sum_{j=1}^{c} h_{\cdot j} = h_{\cdot 1} + h_{\cdot 2} + \ldots + h_{\cdot c} = n$$

Interpretation der Tabelle E 41-1

Von den 15000 Lieferungen des ersten Halbjahres gingen beispielsweise 780 Gebinde mit Geflügelfleisch in die Filiale nach Dortmund. Insgesamt wurden 3890 Gebinde mit Geflügelfleisch im ersten Halbjahr in die neuen Filialen ausgeliefert. Die meisten Gebinde gingen mit 4720 Stück nach Köln. Schweinefleisch war mit 6340 Gebinden am stärksten nachgefragt.

Graphische Darstellung

Abbildung E 41-1 :   **Räumliche Darstellung der Häufigkeitsverteilung zweier Merkmale**

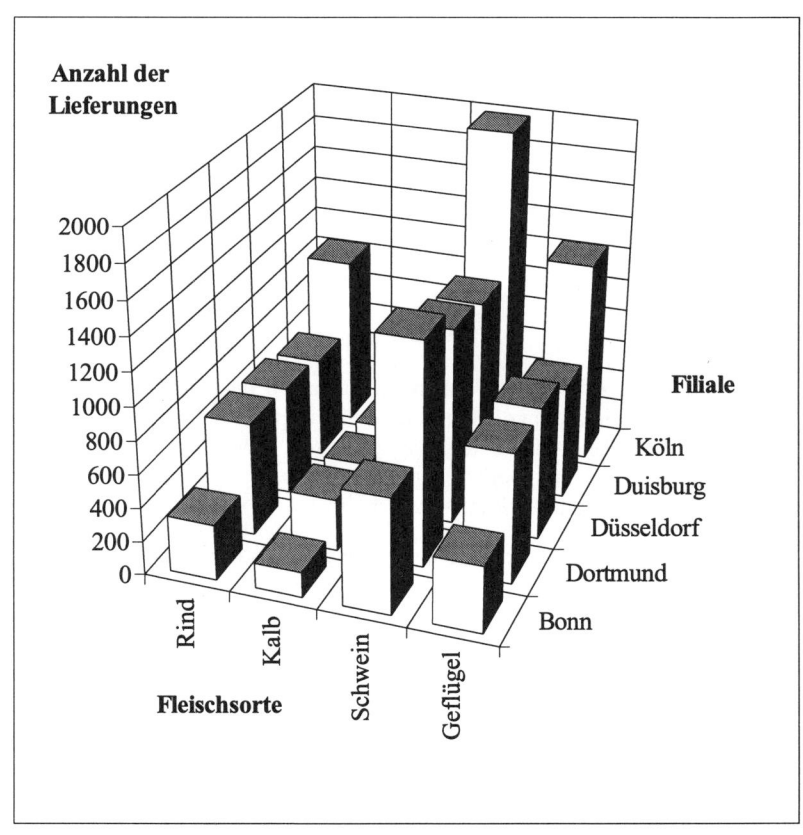

Abbildung E 41-1 zeigt eine technisch anspruchsvolle graphische Darstellung der Häufigkeitsverteilung. Verwendet wurden die Daten aus der Tabelle E 41-1. Jede der Säulen steht für eine der möglichen Kombinationen von Merkmalsausprägungen der beiden Merkmale "Filiale" und "Fleischsorte". Die Höhe der Säulen kennzeichnet die gemeinsamen Häufigkeiten. Das "Säulengebirge" vermittelt ein sehr gutes Bild von der Form der 2-dimensionalen Häufigkeitsverteilung. Der Betrachter erkennt zum Beispiel mit einem Blick die Kombination Schweinefleisch / Filiale Köln mit der höchsten Anzahl der Lieferungen von knapp 2000 Stück.

Interpretation der graphischen Darstellung

Die räumliche Darstellung erlaubt jedoch kaum ein genaues Ablesen der gemeinsamen Häufigkeiten an der senkrechten Zahlenachse. Ein Teil der kürzeren Säulen verschwindet sogar vollständig hinter den längeren Säulen. Dieser Nachteil wird durch die flächenmäßige Darstellung der Verteilung in Abbildung E 41-2 vermieden. Alle "Säulen" sind dort direkt vergleichbar, da sie nebeneinander angeordnet sind. Die gemeinsamen Häufigkeiten sind direkt an der senkrechten Achse abzulesen. So werden beispielsweise knapp 800 Gebinde Geflügelfleisch nach Dortmund geliefert (8. Säule von links).

Abbildung E 41-2 : **Flächen-Darstellung der Häufigkeitsverteilung zweier Merkmale**

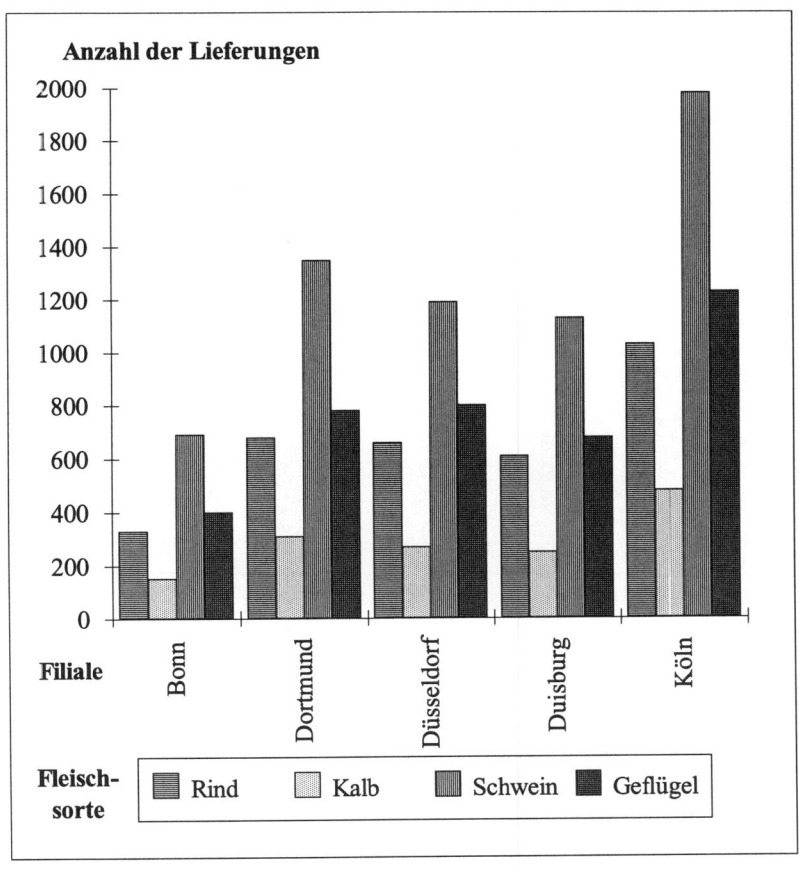

Gemeinsame relative Häufigkeit

Nach Division der gemeinsamen absoluten Häufigkeiten durch die Anzahl aller Beobachtungswerte ergeben sich die *gemeinsamen relativen Häufigkeiten* f_{ij}. (Über eine weitere Multiplikation mit Hundert ergeben sich gemeinsame Prozentsätze p_{ij}. Auf deren Darstellung wird hier verzichtet. Die in Kapitel E 3.1 dargestellten Formeln gelten sinngemäß.)

$$f_{ij} = \frac{h_{ij}}{n} \quad , \text{ wobei } \quad \sum_{i=1}^{r} \sum_{j=1}^{c} f_{ij} = 1$$

Randverteilung

Die relativen Häufigkeiten am Rande der Tabelle erhält man über die Beziehungen :

$$f_{i\cdot} = \frac{h_{i\cdot}}{n} \quad \text{ und } \quad f_{\cdot j} = \frac{h_{\cdot j}}{n}$$

Diese relativen Häufigkeiten beschreiben die *Randverteilungen* der Häufigkeitstabelle. Es gilt :

$$\sum_{i=1}^{r} f_{i\cdot} = f_{1\cdot} + f_{2\cdot} + \ldots + f_{r\cdot} = 1$$

$$\sum_{j=1}^{c} f_{\cdot j} = f_{\cdot 1} + f_{\cdot 2} + \ldots + f_{\cdot c} = 1$$

Tabelle E 41-3 : Verteilung der relativen Häufigkeiten zweier Merkmale und Randverteilungen [*)]

Standort der Filiale	Fleischsorte				Insgesamt
	Rind	Kalb	Schwein	Geflügel	
1	2	3	4	5	6
	Anteil der Lieferungen				
Bonn	0,02	0,01	0,05	0,03	0,10
Dortmund	0,05	0,02	0,09	0,05	0,21
Düsseldorf	0,04	0,02	0,08	0,05	0,19
Duisburg	0,04	0,02	0,08	0,05	0,18
Köln	0,07	0,03	0,13	0,08	0,31
Insgesamt	0,22	0,10	0,42	0,26	1,00

*) Abweichungen in den Summen durch Runden

Interpretation der Tabelle E 41-3

Im Zahlenteil der Tabelle E 41-3 stehen in den Spalten 2 bis 5 (ohne Summenzeile) die *gemeinsamen relativen Häufigkeiten*. In Spalte 6 steht die *Randverteilung* des Merkmals "Standort" und in der letzten Zeile die Randverteilung des Merkmals "Fleischsorte". Die beiden Randverteilungen, die sich auch aus zeilen- oder spaltenweiser Summation der 2-dimensionalen relativen Häufigkeitsverteilung gewinnen lassen, stellen formal eindimensionale Verteilungen der beiden Merkmale dar.

Rund fünf Prozent ($f_{24}=0,05$) aller Lieferungen bestanden aus Geflügelfleisch, die in die Filiale nach Dortmund gingen. Genau 26 Prozent ($f._{4}=0,26$)
aller Lieferungen waren Geflügelfleisch. Knapp ein Drittel ($f_{5.}=0,31$) aller
Lieferungen ging in die Filiale nach Köln. Schweinefleisch wurde mit 42
Prozent ($f._{3}=0,42$) der insgesamt gelieferten Gebinde am stärksten
nachgefragt. Am häufigsten trat mit 13 Prozent ($f_{53} = 0,13$) die Merkmalskombination Schweinefleisch / Filiale Köln auf.

Ein leichterer Zugang zu den in Tabelle E 41-1 enthaltenen Informationen ist
möglich, indem die Tabelle in (a) einzelne Zeilen oder (b) einzelne Spalten
"zerlegt" wird. Dies geschieht im Fall (a) mit einer Division der Zeilenhäufig-
keiten durch die zugehörigen Zeilensummen oder im Fall (b) mit einer
Division der Spaltenhäufigkeiten durch die jeweiligen Spaltensummen.
Hierdurch erhält man sogenannte *bedingte Häufigkeitsverteilungen*. Diese
bedingten Verteilungen stellen formal eindimensionale (relative) Häufigkeitsverteilungen dar, wie sie schon in Abschnitt E 3 behandelt wurden.

**Bedingte
Häufigkeits-
verteilung**

Bei der Untersuchung einer Häufigkeitstabelle wird üblicherweise anhand
inhaltlicher Überlegungen festgelegt, welcher der Vorgehensweisen, (a) oder
(b) , der Vorzug gegeben wird. Formal gilt:

(a) Eindimensionale Häufigkeitsverteilung des Merkmals X bei vorgegebenem y_j :

$$f(x_i / y_j) = \frac{h_{ij}}{h_{\cdot j}} \quad \text{wobei} \quad \sum_{i=1}^{r} f(x_i / y_j) = 1$$

Bei der *bedingten (relativen) Häufigkeit* des Merkmals X wird durch die
Ergänzung "/y_j" ("unter der Bedingung y_j") zum Ausdruck gebracht, daß
nur Ausprägungen des Merkmals X in Kombination mit einer festen Ausprägung y_j betrachtet werden. Die bedingten Häufigkeiten $f(x_i/y_j)$ werden
in Teil (a) der Tabelle E 41-4 dargestellt. Die Spalten 2 bis 5 enthalten die
bedingten Verteilungen, Spalte 6 enthält die *Randverteilung* des Merkmals "Standort".

(b) Eindimensionale Häufigkeitsverteilung des Merkmals Y bei vorgegebenem x_i :

$$f(y_j / x_i) = \frac{h_{ij}}{h_{i\cdot}} \quad \text{wobei} \quad \sum_{j=1}^{c} f(y_j / x_i) = 1$$

Die *bedingten Häufigkeiten* $f(y_j / x_i)$ werden in Teil (b) der Tabelle
E 41-4 ausgewiesen. Zeilenweise sind die bedingten Verteilungen des
Merkmals "Fleischsorte" aufgeführt. Die letzte Zeile enthält die *Randver-
teilung* des Merkmals.

Tabelle E 41-4 :   Bedingte Häufigkeitsverteilungen [*])

Standort der Filiale	Fleischsorte				
	Rind	Kalb	Schwein	Geflügel	
1	2	3	4	5	6
(a) Verteilung des Merkmals "Standort" bei vorgegebener Fleischsorte					
Bonn	0,10	0,10	0,11	0,10	0,10
Dortmund	0,21	0,21	0,21	0,20	0,21
Düsseldorf	0,20	0,18	0,19	0,21	0,19
Duisburg	0,18	0,17	0,18	0,17	0,18
Köln	0,31	0,33	0,31	0,32	0,31
	1,00	1,00	1,00	1,00	1,00
(b) Verteilung des Merkmals "Fleischsorte" bei vorgegebenem Standort					
Bonn	0,21	0,10	0,44	0,25	1,00
Dortmund	0,22	0,10	0,43	0,25	1,00
Düsseldorf	0,23	0,09	0,41	0,27	1,00
Duisburg	0,23	0,09	0,42	0,25	1,00
Köln	0,22	0,10	0,42	0,26	1,00
	0,22	0,10	0,42	0,26	1,00

[*]) Abweichungen in den Summen durch Runden

Interpretation der bedingten Häufigkeiten

Von den Schweinefleischlieferungen gingen 11 Prozent [$f(x_1/y_3) = 0,11$] nach Bonn, 21 Prozent [$f(x_2/y_3) = 0,21$] nach Dortmund . . . und 31 Prozent nach Köln [$f(x_5/y_3) = 0,31$]. Bei diesen Aussagen werden nur die 6340 Lieferungen Schweinefleisch betrachtet ("$/y_3$"). Bezieht man die Aussagen ausschließlich auf die Lieferungen in die Filiale von Dortmund ("$/x_2$"), so bestanden 22 Prozent der Lieferungen aus Fleisch vom Rind, 10 Prozent waren Kalb-, 43 Prozent Schweine- und 25 Prozent Geflügelfleisch.

Statistische Unabhängigkeit

Vollständige *statistische Unabhängigkeit* der beiden Merkmale X und Y liegt vor, wenn alle Spaltenstrukturen (bzw. bedingten Häufigkeitsverteilungen des Merkmals X bei vorgegebenem y_j) identisch sind und mit der Rand-verteilung übereinstimmen : Die Verteilung des Merkmals X ist dann *unabhängig* von der Ausprägung des Merkmals Y. Formal muß somit (für i = 1, ... , r und j = 1, ... , c) gelten :

$$\frac{h_{ij}}{h_{\cdot j}} = \frac{h_{i \cdot}}{n}$$

Angenommen, die Randhäufigkeiten der Zeile i und der Spalte j sind bekannt. Welche absolute gemeinsame Häufigkeit $h_{ij}{}^*$ muß dann die Verteilung zweier Merkmale in der Zeile i und in der Spalte j aufweisen, damit statistische Unabhängigkeit nach vorstehender Formel vorliegt (bzw. identische Spalten- oder Zeilenstrukturen vorliegen) ? Die Auflösung der vorstehenden Formel nach h_{ij} ergibt :

$$h_{ij}{}^* = \frac{h_{i.} \cdot h_{.j}}{n}$$

$h_{ij}{}^*$ ist somit der theoretische Wert der sich in einer 2-dimensionalen Häufigkeitstabelle bei statistischer Unabhängigkeit ergeben muß. Es gilt außerdem : Sind alle bedingten Verteilungen gleich, so sind sie auch identisch mit der Randverteilung.

Tabelle E 41-5 zeigt in Teil (a) die aus den Randsummen der Tabelle E 41-1 berechneten theoretischen Werte $h_{ij}{}^*$. Teil (b) zeigt die zwischen den tatsächlich aufgetretenen Häufigkeiten h_{ij} (vgl. Tabelle E 41-1) und den berechneten theoretischen Werten $h_{ij}{}^*$ bestehenden Abweichungen. Vollständige statistische Unabhängigkeit ist somit in dem betrachteten Beispiel nicht gegeben. In solch einem Fall müssen alle Abweichungen Null sein.

Im folgenden werden statistische Maßzahlen beschrieben, die eine Aussage über den Grad der statistischen Abhängigkeit zwischen zwei nominal-skalierten Merkmalen liefern.

Die *quadratische Kontingenz* χ^2 (Chi-Quadrat) beschreibt die Stärke des Zusammenhangs zweier nominal-skalierter Merkmale.

Quadratische Kontingenz

$$\chi^2 = \sum_{i=1}^{r} \sum_{j=1}^{c} \frac{(h_{ij} - h_{ij}{}^*)^2}{h_{ij}{}^*}$$

Bei statistischer Unabhängigkeit ist die Quadratische Kontingenz Null, bei Abhängigkeit größer als Null. Je höher der Wert, umso größer auch der Grad der statistischen Abhängigkeit zwischen den betrachteten Merkmalen. Es gibt allerdings keine Obergrenze. Demzufolge ist die Interpretation schwierig. Die Größe dieser Maßzahl hängt von der Anzahl der Beobachtungswerte n ab. Kontingenztafeln mit unterschiedlichen Grundgesamtheiten lassen sich daher mit Hilfe von χ^2 nicht vergleichen.

Tabelle E 41-5 :   **Berechnung der quadratischen Kontingenz**

Standort der Filiale	Fleischsorten				Insgesamt
	Rind	Kalb	Schwein	Geflügel	
1	2	3	4	5	6
(a) Theoretische Werte h_{ij}^{*}					
Bonn	346,45	152,81	663,59	407,15	1570
Dortmund	688,48	303,68	1318,72	809,12	3120
Düsseldorf	644,35	284,21	1234,19	757,25	2920
Duisburg	589,18	259,88	1128,52	692,42	2670
Köln	1041,55	459,41	1994,99	1224,05	4720
Insgesamt	3310	1460	6340	3890	15000
(b) Abweichungen $h_{ij} - h_{ij}^{*}$					
Bonn	-16,45	-2,81	26,41	-7,15	
Dortmund	-8,48	6,32	31,28	-29,12	
Düsseldorf	15,65	-14,21	-44,19	42,75	
Duisburg	20,82	-9,88	1,48	-12,42	
Köln	-11,55	20,59	-14,99	5,95	
(c) $\dfrac{(h_{ij} - h_{ij}^{*})^2}{h_{ij}^{*}}$					
Bonn	0,78	0,05	1,05	0,13	2,01
Dortmund	0,10	0,13	0,74	1,05	2,03
Düsseldorf	0,38	0,71	1,58	2,41	5,09
Duisburg	0,74	0,38	0,00	0,22	1,34
Köln	0,13	0,92	0,11	0,03	1,19
Insgesamt				$\chi^2 =$	11,65

Kontingenz-koeffizient

Der *Kontingenzkoeffizient* C dient ebenfalls der Beschreibung der *Stärke des Zusammenhangs* zweier nominal-skalierter Merkmale. Er wird auf der Basis der Quadratischen Kontingenz berechnet, vermeidet jedoch den Nachteil dieser Maßzahl.

$$C = \sqrt{\frac{\chi^2}{n + \chi^2}}$$

Der Wertebereich von C ist gegeben mit :

$$0 \leq C \leq C_{max}$$

Die Obergrenze läßt sich wie folgt berechnen :

$$C_{max} = \sqrt{(m-1)/m}$$

Die Zahl m läßt sich als Minimum der Zeilen- und Spaltenzahl der Kontingenztabelle bestimmen : $m = \text{Minimum}(r,c)$.

Auch für den Kontingenzkoeffizienten gilt : Je höher der Wert von C, umso größer auch der Grad der statistischen Abhängigkeit zwischen den betrachteten Merkmalen. Anhand der berechenbaren Obergrenze läßt sich der Grad der statistischen Abhängigkeit abschätzen. C ist Null, wenn vollständige statistische Unabhängigkeit vorliegt. C ist gleich C_{max}, wenn die Abhängigkeit am stärksten ist.

Berechnung

Die in Tabelle E 41-1 dargestellte Häufigkeitsverteilung (mittlerer Tabellenteil ohne Randsummen) umfaßt 5 Zeilen (r = 5) und 4 Spalten (c = 4). Das Minimum liegt bei m = 4. Als Obergrenze ergibt sich dann :

$$C_{max} = \sqrt{(4-1)/4} = 0,866$$

Dieser Wert ist für die Interpretation von C wichtig : C kann bei der gegebenen Tabellengröße zwischen 0 und 0,866 liegen.

C berechnet sich aus :

$$C = \sqrt{\frac{11,65^2}{15000 + 11,65^2}} = 0,028$$

Die Schritte zur Berechnung von χ sind in Tabelle E 41-5 dargestellt.

Interpretation

Somit liegt in dem betrachteten Beispiel nahezu statistische Unabhängigkeit vor. Dies bedeutet, daß die Lieferungen in die einzelnen Filialen kaum Unterschiede in ihrer Zusammensetzung nach den verschiedenen Fleischsorten aufweisen. Oder anders betrachtet : Für die einzelnen Fleischsorten gilt annähernd die gleiche Absatzstruktur nach Filialen !

Zusammenfassung

In diesem Kapitel wurde die Häufigkeitsverteilung der beiden Merkmale "Standort" und "Fleischsorte" der Lieferungen eines Unternehmens an seine Filialen dargestellt. Die betrachteten zwei Merkmale sind nahezu statistisch unabhängig. Dies geht zum einen aus dem berechneten Kontingenzkoeffizienten hervor, kann andererseits aber schon aus den ähnlichen Strukturen der bedingten Häufigkeitsverteilungen abgeleitet werden (vgl. Tabelle E 41-4). Die beiden Randverteilungen der 2-dimensionalen Verteilung ermöglichen darüberhinaus eine getrennte Beschreibung der beiden Merkmale. Das hierzu benötigte Instrumentarium wurde in Kapitel E 3.1 vorgestellt. Besonderheiten der zweidimensionalen Häufigkeitsverteilung, beispielsweise die Merkmalskombination mit der höchsten absoluten Häufigkeit, können mit Hilfe von Maßzahlen beschrieben werden .

4.2 Zwei ordinal-skalierte Merkmale

Beschreibung zweier ordinal-skalierter Merkmale

In diesem Kapitel werden die gleichen Fragen behandelt wie in Kapitel E 4.1 : Treten zwei beobachtete ordinal-skalierte Merkmale unabhängig voneinander auf, oder sind sie abhängig voneinander ? Wie ist der Zusammenhang zwischen den Merkmalen statistisch zu messen ?

Beispiel

Von einem Reiseveranstalter wird eine Untersuchung über die Attraktivität der europäischen Reiseländer durchgeführt. Die in die zwei Zielgruppen A und B unterteilten Befragten sollen mehrere attraktive Urlaubsländer in Europa nennen. In Tabelle E 42-1 sind die Ergebnisse der Befragung aufgeführt. Spalte 1 zeigt die von den Befragten genannten Reiseziele. Die Spalten 2 und 3 enthalten die Anzahl der Nennungen je Land durch die beiden Zielgruppen. Den Reiseveranstalter interessiert, ob es einen Zusammenhang in der Attraktivitäts-Einschätzung durch die beiden Gruppen gibt.

Tabelle E 42-1 : Ausgangsdaten und abgeleitete Rangordnung der Urlaubsländer

Urlaubsland	Anzahl der Nennungen		Rangfolge der Urlaubsländer	
	Gruppe A	Gruppe B	Gruppe A	Gruppe B
1	2	3	4	5
Bundesrepublik Deutschland	430	80	1	1
Dänemark	16	4	9	9
Frankreich	44	20	5	5
Griechenland	30	16	6,5	6
Italien	120	40	2	3
Niederlande	15	4	10	9
Österreich	110	60	3	2
Schweiz	25	12	8	7
Spanien	94	33	4	4
Türkei	30	4	6,5	9
Insgesamt	914	273	55	55

Merkmalsträger, Merkmal, Merkmalsausprägung

Merkmalsträger sind in diesem Beispiel die von den Befragten genannten und den Reiseveranstalter interessierenden Urlaubsländer Europas. Jedes Land besitzt unzählige *Merkmale* wie z.B. "Fläche", "Einwohner", "Preisniveau" usw. Die hier betrachteten beiden Merkmale sind "Einschätzung der Attraktivität durch Gruppe 1" und "Einschätzung der Attraktivität durch Gruppe 2". Beide Merkmale werden im folgenden ordinal-skaliert verwendet. Ihre *Ausprägungen* können lauten: "sehr attraktiv", "attraktiv", "weniger attraktiv" usw. Der Einfachheit halber werden Rangzahlen vergeben : "1. Platz", "2. Platz", "3. Platz", ... oder kurz 1., 2., 3., ...

In dem hier vorliegenden Beispiel können die *Rangzahlen* mit Hilfe der Nennhäufigkeiten in den Spalten 2 und 3 der Tabelle E 42-1 gebildet werden. Die Häufigkeiten sind in diesem Fall der Maßstab für die Attraktivität der Urlaubsländer. Je mehr Nennungen für ein Land vorliegen, umso attraktiver ist dieses Land. Die sich ergebenden Rangplätze sind in den Spalten 3 und 4 aufgeführt. Je niedriger die Rangzahl eines Landes ist, desto höher ist auch die Attraktivität dieses Landes in der Einschätzung der Befragten; je höher die Rangzahl desto niedriger die Attraktivtät.

Festlegen einer Rangordnung

Werden mehrere Länder gleich häufig genannt, so wird für diese Länder das arithmetische Mittel derjenigen Rangzahlen eingesetzt, die auf diese Länder entfielen, wenn ihre Häufigkeit unterschiedlich wäre. Auf diese Weise bekommen die Länder Griechenland und Türkei in Gruppe A wegen jeweils 30 Nennungen anstelle der Rangzahlen 6 und 7 die identischen Rangzahlen $(6+7) / 2 = 6,5$. In Gruppe B erhalten die drei Länder mit jeweils 4 Nennungen die gleiche Rangzahl $(8+9+10) / 3 = 9$. Die Summe der Rangzahlen unterscheidet sich deshalb bei Nennungen gleicher Häufigkeit nicht von dem Fall der Unterscheidbarkeit.

Der *Rangkorrelationskoeffizient* ρ (Rho) ist ein Maß für die statistische Abhängigkeit zweier ordinal-skalierter Merkmale X und Y.

Rangkorrelationskoeffizient nach Spearman

$$\rho = 1 - \frac{6 \sum_{i=1}^{n} \left[R(x)_i - R(y)_i \right]^2}{n(n^2 - 1)}$$

Im Mittelpunkt der Betrachtung steht die Differenz zwischen dem Rang $R(x)_i$, der einem bestimmten Merkmalsträger i durch die Betrachtung des Merkmals X zugeordnet wird, und dem Rang $R(y)_i$, der diesem Merkmalsträger durch Merkmal Y zugeordnet wird. Sind die beiden Ränge $R(x)$ und $R(y)$ identisch, so ist deren Differenz gleich Null, sind die Ränge unterschiedlich, so ergeben sich positive oder negative Werte. Der Rangkorrelationskoeffizient ist definiert als Eins vermindert um das Sechsfache der Summe aus den quadrierten Abweichungen $R(x)$ - $R(y)$, dividiert durch $n(n^2-1)$, wobei n die Anzahl der Merkmalsträger (Beobachtungen) ist. Rho liegt zwischen -1 und +1.

Die Summe der quadrierten Rangdifferenzen beträgt in dem betrachteten Beispiel 10,5 . Der Term $n(n^2-1)$ hat für n=10 den Wert 990 . Damit ergibt sich für ρ :

Berechnung

$$\rho = 1 - \frac{6 \cdot 10,5}{990} = 0,936$$

Der Rangkorrelationskoeffizient ρ nimmt den Wert +1 an, wenn sich die Rangzahlen $R(x)_i$ und $R(y)_i$ jeweils entsprechen. Er ist positiv, wenn die Rangzahlen gleichsinnig, und negativ, wenn sie gegensinnig verlaufen. Man spricht auch von einem "positiven" oder "negativen Zusammenhang" zwischen den Merkmalen X und Y. Den Wert -1 nimmt ρ an, wenn die Rangzahlen genau entgegengesetzt verlaufen.

Interpretation

Tabelle E 42-2 : Berechnung des Rangkorrelationskoeffizienten

Urlaubsland	R(x)	R(y)	R(x)-R(y)	$[\,R(x)\text{-}R(y)\,]^2$
1	2	3	4	5
Bundesrepublik Deutschland	1	1	0	0
Dänemark	9	9	0	0
Frankreich	5	5	0	0
Griechenland	6,5	6	0,5	0,25
Italien	2	3	-1	1
Niederlande	10	9	1	1
Österreich	3	2	1	1
Schweiz	8	7	1	1
Spanien	4	4	0	0
Türkei	6,5	9	-2,5	6,25
Insgesamt	55	55	0	10,5

In dem betrachteten Beispiel nimmt ρ den Wert +0,936 an. Zwischen den beiden Merkmalen "Einschätzung der Attraktivität durch Gruppe 1" und "Einschätzung der Attraktivität durch Gruppe 2" besteht somit ein relativ starker positiver Zusammenhang. Beide Zielgruppen schätzen die Attraktivität der einzelnen (genannten) europäischen Urlaubsländer ähnlich ein, oder: Es gibt kaum Unterschiede in den Einschätzungen.

Übungs-aufgabe 8

Verschiedene Lebensmittel wurden auf Geschmack und Haltbarkeit untersucht. Als Bewertung wurden die Stufen "ausgezeichnet, sehr gut, gut, mittel, schlecht" angegeben. Tabelle E 42-3 zeigt die gemessenen Qualitäts- und Haltbarkeitsstufen.

Produkt	Beurteilung von	
	Geschmack X	Haltbarkeit Y
1	2	3
A	ausgezeichnet	schlecht
B	ausgezeichnet	mittel
C	mittel	ausgezeichnet
D	schlecht	ausgezeichnet
E	sehr gut	mittel
F	mittel	sehr gut
G	ausgezeichnet	schlecht
H	gut	gut

Gibt es einen Zusammenhang zwischen den Merkmalen "Geschmack" und "Haltbarkeit" ? Berechnen Sie hierzu den Rangkorrelationskoeffizienten nach Spearman und interpretieren Sie das Ergebnis !

4.3 Zwei metrisch-skalierte linear abhängige Merkmale

Problemstellung

Die Häufigkeitsverteilungen zweier metrisch-skalierter Merkmale lassen sich vielseitiger beschreiben als Verteilungen von nicht-metrischen Merkmalen. Dies ist auch ein Ergebnis der in Abschnitt E 3 behandelten Häufigkeitsverteilungen eines metrisch-skalierten Merkmals. Im Vordergrund steht in diesem wie schon in den letzten beiden Kapiteln E 4.1 und E 4.2 die Frage nach dem Grad der statistischen Abhängigkeit der Merkmale. Wie wird die Abhängigkeit bei metrischer Skalierung gemessen ?

Die metrische Skalierung der Merkmale ermöglicht zusätzlich eine formale, modellhafte Beschreibung des *Zusammenhangs zwischen den Merkmalen* mit Hilfe linearer und nicht-linearer Funktionen. Wie sind diese Funktionen mit Hilfe der vorliegenden Daten zu berechnen und zu interpretieren ? Wegen der höheren Anschaulichkeit der komplizierten Zusammenhänge bietet sich eine graphische Darstellung der Daten und Berechnungsergebnisse an. Die Frage ist : Welche zusätzlichen Informationen kann man den Graphiken entnehmen ?

Unter der Annahme konstanter Rahmenbedingungen sind die gewonnenen Erkenntnisse bedingt auf neue Situationen übertragbar. Allerdings ist das zur Beschreibung der Zusammenhänge verwendete Modell auf seine Eignung zu überprüfen. Hier lautet die Frage : Wie entscheidet man, ob ein Modell für spezielle Fragestellungen anwendbar ist ?

Beispiel

Für 14 abgeschlossene Projekte sind die in Tabelle E 43-1 aufgeführten Informationen über die Projektdauer (in Tagen) und die im Verlauf der Projekte angefallenen Kosten (in 1000 DM) für den Tertiärbedarf (Kosten für Hilfs- und Betriebsstoffe sowie Verschleißwerkzeuge) verfügbar. Zur Kostenplanung eines anstehenden vergleichbaren Projektes, das auf 15 Tage angesetzt wird, werden möglichst genaue Informationen über die voraussichtlich anfallenden tertiären Kosten benötigt. Der stellvertretende Projektleiter prüft hierzu, ob zwischen Projektdauer und Tertiärbedarf der abgeschlossenen Projekte ein Zusammenhang besteht und wie dieser formal beschrieben werden kann. Unter der Annahme vergleichbarer struktureller Bedingungen für das neue Projekt sollen die anfallenden Kosten des Tertiärbedarfs beschrieben werden.

Merkmalsträger, Merkmal, Merkmalsausprägung

Die einzelnen abgeschlossenen Projekte stellen die im folgenden betrachteten *Merkmalsträger* dar. Analysiert werden die beiden *Merkmale* "Projektdauer", Merkmal X, und "Tertiäre Kosten", Merkmal Y. Die *Merkmalsausprägungen* sind in beiden Fällen metrisch. Außerdem können die Ausprägungen "stetig" erfaßt werden, da "Zeit" und "Geldeinheiten" beliebig unterteilbar sind. Dies führt dazu, daß die vorhandenen Daten in Tabelle E 43-1 durch einzelne Wertepaare dargestellt werden.

Tabelle E 43-1 : Ausgangsdaten

Projektnummer i	Projektdauer X (Tage)	Kosten für den Tertiär-bedarf Y (1000 DM)
1	2	3
1	3	11
2	4	14
3	5	13
4	5	16
5	6	20
6	8	21
7	10	22
8	11	26
9	12	24
10	12	29
11	13	28
12	16	31
13	17	34
14	18	33

statistische Abhängigkeit / Unabhängigkeit

Wie schon in Kapitel E 4.1 stellt sich die Frage, ob die Merkmale X und Y *abhängig* oder *unabhängig* voneinander auftreten. Eine Betrachtung der Daten in Tabelle E 43-1 zeigt, daß zwischen der Projektdauer und den tertiären Kosten offenbar folgender Zusammenhang besteht: Mit steigender Projektdauer nehmen die tertiären Kosten zu. Das in Kapitel E 4.1 dargestellte Instrumentarium zur Messung der Abhängigkeit ist jedoch für metrische Daten nicht geeignet. Gebräuchliche Maße sind *Kovarianz* und *Korrelationskoeffizient.*

empirische Kovarianz

Die Formel der empirischen *Kovarianz* S_{xy} ähnelt in ihrer Struktur der in Kapitel E 3.3 betrachteten Varianzformel. Allerdings werden bei der Kovarianz die auftretenden x- und y-Abweichungen vom Mittelwert fallweise multipliziert und danach aufsummiert. Je nachdem, ob überwiegend positive Abweichungen vom Mittelwert des Merkmals X mit positiven Abweichungen vom Mittelwert des Merkmals Y oder positive mit negativen Abweichungen multipliziert werden, ist das Resultat eine positive oder negative Kovarianz.

$$S_{xy} = \frac{1}{n} \sum_{i=1}^{n} (x_i - \bar{x})(y_i - \bar{y})$$

Berechnung

Die Berechnung der Kovarianz wird im folgenden durch eine schrittweise Berechnung veranschaulicht : Zuerst werden aus den Daten die Abweichungen vom Mittelwert $x_i - \bar{x}$ und $y_i - \bar{y}$ gebildet (siehe Tabelle E 43-2, Spalten 2 und 3). Die verwendeten Mittelwerte $\bar{x}$ und $\bar{y}$ ergeben sich aus den Originaldaten der Tabelle E 43-1 : $\bar{x} = \Sigma x_i / n = 140/14 = 10$ und $\bar{y} = \Sigma y_i / n = 322 / 14 = 23$. Danach folgt fallweise die Multiplikation der Abweichungen miteinander und anschließend die Summation (Spalte 4). Nach Division der Summe durch die Anzahl der Beobachtungswerte n ergibt sich die Kovarianz $S_{xy} = 476 / 14 = 34$.

**Tabelle E 43-2: Abweichungen vom Mittelwert zur Berechnung
von Kovarianz und Korrelationskoeffizient**

i	$x_i - \bar{x}$	$y_i - \bar{y}$	$(x_i - \bar{x})(y_i - \bar{y})$	$(x_i - \bar{x})^2$	$(y_i - \bar{y})^2$
1	2	3	4	5	6
1	-7	-12	84	49	144
2	-6	-9	54	36	81
3	-5	-10	50	25	100
4	-5	-7	35	25	49
5	-4	-3	12	16	9
6	-2	-2	4	4	4
7	0	-1	0	0	1
8	1	3	3	1	9
9	2	1	2	4	1
10	2	6	12	4	36
11	3	5	15	9	25
12	6	8	48	36	64
13	7	11	77	49	121
14	8	10	80	64	100
Insgesamt	0	0	476	322	744

Interpretation der Kovarianz

Positives Vorzeichen: Eine Zunahme des einen Merkmals geht mit einer Zunahme des anderen Merkmals einher (gleichläufige Variation). Negatives Vorzeichen : Eine Zunahme des einen Merkmals ist verbunden mit einer Abnahme des anderen Merkmals (gegenläufige Variation). Je größer der absolute Wert der Kovarianz ist, umso stärker ist auch der Grad der *statistischen Abhängigkeit* zwischen den beiden Merkmalen X und Y. Eine Kovarianz von Null bedeutet : Es existiert kein Zusammenhang zwischen den betrachteten Merkmalen (*statistische Unabhängigkeit*).

Die mit Hilfe der Ausgangsdaten ermittelte Kovarianz hat den Wert +34. Dies bestätigt die zuvor beschriebene Beobachtung : Eine Zunahme des Merkmals "Projektdauer" geht mit einer Zunahme des Merkmals "Tertiäre Kosten" einher. Der Nachteil der Kovarianz wird hier unmittelbar ersichtlich: Die Interpretation der Größenordnung des Kovarianz-Wertes ist wegen des fehlenden Bezugs nicht möglich.

Korrelations-koeffizient

Mit dem empirischen Korrelationskoeffizient R (nach Bravais-Pearson) kann ebenfalls eine Analyse der Stärke des Zusammenhangs zweier Merkmale durchgeführt werden. Der Korrelationskoeffizient ist definiert als Quotient aus Kovarianz S_{xy} und dem Produkt aus Streuung S_x und Streuung S_y. Durch die Division kommt es zu einer Normierung des Koeffizienten : Er liegt zwischen -1 und +1 . Formal gilt :

$$R = \frac{S_{xy}}{S_x S_y} = \frac{\sum\limits_{i=1}^{n} (x_i - \bar{x})(y_i - \bar{y})}{\sqrt{\sum\limits_{i=1}^{n} (x_i - \bar{x})^2 \sum\limits_{i=1}^{n} (y_i - \bar{y})^2}} \quad \text{mit} \quad -1 \leq R \leq +1 \; .$$

Abbildung E 43-1 : Streuungsdiagramme

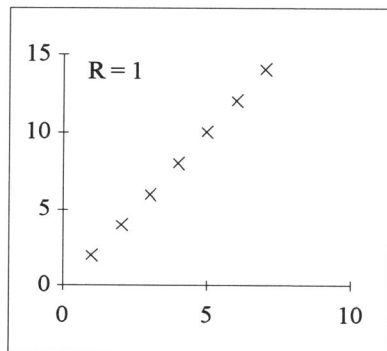 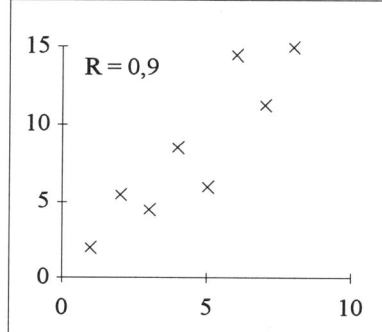

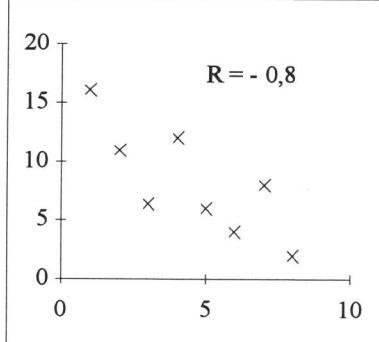 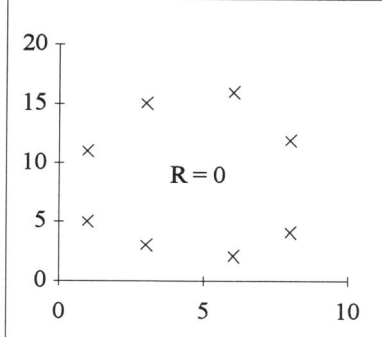

Berechnung

Sind die Werte für die Streuungen S_x und S_y (Zur Berechnung der Streuung siehe Kapitel E 3.3) sowie die Kovarianz bekannt, kann der Korrelationskoeffizient direkt aus diesen Angaben berechnet werden :

$$R = \frac{S_{xy}}{S_x S_y} = \frac{34}{4,796 \cdot 7,290} = 0,973$$

Andererseits ergibt sich R aus den in Tabelle E 43-2 aufgeführten Summen der Spalten 4, 5 und 6 wie folgt :

$$R = \frac{476}{\sqrt{322 \cdot 744}} = 0,973$$

Da die Kovarianz S_{xy} Bestandteil des Korrelationskoeffizienten R ist und der Nenner immer positiv ist, verläuft eine Interpretation von R analog der von S_{xy}. Ein positiver Koeffizient zeigt an, daß die Merkmale X und Y gleichläufig variieren, man spricht von "positiver Korrelation". Ein negativer Koeffizient zeigt eine gegenläufige Variation der beiden Merkmale an, X und Y sind dann "negativ korreliert". Je höher der absolute Wert des Koeffizienten, um so stärker ist der *lineare Zusammenhang* zwischen X und Y. Liegt der absolute Wert des Koeffizienten nahe Eins, so spricht man von einer "hohen" oder "guten Korrelation". Nimmt der Koeffizient die Werte -1 oder +1 an, so liegt ein exakter (negativer oder positiver) linearer Zusammenhang zwischen X und Y vor. Liegt der Wert des Korrelationskoeffizienten dagegen nahe bei Null, so spricht man von einer "schlechten" oder "schwachen" Korrelation. Bei einem Wert von Null liegt kein Zusammenhang bzw. "keine Korrelation" vor. Abbildung E 43-1 zeigt die Streuungsdiagramme und R-Werte für unterschiedliche Ausgangsdaten.

Interpretation des Korrelationskoeffizienten

In dem betrachteten Beispiel besteht mit R = 0,973 ein guter positiver - fast linearer -Zusammenhang zwischen der "Projektdauer" und den "Tertiären Kosten" (Dies veranschaulicht auch Abbildung E 43-2.). Mit dieser Aussage wird allerdings keine kausale Beziehung zwischen den Merkmalen "Projektdauer" und "Tertiäre Kosten" hergestellt (siehe nächster Absatz).

Mit Hilfe der Regressionsanalyse wird die Art der Beziehung zwischen verschiedenen erklärenden Größen einerseits und einer zu erklärenden Größe Y andererseits untersucht. Werden *mehrere* erklärende Größen und eine zu erklärende Größe betrachtet, spricht man von *Mehrfachregression*. Die lineare *Einfachregression* setzt *eine* erklärende und eine zu erklärende Größe in Beziehung. Hierbei wird davon ausgegangen, daß die beiden Größen in einem bestimmten *kausalen* Abhängigkeitsverhältnis stehen.

Lineare Einfachregression

Der Zusammenhang zwischen X und Y läßt sich formal durch die mathematische Schreibweise Y = f (X) darstellen. "Y ist eine Funktion von X" oder "X erklärt Y". X und Y dürfen folglich im Verlauf der Untersuchung nicht vertauscht werden, denn damit würde auch eine andere kausale Beziehung untersucht. Die Art oder Form des Zusammenhangs zwischen X und Y kann linear oder nicht-linear sein. Zur Beschreibung der verschiedenen möglichen Beziehungen bietet die Statistik verschiedene Methoden an. Im folgenden wird eine lineare Beziehung der Form $Y = b_0 + b_1 X$ unterstellt und untersucht. Die Berechnung der unbekannten Parameter b_0 und b_1 erfolgt mit Hilfe der sogenannten *Methode der kleinsten Quadrate*.

Methode der kleinsten Quadrate

Ein vorliegender linearer Zusammenhang zwischen den Merkmalen X und Y läßt sich mit Hilfe einer linearen Regressionsgleichung darstellen. Für jedes Wertepaar x_i / y_i gilt dann :

$$y_i = b_0 + b_1 x_i + u_i$$

Die Regressionsgleichung enthält auf der rechten Seite neben dem autonomen Wert b_0 und dem erklärten Teil $b_1 x_i$ zusätzlich den Term u_i (Restwert, Residuum), in dem alle "restlichen" Einflüsse auf y_i (z.B. weitere in diesem Modell fehlende erklärende Größen oder Meßfehler) erfaßt werden, die nicht durch das einfache lineare Modell $y_i = b_0 + b_1 x_i$ erklärt werden. Hierdurch wird berücksichtigt, daß zwischen abhängigen ökonomischen Größen niemals exakte lineare Zusammenhänge zu beobachten sind, sondern diese immer nur näherungsweise linearen Verläufen folgen. Allerdings dürfen die Restwerte u_i nicht sehr groß sein und müssen im Durchschnitt Null ergeben, damit das ganze Modell nicht in Frage gestellt wird (desweiteren wird Homoskedastie und Nicht-Autokorrelation verlangt, siehe Punkt "Überprüfung der Modellannahmen" in diesem Kapitel weiter unten).

Gesucht wird nun die Regressionsgerade, die den Verlauf der x/y-Punktwolke im Koordinatensystem bestmöglich beschreibt. Die Funktions-werte auf der zunächst unbekannten Geraden werden mit y_i^* bezeichnet. Zu jedem Datenwert der erklärenden Größe läßt sich der zugehörige Funktionswert auf dieser optimalen, aber (noch) unbekannten Gerade dann folgendermaßen beschreiben :

$$y_i^* = b_0 + b_1 x_i$$

Die Grundidee zur Bestimmung der optimalen Regressionsgerade besteht darin, die Abweichungen zwischen den y_i-Datenwerten und den y_i^*-Funktionswerten auf der Geraden zu minimieren. Formal lassen sich diese Abweichungen u_i beschreiben durch die Gleichung

$$u_i = y_i - y_i^*$$

Da sich die entstehenden positiven und negativen Abweichungen bei einer einfachen Summation teilweise aufheben, werden sie zuerst quadriert. Die gesuchte optimale Gerade - bzw. die unbekannten Parameter b_0 und b_1 - erhält man durch eine Minimierung der Summe der Abweichungsquadrate ("Methode der kleinsten Quadrate").

$$\sum_{i=1}^{n} u_i^2 = \sum_{i=1}^{n} (y_i - y_i^*)^2 = \text{Minimum!}$$

Durch Einsetzen des Terms $b_0 + b_1 x_i$ für y_i^* erhält man

$$\sum_{i=1}^{n} (y_i - b_0 - b_1 x_i)^2 = \text{Minimum!}$$

Abbildung E 43-2: Regressionsmodell

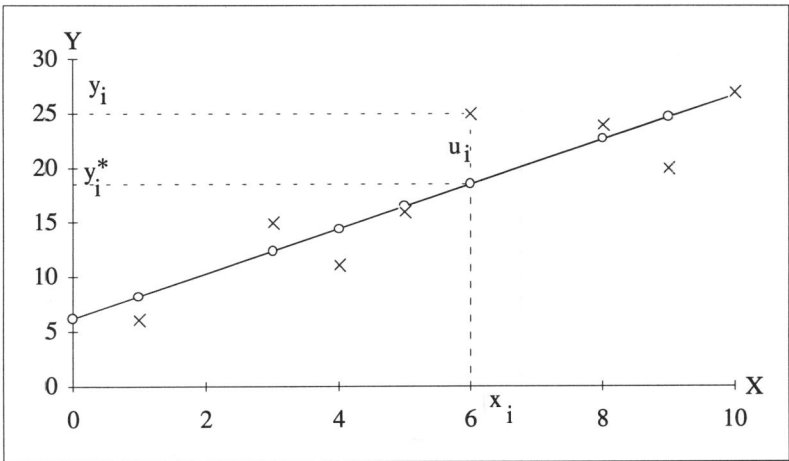

Zur Bestimmung des Minimums sind die partiellen Ableitungen für die beiden Unbekannten b_0 und b_1 zu bilden und gleich Null zu setzen (Bedingung für einen Extremwert !). Hierdurch erhält man ein Gleichungssystem mit den zwei *Normalgleichungen* und den zwei Unbekannten b_0 und b_1 :

$$n \; b_0 + \Sigma x \; b_1 = \Sigma y$$
$$\Sigma x \, b_0 + \Sigma x^2 \, b_1 = \Sigma xy$$

Zur Vereinfachung der Darstellung wird der Summationsindex $i = 1, \dots , n$ nicht geschrieben. Es gilt :

$$\Sigma = \sum_{i=1}^{n} .$$

Als Lösung ergibt sich :

$$b_0 = \frac{\Sigma y \, \Sigma x^2 - \Sigma x \, \Sigma xy}{n \, \Sigma x^2 - (\Sigma x)^2} \quad \text{und} \quad b_1 = \frac{n \, \Sigma xy - \Sigma x \, \Sigma y}{n \, \Sigma x^2 - (\Sigma x)^2}$$

Die zweiten partiellen Ableitungen sind positiv und bestätigen somit, daß die nach diesen beiden Formeln zu berechnenden Parameter b_0 und b_1 minimale Abweichungsquadrate garantieren.

Zur Berechnung der Parameter b_0 und b_1 sind in einem ersten Schritt die Summen Σx, Σy, Σxy und Σx^2 zu bestimmen (siehe Tabelle E 43-3).

Berechnung der Regressions- parameter b_0 und b_1

Nun können die Regressionsparameter b_0 und b_1 bestimmt werden :

$$b_0 = \frac{322 \cdot 1722 - 140 \cdot 3696}{14 \cdot 1722 - 140^2} = 8,217 \quad \text{und} \quad b_1 = \frac{14 \cdot 3696 - 140 \cdot 322}{14 \cdot 1722 - 140^2} = 1,478$$

Tabelle E 43-3 : Arbeitstabelle zur Berechnung von b_0 und b_1

i	x_i	y_i	$x_i x_i$	$x_i y_i$
1	2	3	4	5
1	3	11	9	33
2	4	14	16	56
3	5	13	25	65
4	5	16	25	80
5	6	20	36	120
6	8	21	64	168
7	10	22	100	220
8	11	26	121	286
9	12	24	144	288
10	12	29	144	348
11	13	28	169	364
12	16	31	256	496
13	17	34	289	578
14	18	33	324	594
Insgesamt	140	322	1722	3696

Vereinfachte Berechnung

Werden anstelle der Originaldaten in Tabelle E 43-1 die Abweichungen vom Mittelwert verwendet, vereinfacht sich die Berechnung. Für b_1 und b_0 ergibt sich dann :

$$b_1 = \frac{\sum\limits_{i=1}^{n} (x_i - \bar{x})(y_i - \bar{y})}{\sum\limits_{i=1}^{n} (x_i - \bar{x})^2} \quad \text{und} \quad b_0 = \bar{y} - b_1 \bar{x}$$

daraus folgt :

$$b_1 = \frac{476}{322} = 1,478 \quad \text{und} \quad b_0 = 23 - 1,478 \cdot 10 = 8,217$$

Interpretation der Regressions-geraden

Der Zusammenhang zwischen der Projektdauer X (in Tagen) und den tertiären Kosten Y (in 1000 DM) läßt sich wie folgt beschreiben:

$$Y = 8,217 + 1,478 \, X$$

Unabhängig von der Projektdauer entstehen fixe Kosten in Höhe von 8217 DM. Je Projekttag entstehen nochmals Kosten in Höhe von 1478 DM.

Abbildung E 43-3 zeigt die berechnete Kostenfunktion und die Ausgangsdaten. Erkennbar ist, daß die Gerade den Verlauf der Punktwolke optimal beschreibt. Die einzelnen Datenpunkte liegen relativ eng um die Regressionsgerade; das kommt auch durch den relativ hohen Korrelationskoeffizienten von 0,973 zum Ausdruck. Es muß folglich ein annähernd linearer Zusammenhang zwischen den betrachteten Merkmalen "Projektdauer" und "tertiäre Kosten" bestehen!

Abbildung E 43-3: Berechnete Regressionsfunktion und Ausgangsdaten

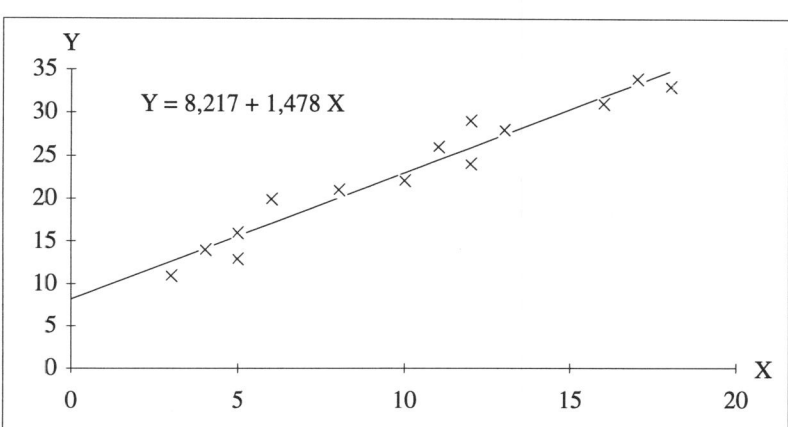

Mit Hilfe des berechneten Zusammenhangs zwischen der Projektdauer und den hierdurch verursachten tertiären Kosten läßt sich auch die Frage nach den Kosten eines 15-tägigen Projektes beantworten. Unter der Voraussetzung, daß die Rahmenbedingungen für das neue Projekt die gleichen sind wie für die untersuchten 14 Projekte, ergeben sich folgende tertiären Kosten :

$$Y = 8,217 + 1,478 \cdot 15 = 8,217 + 22,170 = 30,387$$

Die Kosten für ein 15-tägiges Projekt werden somit etwa bei 30400 DM liegen. Aufgrund der Modellrechnung ergeben sich fixe Kosten in Höhe von etwa 8200 DM und variable Kosten von knapp 22200 DM.

Solche Aussagen lassen sich allerdings nur dann treffen, wenn ein relativ hoher Korrelationskoeffizient vorliegt und damit relativ geringe Abweichungen zwischen Daten- und Funktionswerten (geringe Restwerte) vorliegen. Die auf volle Hundert DM gerundeten Angaben bringen zum Ausdruck, daß die Realität dem linearen Regressionsmodell sicherlich nicht exakt folgt und insofern bei dieser deskriptiven Betrachtungsweise eine Interpretation der kleinsten DM-Einheit nicht sinnvoll ist.

Die Interpretation der berechneten Regressionsparameter und ihre Verwendung für weitergehende Modellaussagen ist nur zulässig, wenn die Modellannahmen erfüllt sind. An die Restwerte u_i werden folgende Forderungen gestellt : **Überprüfung der Modellannahmen**

1. Die Restwerte müssen im Durchschnitt Null ergeben. Dies wird durch die Methode der kleinsten Quadrate gewährleistet.

2. Die Streuung der Daten um die Gerade und die damit verbundene Größenordnung der Restwerte muß in allen Bereichen der Geraden gleich sein (*Homoskedastie*). Abbildung E 43-4 zeigt Fälle, in denen dies nicht zutrifft. In den beiden Fällen oben links und rechts liegt *Heteroskedastie* (= ungleiche Varianzen bzw. Streuungen) vor. Das Regressionsmodell sollte in diesen Fällen nicht angewendet werden, da es die Datensituation nicht hinreichend genau beschreibt. Abbildung E 43-3 zeigt einen Fall von *Homoskedastie*, die Regressionsparameter beschreiben die Datensituation zutreffend und dürfen somit interpretiert werden.

In den beiden Fällen unten links und rechts in Abbildung E 43-4 liegt offenbar ein nicht-linearer Zusammenhang zwischen den beiden Merkmalen X und Y vor. In diesem Fall führt die Anwendung des linearen Regressionsmodells zu einer *Fehlspezifikation*. Die Formulierung nichtlinearerer Regressionsmodelle wird in Kapitel E 4.4 behandelt.

3. Die Restwerte müssen unabhängig voneinander sein (*Nicht-Autokorrelation*). Da dieses Problem speziell bei Zeitreihen auftritt, wird an anderer Stelle darauf eingegangen (siehe Kapitel E 5.4).

Abbildung E 43-4 :   Fälle von verletzten Modellannahmen beim linearen Regressionsmodell

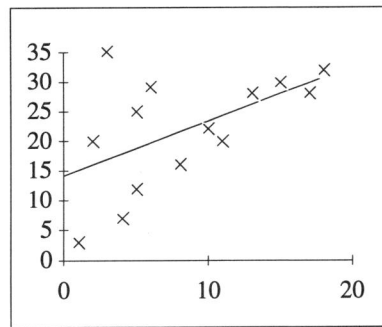
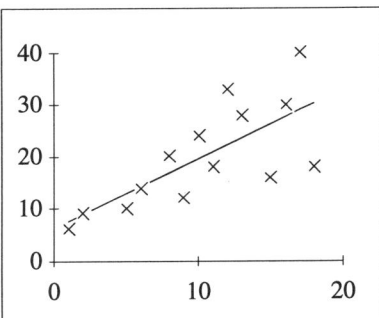
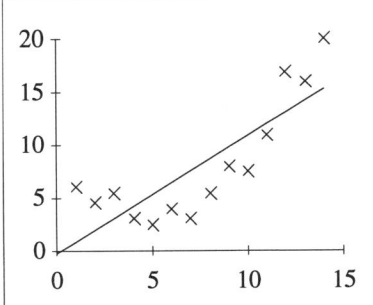
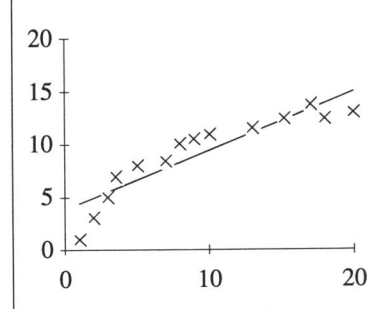

1. Die berechnete *Regressionsgerade* beschreibt den Verlauf der Datenpunkte im Streudiagramm und damit den formalen Zusammenhang zwischen den betrachteten zwei Merkmalen X und Y.

Zusammenfassung der Ergebnisse

2. Der *Korrelationskoeffizient* gibt an, wie stark die Datenpunkte um die Regressionsgerade streuen, wie stark somit der lineare Zusammenhang zwischen X und Y ausgeprägt ist. Er gibt an, wie sehr die Realität von der ermittelten "Gesetzmäßigkeit" abweicht. Der Informationswert der Regressionsgeraden ist nur dann von Bedeutung, wenn eine hohe Korrelation der Merkmale vorliegt.

3. Eine Untersuchung der Restwerte mit Hilfe eines Streuungsdiagramms der absoluten Wertepaare gibt darüber Aufschluß, ob die *Modellannahmen* erfüllt sind und ob das Regressionsmodell richtig formuliert wurde (z.B. linear / nicht-linear). Das lineare Regressionsmodell kann nur dann zur Beschreibung der Zusammenhänge verwendet werden, wenn die Modellannahmen erfüllt sind und keine Fehlspezifikation vorliegt. In der Praxis wird man mit der Betrachtung des Streuungsdiagramms beginnen, da man auf diese Weise die Art des Zusammenhangs zwischen zwei Merkmalen sichtbar machen kann.

Der vermutete Einfluß eines Merkmals X auf ein Merkmal Y kann zwar mit Hilfe der Regressions- und Korrelationsanalyse statistisch bestätigt werden, ein Beweis ist jedoch mit Hilfe dieser statistischen Methoden nicht möglich. Zu einer *Scheinkorrelation* kann es kommen, wenn eine dritte Größe die beiden Merkmale X und Y beeinflußt. Die Merkmale sind in diesem Fall nur scheinbar voneinander abhängig, in Wirklichkeit besteht allerdings keine Abhängigkeit.

Scheinkorrelation

Untersucht wird der Zusammenhang zwischen X = "Anzahl der offenen Stellen in einer Region" und Y = "Anzahl der Zuzüge in die Region". Es wird ein linearer positiver Zusammenhang zwischen X und Y gemessen. Der Korrelationskoeffizient ist relativ groß. Das plausible Ergebnis lautet : Je mehr offene Stellen eine Region besitzt, desto mehr Personen ziehen in diese Region. Sind nur wenige offene Stellen vorhanden - die Region ist unattraktiv - dann kommt es zu geringeren Zuzügen. In diesem Fall liegt jedoch eine Scheinkorrelation vor : Je größer eine Region ist desto höher sind auch die zu messenden Merkmalsausprägungen (Fläche, Zahl der Einwohner, Zuzüge, Fortzüge, offene Stellen). Die Variable, die im Hintergrund steht, ist die Größe der Region. Sie beeinflußt den gemessenen Zusammenhang.

Beispiel

Starke positive Scheinkorrelationen zwischen zwei ökonomischen Wertgrößen erhält man auch immer dann, wenn beide Merkmale einer starken (gleichgerichteten) Preisentwicklung unterliegen.

Konsequenzen

Hat man eine Scheinkorrelation erkannt (dies kann zum Beispiel gerade dann der Fall sein, wenn der Korrelationskoeffizient besonders hoch ist, $R = \pm 0,99$) und möchte man dennoch den Zusammenhang zwischen den betrachteten Merkmalen untersuchen, so müssen die Merkmale so formuliert (transformiert) werden, daß die beeinflussende dritte Größe keine Rolle mehr spielt. Wertgrößen etwa müssen preisbereinigt werden (siehe Kapitel E 5.3). Anstelle von absoluten Größen können beispielsweise auch Veränderungsraten verwendet werden (im Beispiel : X = "Veränderung der Zuzüge zum Vorjahr" und Y = "Veränderung der offenen Stellen zum Vorjahr", jeweils in Prozent).

Literatur

Förster, E., Rönz, B., Methoden der Korrelations- und Regressionsanalyse, Berlin 1979.

Stöwe, H., Ökonometrie, Meisenheim am Glan 1977.

Übungs-aufgabe 9

Für die Jahre 1984 bis 1990 liegen Angaben über den durchschnittlichen jährlichen Verbrauch von Elektrizität (in kWh) eines 4-Personen-Haushalts von Beamten und Angestellten mit höherem Einkommen sowie der Preisindex für Elektrizität (Basis 1985) vor.

Jahr	1984	1985	1986	1987	1988	1989	1990
Stromverbrauch X	5292	5556	5088	4980	5136	5136	4980
Strompreisindex P	97,9	100	102,6	105,3	106,5	107,9	107,9

a) Berechnen Sie aus den Angaben die lineare Nachfragefunktion

$$X = b_0 + b_1 \cdot P$$

b) Wie hoch ist der Korrelationskoeffizient ?

c) Wie hoch fällt der Stromverbrauch unter ansonsten gleichen Bedingungen bei einem Preisniveau aus, das durch einen Preisindex von 110 gekennzeichnet ist ?

4.4 Zwei metrisch-skalierte nicht-linear abhängige Merkmale

Wie kann eine *nicht-lineare Form* der Abhängigkeit zwischen zwei metrisch-skalierten Merkmalen beschrieben werden ? Welche Kriterien sind ausschlaggebend für die Wahl der funktionalen Form des Zusammenhangs ?

Problemstellung

Tabelle E 44-1 gibt verschiedene Preis-Mengen-Kombinationen wieder, die ein Großanbieter für ein bestimmtes Produkt auf 10 verschiedenen regionalen Märkten erzielt. Zu ermitteln ist die nicht-lineare Preis-Absatz-Funktion für das Produkt.

Beispiel 1

Tabelle E 44-1 : Ausgangsdaten

Markt	A	B	C	D	E
Preis (DM)	1	2,5	4	7	8,5
Absatzmenge pro Tag (Stück)	38	30	24	16	20

Markt	F	G	H	I	J
Preis (DM)	12	17	21	27	30
Absatzmenge pro Tag (Stück)	9	5	7	3	3

Merkmalsträger sind die zehn regionalen Märkte. Betrachtet werden die Merkmale "Preis" und "Absatzmenge pro Tag". Die Merkmale sind metrisch-skaliert und stetig, d.h. es gibt unzählige mögliche Merkmalsausprägungen für jedes Merkmal.

Merkmalsträger, Merkmal, Merkmals-ausprägung

Eine nicht-lineare Form des Zusammenhangs zwischen einem Merkmal X und einem Merkmal Y kann beschrieben werden mit Hilfe der Exponentialgleichung

Nicht-lineare (exponentielle) Regression Modell 1

$$Y = b_0 \cdot b_1^X$$

Durch Logarithmierung dieser Gleichung erhält man eine lineare Gleichungsstruktur. Auf diese lassen sich die Formeln für die lineare Einfachregression aus Kapitel E 4.3 anwenden. Die abgeleitete lineare Gleichung lautet :

$$\lg Y = \lg b_0 + \lg b_1 \cdot X$$

Die unbekannten Parameter $\lg b_0$ und $\lg b_1$ (lg = Logarithmus zur Basis 10) lassen sich mit Hilfe folgender Formeln berechnen :

$$\lg b_0 = \frac{\sum \lg y \sum x^2 - \sum x \sum x \lg y}{n \sum x^2 - (\sum x)^2} \quad \text{und} \quad \lg b_1 = \frac{n \sum x \lg y - \sum x \sum \lg y}{n \sum x^2 - (\sum x)^2}$$

$$\text{wobei} \sum = \sum_{i=1}^{n}$$

Vereinfachte Berechnung

Die Struktur der folgenden Formeln entspricht derjenigen aus Kapitel E 43 (vgl. S. 118). Für die Beschreibung des nicht-linearen Zusammenhangs müssen jedoch die y-Daten durch die logarithmierten Datenwerte lg y ersetzt werden. Alternativ ist eine Berechnung über die Abweichungen vom Mittelwert möglich:

$$\lg b_1 = \frac{\sum\limits_{i=1}^{n}(x_i - \overline{X})(\lg y_i - \overline{\lg Y})}{\sum\limits_{i=1}^{n}(x_i - \overline{X})^2} \quad \text{und} \quad \lg b_0 = \overline{\lg Y} - \lg b_1 \cdot \overline{X}$$

Für die Parameter b_0 und b_1 ergibt sich : $b_0 = 10^{\lg b_0}$ und $b_1 = 10^{\lg b_1}$

Berechnung von Modell 1 (Daten aus Beispiel 1)

Die Berechnung der nicht-linearen Regressionsgleichung erfolgt in mehreren Schritten: In einem ersten Schritt werden die Daten für das zu erklärende Merkmal Y logarithmiert.

Danach erfolgt die Berechnung der benötigten Summen zur Bestimmung von $\lg b_0$ und $\lg b_1$. In einem letzten Schritt werden diese Zwischenergebnisse entlogarithmiert und in die nicht-lineare Ausgangsfunktion eingesetzt. Mit Hilfe der Regressionsfunktion lassen sich dann die y-Funktionswerte berechnen. Tabelle E 44-2 zeigt die erforderlichen Rechenschritte zur Ermittlung der benötigten Summen. Auf die Darstellung der Berechnung von b_0 und b_1 mit Hilfe der Abweichungen vom Mittelwert wird an dieser Stelle verzichtet.

Neben dem in diesem Kapitel verwendeten Logarithmus zur Basis 10 kann auch der natürliche Logarithmus zur Basis e verwendet werden. Beim "Entlogarithmieren" ist dann anstelle der Umkehrfunktion 10^x die Funktion e^x zu verwenden. Die Berechnungsergebnisse bleiben davon unberührt.

Tabelle E 44-2 : Daten zur Berechnung der Regressionsparameter $\lg b_0$ und $\lg b_1$, Funktionswerte

i	x_i	y_i	$\lg y_i$	$x_i x_i$	$x_i \lg y_i$	y_i^*
1	2	3	4	5	6	7
1	1	38	1,58	1,00	1,58	31,47
2	2,5	30	1,48	6,25	3,69	27,58
3	4	24	1,38	16,00	5,52	24,17
4	7	16	1,20	49,00	8,43	18,56
5	8,5	20	1,30	72,25	11,06	16,27
6	12	9	0,95	144,00	11,45	11,96
7	17	5	0,70	289,00	11,88	7,70
8	21	7	0,85	441,00	17,75	5,42
9	27	3	0,48	729,00	12,88	3,20
10	30	3	0,48	900,00	14,31	2,46
Insgesamt	130	155	10,39	2647,50	98,56	148,78

$$\lg b_0 = \frac{10,39 \cdot 2647,50 - 130 \cdot 98,56}{10 \cdot 2647,50 - 130^2} = \frac{14707,82}{9575} = 1,5361 \text{ und}$$

$$\lg b_1 = \frac{10 \cdot 98,56 - 130 \cdot 10,39}{10 \cdot 2647,50 - 130^2} = \frac{-365,75}{9575} = 0,0382$$

$$b_0 = 10^{1,5361} = 34,36 \text{ und } b_1 = 10^{-0,0382} = 0,916$$

Die berechnete Regressionsfunktion lautet $Y = 34,36 \cdot 0,916^X$.

Die einzelnen Funktionswerte y_i^* erhält man, indem die x-Datenwerte in die berechnete Regressionsfunktion eingesetzt werden (siehe Tabelle E 44-2, Spalte 7).

$$y_i^* = 34,36 \cdot 0,916^{x_i}$$

Abbildung E 44-1:   **Berechnete (nicht-lineare) Regressionsfunktion und Ausgangsdaten (Modell 1)**

Graphische Darstellung von Modell 1

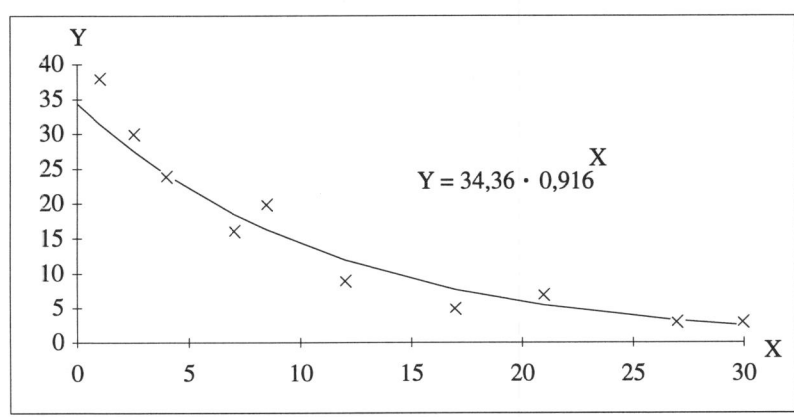

Bisher wurde davon ausgegangen, daß der beobachtete Zusammenhang zwischen den Merkmalen X und Y nicht-linear ist. Wie kommt jedoch die Entscheidung zugunsten einer bestimmten berechneten Form des Zusammenhangs zustande? Grundsätzlich ist zu prüfen, ob der Zusammenhang zwischen den Merkmalen auch mit Hilfe einer linearen Funktion beschrieben werden kann. Oftmals reicht die Betrachtung eines Streudiagramms der Ausgangsdaten aus, um einen linearen oder nicht-linearen Verlauf der Datenpunkte erkennen zu können.

Wahl des Regressionsmodells

Mit Hilfe des *Korrelationskoeffizienten* (siehe Kapitel E 4.3) lassen sich eindeutige Aussagen über einen linearen Zusammenhang treffen. Da die Berechnung des nicht-linearen Regressionsmodells $Y = b_0 \cdot b_1{}^X$ über die Logarithmierung zu einer linearen Gleichungsstruktur führt, kann auch in diesem Fall der Korrelationskoeffizient angewendet werden. Er mißt dann die Stärke des linearen Zusammenhangs zwischen den x-Daten und den *logarithmierten* y-Daten. Indirekt gibt er Auskunft darüber, wie eng die x/y-Datenpunkte (im entlogarithmierten System) um die nicht-lineare Funktion liegen. In Tabelle E 44-3 werden die zur Berechnung des Korrelationskoeffizienten benötigten Summen hergeleitet.

Tabelle E 44-3 :   **Berechnung des Korrelationskoeffizienten (Modell 1)**

i	$x_i - \overline{X}$	$\lg y_i - \overline{\lg Y}$	$(x_i - \overline{X})^2$	$(\lg y_i - \overline{\lg Y})^2$	$(x_i - \overline{X})(\lg y_i - \overline{\lg Y})$
1	2	3	4	5	6
1	-12	0,54	144,00	0,29	-6,48
2	-10,5	0,44	110,25	0,19	-4,60
3	-9	0,34	81,00	0,12	-3,07
4	-6	0,16	36,00	0,03	-0,99
5	-4,5	0,26	20,25	0,07	-1,18
6	-1	-0,09	1,00	0,01	0,09
7	4	-0,34	16,00	0,12	-1,36
8	8	-0,19	64,00	0,04	-1,56
9	14	-0,56	196,00	0,32	-7,87
10	17	-0,56	289,00	0,32	-9,56
Σ	0	0	957,50	1,49	-36,58

$$R = \frac{-36,5752}{\sqrt{957,50 \cdot 1.49}} = -0,968$$

Es besteht somit ein relativ guter negativer (linearer !) Zusammenhang zwischen den x-Daten und den logarithmierten (!) y-Daten. Daraus folgt: Auch zwischen den x-Daten und den y-Daten besteht ein guter negativer Zusammenhang; dieser ist jedoch nicht linear, sondern folgt der Form $Y = b_0 \cdot b_1{}^X$. Die Datenpunkte liegen relativ eng um diese Funktion.

Die Entscheidung zugunsten des nicht-linearen Zusammenhangs fällt jedoch erst, nachdem auch der lineare Zusammenhang überprüft ist : Berechnet man mit den Daten des Beispiels das Regressionsmodell $Y = b_0 + b_1 X$, erhält man die Regressionsgerade $Y = 29,25 - 1,058\,X$ und den Korrelationskoeffizienten $R = -0,892$. Die Stärke dieses Zusammenhangs ist somit eindeutig schlechter als für das nicht-lineare *Regressionsmodell*. Außerdem erfüllen die Restwerte nicht die *Grundannahmen des Modells* : Es ist fehlspezifiziert (siehe Kapitel E 4.3) ! Das lineare Modell ist daher zur Beschreibung des Zusammenhangs zwischen Merkmal X, "Preis", und Merkmal Y, "Absatzmenge", nicht geeignet; vorzuziehen ist der nicht-lineare Ansatz.

Für ein Produktionsverfahren liegen folgende Angaben über den eingesetzten Rohstoff X und die hierdurch entstandene Ausbringungsmenge Y (Angaben jeweils in Tonnen) vor : **Beispiel 2**

Tabelle E 44-4 : Ausgangsdaten

i	1	2	3	4	5	6	7	8	9	10
x_i	1	1	4	5	7	9	11	12	15	16
y_i	3	2	5	6	6	8	9	8	9	10

Zu berechnen ist die zugrunde liegende Produktionsfunktion !

Einige Datenverläufe lassen sich sehr gut durch eine parabolische Funktion der Form **Nicht-lineare (parabolische) Regression Modell 2**

$$Y = b_0 + b_1 X + b_2 X^2$$

beschreiben. Die unbekannten Parameter b_0, b_1 und b_2 lassen sich mit Hilfe der in Kapitel E 4.3 beschriebenen Methode der kleinsten Quadrate bestimmen. Zu minimieren ist der Ausdruck

$$\sum_{i=1}^{n} (y_i - b_0 - b_1 x_i - b_2 x_i^2)^2$$

Als Ergebnis erhält man die folgenden Normalgleichungen :

$$n\, b_0 + \Sigma x\, b_1 + \Sigma x^2\, b_2 = \Sigma y$$

$$\Sigma x\, b_0 + \Sigma x^2\, b_1 + \Sigma x^3\, b_2 = \Sigma xy$$

$$\Sigma x^2 b_0 + \Sigma x^3\, b_1 + \Sigma x^4\, b_2 = \Sigma x^2 y$$

Mit Hilfe der Determinantenschreibweise sind die Lösungen für die drei unbekannten Parameter zu formulieren :

$$D = \begin{vmatrix} n & \Sigma x & \Sigma x^2 \\ \Sigma x & \Sigma x^2 & \Sigma x^3 \\ \Sigma x^2 & \Sigma x^3 & \Sigma x^4 \end{vmatrix} \qquad D_0 = \begin{vmatrix} \Sigma y & \Sigma x & \Sigma x^2 \\ \Sigma xy & \Sigma x^2 & \Sigma x^3 \\ \Sigma x^2 y & \Sigma x^3 & \Sigma x^4 \end{vmatrix}$$

$$D_1 = \begin{vmatrix} n & \Sigma y & \Sigma x^2 \\ \Sigma x & \Sigma xy & \Sigma x^3 \\ \Sigma x^2 & \Sigma x^2 y & \Sigma x^4 \end{vmatrix} \qquad D_2 = \begin{vmatrix} n & \Sigma x & \Sigma y \\ \Sigma x & \Sigma x^2 & \Sigma xy \\ \Sigma x^2 & \Sigma x^3 & \Sigma x^2 y \end{vmatrix}$$

Für b_0, b_1 und b_2 folgt :

$$b_0 = \frac{D_0}{D}, \quad b_1 = \frac{D_1}{D} \quad \text{und} \quad b_2 = \frac{D_2}{D}$$

Berechnung von Modell 2 (Daten aus Beispiel 2)

Tabelle E 44-5 :   **Berechnung eines parabolischen Zusammenhangs (Modell 2)**

i	x	x^2	x^3	x^4	y	xy	x^2y	y^*
1	2	3	4	5	6	7	8	9
1	1	1	1	1	3	3	3	2,6
2	1	1	1	1	2	2	2	2,6
3	4	16	64	256	5	20	80	4,9
4	5	25	125	625	6	30	150	5,5
5	7	49	343	2401	6	42	294	6,7
6	9	81	729	6561	8	72	648	7,6
7	11	121	1331	14641	9	99	1089	8,4
8	12	144	1728	20736	8	96	1152	8,7
9	15	225	3375	50625	9	135	2025	9,4
10	16	256	4096	65536	10	160	2560	9,5
Insg.	81	919	11793	161383	66	659	8003	66

$$D = \begin{vmatrix} 10 & 81 & 919 \\ 81 & 919 & 11793 \\ 919 & 11793 & 161383 \end{vmatrix} \qquad D_0 = \begin{vmatrix} 66 & 81 & 919 \\ 659 & 919 & 11793 \\ 8003 & 11793 & 161383 \end{vmatrix}$$

daraus folgt : $D = 13\ 094\ 112$ und $D_0 = 22\ 917\ 760$

$$D_1 = \begin{vmatrix} 10 & 66 & 919 \\ 81 & 659 & 11793 \\ 919 & 8003 & 161383 \end{vmatrix} \qquad D_2 = \begin{vmatrix} 10 & 81 & 66 \\ 81 & 919 & 659 \\ 919 & 11793 & 8003 \end{vmatrix}$$

daraus folgt : $D_1 = 11\ 428\ 902$ und $D_2 = -316\ 330$

$$b_0 = \frac{22\ 917\ 760}{13\ 094\ 112} = 1,7502 \quad , \quad b_1 = \frac{11\ 428\ 902}{13\ 094\ 112} = 0,8728 \quad \text{und}$$

$$b_2 = \frac{-316\ 330}{13\ 094\ 112} = -0,0241$$

Der gesuchte funktionale Zusammenhang zwischen X und Y lautet somit :

$$Y = 1,7502 + 0,8728\ X - 0,0241\ X^2$$

Durch Einsetzen der x-Werte in die Funktion lassen sich die Funktionswerte y^* bestimmen (siehe Tabelle E 44-5, Spalte 7). In Abbildung E 44-2 sind die Ausgangsdaten und die berechnete Regressionsfunktion dargestellt.

Abbildung E 44-2: **Berechnete Regressionsfunktion und**
Ausgangsdaten (Modell 2)

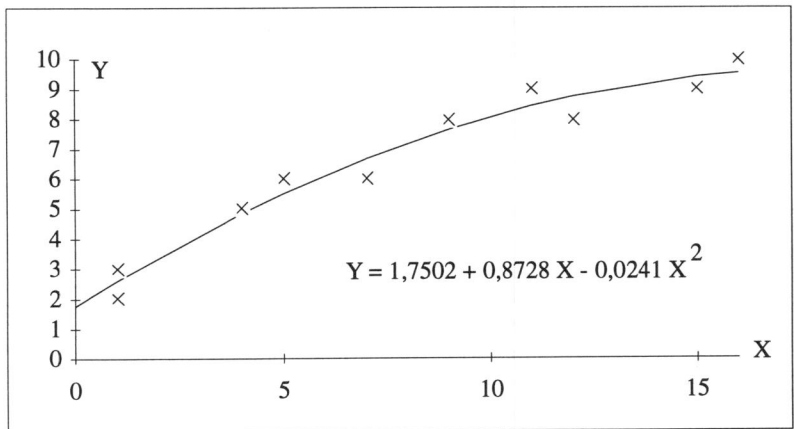

$$Y = 1{,}7502 + 0{,}8728\, X - 0{,}0241\, X^2$$

Förster, E., Rönz, B., Methoden der Korrelations- und Regressionsanalyse, **Literatur**
Berlin 1979. Siehe ebenda Kapitel 5, Nichtlineare Regression, S. 150 ff, und
Kapitel 6, Nichtlineare Korrelation, S. 165 ff. Die Tabelle 8 auf der Seite 155
enthält verschiedene nicht-lineare Funktionen, die nach einer geeigneten
mathematischen Umformung zu "quasi-linearen" Funktionen werden, sowie
die zu einer Berechnung der unbekannten Parameter benötigten Normalgleichungen.

4.5 Zwei metrisch-skalierte Merkmale bei Klassenbildung

Beschreibung zweier klassifizierter Merkmale

Die Ausgangssituation : Es liegen klassifizierte Daten für zwei metrisch-skalierte Merkmale vor, und die Urdaten stehen für eine Auswertung nicht mehr zur Verfügung. Die in den Kapiteln E 4.1 und E 4.3 beschriebenen Möglichkeiten der Darstellung zwei-dimensionaler Häufigkeitsverteilungen lassen sich leicht auf Verteilungen klassifizierter Daten übertragen. Für die Messung der statistischen Abhängigkeit zweier metrisch-skalierter klassifizierter Merkmale müssen jedoch die in Kapitel E 4.3 beschriebenen Formeln für den Korrelationskoeffizienten erweitert werden.

Beispiel

Bei der Fertigung von Maschinenbauerzeugnissen treten Abweichungen von den Vorgabewerten auf. Es wird vermutet, daß die Maschinendrehzahl der Fertigungsanlage hierbei eine Rolle spielt. Über die Maschinendrehzahl und die Abweichungen vom Vorgabewert liegen die in Tabelle E 45-1 wiedergegebenen Angaben vor. Läßt sich ein Zusammenhang zwischen dem Merkmal "Maschinendrehzahl" und dem Merkmal "Abweichung vom Vorgabewert" nachweisen ?

Tabelle E 45-1 : Ausgangsdaten

Maschinendrehzahl (Umdrehungen / Minute)	Abweichungen vom Vorgabewert von ... mm bis einschließlich ... mm			Insgesamt
	0 - 2	2 - 4	4 - 6	
1	2	3	4	5
1000 bis unter 2000	12	1	0	13
2000 bis unter 3000	3	8	0	11
3000 bis unter 4000	1	7	6	14
4000 bis unter 5000	0	2	10	12
Insgesamt	16	18	16	50

Häufigkeitsverteilung zweier Merkmale

Formal zeigt Tabelle E 45-1 die Häufigkeitsverteilung zweier Merkmale und die zugehörigen Randsummen. Merkmalsträger sind 50 untersuchte Maschinenbauerzeugnisse. Die Merkmale X, "Drehzahl", und Y, "Abweichung vom Vorgabewert", sind metrisch-skaliert und stetig. Da stetige Merkmale beliebig viele unterschiedliche Merkmalsausprägungen besitzen, ist in diesem Fall eine Klassenbildung vorgenommen worden.

graphische Darstellung

Abbildung E 45-1 zeigt die graphische Darstellung der in der Tabelle aufgeführten statistischen Informationen. Die einzelnen Säulen grenzen aneinander, da zwischen den einzelnen Klassen keine Zwischenräume vorhanden sind. Zugleich sieht man in diesem Fall den Nachteil der räumlichen Darstellung : Nicht alle Säulen sind sichtbar, da kleinere Säulen von den höheren verdeckt werden. Dennoch läßt sich erkennen, daß relativ hohe Häufigkeiten bei niedrigen Umdrehungszahlen in Verbindung mit niedrigen Abweichungen sowie bei hohen Umdrehungszahlen in Verbindung mit hohen Abweichungen auftreten. Es liegt somit die Vermutung nahe, daß mit steigender Umdrehungszahl die Abweichungen vom Vorgabewert zunehmen.

**Abbildung E 45-1 :   Häufigkeitsverteilung zweier metrisch-skalierter
                       klassifizierter Merkmale**

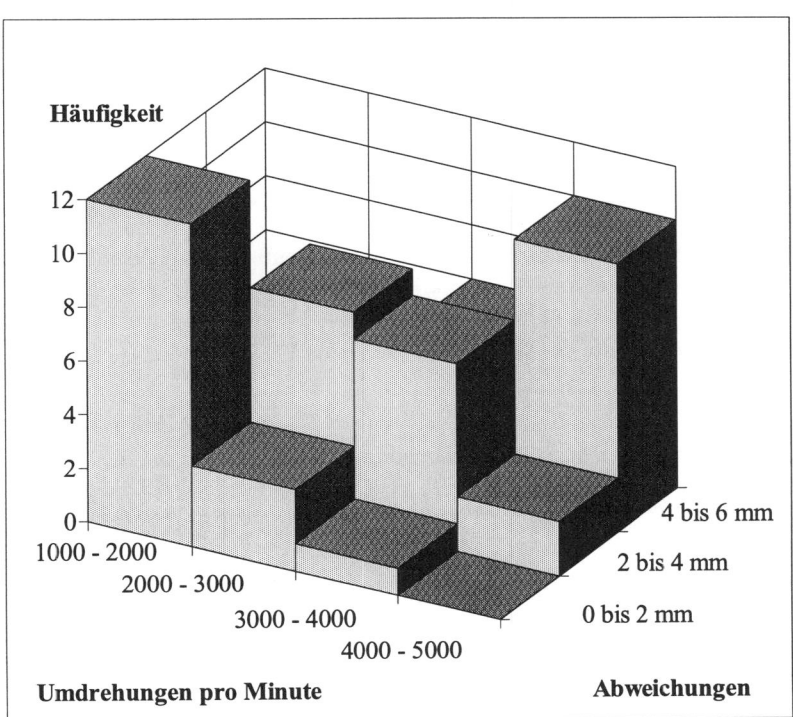

Auch zur Messung des Zusammenhangs zweier klassifizierter metrischer
Merkmale wird der *Korrelationskoeffizient nach Bravais-Pearson* herangezogen.

**Korrelations-
koeffizient für
klassifizierte
Daten**

Die in diesem Fall verwendete Formel stellt eine Erweiterung der in
Kapitel E 4.3 kennengelernten Formel dar : Anstelle der fehlenden Urdaten
werden die Klassenmitten verwendet (Annahme der Gleichverteilung aller
statistischen Einheiten innerhalb einer Klasse !) und die einzelnen Abweichungen sind zusätzlich mit ihren Häufigkeiten zu gewichten. Außerdem
werden die Laufindizes i und j zur Unterscheidung der Zeilen und Spalten in
der Häufigkeitstabelle bzw. der Klassen von Merkmal X und der Klassen von
Merkmal Y verwendet. Die Summenterme ähneln daher den in Kapitel E 4.1
zur Berechnung der quadratischen Kontingenz formulierten Summen.

Wie in Kapitel E 4.3 läßt sich der Korrelationskoeffizient bestimmen über :

$$R = \frac{S_{xy}}{S_x S_y}$$

Für klassifizierte Daten ergibt sich :

$$R = \frac{\sum\limits_{i=1}^{r} \sum\limits_{j=1}^{c} (x_i - \bar{x})(y_j - \bar{y})h_{ij}}{\sqrt{\sum\limits_{i=1}^{r} (x_i - \bar{x})^2 h_i \sum\limits_{j=1}^{c} (y_j - \bar{y})^2 h_j}} \quad \text{mit} \quad -1 \le R \le +1$$

mit :

r   = Anzahl der Zeilen des Zahlenteils der Häufigkeitstabelle = Anzahl der Klassen von Merkmal X

c   = Anzahl der Spalten des Zahlenteils der Häufigkeitstabelle = Anzahl der Klassen von Merkmal Y

x_i = Klassenmitte der Klasse i des Merkmals X

y_j = Klassenmitte der Klasse j des Merkmals Y

Berechnung

Die Berechnung des Korrelationskoeffizienten erfolgt in mehreren Schritten :

1. Bevor die einzelnen Abweichungen vom Mittelwert gebildet werden können, sind die Mittelwerte $\bar{x}$ und $\bar{y}$ zu ermitteln. Hierzu ist die in Kapitel E 3.4 beschriebene Formel für das gewogene arithmetische Mittel anzuwenden. Es ergibt sich $\bar{x} = 3000$ und $\bar{y} = 3$.

$$\bar{x} = \frac{1500 \cdot 13 + 2500 \cdot 11 + 3500 \cdot 14 + 4500 \cdot 12}{50} = \frac{150000}{50} = 3000$$

$$\bar{y} = \frac{1 \cdot 16 + 3 \cdot 18 + 5 \cdot 16}{50} = \frac{150}{50} = 3$$

2. Danach lassen sich die beiden Streuungsterme im Nenner der Formel berechnen. Tabelle E 45-2 zeigt die wichtigsten Zwischenergebnisse zu dieser Berechnung.

Tabelle E 45-2 : Daten zur Berechnung der Streuungen S_x und S_y

i	$(x_i - \bar{x})^2$	$(x_i - \bar{x})^2 h_i$	j	$(y_j - \bar{y})^2$	$(y_j - \bar{y})^2 h_j$
1	2	3	4	5	6
1	2250000	29250000	1	4	64
2	250000	2750000	2	0	0
3	250000	3500000	3	4	64
4	2250000	27000000			
Σ	5000000	62500000	Σ	8	128

Die Streuungen ergeben sich mit :

$$S_x = \sqrt{\frac{62500000}{50}} = 1118,03 \quad \text{und} \quad S_y = \sqrt{\frac{128}{50}} = 1,6$$

3. In einem letzten Schritt erfolgt die Berechnung des Zählers. Tabelle E 45-3 zeigt die wichtigsten Berechnungsstufen :

Tabelle E 45-3 : Daten zur Berechnung der Kovarianz S_{xy} zweier klassifizierter metrischer Merkmale

Merkmal X U/min. (Klassenmitte)	Merkmal Y = Abweichungen in mm (Klassenmitte)			Insgesamt
	1	3	5	
1	2	3	4	5
	h_{ij}			
1500	12	1	0	13
2500	3	8	0	11
3500	1	7	6	14
4500	0	2	10	12
Insgesamt	16	18	16	50
	$(x_i - \bar{x})(y_j - \bar{y})$			
1500	3000	0	-3000	-
2500	1000	0	-1000	-
3500	-1000	0	1000	-
4500	-3000	0	3000	-
	$(x_i - \bar{x})(y_j - \bar{y})h_{ij}$			
1500	36000	0	0	36000
2500	3000	0	0	3000
3500	-1000	0	6000	5000
4500	0	0	30000	30000
Insgesamt	38000	0	36000	74000

Die Kovarianz S_{xy} ergibt sich danach mit :

$$S_{xy} = \frac{74000}{50} = 1480$$

4. Der Korrelationskoeffizient läßt sich aus der Kovarianz und den Streuungen direkt berechnen :

$$R = \frac{S_{xy}}{S_x S_y} = \frac{1480}{1118,03 \cdot 1,6} = 0,8273$$

oder aus den Abweichungstermen :

$$R = \frac{74000}{\sqrt{62500000 \cdot 128}} = \frac{74000}{89442,72} = \underline{\underline{0,8273}}$$

Es besteht folglich ein positiver Zusammenhang zwischen den Merkmalen X und Y : Mit steigender Umdrehungszahl lassen sich zunehmende Abweichungen beobachten. Geringe Umdrehungszahlen gehen mit geringen Abweichungen einher.

4.6 Zwei Merkmale mit unterschiedlicher Skalierung

Messung der statistischen Abhängigkeit zweier Merkmale

In den letzten Kapiteln wurde der Zusammenhang zwischen Merkmalen mit jeweils gleichem Skalenniveau untersucht. Alle betrachteten Maßzahlen geben eine Antwort auf die Frage : Sind die beiden betrachteten Merkmale statistisch abhängig oder unabhängig ?

- Liegen zwei *nominal-skalierte Merkmale* vor, kann der Zusammenhang zwischen den beiden Merkmalen mit Hilfe der *quadratischen Kontingenz* oder mit Hilfe des *Kontingenzkoeffizienten* beschrieben werden.

- Der Zusammenhang zwischen zwei *ordinal-skalierten Merkmalen* ist durch den *Rangkorrelationskoeffizienten (nach Spearman)* zu messen.

- Die *Kovarianz* und der *Korrelationskoeffizient (nach Bravais-Pearson)* sind Maßzahlen zur Messung des Zusammenhangs zwischen metrischen Merkmalen.

Wie geht man jedoch vor, wenn die vorliegenden Merkmale unterschiedlich skaliert sind ? Die bisher vorgestellten Maßzahlen zur Messung der Abhängigkeit zwischen zwei Variablen sind für gleichartig skalierte Merkmale konstruiert.

Senkung des Skalenniveaus

Zur Untersuchung von zwei Merkmalen mit einem unterschiedlichen Skalenniveau behilft man sich mit einer *Senkung des Skalenniveaus* bei demjenigen Merkmal mit dem höchsten Skalen- oder Meßniveau (Begriff und Erläuterung siehe Abschnitt C 3). Nach der vorgenommenen *Niveauangleichung (Niveauregression)* können für die Untersuchung des Zusammenhangs zwischen den Merkmalen die zuvor genannten Koeffizienten verwendet werden.

Beispiel

Zu untersuchen ist der Zusammenhang zwischen dem Körpergewicht von Personen (Merkmal X) und dem Geschlecht (Merkmal Y). Merkmal X ist metrisch und Merkmal Y ist nominal-skaliert (männlich / weiblich). Bei Merkmal X wird eine *Niveauregression* durchgeführt : Die Merkmalsausprägungen lauten danach : "leicht" (für Gewichtsangaben unter 75 Kilogramm) und "schwer" (für Gewichtsangaben von 75 Kilogramm oder schwerer). Es können aber auch mehr Gewichtskategorien gebildet werden. Zur Beschreibung des Zusammenhangs zwischen den Merkmalen X und Y ist dann beispielsweise der Kontingenzkoeffizient berechenbar.

Ein zweites Beispiel : Die Frage ist, ob zwischen dem Alter von Personen und ihrer Einstellung zur Politik ein Zusammenhang besteht. Die möglichen Angaben zur Einstellung sind ordinal-skaliert und lauten : interessiert mich sehr, interessiert mich, interessiert mich kaum, interessiert mich absolut nicht. Für diese Angaben lassen sich auch Rangzahlen verwenden. Das Alter ist ein metrisches Merkmal; die Angaben zum Alter liegen klassifiziert nach verschiedenen Altersgruppen vor. Wegen der notwendigen Absenkung des Skalenniveaus wird eine Rangfolge der Altersgruppen gebildet : 1. Gruppe, 2. Gruppe, 3. Gruppe ... Anschließend lassen sich die beiden Rangzahlenreihen mit Hilfe des Rangkorrelationskoeffizienten untersuchen.

Tabelle E 46-1 zeigt die geeigneten Verfahrensweisen zur Durchführung einer Korrelationsanalyse für alle möglichen Kombinationen der Skalenniveaus zweier Merkmale. Hierbei wird auf die in diesem Abschnitt dargestellten Maßzahlen zurückgegriffen.

Auswahl der geeigneten Maßzahl

Tabelle E 46-1 : Auswahl geeigneter Maßzahlen zur Analyse der Abhängigkeit zweier Merkmale X und Y

Skalenniveau des Merkmals X	Skalenniveau des Merkmals Y		
	nominal	ordinal	metrisch (kardinal)
nominal	(1) quadratische Kontingenz, Kontingenzkoeffizient	(4) Behandlung der Ordinalskala wie eine Nominalskala, Berechnung wie unter (1)	(5) Behandlung der Kardinalskala wie eine Nominalskala, Berechnung wie unter (1)
ordinal	wie (4)	(2) Rangkorrelationskoeffizient nach Spearman	(6) Behandlung der Kardinalskala wie eine Ordinalskala, Berechnung wie unter (2)
metrisch (kardinal)	wie (5)	wie (6)	(3) Kovarianz, Korrelationskoeffizient nach Bravais-Pearson

4.7 Verhältniszahlen

Definition

Der Quotient aus zwei Zahlen wird als Verhältniszahl bezeichnet.

$$\frac{\text{Zahl 1}}{\text{Zahl 2}} = \text{Verhältniszahl}$$

Gründe für die Berechnung von Verhältniszahlen

Durch diese Konstruktion kommt es gewissermaßen zum Vergleich der beiden Zahlen. Es läßt sich leicht zeigen, um das Wievielfache die eine Zahl größer oder kleiner ist als die andere. Aus diesem Vergleich entsteht eine weitere Information, die unter Umständen aussagefähiger ist als die Ausgangszahlen. Verhältniszahlen werden auch gebildet, weil das Werteverhältnis oftmals leichter zu interpretieren ist als absolute Zahlen.

Beispiel

Die kassenmäßigen Einnahmen der öffentlichen Haushalte betrugen in Deutschland 1991 1.339.529.000.000 DM (Statistisches Jahrbuch 1993, Tabelle 20.3), in Worten : Eine Billion dreihundertneununddreißig Milliarden fünfhundertneunundzwanzig Millionen Deutsche Mark. - Wie soll man sich diese Zahl vorstellen und merken können ? Andererseits ist auch bekannt, daß Ende 1991 ungefähr 80.275.000 Personen in Deutschland wohnten (ebenda, Tabelle 3.2). Setzt man diese beiden Zahlen ins Verhältnis, so erhält man :

$$\frac{1.339.529.000.000 \text{ DM}}{80.275.000 \text{ Einwohner}} = 16687 \text{ DM je Einwohner}$$

Pro Kopf beliefen sich die Einnahmen der öffentlichen Haushalte somit 1991 auf 16687 DM. Diesen Wert - es ist etwa der Kaufpreis eines neuen Kleinwagens - kann man sich vorstellen, und er ist leicht zu behalten.

Vergleich statistischer Massen

Aus Sicht der Statistik können Verhältniszahlen dem *Vergleich* und der Beschreibung der Unterschiede *verschiedener statistischer Massen* dienen. Im Einzelfall handelt es sich um zwei Merkmale, die in Beziehung gesetzt werden. Aus diesem Grunde werden die Verhältniszahlen auch in diesem Abschnitt, "Methoden und Verfahren bei zwei Merkmalen", behandelt. Allerdings können Verhältniszahlen auch zur Beschreibung der Struktur einer statistischen Masse dienen. Durch die verschiedenen Möglichkeiten, statistische Massen und Teilmassen ins Verhältnis zu setzen, entstehen verschiedene Typen von Verhältniszahlen. Durch die Zusammenstellung zweier geeigneter Informationen können Verhältniszahlen wesentlich informativer sein als die entsprechenden Einzelinformationen.

Gliederungszahlen

Gliederungszahlen entstehen, indem Teile einer Gesamtheit zur Gesamtheit ins Verhältnis gesetzt werden.

$$\frac{\text{Teilmasse}}{\text{Gesamtmasse}} = \text{Gliederungszahl}$$

Ein Beispiel für diese Konstruktion ist die *Arbeitslosenquote* (ALQ). Diese betrug 1989 für das frühere Bundesgebiet 7,9 Prozent.

$$ALQ = \frac{Arbeitslose}{Erwerbspersonen} \times 100 = \frac{2.038.000}{25.797.000} \times 100 = 7,9\,\%$$

Ein weiteres Beispiel aus dem Bereich der Betriebswirtschaftslehre (betrieb- liche Kennzahlen) ist der Eigenkapitalanteil :

$$\frac{Eigenkapital}{Gesamtkapital} = Eigenkapitalanteil$$

Auch *relative Häufigkeiten* stellen Gliederungszahlen dar. Zusammen- genommen beschreiben die Gliederungszahlen die Struktur einer Gesamtheit. Beispiele aus der Praxis sind Kostenstrukturstatistiken. Für die einzelnen Wirtschaftsbereiche (Branchen) des *Produzierenden Gewerbes* werden zum Beispiel vom Statistischen Bundesamt Personalkosten, Materialkosten, Kosten für Dienstleistungen, Mieten und Pachten, Kostensteuern, Abschrei- bungen und Fremdkapitalzinsen als Anteile am Bruttoproduktionswert veröffentlicht (Statistisches Jahrbuch 1993, Tabelle 9.3, Kostenstruktur im Produzierenden Gewerbe)

Eine *Beziehungszahl* ist das Verhältnis aus zwei verschiedenen statistischen Massen. Bei der Konstruktion ist jedoch darauf zu achten, daß die beiden verglichenen Massen in sinnvoller, interpretierbarer Beziehung zueinander stehen. Besonders eng ist der Zusammenhang zweier Massen dann, wenn eine Masse die andere verursacht.

$$\frac{Gesamtmasse\ 1}{Gesamtmasse\ 2} = Beziehungszahl$$

Ein Beispiel für eine Beziehungszahl ist die *Bevölkerungsdichte*. Sie ist das Verhältnis aus Einwohnern und Fläche eines Landes. Für das Bundesgebiet ergibt sich nach altem Gebietsstand für das Jahr 1989 :

$$\frac{62.063.000\ Einwohner}{248.600\ km^2} = 250\ Einwohner\ je\ Quadratkilometer$$

Für das Gebiet der ehemaligen DDR betrug die Bevölkerungsdichte 1989 153 Einwohner je Quadratkilometer.

Beispiele für Beziehungszahlen aus dem betrieblichen Bereich sind :

$$\frac{Outputgröße}{Inputgröße} = Produktivitätskennzahl$$

$$\frac{Ertrag}{Aufwand} = Wirtschaftlichkeit \qquad \frac{Gewinn}{Umsatz} = Umsatzrentabilität$$

Meßzahlen   *Meßzahlen* entstehen aus dem Verhältnis zweier Teilmassen. Sie bilden die
                         Grundlage für die in Kapitel E 5.3 beschriebenen Indexzahlen.

$$\frac{\text{Teilmasse 1}}{\text{Teilmasse 2}} = \text{Meßzahl}$$

Beispiele für $$\frac{\text{Fläche des Gebiets der ehemaligen DDR}}{\text{Fläche des ehemaligen Bundesgebiets}} \times 100 =$$
Meßzahlen

$$\frac{108.332 \text{ km}^2}{248.600 \text{ km}^2} \times 100 = 44 \text{ \%}$$

Gemessen (Meßzahl !) an der Fläche des ehemaligen Bundesgebiets betrug
die Fläche der ehemaligen DDR 44 Prozent. Oder :

$$\frac{248.600 \text{ km}^2}{108.332 \text{ km}^2} = 2,3$$

Das Verhältnis der Fläche des ehemaligen Bundesgebiets zur Fläche der
ehemaligen DDR liegt bei 2,3 : 1 ("2,3 zu Eins") !

Für die Betriebsstatistik lassen sich zum Beispiel folgende Teilmassen
zusammenstellen :

$$\frac{\text{Personal in der Verwaltung}}{\text{Personal in der Produktion}}$$

$$\frac{\text{Eigenkapital}}{\text{Fremdkapital}} \times 100 = \text{Verschuldungskoeffizient}$$

Meßzahlen für   Meßzahlen lassen sich auch im Zeitablauf formulieren :
den Zeit- und
Raumvergleich $$\frac{\text{Produktion zum Zeitpunkt 1}}{\text{Produktion zum Zeitpunkt 0}} \times 100 = \text{Meßzahl für Zeitvergleiche}$$

Ein Beispiel hierzu findet man in Kapitel E 5.2 .

Meßzahlen lassen sich - wie schon oben gezeigt - auch für den Vergleich
verschiedener Raumeinheiten verwenden. Angenommen ein Verkaufsgebiet
wird unter den Außendienstmitarbeitern in verschiedene Regionen aufgeteilt.
Am Jahresende werden die Umsätze, die von den Mitarbeitern in den
Regionen erzielt wurden, am Umsatz einer Vergleichsregion gemessen. Die
Meßzahl lautet dann :

$$\frac{\text{Umsatz in der Region i}}{\text{Umsatz in der Vergleichsregion 0}} = \text{Meßzahl für Raumvergleiche}$$

Literatur   *Riedel, G., Statistik im Betrieb - Wie aufbauen, wie auswerten ?*, 5. Auflage,
                        Stuttgart 1980. Zu den einzelnen Sachgebieten der Betriebsstatistik werden
                        die verschiedensten betrieblichen Kennzahlen (Verhältniszahlen) tabellarisch
                        aufgeführt.

5. Methoden und Verfahren bei Zeitreihen

5.1 Grundbegriffe

Statistische Reihen sind geordnete Grundgesamtheiten. Sie entstehen durch die Anordnung aller statistischen Einheiten in der Reihenfolge der Ausprägungen eines betrachteten Merkmals *(Reihungsmerkmal)*; bezüglich aller anderen Merkmale sind die statistischen Einheiten gleichartig. Durch das gewählte Ordnungskriterium entstehen sachliche, räumliche und zeitliche Reihen. Nominal-skalierte Merkmale liefern allerdings nur *unechte Reihen*, weil die Merkmalsausprägungen selbst keiner zwingenden Reihenfolge unterliegen. Bei der Verwendung ordinal- und metrisch-skalierter Merkmale als Reihungsmerkmal entstehen *echte statistische Reihen*.

Statistische Reihen

Der Begriff der *Querschnittsdaten (Querschnittsreihen)* wird für sachliche und räumliche Reihen verwendet. Querschnittsdaten beziehen sich auf einen gleichen Zeitraum oder Zeitpunkt. Die in den Abschnitten E 3 und E 4 beschriebenen Beispiele beinhalten ausnahmslos Querschnittsdaten.

Querschnittsdaten

- Fläche und Bevölkerung der kreisfreien Städte und Landkreise am 30.6.1991. Das Reihungsmerkmal ist die Bezeichnung der kreisfreien Städte und Landkreise, der Zeitpunkt ist für alle Angaben identisch.

Beispiele

- Erzeugerpreise gewerblicher Produkte 1992. Das Reihungsmerkmal ist die erzeugte Ware, identisch für alle Angaben sind Zeitraum (= Jahr 1992) und räumlicher Bezug (= früheres Bundesgebiet).

- Regionale Gliederung der Zahlungsbilanz 1991. Reihungsmerkmal ist die Bezeichnung der Länder und Ländergruppen, identische Angaben sind Zeitraum (= Jahr 1991) und sachlicher Bezug (= Bilanzpositionen der deutschen Zahlungsbilanz).

(Siehe Tabellen 3.5, 23.8 und 25.2 in: *Statistisches Jahrbuch für die Bundesrepublik Deutschland 1993.*)

Längsschnittsdaten oder *Zeitreihen* beschreiben Phänomene im Zeitablauf. Der sachliche und räumliche Bezug wird hingegen nicht verändert. Die betrachteten statistischen Einheiten bzw. deren Ausprägungen werden nach der Zeit geordnet.

Längsschnittsdaten, Zeitreihen

- Bevölkerungsentwicklung in Deutschland. Das Reihungsmerkmal ist das Jahr. Die Angaben gelten für das gesamte Bundesgebiet und die Gesamtbevölkerung.

Beispiele

- Preisentwicklung des Inlandsprodukts. Das Reihungsmerkmal ist das Jahr, identisch sind der räumliche Bezug (= früheres Bundesgebiet) und sachlich das Inlandsprodukt.

(Siehe Tabellen 3.1.1 und 24.7 in: *Statistisches Jahrbuch für die Bundesrepublik Deutschland 1993.*)

Zeitreihenanalyse Betrachtet man Phänomene im Zeitablauf, so können diese einer mehr oder weniger starken Entwicklung unterliegen. Außerdem wird diese Entwicklung nicht immer gleichförmig verlaufen, sondern unterschiedlich starken Schwankungen unterworfen sein. Auf diese Weise entstehen Zeitreihen, die unterschiedliche Bewegungskomponenten enthalten können. Die *Zeitreihenanalyse* befaßt sich mit statistischen Methoden und Verfahren, mit denen einzelne regelmäßige Komponenten isoliert und beschrieben werden können.

Hierbei wird von der Vorstellung ausgegangen, daß die einzelnen Komponenten auf unterschiedliche Einflußfaktoren zurückzuführen sind. Auf diese Weise werden beispielsweise die *Saisonkomponente*, die *Konjunkturkomponente* oder der *Trend* isoliert. Es gibt jedoch keine objektiv richtige Zeitreihenzerlegung, denn die mathematische Zerlegung der Originaldaten und die Zuordnung von Einflußfaktoren geschieht modellhaft. Unterschiedliche Zeitreihenanalyseverfahren werden daher zu unterschiedlichen Ergebnissen führen.

Die Zeit als "Merkmal" Die in Abschnitt E 4 betrachteten Methoden und Verfahren zur Beschreibung zweier Merkmale sind auch auf die Betrachtung eines Merkmals im Zeitablauf anzuwenden. So können etwa in einer *Kontingenztabelle* die Merkmale "Parteizugehörigkeit" und "Jahr" gegenübergestellt werden. Die Zeit wird wie ein "zweites Merkmal" behandelt. Merkmalsträger sind beispielsweise die Mitglieder von Parteien in der Bundesrepublik Deutschland. Untersucht wird dann, ob und inwieweit sich die Strukturen (= bedingte Häufigkeitsverteilungen) der Parteizugehörigkeit im Zeitablauf geändert haben.

Auch *Regressions- und Korrelationsanalyse* (siehe Kapitel E 4.3) können zur Beschreibung des Zusammenhangs zwischen einem ersten metrischen Merkmal und der Zeit als zweitem Merkmal herangezogen werden. Diese beiden statistischen Methoden werden in Kapitel E 5.4 , Zeitreihenanalyse, zur Beschreibung von Zeitreihen verwendet.

Allerdings gibt es auch noch andere Methoden und Verfahren, die geeignet sind, Fragestellungen zu behandeln, die in Verbindung mit der Dimension "Zeit" auftreten. Hierzu gehören die im folgenden betrachteten *Meßzahlen* und *Indizes*.

5.2 Meßzahlen

Ein erstes Anliegen bei der Betrachtung eines metrischen Merkmals im Zeitablauf ist die Beschreibung des Verlaufs der Zeitreihe. Im Vordergrund der Betrachtung steht nicht die absolute Höhe der Merkmalsausprägung, sondern deren Entwicklung. Welche Methode ist zur Beschreibung des Verlaufs einfacher Zeitreihen anzuwenden ? Wie lassen sich Zeitreihen vergleichen ? **Problemstellung**

Für die Eisen- und Stahlindustrie eines Landes liegen Angaben zur Produktion vor : **Beispiel**

Tabelle E 52-1 : Ausgangsdaten

Jahr	1990	1991	1992	1993	1994	1995
Produktion in 1000 Tonnen	2400	2800	3000	3600	4200	4400

Wie läßt sich die Entwicklung der Produktion darstellen ?

Eine *Meßzahl* MZ wird aus dem Verhältnis zweier Teilmassen einer statistischen Gesamtheit, multipliziert mit Einhundert, gebildet (siehe auch S.138). Zur Beschreibung von Zeitreihen werden die im Zeitablauf betrachteten Ausprägungen eines Merkmals als einzelne Teilmassen einer Gesamtheit aufgefaßt. In dem aktuellen Beispiel sind dies die einzelnen Jahresproduktionen. Formal läßt sich eine Meßzahl zur Darstellung der zeitlichen Entwicklung folgendermaßen darstellen : **Meßzahlen**

$$MZ_{0,i} = \frac{\text{Teilmasse in } t_i}{\text{Teilmasse in } t_0} \cdot 100$$

wobei: t = Zeitraum oder Zeitpunkt
t_0 = Basiszeitraum/-zeitpunkt
t_i = Berichtszeitraum/-zeitpunkt

In Tabelle E 52-2 sind verschiedene statistische Reihen dargestellt. Spalte 1 zeigt die sechs betrachteten Jahre, Spalte 2 gibt die *Zeitreihe* der einzelnen Jahresproduktionen wieder. Die Spalten 3 und 4 zeigen abgeleitete *Meßzahlenreihen* und Spalte 5 die Entwicklung der Jahresproduktion im Vergleich zum Vorjahr in Prozent. Als Bezugsjahr für die Meßzahlenreihe in Spalte 3 wurde das Jahr 1990 gewählt. Die Meßzahl 116,7 kommt folgendermaßen zustande : **Berechnung der Meßzahlen**

$$\frac{2800}{2400} \cdot 100 = 116,7$$

Alle anderen Meßzahlen in Spalte 3 entstehen auf die gleiche Weise. Jede Jahresproduktion wird durch die Jahresproduktion des Jahres 1990 dividiert. Das Ergebnis wird mit 100 multipliziert. Das Bezugs- oder Basisjahr erhält damit zwingend den Wert 100 zugeordnet.

Tabelle E 52-2 : Ausgangsdaten und abgeleitete Daten

Jahr	Produktion in 1000 Tonnen	Meßzahl		Veränderung zum Vorjahr in %
		$t_0 = 1990$	$t_0 = 1995$	
1	2	3	4	5
1990	2400	100,0	54,5	-
1991	2800	116,7	63,6	16,7
1992	3000	125,0	68,2	7,1
1993	3600	150,0	81,8	20,0
1994	4200	175,0	95,5	16,7
1995	4400	183,3	100,0	4,8

Interpretation der Meßzahlen

Alle Meßzahlen der Spalte 3 lassen sich direkt interpretieren. Die Meßzahl 116,7 besagt, daß die Produktion des Jahres 1991 gegenüber 1990 um 16,7 Prozent gestiegen ist. Die Produktion des Jahres 1995 (Meßzahl 183,3) hat sich gegenüber dem Basisjahr um 83,3 Prozent ausgeweitet.

Diese Aussagen sind aus den Originaldaten nicht direkt ablesbar. Durch den Vergleich zweier Zahlen, der sich mit der Konstruktion einer Meßzahl ergibt, kommt es zu einem *Informationsgewinn*. Andererseits kommt es zu einem *Informationsverlust*, da aus der Meßzahlenreihe nicht mehr auf die absolute Höhe der Produktion zu schließen ist.

Wahl der Basis

Formal gesehen kann die *Wahl des Basisjahres* beliebig erfolgen. Für die Berechnung der Meßzahlenreihe in Spalte 4 wurde das Jahr 1995 als Basisjahr gewählt. Dies läßt sich direkt erkennen, da die Meßzahl 100 die Produktion des Jahres 1995 repräsentiert. Sofort ist ablesbar, daß die Jahresproduktion von 1990 54,5 Prozent der Jahresproduktion von 1995 ausmacht.

Allerdings hat die Festlegung des Basisjahres Einfluß auf das absolute Niveau der Meßzahlenreihe. Die Wahl der Basis an der Stelle eines niedrigen Zeitreihenwertes führt zu hohen Meßzahlen und umgekehrt. Dies wird auch als *Basiseffekt* bezeichnet.

Alle Zeitreihen - die Originalreihe und beide Meßzahlenreihen in den Spalten 3 und 4 - unterliegen dem gleichen Wachstum. Die Wachstumsraten der Produktion, die sich von Jahr zu Jahr ergeben, sind in Spalte 5 ausgewiesen.

Wachstumsfaktor und Wachstumsrate

Gegenüber 1992 hat sich beispielsweise die Produktion im Jahr 1993 um 20 Prozent erhöht :

$$\frac{3600}{3000} = \frac{150}{125} = \frac{81,8}{68,2} = 1,2$$

1,2 stellt den *Wachstumsfaktor* der Produktion des Jahres 1993 gegenüber 1992 dar. Nach Abzug von Eins ergibt sich die *Wachstumsrate* :

$$\text{Wachstumsrate} = \text{Wachstumsfaktor} - 1$$

Mit den Daten des Beispiels ergibt sich eine Wachstumsrate der Produktion 1993 gegenüber dem Vorjahr von 1,2 - 1 = 0,2 = 20 Prozent.

5.3 Indexzahlen

Eine besondere Form der Analyse liegt vor, wenn die *Entwicklung mehrerer Zeitreihen* mit nur einer Zahlenreihe beschrieben werden soll. Hierbei kann es sich um Mengen-, Preis- oder Wertreihen handeln. Die folgenden Ausführungen zur *Konstruktion von Indexzahlen* beschränken sich zunächst auf die Betrachtung von Preisindizes. Im Anschluß werden Mengen- und Wertindizes dargestellt.

Beschreibung mehrerer Zeitreihen

Beim Umgang mit Preisreihen treten eine Vielzahl von Fragen auf: Wie läßt sich die Preisentwicklung einer ganzen Gruppe von Gütern beschreiben? Welche Probleme ergeben sich bei der Anwendung der verschiedenen Indizes? Wie wird eine Preisbereinigung durchgeführt?

Für eine Kantine soll der jährliche Verbrauch der verschiedenen Lebensmittel und deren Preisentwicklung untersucht werden. Für die Kategorie Obst sind Angaben über die verbrauchten Mengen und die Einkaufspreise von Äpfeln, Birnen und Zitrusfrüchten - im weiteren kurz mit Gut A, B und C bezeichnet - vorhanden. Wie läßt sich - ausgehend von diesen Angaben - eine Aussage über die Preisentwicklung dieser Gütergruppe machen? Welche verschiedenen Möglichkeiten der Darstellung der Preisentwicklung eines "Warenkorbes" gibt es? Welche Darstellung ist in dem aktuellen Beispiel geeignet?

Beispiel

Tabelle E 53-1 : Ausgangsdaten

		Warenkorb		
		Gut A	Gut B	Gut C
Jahr 0	Preis p_0	2	3	4
(Basisjahr)	Menge q_0	6	8	4
Jahr i	Preis p_i	3	4	5
(Berichtsjahr)	Menge q_i	12	10	10

Abkürzungen : p = Preis je gekaufte Mengeneinheit q

   q = Menge (in 10 000 Stück)

   0 = Basisjahr

   i = Berichtsjahr

   A, B, C = Güter im Warenkorb

Die Tabelle E 53-1 zeigt nur einen Teil der verfügbaren Daten. Stellvertretend für die mehrere Jahre umfassenden Zeitreihen von Preis- und Mengenangaben werden nur zwei Jahre dargestellt : Das *Basisjahr 0*, das für den Preisvergleich benötigt wird, und ein *Berichtsjahr i*, für das die Preisentwicklung angegeben werden soll. Die im folgenden erläuterten Berechnungen zur Preisentwicklung zwischen dem Basisjahr und einem Berichtsjahr lassen sich auf beliebig umfangreiche Zeitreihen anwenden. Die Indexkonstruktionen gelten auch für monatlich oder vierteljährlich anfallende Daten.

Basisjahr, Berichtsjahr

Warenkorb

Die für die Berechnung von Indexzahlen zusammengestellten Güter bezeichnet man anschaulich als *Warenkorb*. In dem betrachteten Beispiel sind es die Güter A, B und C. Dem Warenkorb kommt eine besondere Rolle bei der Interpretation des berechneten Index zu. Die im Warenkorb enthaltenen Güter sollen Angebot oder Nachfrage möglichst typisch (repräsentativ) beschreiben, da sie (formal über den Umsatz, siehe unten) zur Gewichtung der Durchschnittspreise herangezogen werden. Die Auswahl der Güter erfolgt nach dem darzustellenden Sachverhalt : Ein Erzeugerpreisindex enthält die erzeugten Produkte, ein Verbraucherpreisindex diejenigen Güter, die typisch für den Verbrauch sind. Bei der Interpretation eines Index ist zu berücksichtigen, ob die Zusammensetzung des Warenkorbes zum Zeitpunkt der Berichterstattung noch aktuell ist.

Preismeßzahlen

Eine einfache Technik zur Beschreibung der Preisentwicklung stellen die zuvor beschriebenen *Meßzahlen* dar. Tabelle E 53-2 zeigt für alle drei Güter Preismeßzahlen, die mit Hilfe der Preisangaben in Tabelle E 53-1 berechnet werden können.

Tabelle E 53-2 : Preismeßzahlen

	Gut A	Gut B	Gut C
Jahr 0	100	100	100
Jahr i	150	133	125

Formel zur Berechnung von Preismeßzahlen :

$$\text{Meßzahl}_{0,i} = \frac{p_i}{p_0} \cdot 100$$

Berechnung und Interpretation der Preismeßzahlen

Beispielrechnung für Gut A :

$$\text{Meßzahl}_{0,i} = \frac{3}{2} \cdot 100 = 150$$

Gegenüber dem Basisjahr sind die Preise von Gut A um 50 Prozent angestiegen. Bei den Gütern B und C lag die Preissteigerungsrate bei 33 und 25 Prozent. Nachteilig ist bei dieser Art der Darstellung des Preisanstiegs, daß für jedes Gut des Warenkorbes eine eigene Meßzahlenreihe gebildet werden muß. Bei umfangreicheren Warenkörben würde eine Beschreibung der Preisentwicklung auf diese Weise unübersichtlich.

Indexzahlen

Mit Hilfe von Indexzahlen $I_{0,i}$ läßt sich die durchschnittliche Entwicklung einer Vielzahl verschiedener Zeitreihen zwischen dem Basisjahr 0 und dem Berichtsjahr i übersichtlich beschreiben. Das Grundprinzip der Indexkonstruktion besteht darin, metrische Informationen, die aus Meßzahlen bestehen, zu mitteln. Ein Index nimmt - wie auch schon die Meßzahl - im Basisjahr den Wert 100 an ($I_{0,0} = 100$).

Anmerkung : Indexzahlen lassen sich auch zur Beschreibung von Querschnittsdaten einsetzen. Für den Vergleich von Regionen werden zum Beispiel Attraktivitätsindizes berechnet. Die Bezugs- oder Vergleichsregion erhält dann den Wert 100.

Der ungewogene Preisindex ist das Verhältnis aus dem Durchschnittspreis des Berichtsjahres und dem Durchschnittspreis des Basisjahres, multipliziert mit 100. Die Angaben aus dem Basis- und Berichtsjahr müssen sich auf den gleichen Warenkorb beziehen.

Ungewogener Preisindex

$$I_{0,i} = \frac{\overline{p_i}}{p_0} \cdot 100$$

$$\overline{p_0} = \frac{2+3+4}{3} = 3 \qquad \overline{p_i} = \frac{3+4+5}{3} = 4$$

Berechnung

$$I_{0,i} = \frac{4}{3} \cdot 100 = \underline{\underline{133}}$$

Der aus den drei Gütern A, B und C bestehende Warenkorb hat sich gegenüber dem Basisjahr um 33 Prozent verteuert. Oder genauer : Der Durchschnittspreis der betrachteten Güter hat sich zwischen Basis- und Berichtsjahr um 33 Prozent erhöht.

Interpretation des ungewogenen Preisindex

Nachteilig an dieser sehr einfachen Konstruktion ist der Umstand, daß keine einzelnen Preisentwicklungen betrachtet werden, sondern die einzelnen Güterpreise ohne eine Gewichtung in einen gemeinsamen Mittelwert eingehen. Demzufolge zeigt der Index nur die Entwicklung des Durchschnittspreises aller Güter an. Dieser sehr einfache Index ist daher nur dann zu verwenden, wenn das Datenmaterial keine anspruchsvollere Berechnung erlaubt.

Der *ungewogene Summenindex* ist das arithmetische Mittel aus den Preismeßzahlen der einzelnen Güter des Warenkorbes.

Ungewogener Summenindex

$$I_{0,i} = \frac{\sum\limits_{j=1}^{n} \left(\frac{p_i}{p_0}\right)_j}{n} \cdot 100$$

wobei : p = Preis / Mengeneinheit
q = Menge
0 = Kennzeichnung des Basisjahres
i = Kennzeichnung des Berichtsjahres
n = Anzahl der n Güter im Warenkorb
j = Summationsindex für die n Güter

Berechnung

$$I_{0,i} = \frac{\frac{3}{2} + \frac{4}{3} + \frac{5}{4}}{3} \cdot 100 = \frac{1,50 + 1,33 + 1,25}{3} \cdot 100 = \frac{4,05}{3} \cdot 100 = \underline{\underline{136,1}}$$

Interpretation des ungewogenen Summenindex

Die durchschnittliche Preisentwicklung aller betrachteten Güter beträgt zwischen Basis- und Berichtsjahr 36 Prozent.

Dieser Index sollte nur dann berechnet werden, wenn die Güter annähernd gleichgewichtig verwendet werden. Andernfalls wirkt sich die Konstruktion nachteilig aus : Nicht das mengenmäßig bedeutsamste Gut beeinflußt den Index am stärksten, sondern das Gut mit der höchsten absoluten Preisänderung. Beim verwendeten Preis je Mengeneinheit kann die Bezugsmenge willkürlich gewählt werden und damit den Einfluß des Preises bestimmen. So ist es zum Beispiel nicht unerheblich, ob der Preis pro Zündkerze oder für vier Zündkerzen in die Berechnung eingeht.

Aus dieser Kritik erwächst die Einsicht, daß es nur von Vorteil sein kann, wenn die einzelnen Preismeßzahlen mit einem Gewicht, das die Bedeutung der betrachteten Güter beschreibt, in die Berechnung eingehen.

Gewogener Summenindex

Der *gewogene Summenindex* ist das gewogene arithmetische Mittel (siehe hierzu die Ausführungen in Kapitel E 3.3) aus den Preismeßzahlen aller Güter des Warenkorbes. Die verwendeten Gewichte drücken die unterschiedliche Bedeutung der Güter im Warenkorb (hier A, B und C) aus. Mit den Daten des Beispiels ergibt sich die folgende Indexkonstruktion :

$$I_{0,i} = \frac{\frac{3}{2} \cdot g_A + \frac{4}{3} \cdot g_B + \frac{5}{4} \cdot g_C}{g_A + g_B + g_C} \cdot 100$$

Durch die verschiedenen *Gewichte*

$$g_A, \; g_B \; \text{und} \; g_C$$

beeinflussen die einzelnen Preismeßzahlen (Preisentwicklungen bei den Gütern A, B und C) den Index unterschiedlich stark. Wie lassen sich diese Gewichte bestimmen ? Die Mengen lassen sich in der Regel nicht verwenden, da sie bei verschiedenartigen Produkten wegen der unterschiedlichen Maßeinheiten (z.B. Gramm, Liter, Stück, Joule, Meter, ...) nicht addierbar sind. Als Ausweg bieten sich Umsatz- oder Wertgrößen an. Diese gehen in die Formel als Produkt von Preis und Menge ein.

In dem gegebenen Beispiel kommt die Bedeutung der einzelnen Güter durch den Betrag zum Ausdruck, der für sie jedes Jahr ausgegeben wird. Wird für ein Gut in einem Jahr relativ wenig ausgegeben, ist dessen Einfluß im Index geringer. Ein Gut, für das im Jahr relativ viel ausgegeben wird, wird den Preisindex über das höhere Gewicht auch entsprechend stärker beeinflussen.

Grundsätzlich gibt es zwei Möglichkeiten, die Gewichte zu formulieren :

- Im Preisindex nach Laspeyres wird der Umsatz des Basisjahres, der mit dem jeweiligen Gut erzielt wird, als Gewicht eingesetzt. Formal ergibt sich

Preisindex nach Laspeyres und Paasche

$$g = p_0 \cdot q_0 \cdot$$

- Im Preisindex nach Paasche werden die aktuellen Mengen des Berichtsjahres, bewertet mit den Preisen des Basisjahres, verwendet. Formal ergibt sich als Gewicht der Ausdruck

$$g = p_0 \cdot q_i \cdot$$

Ausgehend von der oben angegebenen Formel für einen gewogenen Summenindex ergibt sich in Verbindung mit den konkreten Gewichten :

Berechnung

Preisindex nach Laspeyres :

$$\frac{\frac{3}{2} \cdot 2 \cdot 6 + \frac{4}{3} \cdot 3 \cdot 8 + \frac{5}{4} \cdot 4 \cdot 4}{2 \cdot 6 + 3 \cdot 8 + 4 \cdot 4} \cdot 100$$

$$= \frac{3 \cdot 6 + 4 \cdot 8 + 5 \cdot 4}{2 \cdot 6 + 3 \cdot 8 + 4 \cdot 4} \cdot 100$$

$$= \frac{18 + 32 + 20}{12 + 24 + 16} \cdot 100$$

$$= \frac{70}{52} \cdot 100 = \boxed{134{,}6}$$

34,6 %.

Preisindex nach Paasche :

$$\frac{\frac{3}{2} \cdot 2 \cdot 12 + \frac{4}{3} \cdot 3 \cdot 10 + \frac{5}{4} \cdot 4 \cdot 10}{2 \cdot 12 + 3 \cdot 10 + 4 \cdot 10} \cdot 100$$

$$= \frac{3 \cdot 12 + 4 \cdot 10 + 5 \cdot 10}{2 \cdot 12 + 3 \cdot 10 + 4 \cdot 10} \cdot 100$$

$$= \frac{36 + 40 + 50}{24 + 30 + 40} \cdot 100$$

$$= \frac{126}{94} \cdot 100 = \boxed{134{,}0}$$

34 %.

Die ausführliche Berechnung zeigt bei beiden Indizes, daß sich im Zähler die Preisangaben kürzen lassen, so daß die speziellen Indexformeln folgendermaßen formuliert werden können :

nach Laspeyres :

$$I_{0,i} = \frac{\sum_{j=1}^{n} (p_i \cdot q_0)_j}{\sum_{j=1}^{n} (p_0 \cdot q_0)_j} \cdot 100$$

nach Paasche :

$$I_{0,i} = \frac{\sum_{j=1}^{n} (p_i \cdot q_i)_j}{\sum_{j=1}^{n} (p_0 \cdot q_i)_j} \cdot 100$$

Formeln für Preisindizes

wobei :

p = Preis in Geldeinheiten pro Mengeneinheit

q = Mengeneinheiten

0 = Basisjahr

i = Berichtsjahr

j = Güterindex, j = 1, 2, . . . , n

n = Anzahl der betrachteten Güter

Interpretation des gewogenen Preisindex

Gemessen am *Preisindex nach Laspeyres* für das Berichtsjahr in Höhe von 134,6 hat sich der Warenkorb des Basisjahres um 34,6 Prozent verteuert. Die gleiche Menge der Güter A, B und C kostet im Berichtsjahr 34,6 Prozent mehr als im Basisjahr.

Der *Preisindex nach Paasche* in Höhe von 134,0 gibt an, daß für den aktuellen Warenkorb im Berichtsjahr 34 Prozent mehr bezahlt werden muß als im Basisjahr.

Vergleich von Laspeyres- und Paasche- Preisindex

Die Unterschiede zwischen den beiden Indexkonstruktionen kommen schon in der unterschiedlichen Interpretation zum Ausdruck. Im Preisindex nach *Laspeyres* werden die Mengen des Basisjahres verwendet, während der *Paasche-Index* mit den *aktuellen Mengen* berechnet wird. Hieraus resultieren auch die wesentlichen Vor- und Nachteile dieser beiden Indizes :

- Zur Berechung einer *Laspeyres-Indexreihe* werden die Gewichte nur einmal bestimmt und zwar für die Basisperiode. Für die Indizes der Berichtsperioden werden diese Gewichte beibehalten. Daraus resultiert ein *geringerer Erhebungsaufwand* und entsprechend niedrigere Erhebungskosten als beim Paasche-Index. Bei diesem müssen die Gewichte für jedes Berichtsjahr neu bestimmt werden.

  Müssen die Daten zur Berechnung der Indizes erst erhoben und aufbereitet werden, kann eine Berechnung von *Laspeyres-Indizes* schneller erfolgen. Dies führt auch dazu, daß die amtliche Statistik ausnahmslos Laspeyres-Indizes veröffentlicht. Paasche-Indizes werden intern für Kontrollzwecke berechnet.

- Der *Preisindex nach Laspeyres* beschreibt die durchschnittliche Preisentwicklung für die Güter eines bezüglich der Mengenstruktur *veralteten Warenkorbes* aus der Basisperiode : Was kostet der Warenkorb des Basisjahres im Berichtsjahr ?

- Der *Preisindex nach Paasche* beschreibt dagegen die durchschnittliche Preisentwicklung für die Güter eines aktuellen Warenkorbes aus der Berichtsperiode zwischen dem Basis- und dem Berichtszeitraum : Was hätte der *aktuelle Warenkorb* des Berichtsjahres im Basisjahr gekostet ?

- Beim *Paasche-Index* ist der direkte Vergleich von Indizes verschiedener Berichtsperioden wegen des *wechselnden Wägungsschemas* problematisch. Aus der Sicht des reinen Preisvergleichs ist das konstante Wägungsschema des Lasperes-Index sinnvoller.

- Bei *"normaler" Reaktion der Marktteilnehmer* (= Steigende Preise führen zu einem Nachfragerückgang, sinkende Preise zu einer Steigerung der Nachfrage) ist der *Preisindex nach Laspeyres größer als der Paasche-Index*. Die konstanten Gewichte im Laspeyres-Index bewirken, daß die im Preis gestiegenen Güter mit einem zu hohen und die im Preis gesunkenen Güter mit einem zu niedrigen Gewicht im Index vertreten sind. Dies führt dazu, daß der Preisindex nach Laspeyres die Preisentwicklung überhöht darstellt. Im Paasche-Index verändern sich dagegen die Preis- und Mengenangaben der Gewichte. Mit Hilfe dieser Indexkonstruktion wird die Substitution zwischen den Gütern des Warenkorbes abgebildet.

Eine *Umbasierung* wird zum Vergleich von Indexreihen mit unterschiedlichen Basisjahren vorgenommen. In Tabelle E 53-3 wird die Indexreihe 1 (Spalte 2) mit der Indexreihe 2 (Spalte 3) verglichen. Reihe 2 wird in der Weise umbasiert, daß sie ebenfalls die Basis 100 im Jahr 3 erhält (siehe Spalte 4). Dies erleichtert den Vergleich der beiden Reihen : Während die Reihe 1 ein Wachstum von 10 Prozent zwischen dem Jahr 3 und 5 ausweist, zeigt Reihe 2 lediglich ein Wachstum von 7 Prozent.

Umbasierung

Die Umbasierung hat nichts mit der Struktur des Warenkorbes zu tun ! Hierbei handelt es sich nur um den rechnerischen Versatz der Basis 100.

Tabelle E 53-3 : Umbasierung einer Indexreihe

Jahr	Reihe 1	Reihe 2	Reihe 2 (umbasiert)
1	2	3	4
1	90	**100**	$\frac{100}{110} \cdot 100 = 91$
2	95	104	$\frac{104}{110} \cdot 100 = 95$
3	**100**	110	$\frac{110}{110} \cdot 100 = \mathbf{100}$
4	106	115	$\frac{115}{110} \cdot 100 = 105$
5	110	118	$\frac{118}{110} \cdot 100 = 107$

Damit die einzelnen Indizes einer Preisindexreihe grundsätzlich vergleichbar sind und Aussagen über die Entwicklung des Preisniveaus gemacht werden können, darf das betrachtete Güterbündel nicht verändert werden ! In dem betrachteten Beispiel sind dies die Güter A, B und C. Märkte ändern sich jedoch : Produkte veralten und verschwinden vom Markt, neue Produkte tauchen auf. Um bei längeren Indexreihen die Preisentwicklung realistisch beschreiben zu können, muß der betrachtete Warenkorb von Zeit zu Zeit *aktualisiert* werden : Neue Produkte werden in den Warenkorb aufgenommen, nicht mehr nachgefragte Produkte werden aus dem Warenkorb entfernt.

Aktualisierung des Warenkorbes

In der Indexreihe kommt die Überarbeitung des Warenkorbes durch den Nachweis eines neuen Basisjahres zum Ausdruck. Grundsätzlich wählt man Bezugsjahre, in denen ein "normales" Preisniveau vorliegt, da ansonsten unerwünschte *Basiseffekte* auftreten können : Ein zu niedriges Preisniveau im Basisjahr führt zu relativ hohen Indexwerten und ein zu hohes Preisniveau zu relativ niedrigen Indexwerten in den folgenden Berichtsjahren.

Eine *Verknüpfung verschiedener Indexreihen* wird notwendig, wenn alte Indexreihen - zum Beispiel wegen der Wahl eines neuen Warenkorbes - nicht mehr fortgeführt werden können. Die berechneten neuen Indexreihen werden dann mit den alten Reihen verknüpft. Ziel der Verknüpfung ist es, lange Reihen zu erhalten.

Verknüpfung

In Tabelle E 53-4 sind drei relativ kurze Indexreihen aufgeführt, von denen angenommen wird, daß in den einzelnen Basisjahren (gekennzeichnet durch die Basis 100) unterschiedlich aktuelle Warenkörbe zur Berechnung vorlagen. Hierbei ist es unerheblich, ob es sich um Laspeyres- oder Paasche-Indexreihen handelt. Durch eine Verknüpfung werden die drei Reihen zu einer langen Indexreihe (Reihe 4) zusammengeführt. Für die Verknüpfung werden die gleichen Rechenoperationen wie beim Umbasieren angewendet.

Tabelle E 53-4 : Verknüpfen von Indexreihen

Jahr	Reihe 1	Reihe 2	Reihe 3	Rechenoperationen zur Verknüpfung der Reihen 1 bis 3	Reihe 4
1	2	3	4	5	6
0	**100**			$\dfrac{100 \cdot 100}{125 \cdot 112} \cdot 100 =$	71
1	104			$\dfrac{104 \cdot 100}{125 \cdot 112} \cdot 100 =$	74
2	110			$\dfrac{110 \cdot 100}{125 \cdot 112} \cdot 100 =$	79
3	115			$\dfrac{115 \cdot 100}{125 \cdot 112} \cdot 100 =$	82
4	118			$\dfrac{118 \cdot 100}{125 \cdot 112} \cdot 100 =$	84
5	125	**100**		$\dfrac{100}{112} \cdot 100 =$	89
6		103		$\dfrac{103}{112} \cdot 100 =$	92
7		106		$\dfrac{106}{112} \cdot 100 =$	95
8		120		$\dfrac{120}{112} \cdot 100 =$	107
9		110		$\dfrac{110}{112} \cdot 100 =$	98
10		112	**100**		**100**
11			102		102
12			104		104
13			108		108
14			112		112
15			113		113

Mit den Rechenoperationen in Spalte 5 wird das Wachstum der Indexreihen 1 und 2 auf die Reihe 3 übertragen. Hierdurch kommt es zu einer *Rückrechnung* der Ergebnisse der Reihe 3 für die zurückliegenden Jahre. Mit Hilfe aktueller Indizes ist ebenso eine *Fortschreibung* der älteren Indexreihen möglich : Für die Reihe 2 ergeben sich, unter Verwendung der aus den Indizes der Reihe 3 gebildeten Wachstumsfaktoren, für die Jahre 11 bis 15 die Indexzahlen : 114, 116, 121, 125 und 127. Auf diese Weise läßt sich auch die Reihe 1 fortschreiben.

Die Entwicklung von Wertgrößen (nominalen Größen) wird durch die Veränderung einer Mengen- und einer Preiskomponente beeinflußt. Oftmals benötigt man jedoch Angaben über die reale Entwicklung : Wie hätte sich eine Wertgröße entwickelt, wenn die Preise nicht gestiegen oder gesunken wären ? - Wie läßt sich also die beobachtete (nominale) Entwicklung um die Preisentwicklung bereinigen ?

Preisbereinigung (Deflationierung)

Formal läßt sich eine *Preisbereinigung (Deflationierung)* der nominalen Größe $\sum_i p_i q_i$ durch die Division dieser Größe durch einen Paasche-Preis-index veranschaulichen. Das Ergebnis ist die reale Größe $\sum p_0 q_i$:

$$\frac{\sum p_i q_i}{\dfrac{\sum p_i q_i}{\sum p_0 q_i}} = \sum p_0 q_i$$

Aus dem mit den *jeweiligen Preisen des Berichtsjahres* bewerteten Güterbündel wird ein mit *Preisen des Basisjahres* bewertetes Güterbündel. Praktisch werden häufig Laspeyres-Indizes zur Preisbereinigung verwendet, da entsprechende Paasche-Indizes nicht zur Verfügung stehen. Zur Preis-bereinigung von Wertgrößen kann allerdings nur ein sachlich passender Preisindex verwendet werden. Zum Beispiel ist für die Preisbereinigung von privaten Konsumausgaben der Preisindex für die Lebenshaltung geeignet.

Tabelle E 53-5 : Preisbereinigung einer Zeitreihe[*)]

Jahr	Bauten in Mill.DM in jeweiligen Preisen	Verän-derung zum Vorjahr in %	Preisindex für Bauwerke (1985 = 100)	Verän-derung zum Vorjahr in %	Bauten in Mill.DM in Preisen von 1985	Verän-derung zum Vorjahr in %
1	2	3	4	5	6	7
85	203,7	-	100,0	-	203,7	-
86	212,6	4,4	101,8	1,8	208,8	2,5
87	216,4	1,8	104,1	2,3	207,9	-0,5
88	227,4	5,1	106,7	2,5	213,1	2,5
89	245,1	7,8	110,6	3,7	221,6	4,0
90	272,8	11,3	117,0	5,8	233,2	5,2
91	303,5	11,3	124,4	6,3	244,0	4,6
92	337,6	11,2	131,2	5,5	257,3	5,5

[*)] Quelle: Statistisches Jahrbuch 1991, 1992 und 1993; eigene Berechnungen.

Die Spalte 2 enthält die Angaben der Sozialproduktsberechnung des Statistischen Bundesamtes über die erstellten Bauten in den *jeweiligen Preisen* der Berichtsjahre in Mill. DM (Siehe Statistisches Jahrbuch, Tabelle 24.6 . Die Bauten werden als Bestandteil der Ausrüstungsinvestitionen unter "Verwendung des Inlandsprodukts" nachgewiesen.). Spalte 3 zeigt die jähr-lichen Wachstumsraten. Diese lagen für die drei letzten dargestellten Jahre bei über 11 Prozent.

Interpretation der Tabelle E 53-5

Ein Preisindex für spezielle Gebäudetypen - die Nichtwohngebäude, darunter u.a. Büro- und gewerbliche Betriebsgebäude - wird den zuvor beschriebenen Angaben in der Spalte 4 gegenübergestellt (Stat. Jahrb., Tabelle 23.9, Preisindizes für Bauwerke). *Basisjahr* ist 1985. Die jährlichen Preissteigerungen lagen - wie man der Spalte 5 entnehmen kann - zuletzt bei rund 6 Prozent.

Spalte 6 zeigt die *preisbereinigten Angaben* zu den Bauten. Man erhält sie durch die Division der nominalen Angaben durch den inhaltlich passenden Preisindex :

$$\text{Preisbereinigte Größe} = \frac{\text{Nominale Größe}}{\text{Preisindex}} \cdot 100$$

Durch die Preisbereinigung werden die Bauten in Preisen des Basisjahres 1985 ausgedrückt. Wie die jährlichen Veränderungsraten in Spalte 7 zeigen, kommt es sogar stellenweise zum Rückgang der realen Bautätigkeit. Das Bauvolumen ist somit tatsächlich zurückgegangen. Die höchste reale Wachstumsrate liegt bei 5,5 Prozent.

Abbildung E 53-1 : Original-Zeitreihe und preisbereinigte Zeitreihe

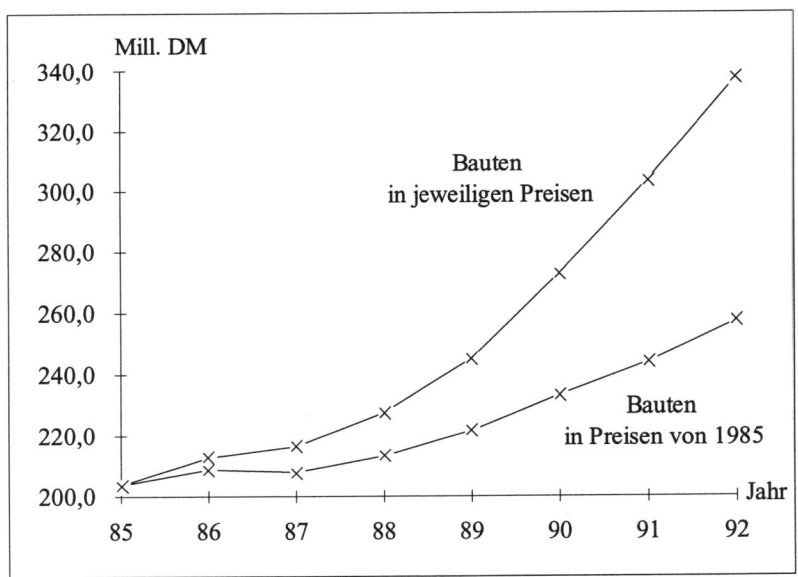

Mengenindex (Volumenindex)

Die bisherigen Überlegungen zu den Preisindizes lassen sich auf die Mengenindizes übertragen. Mit Hilfe von *Mengen- oder Volumen-Indizes* wird unter Ausschaltung des Preiseinflusses die durchschnittliche Mengen- oder Volumenentwicklung einer Gruppe von Gütern beschrieben. Auf eine genaue Herleitung wird an dieser Stelle verzichtet. Sie verläuft in Analogie zur Herleitung der Preisindizes. Im Prinzip sind nur die Abkürzungen für die Mengen q und für die Preise p auszutauschen. Für die Mengenindizes nach Laspeyres und Paasche ergibt sich formal :

nach Laspeyres :   nach Paasche :

$$I_{0,i} = \frac{\sum\limits_{j=1}^{n} (q_i \cdot p_0)_j}{\sum\limits_{j=1}^{n} (q_0 \cdot p_0)_j} \cdot 100 \qquad\qquad I_{0,i} = \frac{\sum\limits_{j=1}^{n} (q_i \cdot p_i)_j}{\sum\limits_{j=1}^{n} (q_0 \cdot p_i)_j} \cdot 100$$

Der Wert- oder Umsatzindex beschreibt die durchschnittliche wertmäßige Entwicklung eines vorgegebenen Warenkorbes bzw. einer Gruppe von Gütern. Formal gilt :   **Wert- oder Umsatzindex**

$$I_{0,i} = \frac{\sum\limits_{j=1}^{n} (p_i \cdot q_i)_j}{\sum\limits_{j=1}^{n} (p_0 \cdot q_0)_j} \cdot 100$$

Die Preisbereinigung des Umsatzindex mit dem Preisindex nach Laspeyres ergibt den Mengenindex nach Paasche (Fall 1), die Preisbereinigung mit dem Preisindex nach Paasche ergibt den Mengenindex nach Laspeyres (Fall 2).   **Preisbereinigung von Wertindizes**

Fall 1

$$\frac{\dfrac{\sum\limits_{j=1}^{n} (p_i \cdot q_i)_j}{\sum\limits_{j=1}^{n} (p_0 \cdot q_0)_j} \cdot 100}{\dfrac{\sum\limits_{j=1}^{n} (p_i \cdot q_0)_j}{\sum\limits_{j=1}^{n} (p_0 \cdot q_0)_j} \cdot 100} = \frac{\sum\limits_{j=1}^{n} (q_i \cdot p_i)_j}{\sum\limits_{j=1}^{n} (q_0 \cdot p_i)_j} \cdot 100$$

Fall 2

$$\frac{\dfrac{\sum\limits_{j=1}^{n} (p_i \cdot q_i)_j}{\sum\limits_{j=1}^{n} (p_0 \cdot q_0)_j} \cdot 100}{\dfrac{\sum\limits_{j=1}^{n} (p_i \cdot q_i)_j}{\sum\limits_{j=1}^{n} (p_0 \cdot q_i)_j} \cdot 100} = \frac{\sum\limits_{j=1}^{n} (q_i \cdot p_0)_j}{\sum\limits_{j=1}^{n} (q_0 \cdot p_0)_j} \cdot 100$$

Preisindex nach Fisher

Die formale Kritik an den Indizes von Laspeyres und Paasche führt zu einer Reihe weiterer Indexkonstruktionen. Beispielsweise lassen sich aus den beiden betrachteten Indizes weitere durch Mittelung ableiten. Ein Beispiel hierfür ist der *Preisindex nach Fisher*. Er ist das geometrische Mittel aus dem Preisindex nach Laspeyres und dem Preisindex nach Paasche.

$$I_{0,i} = \sqrt{\frac{\sum\limits_{j=1}^{n}(p_i \cdot q_0)_j}{\sum\limits_{j=1}^{n}(p_0 \cdot q_0)_j} \cdot \frac{\sum\limits_{j=1}^{n}(p_i \cdot q_i)_j}{\sum\limits_{j=1}^{n}(p_0 \cdot q_i)_j}} \cdot 100$$

Da der Fisher-Index größenordnungsmäßig zwischen den betrachteten Indizes von Laspeyres und Paasche liegt, vermeidet er z.B. bei Preisindizes eine Über- oder Unterzeichnung des Preisanstiegs. Ein Nachteil ist jedoch die mangelnde Interpretierbarkeit.

Verkettung

Bisher wurden ausschließlich Indizes mit *gemeinsamer Basis* betrachtet. Wenig gebräuchlich sind dagegen (Ketten-) Indizes mit von Periode zu Periode *wechselnder Basis*. Durch die *Verkettung* entsteht aus einer Reihe von Kettenindizes $I_{i-1,i}$ eine Reihe von Indizes mit gemeinsamer Basis $I_{0,i}$.

Tabelle E 53-6 : Verkettung von Indexzahlen

Jahr i	Index-reihe 1 $I_{i-1,i}$	Ver-änderung zum Vor-jahr in %	Indexreihe 2 (Basis = Jahr 0) $I_{0,i}$ ermittelt durch Verkettung der Indexzahlen aus Reihe 1	
1	2	3	4	
0	-	-	-	100
1	108	8	$\frac{108}{100} \cdot 100 =$	108
2	110	10	$\frac{108 \cdot 110}{100 \cdot 100} \cdot 100 =$	118,8
3	105	5	$\frac{108 \cdot 110 \cdot 105}{100 \cdot 100 \cdot 100} \cdot 100 =$	124,7
4	108	8	$\frac{108 \cdot 110 \cdot 105 \cdot 108}{100 \cdot 100 \cdot 100 \cdot 100} \cdot 100 =$	134,7

Literatur

Theoretische und praktische Angaben zu den Indexzahlen in Verbindung mit den Arbeiten der amtlichen Statistik findet man bei *Zwer, R., Einführung in die Wirtschafts- und Sozialstatistik*, München und Wien 1985, 10.Kapitel : Preisstatistik sowie Punkt 6.4.2. Produktionsindizes, S.134 ff. Zur praktischen Anwendung der Preisbereinigung siehe *Lützel, H., Realeinkommen in den Volkswirtschaftlichen Gesamtrechnungen*, in : Wirtschaft und Statistik, 2 / 1987, S.115-122. Je nach Zielsetzung unterscheidet der Autor Methoden zur Preisbereinigung und zur Preisniveaubereinigung.

Übungsaufgabe 10 Die Übungsaufgabe befindet sich auf Seite 168.

5.4 Zeitreihenanalyse

Aufgabe der *Zeitreihenanalyse* ist die *Zerlegung komplizierter Zeitreihen* in ihre regelmäßigen Komponenten sowie deren sinnvolle Interpretation. Hierbei wird ein Zeitreihenmodell zugrunde gelegt, das eine Erklärung des Verlaufs der einzelnen Komponenten unterstützt. In Abbildung E 54-1 wird eine Systematisierung einzelner Komponenten dargestellt.

Zerlegung der Zeitreihe

Abbildung E 54-1 : Komponenten von Zeitreihen

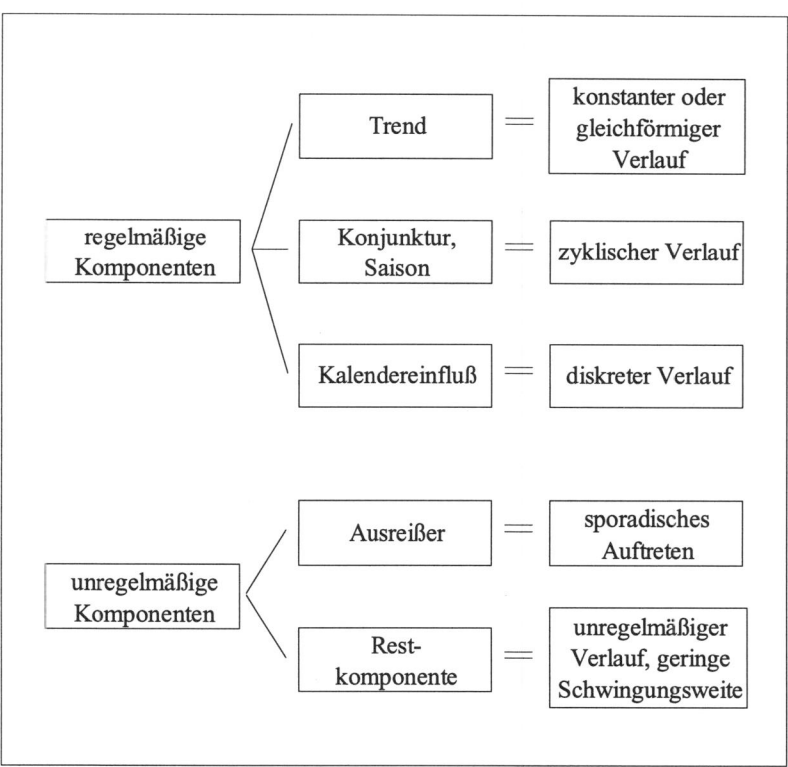

Der *Trend* gibt die Grundrichtung einer Zeitreihe an. Er kann linear oder nicht-linear verlaufen. Durch den Trend wird die *langfristige Entwicklung* einer Zeitreihe beschrieben.

In einer *Konjunkturkomponente* kann die *mittelfristige Entwicklung* ökonomischer Zeitreihen zum Ausdruck kommen. Trend und Konjunkturkomponente werden häufig zu der sogenannten *glatten Komponente* zusammengefaßt.

Zeitreihen, die aus Halbjahres-, Vierteljahres- oder Monatsangaben bestehen, enthalten oftmals eine *Saisonkomponente*. Diese spiegelt jahreszeitlich bedingte kurzfristige Änderungen im Verlauf einer Zeitreihe wider. Konjunktur- und Saisonkomponente zählen zu den zyklischen Komponenten. Sie unterliegen einem mehr oder weniger regelmäßigen schwingenden Verlauf. Dies ist auch häufig bei täglich anfallenden Datenwerten (z.B. Börsenkurse, Besucher in einem Kaufhaus, Benutzer einer Bahnverbindung) zu beobachten. Hier ergeben sich zumeist charakteristische Verläufe je Woche oder Monat.

Die unterschiedliche Zahl der Tage pro Monate kann sich als regelmäßig wiederkehrender *Kalendereinfluß* auf eine Zeitreihe auswirken. Beispielsweise sorgen zusätzliche Kalendertage in einigen Monaten für zusätzliche Produktionstage.

Neben den regelmäßigen Einflüssen auf eine Zeitreihe gibt es solche, die *unregelmäßig* und nicht vorhersehbar auftreten können. Hierzu zählen die sogenannten *Ausreißer* und die *Restkomponente*. Durch Ausreißer kommen einmalige Einflüsse in die Zeitreihe. In der Restkomponente werden alle übrigen (ggf. zufälligen) Einflüsse zusammengefaßt, die durch die Hauptkomponenten des verwendeten Zeitreihenmodells nicht aufgefangen werden können. Die Restkomponente sollte eine geringe Schwingungsweite (Amplitude) aufweisen und nahe bei Null liegen.

Das Zeitreihenmodell

Das im folgenden verwendete Zeitreihenmodell basiert auf der Annahme, daß sich der Verlauf der vorliegenden Zeitreihe Y hinreichend genau durch die Bewegungskomponenten Trend T (ggf. einschließlich Konjunktur = glatte Komponente) , Saison S und Rest R erklären läßt. Formal : Y ist eine Funktion von T, S und R. Es gilt :

$$Y_t = f(T_t, S_t, R_t)$$

Grundsätzlich gibt es zwei Möglichkeiten einer konkreten mathematischen Formulierung :

(a) das additive Modell :

$$Y_t = T_t + S_t + R_t$$

(b) das multiplikative Modell :

$$Y_t = T_t \cdot S_t \cdot R_t$$

daraus folgt : $\lg Y_t = \lg T_t + \lg S_t + \lg R_t$

Das additive Modell ist anzuwenden bei einer konstanten Amplitude im Zeitablauf, das multiplikative Modell eignet sich eher zur Analyse von Zeitreihen mit einer im Zeitablauf ansteigenden Amplitude. Im folgenden wird die Anwendbarkeit des additiven Modells unterstellt.

Über den Materialverbrauch einer Maschine im Zeitablauf liegen die **Beispiel 1**
folgenden Angaben vor :

Tabelle E 54-1 : Ausgangsdaten

Zeit t (Monat)	1	2	3	4	5	6	7	8
Materialverbrauch Y (in kg)	1,5	3,5	5,0	4,0	4,0	5,5	7,5	8,0

t	9	10	11	12	13	14	15	
Y	6,0	6,5	7,5	8,5	9,0	6,0	5,5	

Mit Hilfe einer geeigneten Methode soll die Zeitreihe analysiert werden. In
einem ersten Schritt ist die langfristige Entwicklung der Verbrauchsreihe zu
beschreiben. Danach sollen auch die Besonderheiten der kurzfristigen
Entwicklung herausgestellt werden.

Die *Methode der gleitenden Durchschnitte* ist dazu geeignet, den Trend oder **Methode der**
auch die *glatte Komponente* einer Zeitreihe zu extrahieren. Im speziellen Fall **gleitenden**
kommt es auf die Interpretation des Verlaufs der glatten Komponente an, ob **Durchschnitte**
es sich nur um den Trend oder zusätzlich um eine zyklische Komponente
handelt, die auch mittelfristige Einflüsse in die Zeitreihe einbringt.

Der Effekt einer *Glättung* der ursprünglichen Zeitreihe wird hier dadurch
erreicht, daß aus mehreren aufeinanderfolgenden Werten das *arithmetische
Mittel* gebildet und dem mittleren Beobachtungszeitpunkt zugeordnet wird.
Nachdem ein solcher Mittelwert berechnet ist, wird der älteste
Zeitreihenwert aus dem Zähler des Mittelwerts entfernt und der nächste
aktuelle Zeitreihenwert hinzugefügt. Der neue Mittelwert ergibt den nächsten
geglätteten Wert. Auf diese Weise "gleitet" man über die Zeitreihe hinweg
und erhält so die geglättete Zeitreihe.

Die verwendeten Mittelwerte müssen jeweils die gleiche Anzahl von
Beobachtungswerten enthalten. Als optimal gilt, diejenige Anzahl von
Datenwerten in den Mittelwert aufzunehmen, die der Anzahl der Werte in
einer der zyklischen Bewegungen der Zeitreihe entspricht.

Mit Hilfe von Dreier-Mittelwerten werden die gleitenden Durchschnitte **Berechnung**
$Y_{gl-3}(t)$ folgendermaßen aus den ursprünglichen Zeitreihendaten $Y(t)$
gebildet :

$$Y_{gl-3}(2) = \frac{Y(1)+Y(2)+Y(3)}{3} = \frac{1,5+3,5+5,0}{3} = 3,3$$

$$Y_{gl-3}(3) = \frac{Y(2)+Y(3)+Y(4)}{3} = \frac{3,5+5,0+4,0}{3} = 4,2$$

. . .

$$Y_{gl-3}(14) = \frac{Y(13)+Y(14)+Y(15)}{3} = \frac{9,0+6,0+5,5}{3} = 6,8$$

Die geglätteten Werte Y gl-3 (t) werden jeweils dem mittleren Zeitwert zugeordnet. Die vollzähligen Ergebnisse sind in Spalte 3 der Tabelle E 54-1 aufgeführt. Wie leicht ersichtlich ist, lassen sich mit Hilfe dieser Methode nicht für alle Zeitwerte geglättete Zeitreihenwerte berechnen. An den Enden der neuen, geglätteten Zeitreihe fehlen Werte, da hier eine Mittelwertbildung nach dem vorliegenden Schema nicht mehr möglich ist.

Tabelle E 54-2 : Methode der gleitenden Durchschnitte

t	Y	Y_{gl-3}	Y_{gl-4}	Y_{gl-5}	Y_{gl-7}
1	2	3	4	5	6
1	1,5				
2	3,5	3,3	3,5		
3	5,0	4,2	4,1	3,6	
4	4,0	4,3	4,6	4,4	4,4
5	4,0	4,5	5,3	5,2	5,4
6	5,5	5,7	6,3	5,8	5,7
7	7,5	7,0	6,8	6,2	5,9
8	8,0	7,2	7,0	6,7	6,4
9	6,0	6,8	7,0	7,1	7,1
10	6,5	6,7	7,1	7,3	7,6
11	7,5	7,5	7,9	7,5	7,4
12	8,5	8,3	7,8	7,5	7,0
13	9,0	7,8	7,3	7,3	
14	6,0	6,8			
15	5,5				

Anzahl der Werte im gleitenden Durchschnitt

In Abbildung E 54-2 werden die Originalzeitreihe und die Ergebnisse der Glättung mit einer unterschiedlichen Anzahl von Summanden (3, 4, 5, und 7) im gleitenden Mittelwert abgebildet. Eine Glättung der betrachteten Zeitreihe mit *Dreier-Mitteln* führt noch nicht zu einer ausreichenden Glättung. Die geglättete Reihe weist jedoch geringere Amplituden als die ursprüngliche Reihe auf (siehe Graphikfenster oben links).

Eine Glättung mit *Fünfer-Mitteln* führt zu einer völlig glatten Zeitreihe. Dies liegt daran, daß die einzelnen Schwingungen der Zeitreihe jeweils fünf Datenwerte umfassen. Deshalb erzielt man mit Fünfer-Mitteln auch das beste Ergebnis.

Tendenziell gilt, je mehr Werte in den Mittelwert aufgenommen werden, umso stärker ist die Glättung. Dies läßt sich beim Vergleich der Ergebnisse aus Dreier-, Vierer- und Fünfer-Mitteln zeigen. Andererseits sollten - soweit möglich - Vielfache der Anzahl der Werte einer Schwingung in den Mittelwert eingehen. Ansonsten kann es passieren, daß anstelle einer Glättung Schwingungen erzeugt werden. Dies ist der Fall bei den berechneten *Siebener-Mittel* (siehe Abbildung E 54-1, Graphikfenster unten rechts).

Abbildung E 54-2 : Zeitreihe und gleitende Durchschnitte *)

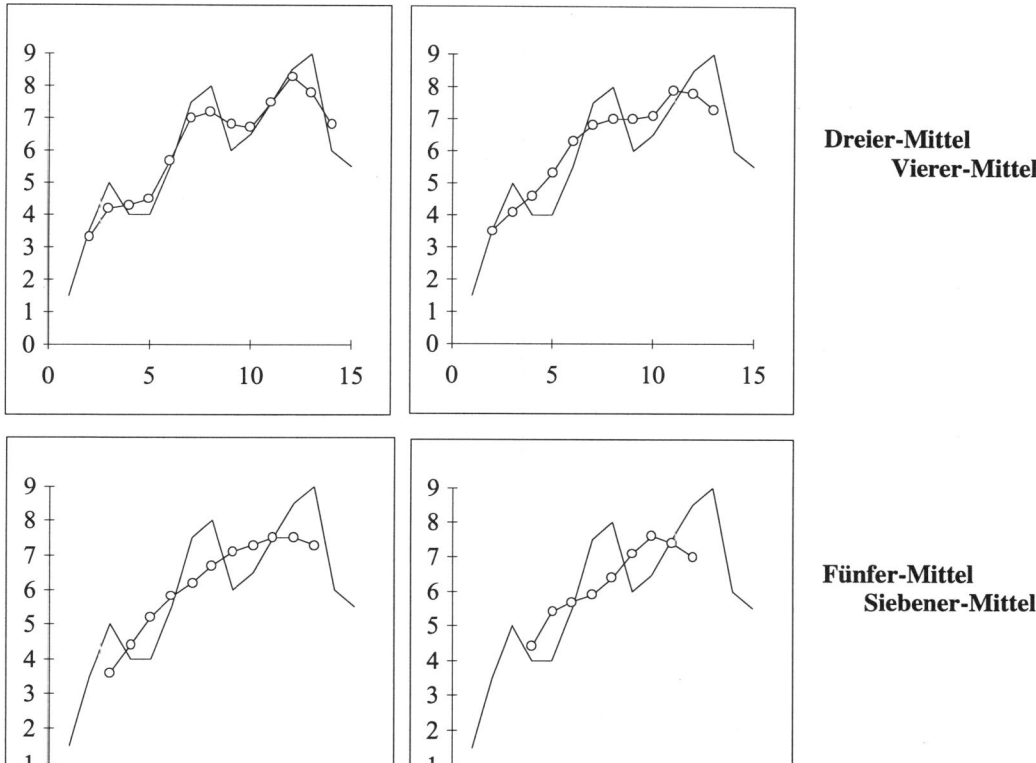

*) Zeitreihenwerte : ————————— , gleitende Durchschnitte : o—o—o—o—o

Zentrieren

Ein anderes Problem stellt die *Zuordnung der geglätteten Werte bei geraden gleitenden Durchschnitten* dar. In diesem Fall müssen die geglätteten Daten zentriert werden. Da dies in der Praxis bei Vierteljahres- (eine Glättung kann z.B. mit Vierer- oder Achter-Mitteln erfolgen) und Monatsdaten (eine Glättung kann z.B. mit Zwölfer-Mitteln erfolgen) der Fall ist, soll das Verfahren mit den durch Beispiel 1 gegebenen Daten und Vierer-Mitteln dargestellt werden (obwohl im vorliegenden Fall Vierer-Mittel nicht zum optimalen Ergebnis führen).

Die berechneten gleitenden *Vierer-Mittel* wurden jeweils dem zweiten von vier Zeitwerten zugeordnet. Dies geht aus der Spalte 4 der Tabelle E 54-1 hervor. Die "Mitte" einer aus vier Werten bestehenden Reihe liegt jedoch zwischen dem zweiten und dritten Zeitwert. Das Ergebnis einer ungenauen (vorzeitigen) Zuordnung der berechneten Vierer-Mittel ist in Abbildung E 54-1 (Graphikfenster oben rechts) zu sehen. Die geglättete Kurve verläuft nicht optimal zur Originalreihe, sondern ihre Werte liegen zu weit links.

Um diese Ungenauigkeit in der zeitlichen Zuordnung zu beseitigen, wird das sogenannte *Zentrieren* durchgeführt. Dies geschieht, indem jeweils zwei benachbarte geglättete Werte (die ja eigentlich zwischen zwei Zeitwerten zuzuordnen sind !) gemittelt und dann dem betroffenen Zeitwert (der im Prinzip von diesen zwei in der ersten Stufe geglätteten Werten eingeschlossen wurde) zugeordnet werden. Als Ergebnis verläuft die zentrierte geglättete Zeitreihe optimal durch die ursprüngliche.

Tabelle E 54-3 zeigt die Ergebnisse der Berechnung zentrierter gleitender Vierer-Durchschnitte. Spalte 2 zeigt die Zeitreihe der Ursprungswerte und Spalte 3 die gleitenden Vierer-Durchschnitte. Der Spalte 4 sind die zentrierten Werte zu entnehmen.

Die ausführliche Berechnung erfolgt beispielhaft für den Wert der Periode 3 :

$$Y_{gl-4, \, \text{zentriert}}(3)$$

$$= \frac{Y_{gl-4}(\text{zwischen 2 und 3}) + Y_{gl-4}(\text{zwischen 3 und 4})}{2}$$

$$= \frac{3,5 + 4,1}{2} = 3,8$$

Die gute Annäherung der zentrierten Reihe an die ursprüngliche Zeitreihe zeigt Abbildung E 54-3 .

Tabelle E 54-3 : Berechnung zentrierter gleitender Durchschnitte

t	Y	gleitender Durchschnitt Y_{gl-4}	zentrierter gleitender Durchschnitt $Y_{gl-4,2}$
1	2	3	4
1	1,5		
2	3,5	3,5	
3	5,0	4,1	3,8
4	4,0	4,6	4,4
5	4,0	5,3	4,9
6	5,5	6,3	5,8
7	7,5	6,8	6,5
8	8,0	7,0	6,9
9	6,0	7,0	7,0
10	6,5	7,1	7,1
11	7,5	7,9	7,5
12	8,5	7,8	7,8
13	9,0	7,3	7,5
14	6,0		
15	5,5		

Abbildung E 54-3 : Zeitreihe mit glatter Komponente
(Nicht zentrierte und zentrierte Vierer-Mittel)

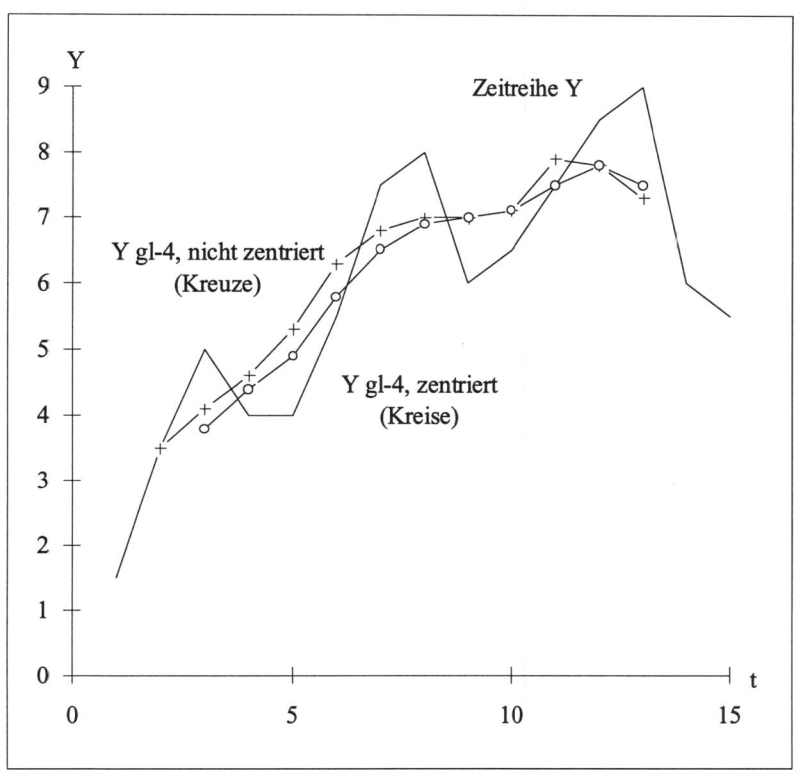

Die bisherigen Ausführungen beschreiben die Berechnung der glatten **Verfahren zur**
Komponente der Zeitreihe Y mit Hilfe der gleitenden Durchschnitte, **Ermittlung einer**
angewendet auf die Ausgangsdaten der Tabelle E 54-1. Das beste Ergebnis **konstanten**
läßt sich in diesem Fall mit gleitenden Fünfer-Mitteln erzielen. Abbildung **Saisonkomponente**
E 54-1 zeigt (unten links) einen glatten Trendverlauf mit abnehmender
Steigung. Mit Hilfe der bekannten Zeitreihenwerte Y_t und des Trends T_t
($=Y_{gl-5}$) läßt sich auf sehr einfache Weise eine konstante Saisonfigur (als
eine mögliche Variante) berechnen. Ausgehend von dem additiven Zeitreihenmodell :

$$Y_t = T_t + S_t + R_t$$

ergibt sich nach Subtraktion der Trendwerte von den Ausgangsdaten :

$$Y_t - T_t = S_t + R_t$$

Unter der Annahme, daß die Restkomponente R_t relativ unbedeutend ist und das arithmetische Mittel der einzelnen Restwerte im Zeitablauf annähernd Null ergibt, läßt sich die konstante Saisonkomponente folgendermaßen bestimmen :

$$S_i = \frac{(S+R)_{i1} + (S+R)_{i2} + (S+R)_{i3} + \ldots + (S+R)_{ik}}{k}$$

für i = 1, . . . , m

Hierbei bedeuten :

k =   Anzahl der betrachteten vollständigen Saisonzyklen. Werden für mehrere Jahre Monatsdaten untersucht, die jeweils für den Zeitraum von einem Jahr einem vollständigen Saisonzyklus unterliegen, so gibt k die Anzahl der betrachteten Jahre an.

m =   Anzahl der Werte in einem vollständigen Saisonzyklus. Bei Monatsdaten sind dies 12 Werte, bei Vierteljahresdaten vier Werte je Saisonzyklus.

i =   Laufende Nummer des zu berechnenden Saisonwertes in der konstanten Saisonfigur.

Berechnung der konstanten Saisonkomponente

Tabelle E 54-4 zeigt die Berechnungsschritte zur Berechnung einer konstanten Saisonfigur. Aus den Zeitreihenwerten der Spalte 2 wird mit gleitenden Fünfer-Mitteln eine Glättung vorgenommen, Spalte 3 zeigt die Ergebnisse. Nachteilig wirkt sich jedoch der Verlust von Zeitreihenwerten an den beiden Enden der geglätteten Reihe aus. Diese können zum Beispiel durch eine Trendfortschreibung mit Hilfe einer Regressionsanalyse oder verschiedener anderer Prognosetechniken erfolgen (siehe folgendes Kapitel). Damit in dem vorliegenden Beispiel wenigstens drei komplette Saisonzyklen zur Berechnung der Saisonkomponente zur Verfügung stehen, werden die fehlenden Zeitreihenwerte mittels einer "Frei-Hand-Schätzung" ergänzt. Spalte 4 zeigt nun den vollständigen Trendverlauf T_t für den zu beschreibenden Zeitraum. Im Anschluß werden die um den Trend bereinigten Zeitreihenwerte Y-T (= S+R) gebildet. Die einzelnen Saisonwerte S können nun folgendermaßen berechnet werden :

$$S_1 = \frac{-0,4 - 0,3 + 0,0}{3} = -0,2 \qquad S_2 = \frac{0,7 + 1,3 + 1,0}{3} = 1,0$$

$$S_3 = \frac{1,4 + 1,3 + 1,7}{3} = 1,5 \qquad S_4 = \frac{-0,4 - 1,1 - 1,1}{3} = -0,9$$

$$S_5 = \frac{-1,2 - 0,8 - 1,3}{3} = -1,1$$

Für die zur Berechnung von S_i verwendeten Indizes gilt :

k = 3   Die Daten beschreiben drei vollständige Saisonzyklen .

m = 5   Ein Saisonzyklus umfaßt fünf Zeitreihenwerte.
        Deshalb gilt : i = 1, . . . , 5 .

Die konstante Saisonfigur S_1 bis S_5 wird in Spalte 6 dreimal nacheinander eingefügt. Spalte 7 enthält die saisonbereinigten Daten Y-S und Spalte 8 die Restkomponente R (Werte aus Spalte 5 abzüglich der Werte aus Spalte 6). In Abbildung E 54-4 sind die einzelnen Komponenten graphisch dargestellt.

Tabelle E 54-4 : Ermittlung der Saisonkomponente und der saisonbereinigten Zeitreihe

t	Y	Y_{gl-5}	T	Y-T = S+R	S	Y-S	R
1	2	3	4	5	6	7	8
1	1,5		1,9	-0,4	-0,2	1,7	-0,2
2	3,5		2,8	0,7	1,0	2,5	-0,3
3	5,0	3,6	3,6	1,4	1,5	3,5	-0,1
4	4,0	4,4	4,4	-0,4	-0,9	4,9	0,5
5	4,0	5,2	5,2	-1,2	-1,1	5,1	-0,1
6	5,5	5,8	5,8	-0,3	-0,2	5,7	-0,1
7	7,5	6,2	6,2	1,3	1,0	6,5	0,3
8	8,0	6,7	6,7	1,3	1,5	6,5	-0,2
9	6,0	7,1	7,1	-1,1	-0,9	6,9	-0,2
10	6,5	7,3	7,3	-0,8	-1,1	7,6	0,3
11	7,5	7,5	7,5	0,0	-0,2	7,7	0,2
12	8,5	7,5	7,5	1,0	1,0	7,5	0,0
13	9,0	7,3	7,3	1,7	1,5	7,5	0,2
14	6,0		7,1	-1,1	-0,9	6,9	-0,2
15	5,5		6,8	-1,3	-1,1	6,6	-0,2

Abbildung E 54-4 :   Zeitreihenanalyse : Zerlegung der Zeitreihe in die einzelnen Komponenten (additives Modell)

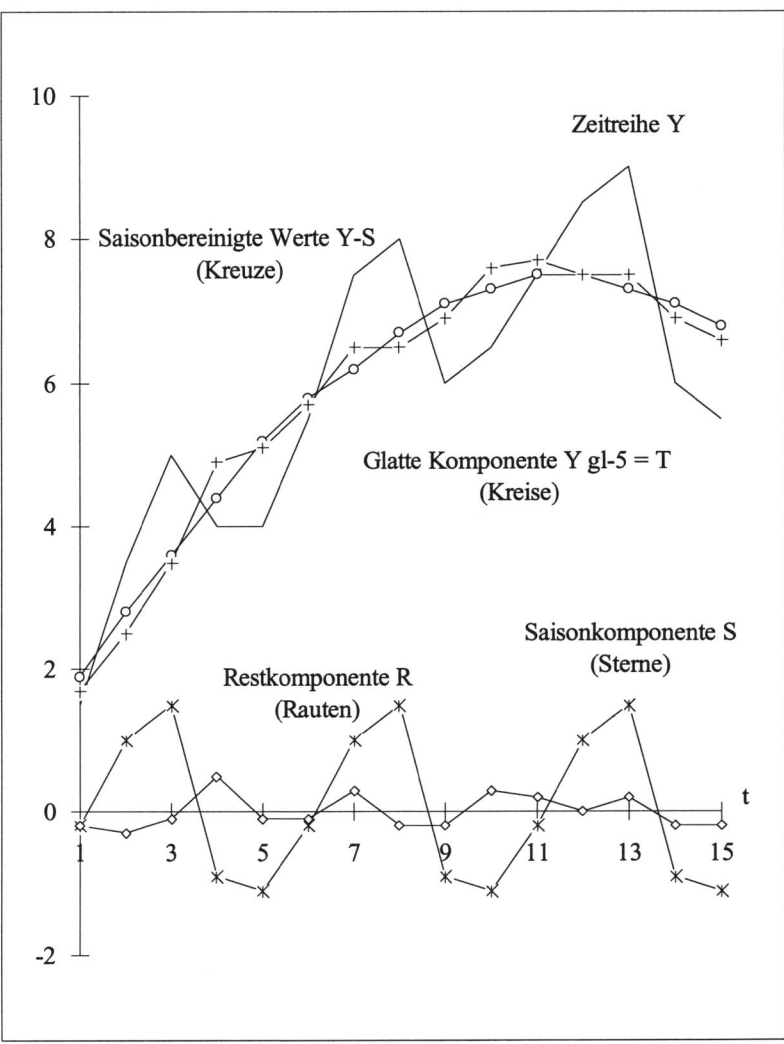

Beispiel 2   Die Nachfrage nach Energiespar-Glühbirnen entwickelt sich bei einer Handelskette folgendermaßen :

Tabelle E 54-5 : Ausgangsdaten

Jahr	1988	1989	1990	1991	1992	1993	1994
Nachfrage (in 1000 Stück)	5	15	28	38	52	64	78

Wie läßt sich die Entwicklung der Nachfrage mit Hilfe statistischer Methoden beschreiben ?

Die vorliegende Zeitreihe Y unterliegt keinen zyklischen Schwankungen, sondern setzt sich anscheinend nur aus dem Trend T und der Restkomponente R zusammen.

$$Y_t = T_t + R_t$$

In diesem Fall läßt sich der Trend direkt mit Hilfe der *Methode der kleinsten Quadrate* bestimmen. Anhand eines Streuungsdiagramms läßt sich feststellen, daß die beobachteten Zeitreihenwerte näherungsweise einem linearen Trend folgen. Der vermutete Zusammenhang zwischen dem Merkmal X = "Zeit" und Y = "Nachfrage nach Energiespar-Glühbirnen" kann daher in Anlehnung an die Ausführungen in Kapitel E 4.3 als lineare Gleichung formuliert werden :

$$Y_t = b_0 + b_1 X_t$$

Anstelle der Jahreszahlen 1988, 1989, 1990, ... lassen sich jedoch auch die Werte 1, 2, 3, ... (für Jahr 1, Jahr 2, Jahr 3, ...) oder die Werte einer beliebigen anderen Transformation verwenden. Die Jahre werden gewissermaßen umbenannt, und es ergibt sich :

$$Y_t = b_0 + b_1 t$$

Die Formeln zur Berechnung von b_0 und b_1 (siehe Kapitel E 4.3) ergeben sich dann mit :

$$b_0 = \frac{\Sigma y\, \Sigma t^2 - \Sigma t\, \Sigma ty}{n\, \Sigma t^2 - (\Sigma t)^2} \quad \text{und} \quad b_1 = \frac{n\, \Sigma ty - \Sigma t\, \Sigma y}{n\, \Sigma t^2 - (\Sigma t)^2}$$

Die Berechnung von b_0 und b_1 ergibt (siehe auch Tabelle E 54-6) :

Trendberechnung mit Hilfe der "Methode der kleinsten Quadrate"

Berechnung

$$b_0 = \frac{280 \cdot 140 - 28 \cdot 1461}{7 \cdot 140 - 28 \cdot 28} = \frac{-1708}{196} = -8,71$$

$$b_1 = \frac{7 \cdot 1461 - 28 \cdot 280}{7 \cdot 140 - 28 \cdot 28} = \frac{2387}{196} = 12,18$$

Tabelle E 54-6 : Arbeitstabelle zur Berechnung von b_0 und b_1

Jahr	t_i	y_i	$(t_i)^2$	$t_i y_i$
1	2	3	4	5
1988	1	5	1	5
1989	2	15	4	30
1990	3	28	9	84
1991	4	38	16	152
1992	5	52	25	260
1993	6	64	36	384
1994	7	78	49	546
Insgesamt	28	280	140	1461

Die Regressionsgerade zur Beschreibung des linearen Trends lautet dann :

$$Y_t = -8,71 + 12,18 \cdot t$$

Das Steigungsmaß kann folgendermaßen interpretiert werden : Jahr für Jahr steigt die Nachfrage durchschnittlich um 12180 Energiespar-Glühbirnen an. Das Absolutglied läßt sich nicht sinnvoll interpretieren, da die Größe dieses Parameters von der Transformation der t-Werte abhängt.

Abbildung E 54-5 zeigt den Zusammenhang zwischen den einzelnen Zeit-reihenwerten und der berechneten linearen Trendfunktion. Die Abweichun-gen sind sehr gering. Das ergibt auch eine Berechnung des Korrelations-koeffizienten, der für die vorliegenden Zeitreihendaten den Wert 0,999 annimmt. Wegen des starken Zusammenhangs kann die Funktion auch für Prognosezwecke verwendet werden (siehe das folgende Kapitel).

Abbildung E 54-5 : Streuungsdiagramm und linearer Trend

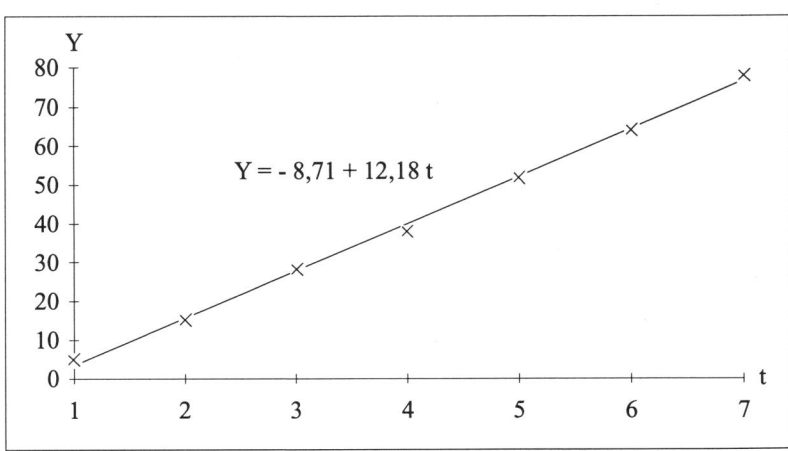

Im Zusammenhang mit einer Berechnung der Regressionsgerade sind auch die Modellannahmen zu überprüfen. Diese wurden in Kapitel E 4.3 beschrieben. Wegen des verwendeten linearen Zusammenhangs zwischen t und Y gilt für jedes Wertepaar t / y_t :

     Modellannahmen

$$y_t = b_0 + b_1 \cdot t + u_t$$

Der Term u_t fängt, wie bereits dort geschildert, diejenigen Einflüsse auf, die durch das lineare Modell nicht erfaßt werden.

Bei der Verwendung von Zeitreihendaten ist eine Überprüfung der Restwerte auf *Autokorrelation* notwendig : Die einzelnen Restwerte dürfen im Zeitablauf nicht systematisch voneinander abhängig sein. Hierzu ist zumindest die Regressionsbeziehung der Restwerte u

$$u_t = r \cdot u_{t-1} \quad \text{mit} \quad -1 < r < 1$$

zu überprüfen. Sie beschreibt eine spezielle Form der Abhängigkeit zwischen den Restwerten. Der *Autoregressionskoeffizient* r soll hierbei nur einen geringen Wert annehmen (möglichst nahe Null). Die Berechnung erfolgt mit der Formel

$$r = \frac{\sum\limits_{t=2}^{T} u_t u_{t-1}}{\sum\limits_{t=2}^{T} u_{t-1}^2}$$

Tabelle E 54-7 :   **Arbeitstabelle zur Berechnung des autoregressiven Koeffizienten**

Jahr	t	u_t	$u_t \cdot u_{t-1}$	u_{t-1}^2
1	2	3	4	5
1988	1	1,54		
1989	2	-0,64	-0,99	2,36
1990	3	0,18	-0,11	0,41
1991	4	-2,00	-0,36	0,03
1992	5	-0,18	0,36	4,00
1993	6	-0,36	0,06	0,03
1994	7	1,46	-0,52	0,13
Insgesamt	-	-	-1,56	6,96

Im vorliegenden Beispiel ergibt sich für den autoregressiven Koeffizienten

$$r = \frac{-1,56}{6,96} = -0,23$$

Gemessen an dem Wert Eins (wegen $-1 < r < 1$) liegt eine relativ geringe Autokorrelation der Restwerte vor. Die Modellannahmen sind in diesem Punkt erfüllt, und das lineare Regressionsmodell kann zur Beschreibung der vorliegenden Zeitreihendaten verwendet werden.

Beschreibung eines nicht-linearen Trends

Zur Beschreibung von Zeitreihen, die einem nicht-linearen Trendverlauf folgen, können die in Kapitel E 4.4 beschriebenen Methoden zur Beschreibung zweier nicht-linear abhängiger Merkmale angewendet werden. Aus den beschreibenen Ansätzen für die Merkmale X und Y ergibt sich analog für Zeitreihen mit den beiden Größen t und Y :

Darstellung des Trends mit Hilfe einer Exponentialfunktion (Exponentialtrend) :

$$Y_t = b_0 \cdot b_1{}^t$$

Beschreibung eines parabolischen Trendverlaufs mit Hilfe eines Polynoms zweiter Ordnung :

$$Y_t = b_0 + b_1 t + b_2 t^2$$

Literatur

Eine umfassende Darstellung der Zeitreihenmodelle gibt *Schlittgen, R., Streitberg, H.J., Zeitreihenanalyse*, 2., erw. Auflage, München und Wien 1987.

Zur Untersuchung der Autokorrelation siehe *Stöwe, H., Ökonometrie*, Meisenheim am Glan, S. 288 ff.

Grundlagen der Zeitreihenanalyse, darunter auch die Berechnung einer konstanten und variablen Saisonfigur, findet man bei *Schulze, P.M., Beschreibende Statistik*, München und Wien 1990, S. 225 ff.

Übungsaufgabe 10

Für die Jahre 1985, 1987 und 1989 liegen die Erzeugerpreise (in DM / Tonne) sowie die Produktionsmengen (in 1000 Tonnen) für drei Stahlsorten vor.

Jahr	Formstahl		Stabstahl		Walzdraht	
	Preis	Menge	Preis	Menge	Preis	Menge
1985	950	1360	1020	3160	890	3440
1987	785	1280	890	2840	650	3360
1989	895	1530	1035	3030	770	4000

Berechnen Sie aus den Angaben Stahlpreisindizes vom Laspeyres- und Paasche-Typ. Wie haben sich die Preise im betrachteten Zeitraum entwickelt ?

5.5 Prognose

Die bisherigen Betrachtungen zielten auf eine möglichst genaue Beschreibung der Zeitreihen. Von praktischem Interesse sind jedoch auch Fragen nach dem *zukünftigen Verlauf* einer Zeitreihe. Wie entwickelt sich die Zeitreihe, wenn unterstellt wird, daß die Gesetzmäßigkeiten, die die Zeitreihe bisher beeinflußt haben, weiter bestehen bleiben? Unter dieser Annahme konstanter Rahmenbedingungen lassen sich Zeitreihen fortführen. Im Fall eines einzelnen vorausbestimmten Zeitreihenwertes spricht man von *Punktprognose*.

Punkt- und Intervallprognose

Eine *Intervallprognose* kommt durch die Schätzung eines Intervalls, in dem der prognostizierte Zahlenwert mit hoher Wahrscheinlichkeit liegt, zustande. Diese zweite Vorgehensweise kann jedoch nur mit Hilfe des im Abschnitt F beschriebenen Instrumentariums gewählt werden und ist daher nicht Gegenstand dieses Kapitels.

Über den Auftragseingang eines Erzeugnisses liegen für die letzten drei Quartale folgende monatliche Angaben vor :

Beispiel 1

Tabelle E 55-1 : Ausgangsdaten

Monat	Okt	Nov	Dez	Jan	Feb	Mrz	Apr	Mai	Jun
Auftragseingang (in 1000 Stück)	53	56	69	58	63	47	84	72	58

Für die kurz- und mittelfristige Produktionsplanung werden Informationen über die Entwicklung der monatlichen Auftragseingänge des nächsten Quartals benötigt. Auf welche einfache Weise lassen sich für diese Zeitreihe Prognosewerte berechnen ?

Ein einfaches Verfahren zur kurzfristigen Vorhersage eines zukünftigen Wertes einer Zeitreihe besteht darin, das arithmetische Mittel der letzten n Beobachtungswerte zu bilden. Mit Hilfe *gleitender Durchschnitte* läßt sich die Zeitreihe dann - formal betrachtet - beliebig verlängern.

Prognose mittels gleitender Durchschnitte

Für die Monate Juli, August und September ergeben sich unter Verwendung von beispielsweise n = 6 folgende Prognosewerte Y^* :

$$Y_{Jul}^* = \frac{58 + 63 + 47 + 84 + 72 + 58}{6} = 63,7$$

$$Y_{Aug}^* = \frac{63 + 47 + 84 + 72 + 58 + 63,7}{6} = 64,6$$

$$Y_{Sep}^* = \frac{47 + 84 + 72 + 58 + 63,7 + 64,6}{6} = 64,9$$

Abbildung E 55-1 zeigt die Ausgangsdaten und die drei prognostizierten Zeitreihenwerte. Die mit Hilfe gleitender Durchschnitte erzeugten Prognosewerte verlaufen umso glatter, je größer n gewählt wird. Die Vorhersage reagiert dagegen auf die Schwankungen der Originalzeitreihe sehr stark, wenn n relativ klein gewählt wird. Von Nachteil ist die Konstanz von n und der Umstand, daß die Vergangenheitswerte im gleitenden Durchschnitt mit gleichem Gewicht vertreten sind.

Gewogene gleitende Durchschnitte

Geht man davon aus, daß die letzten (aktuellen) Zeitreihenwerte die künftige Entwicklung stärker beeinflussen, so müssen diese bei der Durchschnittsbildung einen stärkeren Einfluß erhalten. Dies geschieht mit Hilfe *gewogener gleitender Durchschnitte*.

Für n = 6 und die steigenden (und für dieses Beispiel in ihrer Entwicklung willkürlich gewählten) Gewichte 1, 2, 3, 4, 5 und 6 ergibt sich dann :

$$Y_{Jul}{}^* = \frac{58 \cdot 1 + 63 \cdot 2 + 47 \cdot 3 + 84 \cdot 4 + 72 \cdot 5 + 58 \cdot 6}{1 + 2 + 3 + 4 + 5 + 6} = 65,2$$

$$Y_{Aug}{}^* = \frac{63 \cdot 1 + 47 \cdot 2 + 84 \cdot 3 + 72 \cdot 4 + 58 \cdot 5 + 65,2 \cdot 6}{1 + 2 + 3 + 4 + 5 + 6} = 65,6$$

$$Y_{Sep}{}^* = \frac{47 \cdot 1 + 84 \cdot 2 + 72 \cdot 3 + 58 \cdot 4 + 65,2 \cdot 5 + 65,6 \cdot 6}{1 + 2 + 3 + 4 + 5 + 6} = 65,8$$

Der relativ starke Anstieg des Auftragseingangs zwischen März und April setzt sich im gewogenen Mittel durch und sorgt dafür, daß die Prognosewerte auf einem höheren Niveau liegen als die Werte aus der ungewogenen Durchschnittsbildung. Abbildung E 55-1 veranschaulicht deutlich die unterschiedlichen Verläufe der prognostizierten Werte.

Die Wahl der Gewichte kann bei diesem einfachen Verfahren aufgrund sachlicher Überlegungen und Erfahrungen erfolgen. Eine starke Änderung der Grundrichtung der Zeitreihe kann mit einer starken Gewichtung der aktuellen Zeitreihenwerte besser beschrieben werden.

Abbildung E 55-1 : **Prognose mittels gewogener und ungewogener gleitender Durchschnitte (Sechser-Mittel)**

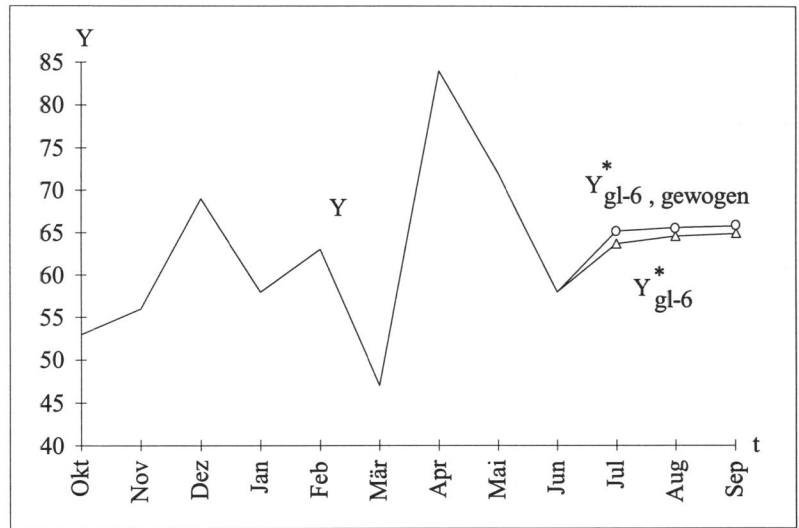

Die exponentielle Glättung ist ebenso wie die zuvor beschriebenen einfacheren Ansätze ein Verfahren für kurzfristige Prognosen. Die Berechnung des Prognosewertes erfolgt wiederum mittels einer gewogenen Duchschnittsbildung. Der Prognosewert Y_{t+1}^* einer Zeitreihe ergibt sich allerdings aus dem gewogenen Mittel aller zuvor beobachteten Zeitreihenwerte :

Das Modell der exponentiellen Glättung

$$Y_{t+1}^* = \frac{Y_0 g_0 + Y_1 g_1 + Y_2 g_2 + ... + Y_t g_t}{g_0 + g_1 + g_2 + ... + g_t} \qquad (1)$$

Die Folge der Gewichte g wird in der Weise gebildet, daß ältere Gewichte g_{t-1} um den Anteil a geringer als das jeweils aktuellere Gewicht g_t sind. Formal kommt dies durch die folgende Gleichung zum Ausdruck :

$$g_{t-1} = g_t - a g_t = (1-a) g_t \quad \text{mit } 0 < a < 1 \qquad (2)$$

Außerdem soll die Summe der Gewichte den Wert "Eins" ergeben :

$$g_0 + g_1 + g_2 + ... + g_t \overset{!}{=} 1 \qquad (3)$$

Dies ist erfüllt für $g_t = a$ und einem großen t. Die Folge der Gewichte läßt sich dann (in umgekehrter Reihenfolge) folgendermaßen bilden :

$$a, a(1-a), a(1-a)^2, a(1-a)^3, \ldots , a(1-a)^t \qquad (4)$$

Daß die Summe dieser Reihe annähernd Eins ergibt, läßt sich leicht mit Hilfe der Summenformel für die unendliche geometrische Reihe zeigen.

Die Folge der einzelnen Gewichte unterliegt einer exponentiellen Entwicklung. Das aus diesen Angaben ableitbare Prognoseverfahren wird als *exponentielle Glättung erster Ordnung* bezeichnet.

Herleitung einer einfachen Formel zur Berechnung

Wegen der speziellen Annahmen über die Gewichte g ergibt sich für Gleichung (1) folgende Schreibweise :

$$Y_{t+1}^* = aY_t + a(1-a)Y_{t-1} + a(1-a)^2 Y_{t-2} + \ldots + a(1-a)^t Y_0 \qquad (5)$$

Gleichung (5) beschreibt den Prognosewert Y_{t+1}^*. Analog läßt sich auch ein ex-post-Prognosewert für Y_t beschreiben :

$$Y_t^* = aY_{t-1} + a(1-a)Y_{t-2} + a(1-a)^2 Y_{t-3} + \ldots + a(1-a)^{t-1} Y_0 \qquad (6)$$

Für große t wird die Summe der abnehmenden Gewichte auch in diesem Fall näherungsweise Eins ergeben. Nach Multiplikation von Gleichung (6) mit (1-a) ergibt sich :

$$(1-a)Y_t^* = a(1-a)Y_{t-1} + a(1-a)^2 Y_{t-2} + a(1-a)^3 Y_{t-3} \qquad (7)$$
$$+ \ldots + a(1-a)^t Y_0$$

Die rechte Seite von Gleichung (7) entspricht der rechten Seite der Gleichung (5), allerdings erst ab dem zweiten Summanden. Nach Einsetzen von (7) in Gleichung (5) ergibt sich Gleichung (8).

$$Y_{t+1}^* = aY_t + (1-a)Y_t^* \qquad (8)$$

Bei einer *exponentiellen Glättung erster Ordnung* ergibt sich der Prognosewert Y_{t+1}^* aus dem Anteil a des letzten Zeitreihenwertes Y_t und dem Anteil (1-a) seines Prognosewertes Y_t^*. Der Parameter a wird auch als Glättungsfaktor bezeichnet.

Prognose mittels exponentieller Glättung erster Ordnung

Die Berechnung des Prognosewertes mit Hilfe der exponentiellen Glättung erster Ordnung erfolgt in zwei Schritten. Zuerst werden Überlegungen zur Auswahl eines optimalen Glättungsfaktors a angestellt. Erst danach kann mit Hilfe der Gleichung (8) der Prognosewert ermittelt werden.

Für die Auswahl des *Glättungsfaktors (Glättungsparameter)* a gilt : Ein großer Glättungsfaktor führt zu einer geringen Glättung. Die berechneten Prognosewerte unterliegen entsprechend den Werten der Originalzeitreihe mehr oder minder starken Schwingungen. Im Gegensatz hierzu führt ein geringer Glättungsfaktor zu einer starken Glättung. Zufällige Störungen und Ausreißer in den Zeitreihendaten beeinflussen das Prognoseergebnis kaum. Die Stabilität der Vorhersagewerte ist somit höher.

Bestimmung des Glättungsfaktors

Ex-post-Prognosen zeigen, daß bei Trendänderungen und Niveauverschiebungen der Zeitreihendaten ein hoher Glättungsfaktor eine schnelle Anpassung der Prognosewerte an die beobachteten Zeitreihenwerte bewirkt. Dies wird durch die stärkere Gewichtung der aktuellen Zeitreihenwerte bewirkt. Zum Zeitpunkt der Prognoseerstellung kann diese Kenntnis jedoch kaum genutzt werden, da ein plötzlicher Niveausprung nicht vorhersehbar ist. Ein geringer Glättungsfaktor - ältere Zeitreihenwerte werden stärker berücksichtigt - führt entsprechend zu einer verzögerten Anpassung der Prognosewerte an die tatsächlichen Zeitreihenwerte.

Die Bestimmung des Glättungsfaktors kann subjektiv und unter Kenntnis der zuvor genannten Regeln aufgrund einer Betrachtung des Verlaufs der beobachteten Zeitreihendaten erfolgen. In der Regel wird man sich für stabile Prognosewerte entscheiden und einen relativ kleinen Glättungsfaktor wählen (bis 0,5).

Ein objektives Kriterium für die Auswahl des Glättungsfaktors kann die Minimierung des Prognosefehlers sein. Der Prognosefehler ist die Differenz aus dem prognostizierten Wert und dem tatsächlichen Zeitreihenwert :

Prognosefehler

$$\text{Prognosefehler} = Y_{t+1}^* - Y_{t+1}$$

Betrachtet man alle bisherigen Prognosewerte und die tatsächlich eingetretenen Zeitreihenwerte, so soll die Summe der quadrierten Prognosefehler (Abweichungen) ein Minimum darstellen.

Für die Daten des Beispiels ergibt sich ein Minimum von 1283,4 mit einem Glättungsfaktor von a = 0,2 . Tabelle E 55-2 zeigt die Berechnung der Prognosefehler und die Bildung der quadrierten Abweichungssumme für a = 0,2 .

Als Startwert Y_0^* wurde 54,5 gewählt (= arithmetisches Mittel aus Y_0 und Y_1). Eine Berechnung des Anfangswertes kann auch mit Hilfe der Methode der kleinsten Quadrate erfolgen. Y_0^* ergibt sich dann als Funktionswert für t = 0 der - mit Hilfe der beobachteten Zeitreihendaten - berechneten Regressionsfunktion. Alle folgenden Prognosewerte ergeben sich aus Gleichung (8).

Abbildung E 55-2 zeigt den Zusammenhang zwischen dem Glättungsfaktor und der Summe der quadrierten Abweichungen der Prognosewerte von den Beobachtungsdaten des Beispiels. Die Kurve zeigt das Minimum der Abweichungen an der Stelle a = 0,2. Die verschiedenen, zur Darstellung der Kurve benötigten Wertepaare wurden nach dem Schema der Tabelle E 55-2 für die Glättungsfaktoren a = 0,1 ; 0,15 ; 0,2 ; 0,25 ; 0,3 ; 0,4 ; . . . und 0,9 berechnet.

Tabelle E 55-2 : **Ex-post-Berechnung der Prognosewerte und der Prognosefehler für den Glättungsfaktor a = 0,2 (Zeitreihendaten aus Tabelle E 55-1)**

Monat	i	Y_i	Y_i *	$(Y_i-Y_i^*)^2$
1	2	3	4	5
Oktober	0	53	54,5	2,3
November	1	56	54,2	3,2
Dezember	2	69	54,6	208,5
Januar	3	58	57,4	0,3
Februar	4	63	57,6	29,6
März	5	47	58,6	135,6
April	6	84	56,3	766,3
Mai	7	72	61,9	102,9
Juni	8	58	63,9	34,6
Juli *	9	-	**62,7**	-
Summe	-	-	-	1283,4

Abbildung E 55-2: **Zusammenhang zwischen dem Glättungsfaktor a und der Summe quadrierter ex-post-Prognosefehler $(Y_i-Y_i^*)^2$**

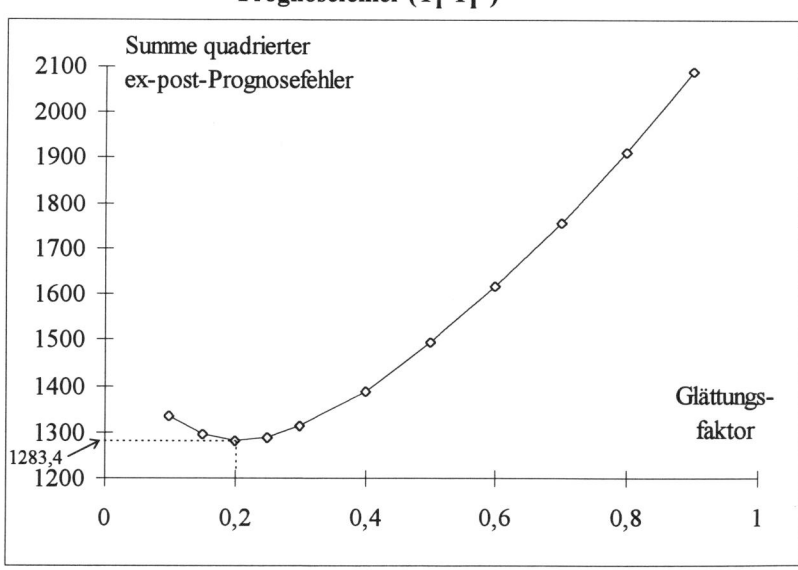

Mit Hilfe der Gleichung (8) läßt sich der Prognosewert Y_{t+1}^* berechnen :

Berechnung des Prognosewertes Y_{t+1}^*

$$Y_{Jul}^* = 0,2 \cdot Y_{Jun} + 0,8 \cdot Y_{Jun}^*$$

$$= 0,2 \cdot 58,0 + 0,8 \cdot 63,9 = \underline{\underline{62,7}}$$

Abbildung E 55-3 :   Original-Zeitreihe und expontielle Glättung erster Ordnung

Graphische Darstellung der Prognose-ergebnisse

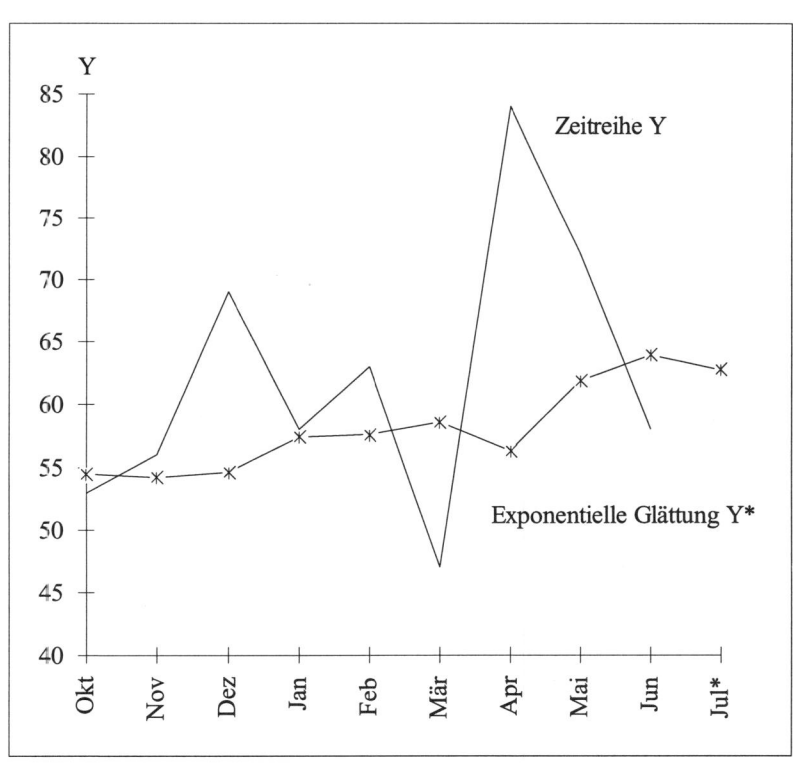

Mit Hilfe der linearen Trendfunktion, die im letzten Kapitel für die Zeitreihendaten des zweiten Beispiels berechnet wurde, läßt sich der Prognosewert für das nächste Jahr direkt ermitteln, indem der Wert für 1995 (t = 8) in die berechnete Funktion eingesetzt wird :

Prognose mittels der Methode der kleinsten Quadrate

$$Y_t = -8,71 + 12,18 \cdot 8 = \underline{\underline{88,73}}$$

Für 1995 wird eine Nachfrage von ungefähr 89000 Glühbirnen prognostiziert.

**Abbildung E 55-4 :   Zeitreihendaten, Regressionsgerade und
                        Prognosewert**

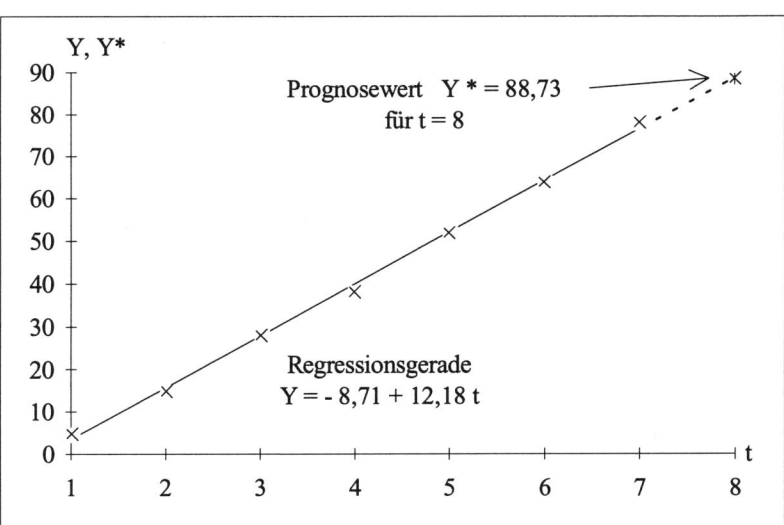

**Prognose durch
Fortschreibung
der Komponenten
einer Zeitreihe**

Im letzten Kapitel wurde eine Zeitreihe modellhaft in ihre einzelnen
Komponenten zerlegt. Es liegt nahe, die einzelnen Komponenten fort-
zuschreiben und anschließend für eine Prognose zusammenzufassen. Auf
diese Weise kann man Kenntnisse über die Gesetzmäßigkeiten des Verlaufs
der einzelnen Komponenten für eine fundierte Prognose komplizierter Zeitreihen nutzen. Für das betrachtete Beispiel ergibt sich formal :

$$Y_{t+1}^{*} = T_{t+1}^{*} + S_{t+1}^{*} + R_{t+1}^{*}$$

Damit stehen jedoch noch keine statistischen Methoden zur Fortschreibung
der einzelnen Komponenten fest. Die Auswahl der statistischen Methoden
hängt vielmehr von dem Verlauf der betrachteten Zeitreihe und deren
Komponenten ab.

In den Beispieldaten - die Ausgangsdaten und Komponenten der Zeitreihe
sind der Tabelle E 54-4 zu entnehmen - ist etwa ab t = 12 eine Trendumkehr
zu erkennen. Der zunächst bis t = 11 ansteigende Trend fällt in den nächsten
vier Perioden. Eine Berechnung des *linearen Zusammenhangs* zwischen t
und Y für die Trendwerte T von t = 12 bis t = 15 ergibt :

$$T_t = 10,28 - 0,23 \cdot t$$

Für T_{16}^{*} ergibt sich dann :

$$T_{16}^{*} = 10,28 - 0,23 \cdot 16 = \underline{\underline{6,6}}$$

Zur Beschreibung der prinzipiellen Vorgehensweise erfolgt die Berechnung
hier mit nur wenigen Beobachtungswerten. Praktisch sollte eine Fortschreibung durch eine größere Zahl von Werten abgesichert sein.

Ausgehend von einer *konstanten Saisonfigur* und der Annahme, daß sich der zukünftige saisonale Einfluß weiterhin nach diesem Muster bemerkbar macht, gilt für t = 16 :

$$S_{16}{}^* = -0,2$$

Da die *Reste* R unbedeutend sind und erwartet wird, daß sie sich im Zeitablauf zu Null ergänzen, ergibt sich :

$$R_{16}{}^* = 0,0$$

Als Prognosewert folgt für t = 16 :

$$Y_{16}{}^* = T_{16}{}^* + S_{16}{}^* + R_{16}{}^* = 6,6 - 0,2 + 0,0 = \underline{6,4}$$

Abbildung E 55-5 : Prognose durch Fortschreibung der Komponenten einer Zeitreihe

Graphische Darstellung des Prognose- ergebnisses

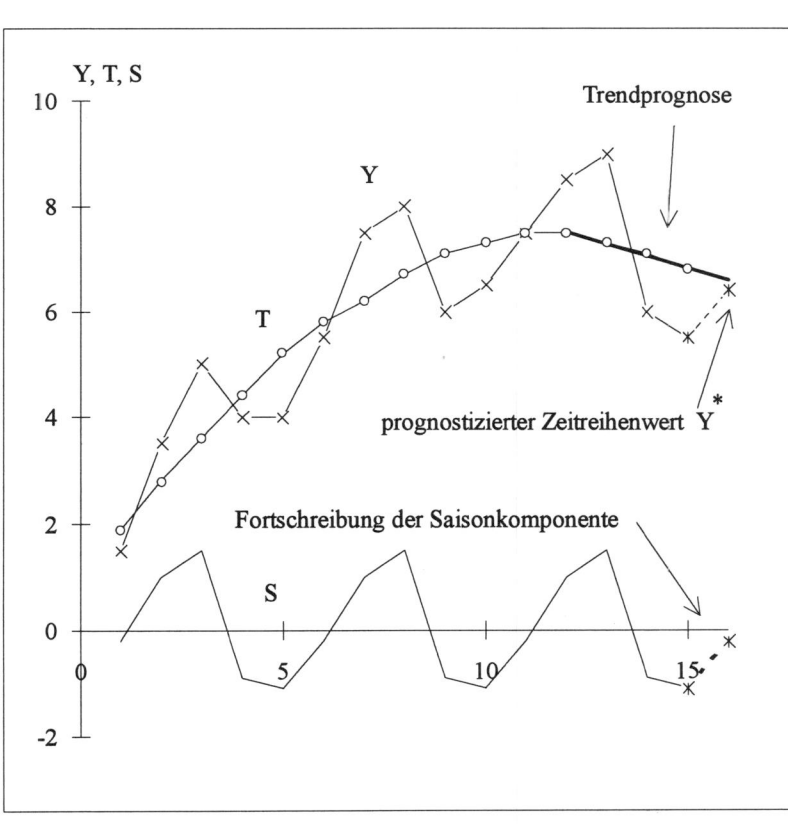

Ursachen für Fehlprognosen

Die Prognosewerte können nur so "gut" sein, wie es das verwendete Prognosemodell bzw. Prognoseverfahren zuläßt. Ein Modell kann den Verlauf einer Zeitreihe in einem bestimmten Beobachtungsabschnitt sehr gut beschreiben, kann jedoch für eine Prognose ungeeignet sein. Dies ist vor Anwendung eines Modells zu überlegen und ggf. zu überprüfen. Fehlprognosen können verschiedene Ursachen haben :

a) Fehlerhafte Bestimmung "erklärender" Variablen (Merkmale). Das in Kapitel E 4.3 verwendete Beispiel, das eine Abhängigkeit zwischen der Projektdauer X und den Kosten Y beschreibt, kann leicht um den Zeitfaktor erweitert werden : Wie lassen sich die Kosten eines geplanten Projektes in einer Periode t+1 bestimmen ? Antwort : Zunächst ist die Projektdauer für t+1 zu bestimmen. Steht die Projektdauer nicht fest, so kann auch sie nur vorherbestimmt werden. Eine Prognose der Kosten (die zu erklärende Variable) ist in diesem Fall vom Prognosewert für die Projektdauer (die erklärende Variable) abhängig.

b) Ungenauigkeit der berechneten Modellparameter, z.B. b_0 und b_1 der Regressionsgeraden : Hohe Prognosefehler treten dann auf, wenn starke Abweichungen von der berechneten Regressionsfunktion zu erwarten sind. Die Regressionsgerade sollte daher nur dann für Prognosen verwendet werden, wenn ein hoher Korrelationskoeffizient berechnet wurde (Kapitel E 4.3).

c) Nicht eingehaltene Modellannahmen bezüglich der Restwerte des Modells (u bzw. R).

d) Wahl eines ungeeigneten Beobachtungsabschnitts. Strukturbrüche - beispielsweise unterschiedliche, nacheinander auftretende Trends - in einer Zeitreihe müssen besonders berücksichtigt werden. Die Daten sind dann ggf. abschnittsweise zu untersuchen.

Übungs-aufgabe 11

Aus dem Rohstoffverbrauch (in Tonnen) der vergangenen sieben Monate ist mit einer exponentiellen Glättung 1.Ordnung der Rohstoffverbrauch des folgenden Monats zu prognostizieren. Als Glättungsfaktor soll a=0,8 verwendet werden. Der Startwert ist vorgegeben mit $Y_1^* = 2$.

Monat	1	2	3	4	5	6	7
Verbrauch	1,0	3,0	1,0	2,0	4,0	3,0	5,0

Berechnen Sie den Prognosewert Y_8^* !

Multivariate Verfahren im Überblick

6.1 Grundbegriffe

Die in den Abschnitten E 3, E 4 und E 5 beschriebenen statistischen Methoden dienen der Präsentation und Beschreibung eines Merkmals oder zweier
Merkmale gleichzeitig. Statistische Untersuchungen befassen sich jedoch
auch mit mehr als zwei Merkmalen, die in unterschiedlicher und sehr
komplizierter Art und Weise miteinander in Zusammenhang stehen können.
Wie lassen sich solche komplexen Datensituationen beschreiben? Die Berechnungen des Abschnitts E 4 hatten zum Ziel, die Abhängigkeit zwischen
zwei Merkmalen zu bestimmen. Welche statistischen Methoden erlauben die
Beschreibung des Zusammenhangs zwischen mehreren Merkmalen?

Beschreibung mehrerer Merkmale

Im Vordergrund der statistischen Analyse stand bisher - abgesehen von den
Verhältniszahlen - die Beschreibung von nur einer statistischen Masse.
Ebensogut können mit diesen Verfahren mehrere Teilmassen bzw. *Gruppen*
einzelner Merkmalsträger beschrieben und verglichen werden. Dies kann z.B.
durch den Vergleich von Mittelwerten und relativen Streuungsmaßen
geschehen (siehe Kapitel E 3.3), die mit Hilfe der Daten aus den jeweiligen
Gruppen zu berechnen sind. Wie lassen sich jedoch kompliziertere Beziehungen zwischen einzelnen Gruppen beschreiben? Auf welche Weise und
anhand welcher Kriterien können solche Gruppen gebildet werden? Wie
lassen sich bereits vorhandene Gruppen optimal umgestalten? Zur Beantwortung dieser Fragen reichen die kennengelernten Methoden nicht aus.

Analyse mehrerer Gruppen von Merkmalsträgern

Die Beantwortung der zuvor gestellten Fragen ist die Aufgabe der sogenannten *multivariaten Verfahren,* von denen die wichtigsten in diesem Abschnitt
kurz vorgestellt werden. Zu den multivariaten Verfahren zählen statistische
Methoden, die eine Aufbereitung und Darstellung komplexer Zusammenhänge zwischen einer Vielzahl von Merkmalen und ihren Merkmalsträgern
ermöglichen. Einige dieser Methoden dienen speziell der Analyse der
Beziehungen zwischen verschiedenen Merkmalen, andere eher der Untersuchung einer Gruppenbildung oder der Umgruppierung.

multivariate Verfahren

Ein Teil der Verfahren ist sehr stark wahrscheinlichkeitstheoretisch fundiert,
so daß unter diesem Aspekt eher eine Zuordnung zu Teil F angebracht ist.
Der hier dargestellte Überblick zu den Verfahren beschränkt sich jedoch ausschließlich auf die Art und Weise, in der einzelne multivariate Verfahren die
Zusammenhänge zwischen den erhobenen Daten beschreiben oder ver-
einfachen.

Im Mittelpunkt der multivariaten Analyse stehen die Beziehungen zwischen
den Merkmalsträgern und deren Merkmalen. Merkmalsträger und Merkmale
bilden die zwei Dimensionen der *Datenmatrix.* Diese bildet die Grundlage
der statistischen Analyse. Bei einer schriftlichen Befragung von Personen,
entsprechen die Zeilen der Datenmatrix den Fragebögen (bzw. den befragten
statistischen Einheiten E_i) und die Spalten den Fragen (bzw. den Merkmalen
X_j). Die einzelnen Elemente der Matrix werden durch die unterschiedlichen
Antworten (bzw. die Merkmalsausprägungen x_{ij}) gebildet.

Datenmatrix

Tabelle E 61-1 : Schema einer Datenmatrix

Merkmalsträger	Merkmal X_j				
E_i	X_1	X_2	X_3	...	X_m
	Merkmalsausprägungen x_{ij}				
E_1	x_{11}	x_{12}	x_{13}	...	x_{1m}
E_2	x_{21}	x_{22}	x_{23}	...	x_{2m}
E_3	x_{31}	x_{32}	x_{33}	...	x_{3m}
...	...	...	...	...	...
E_n	x_{n1}	x_{n2}	x_{n3}	...	x_{nm}

gebräuchliche Bezeichnungen

Neben den Bezeichnungen Merkmalsträger, Merkmal und Merkmalsausprägung (siehe hierzu Abbildung C 2-1) werden in den Wirtschafts- und Sozialwissenschaften im Zusammenhang mit multivariaten Verfahren noch eine Reihe anderer Bezeichnungen verwendet. Tabelle E 61-2 zeigt die gebräuchlichsten Begriffe.

Tabelle E 61-2 :   Alternative Bezeichnungen zum Begriffssystem "statistische Einheit"

- Merkmalsträger	- Merkmal	- Merkmalsausprägung
- statistische Einheit	- Variable	- Wert
- Untersuchungseinheit	- Eigenschaft	- Wertepaar
- Element		- Ergebnis
- Objekt		- Realisation

6.2 Methoden und Verfahren zur Analyse mehrerer Merkmale

multiple Regressions- analyse

Mit Hilfe der *multiplen Regressionsanalyse* wird der Zusammenhang zwischen mehreren erklärenden Variablen X_1, X_2, X_3 ... und einer zu erklärenden Variablen Y untersucht. Das Verfahren unterliegt einer starken wahrscheinlichkeitstheoretischen Untermauerung. In Anlehnung an die in Kapitel E 4.3 verwendeten Abkürzungen für die Regressionsparameter läßt sich das lineare multiple Regressionsmodell formulieren :

$$Y = b_0 + b_1 X_1 + b_2 X_2 + b_3 X_3 + \ldots + b_k X_k$$

Die Aufteilung der Datenmatrix läßt sich in diesem Fall folgendermaßen darstellen :

**Tabelle E 62-1 : Schema einer Datenmatrix
zur multiplen Regressionsanalyse**

Merkmalsträger	zu erklärende Größe	erklärende Größen				
E_i	Y	X_1	X_2	X_3	$\ldots$	X_m
E_1	Y_1	x_{11}	x_{12}	x_{13}	$\ldots$	x_{1m}
E_2	Y_2	x_{21}	x_{22}	x_{23}	$\ldots$	x_{2m}
E_3	Y_3	x_{31}	x_{32}	x_{33}	$\ldots$	x_{3m}
$\ldots$	$\ldots$	$\ldots$	$\ldots$	$\ldots$	$\ldots$	$\ldots$
E_n	Y_n	x_{n1}	x_{n2}	x_{n3}	$\ldots$	x_{nm}

Es werden jedoch nicht alle vorhandenen m Variablen, sondern nur eine Anzahl von k Variablen zur "Erklärung" von Y in das Regressionsmodell aufgenommen. Hierbei ist besonders darauf zu achten, daß zwischen den einzelnen erklärenden Variablen keine lineare Abhängigkeit untereinander (*Multikollinearität*) auftritt. Theoretisch sind die Regressionsparameter in diesem Fall nicht bestimmbar, denn das System der Normalgleichungen ist nicht mehr eindeutig zu lösen. Dennoch lassen sich bei teilweiser Multikollinearität praktisch Werte berechnen; diese liefern jedoch keine sinnvolle Aussage.

Gegenstand einer multiplen Regressionsanalyse kann beispielsweise eine lineare Konsumhypothese mit zwei erklärenden Variablen sein :

$$C_t = b_0 + b_1 \, Y_t + b_2 \, C_{t-1}$$

mit : C_t = Realer privater Verbrauch im Jahr t

       Y_t = Reales verfügbares Einkommen der
                           privaten Haushalte im Jahr t

       C_{t-1} = Realer privater Verbrauch des Vorjahres

Mit Hilfe der Daten für Einkommen und Konsum sind die unbekannten Regressionsparameter b_0, b_1 und b_2 zu berechnen.

Meist hat man aufgrund von Beobachtungen eine Vorstellung (Hypothese), welche Variablen (sozio-ökonomischen Größen) das Zustandekommen einer anderen Größe bedingen oder beeinflussen. Stehen mehrere Variablen zur Auswahl, so wird in der Praxis häufig eine *stufenweise Regressionsanalyse (stepwise regression)* durchgeführt. Ausgehend von einer erklärenden Variable, die den höchsten Erklärungswert von allen infrage kommenden erklärenden Variablen besitzt, werden *Schritt für Schritt* weitere erklärende Variablen in die Regressionsbeziehung aufgenommen. Die Auswahl einer hinzukommenden erklärenden Variable erfolgt so, daß sie von allen möglichen aufzunehmenden den höchsten Erklärungsanteil beisteuert.

multiple Korrelations- analyse

Der *multiple Korrelationskoeffizient* mißt den Grad der linearen Abhängigkeit zwischen einer Variablen Y und den Variablen X_1, X_2, X_3, ... und kann somit - wie es beim einfachen Korrelationskoeffizienten und den zwei Variablen (bzw. Merkmalen) X und Y der Fall ist - zur Beurteilung der Ergebnisse einer multiplen linearen Regressionsanalyse herangezogen werden. Die Interpretation des multiplen Korrelationskoeffizienten erfolgt dann analog zu derjenigen beim einfachen Koeffizienten in Kapitel E 4.3.

kanonische Korrelations- analyse

Die kanonische Korrelationsanalyse untersucht den Zusammenhang zwischen mehreren Variablengruppen. Besteht z.B. zwischen den zwei Variablengruppen (a) und (b) ein signifikanter Unterschied ? Zur Analyse wird auch das wahrscheinlichkeitstheoretische Werkzeug verwendet.

Tabelle E 62-2 : Schema einer Datenmatrix zur kanonischen Korrelationsanalyse

E_i	X_1	X_2	X_3	. . .	X_m
	Variablengruppe (a)		Variablengruppe (b)		
E_1	x_{11}	x_{12}	x_{13}	. . .	x_{1m}
E_2	x_{21}	x_{22}	x_{23}	. . .	x_{2m}
E_3	x_{31}	x_{32}	x_{33}	. . .	x_{3m}
. . .	. . .	. . .	. . .	. . .	. . .
E_n	x_{n1}	x_{n2}	x_{n3}	. . .	x_{nm}

Faktorenanalyse

Mit Hilfe der *Faktorenanalyse* soll eine Vielzahl von beobachteten Variablen (Merkmalen) auf eine überschaubare Anzahl von sogenannten *Faktoren* reduziert werden. Formal wird die einfachste lineare Struktur gesucht, die hinter den miteinander korrelierten Variablen steht. Praktisch werden die Variablen aufgrund der beobachteten Korrelationen durch eine geringe Anzahl von hypothetischen Größen - den Faktoren - ersetzt. Diese sollen die beobachteten Beziehungen auf einfachere Weise so genau wie möglich beschreiben. Ziel einer Faktorenanalyse ist es, möglichst wenige unabhängige Faktoren mit einem hohen Erklärungswert zu extrahieren und auf diese Weise zu einer Datenreduktion zu gelangen.

Tabelle E 62-3 : Schema einer Datenmatrix zur Faktorenanalyse

E_i	$X_1 \ldots X_2$	$X_3 \ldots X_7$	$X_8 \ldots X_9$	. . .
	Faktor F_1	Faktor F_2	Faktor F_3	Faktor F_k
E_1	$x_{11} \cdots x_{12}$	$x_{13} \cdots x_{17}$	$x_{18} \cdots x_{19}$	. . .
E_2	$x_{21} \cdots x_{22}$	$x_{23} \cdots x_{27}$	$x_{28} \cdots x_{29}$	. . .
E_3	$x_{31} \cdots x_{32}$	$x_{33} \cdots x_{37}$	$x_{38} \cdots x_{39}$	. . .
. . .	. . .	. . .	. . .	. . .
E_n	$x_{n1} \cdots x_{n2}$	$x_{n3} \cdots x_{n7}$	$x_{n8} \cdots x_{n9}$	. . .

Die Faktorenanalyse ist nur teilweise wahrscheinlichkeitstheoretisch fundiert. Die Qualität eines Analyseergebnisses zeigt sich praktisch in der Interpretierbarkeit der gefundenen Faktoren.

6.3 Methoden und Verfahren zur Analyse von Gruppen

Die *Varianzanalyse* ist eine vielseitig anwendbare Methode zum Vergleich verschiedener Versuchsergebnisse, bei denen eine Vielzahl von Einflußfaktoren zu berücksichtigen sind. Wie wirken sich etwa zwei Versuchsanordnungen (a) und (b) in den Ergebnissen aus ? Besteht ein signifikanter Unterschied zwischen den Angaben zum Durchschnittsalter mehrerer Personengruppen oder unterscheiden sich die Gruppen hinsichtlich ihres Durchschnittsalters nur zufällig ?

Varianzanalyse

Die *Diskriminanzanalyse* ermöglicht Untersuchungen von bereits vorhandenen (Objekt-) Gruppen. Folgende Fragen lassen sich beispielsweise beantworten : Besteht zwischen den Objektgruppen (a) und (b) ein signifikanter Unterschied hinsichtlich der Gesamtstruktur verschiedener beobachteter Merkmale ? Welche Kombination von Merkmalen ermöglicht die bestmögliche Unterscheidung der Gruppen ? Welcher der bereits unterschiedenen Gruppen sind aufgrund der passenden Merkmalsstruktur neue Objekte zuzuordnen ?

Diskriminanzanalyse

Tabelle E 63-1 : Schema einer Datenmatrix zur Diskriminanzanalyse

E_i	Gruppe	X_1	X_2	X_3	$\ldots$	X_m
E_1		$x_{1,1}$	$x_{1,2}$	$x_{1,3}$	$\ldots$	$x_{1,m}$
$\ldots$	Objektgruppe (a)	$\ldots$				
E_4		$x_{4,1}$	$x_{4,2}$	$x_{4,3}$	$\ldots$	$x_{4,m}$
E_5		$x_{5,1}$	$x_{5,2}$	$x_{5,3}$	$\ldots$	$x_{5,m}$
$\ldots$	Objektgruppe (b)	$\ldots$				
E_{10}		$x_{10,1}$	$x_{10,2}$	$x_{10,3}$	$\ldots$	$x_{10,m}$

Ziel einer *Clusteranalyse* ist die Zusammenfassung einer Vielzahl von statistischen Einheiten zu verschiedenen Gruppen, wobei sich die statistischen Einheiten in den einzelnen Gruppen sehr ähnlich sind (Homogenität in der Gruppe) und die Gruppen untereinander verschieden sind (Heterogenität zwischen den Gruppen). Kriterien für die Zusammenfassung von einzelnen statistischen Einheiten zu homogenen Gruppen bieten verschiedene *Ähnlichkeits- und Distanzmaße*.

Clusteranalyse

Mit Hilfe der Clusteranalyse lassen sich die Strukturen in einer Gesamtheit von statistischen Einheiten besser erkennen. Bei einer Umfrage im Bereich Marketing lassen sich beispielsweise die Befragten aufgrund ihres Verbraucherverhaltens gruppieren bzw. zu verschiedenen Gruppen zusammenfassen : Da gibt es die Gruppe der preisbewußten Käufer, die Gruppe derjenigen, die auf Werbung ansprechen, oder die Gruppe der Individualisten, die sich nicht wie die Masse verhalten.

Tabelle E 63-2 : Schema einer Datenmatrix zur Clusteranalyse

E_i	Gruppe	X_1	X_2	X_3	...	X_m
E_1		$x_{1,1}$	$x_{1,2}$	$x_{1,3}$	...	$x_{1,m}$
...	Gruppe 1	...				
E_4		$x_{4,1}$	$x_{4,2}$	$x_{4,3}$	...	$x_{4,m}$
E_5		$x_{5,1}$	$x_{5,2}$	$x_{5,3}$	...	$x_{5,m}$
...	Gruppe 2	...			...	
E_{10}		$x_{10,1}$	$x_{10,2}$	$x_{10,3}$	...	$x_{10,m}$
E_{11}		$x_{11,1}$	$x_{11,2}$	$x_{11,3}$	...	$x_{11,m}$
...	Gruppe 3	...				
E_{20}		$x_{20,1}$	$x_{20,2}$	$x_{20,3}$	...	$x_{20,m}$
...	Gruppe k	...	...	...	...	...

Die einzelnen Gruppen entstehen nach und nach im Verlauf einer Clusteranalyse. Die Anzahl der gewünschten Gruppen ist frei wählbar oder mit Hilfe von "stopping rules" indirekt festzulegen. In der Praxis spielt die Interpretierbarkeit der verschiedenen Gruppenzusammensetzungen für die Bestimmung der "optimalen" Anzahl von Gruppen eine große Rolle.

Während Varianz- und Diskriminanzanalyse von einer bereits bestehenden Gruppierung ausgehen, dient die Clusteranalyse gerade der Bildung von Gruppen. Die mit Hilfe einer Clusteranalyse gewonnene Gruppierung kann daher die Grundlage für weitere varianz- oder diskriminanzanalytische Untersuchungen sein.

Literatur

Eine umfassende mathematische Darstellung multivariater Verfahren bieten u.a. *Fahrmeir, L., Hamerle, A., (Hrsg.), Multivariate statistische Verfahren*, Berlin und New York 1984; *Hartung, J., Elpelt, B., Multivariate Statistik*, München und Wien 1984.

Eine Einführung in die Problematik der Faktorenanalyse bietet *Überla, K., Faktorenanalyse*, Berlin 1971 . Siehe auch *Marinell, G., Multivariate Verfahren*, 3., erw. Auflage, München und Wien 1990 .

Steinhausen, D., Langer, K., Clusteranalyse, Einführung in Methoden und automatische Klassifikation, Berlin und New York 1977. Neben den wichtigsten clusteranalytischen Konzepten, Methoden und Verfahren werden Algorithmen und entsprechende FORTRAN-IV Programme dargestellt.

F   Schlußfolgerungen auf der Grundlage vorhandener Informationen

1. Überblick

Die schließende Statistik befaßt sich mit Erscheinungen, die nicht mit völliger Sicherheit vorausgesagt werden können. Man spricht in diesen Fällen auch von *stochastischen* oder *Zufallserscheinungen*. Der Schluß von den aus einer Stichprobe gewonnenen Ergebnissen auf die unbekannten Parameter der Grundgesamtheit ist ein Beispiel hierfür und kann nur mit Hilfe von *Wahrscheinlichkeitsaussagen* geschehen. Zunächst sind jedoch die grundsätzlichen Dinge zu klären : *Was ist Wahrscheinlichkeit ?* Wie werden Wahrscheinlichkeiten ermittelt, und wie sind verschiedene Wahrscheinlichkeiten zu verknüpfen ? Hierzu ist es notwendig, in die *Wahrscheinlichkeitsrechnung* einzusteigen.

Zufallserscheinungen

Werden nicht nur einzelne *Wahrscheinlichkeiten* betrachtet, sondern alle Wahrscheinlichkeiten, die im Zusammenhang mit einem sogenannten *Zufallsvorgang* anzugeben sind, so ergeben sich *Wahrscheinlichkeitsverteilungen*. Sie beschreiben die Gesetzmäßigkeiten, unter denen der Zufallsvorgang abläuft. Für unterschiedliche Zufallsvorgänge werden unterschiedliche Wahrscheinlichkeitsverteilungen benötigt. Deshalb werden im folgenden verschiedene Wahrscheinlichkeitsverteilungen vorgestellt. Es läßt sich jedoch zeigen, daß einige dieser Verteilungen unter bestimmten Bedingungen universell anwendbar sind und bestimmte Zufallsvorgänge näherungsweise (approximativ) beschreiben.

Zufallsvorgang, Wahrscheinlichkeitsverteilung

Nachdem die theoretischen Grundlagen zur Wahrscheinlichkeitsrechnung und den Wahrscheinlichkeitsverteilungen dargestellt sind, werden die prinzipiellen Anwendungsmöglichkeiten aufgezeigt. In den letzten Kapiteln werden die Grundlagen für statistische *Schätz- und Testverfahren* erläutert.

Schätz- und Testverfahren

Dürr, W., Mayer, H., Wahrscheinlichkeitsrechnung und Schließende Statistik, 2. Auflage, München und Wien 1978 .

Literatur

2.   Grundlagen der Wahrscheinlichkeitstheorie

2.1 Wahrscheinlichkeitsbegriff und Wahrscheinlichkeitsrechnung

Der Wurf einer Münze auf eine ebene Fläche hat zur Folge, daß die Münze auf einer Seite zum Liegen kommt und die Oberseite "Wappen" oder "Zahl" aufweist. Eine sichere Vorhersage eines Ergebnisses ist nicht möglich. Das Eintreten eines bestimmten Ereignisses ist in diesem Fall ungewiß, aber dennoch mit einem bestimmten Grad *wahrscheinlich*. Ob bei einem Münzwurf das Ergebnis "Wappen" oder "Zahl" eintritt, ist Zufall. Der *Zufall* ist jedoch meßbar ! Die bestehende Unsicherheit bezüglich des Ausgangs des Münzwurfs läßt sich mit Hilfe von Wahrscheinlichkeiten beschreiben.

Wahrscheinlichkeit und Zufall

Typen von Wahrscheinlichkeiten

Die folgenden drei Aussagen verdeutlichen, daß es unterschiedliche Wahrscheinlichkeitsbegriffe gibt :

(1) Die Wahrscheinlichkeit, bei einem einmaligen Münzwurf "Zahl" zu werfen, beträgt 1/2.

(2) Die Wahrscheinlichkeit einer Jungengeburt liegt bei 0,513.

(3) Wahrscheinlich wird die Nachfrage nach unserem Produkt in den kommenden Monaten ansteigen.

Theoretische Wahrscheinlichkeit

Im ersten Fall kommt die Wahrscheinlichkeitsaussage durch logische Überlegung zustande : Da die Münze nur zwei Seiten hat und eine Lage auf dem Rande ausgeschlossen wird ("faire Münze"), beträgt die Chance 50 Prozent, "Zahl" zu werfen. Hierbei wird von der Gleichmöglichkeit der einzelnen Ereignisse ausgegangen. Da es sich hier um eine Wahrscheinlichkeit handelt, die theoretisch und noch *vor* einem praktischen Experiment ermittelt wurde, bezeichnet man diese als *theoretische Wahrscheinlichkeit* oder *apriori-Wahrscheinlichkeit*.

Die Wahrscheinlichkeit, daß das Ereignis A eintritt, W(A), ist definiert als das Verhältnis von günstigen zu möglichen Fällen bzw. Ereignissen. Da die Verwendung des Begriffs "Ereignis" mißverständlich sein kann - A ereignet sich nicht tatsächlich, sondern mögliche Ereignisse werden nur aufgrund theoretischer Überlegung formuliert - wird für die Definition der Wahrscheinlichkeit der neutrale Begriff "Fall" verwendet.

$$W(A) = \frac{\text{Anzahl der für A günstigen Fälle}}{\text{Anzahl der möglichen Fälle}}$$

Die Wahrscheinlichkeit, beim einmaligen Münzwurf "Wappen" zu werfen, beträgt daher 1/2 = 0,5.

Empirische Wahrscheinlichkeit

Die zweite Wahrscheinlichkeitsaussage kommt aufgrund empirischer Beobachtung zustande. Im Jahr 1991 gab es in der Bundesrepublik 830019 Geburten. Davon waren 426098 männlich, das sind 51,3 Prozent. Zur Ermittlung der *empirischen* oder *statistischen Wahrscheinlichkeit* wird von einer Anzahl tatsächlich eingetretener Ereignisse und der Anzahl der beobachteten günstigen Ergebnisse ausgegangen. Die Wahrscheinlichkeit ist anzugeben mit :

$$W(A) = \frac{\text{Anzahl der beobachteten günstigen Ergebnisse (k)}}{\text{Anzahl der Beobachtungen (n)}}$$

Die Anzahl der Beobachtungen sollte hierbei möglichst hoch sein, damit das ermittelte Verhältnis typisch für das betrachtete Ereignis A ist. In dem betrachteten Beispiel ergibt sich die Wahrscheinlichkeit mit :

$$W(A) = \frac{426098}{830019} = 0,513$$

Diese Wahrscheinlichkeit wird aus Häufigkeiten ermittelt, *nachdem* die entsprechenden Beobachtungen stattgefunden haben. Sie wird deshalb auch als *Häufigkeits-* oder *aposteriori-Wahrscheinlichkeit* bezeichnet.

Die empirische Wahrscheinlichkeit kann auch als *Grenzwert* der relativen Häufigkeit k / n betrachtet werden, wobei gilt : $n \to \infty$. Je größer n ist, desto mehr besteht die Gefahr, daß sich die Zusammenhänge zwischen den beobachteten Phänomenen ändern und somit auch die Wahrscheinlichkeit für ihr Auftreten. Dies kann dann geschehen, wenn die Zunahme von n im Zeitablauf erfolgt. Die Interpretation des empirischen Wahrscheinlichkeitsbegriffs als Grenzwert scheint daher für sozio-ökonomische Zusammenhänge, die über einen langen Zeitraum hinweg beobachtet werden müssen, nicht geeignet zu sein.

Grenzwert-betrachtung

Während die beiden bisher betrachteten Wahrscheinlichkeiten objektiv ermittelte Wahrscheinlichkeiten darstellen, führt die dritte Aussage zum Begriff der *subjektiven Wahrscheinlichkeit*. Durch die Aussage "wahrscheinlich wird die Nachfrage steigen" wird der Grad des "Fürwahrhaltens" zum Ausdruck gebracht. Grundlagen für die Aussage sind Intuition und Einschätzungsvermögen. Aussagen wie zum Beispiel "ich bin mir da völlig sicher" oder "das ist unmöglich" kennzeichnen die Spanne der möglichen Wertungen vom sicheren bis zum unmöglichen Ereignis. Subjektive Wahrscheinlichkeitseinschätzungen können ebenso wie objektive Wahrscheinlichkeiten Grundlage für Entscheidungen sein. Die weiteren Ausführungen beziehen sich jedoch ausschließlich auf objektive Wahrscheinlichkeiten.

Subjektive Wahrscheinlich-keit

Vor einer Bestimmung der Wahrscheinlichkeit muß der *Zufallsvorgang* (bzw. das *Zufallsexperiment*) und der hierdurch definierte *Ereignisraum* (auch : *Stichprobenraum*) festgelegt werden. Zur Veranschaulichung wird der Zufallsvorgang "einmaliges Werfen eines Würfels" gewählt. Der Ereignisraum wir durch die möglichen Ausgänge des Würfelns festgelegt : 1, 2, 3, 4, 5 und 6. Diese stellen die *Elementarereignisse* des Würfelns dar. Das Ergebnis des Zufallsvorgangs kann nicht mit Sicherheit vorausgesagt werden. Für das Eintreten der einzelnen Ergebnisse lassen sich aber Wahrscheinlichkeiten bestimmen.

Zufallsvorgang und Ereignisraum

Wahrscheinlichkeiten liegen immer zwischen Null und Eins :

Eigenschaften von Wahrscheinlichkeiten

$$0 \le W(A) \le 1$$

Die Wahrscheinlichkeit nimmt den Wert Null für das *unmögliche Ereignis* U an. Dieses Ereignis enthält kein Element des Ereignisraumes.

$$W(U) = 0$$

So beträgt beispielsweise die Wahrscheinlichkeit Null, eine "Sieben" zu würfeln, W("Sieben") = 0 / 6 = 0. Im Ereignisraum ist kein günstiges Ereignis vorhanden.

Die Wahrscheinlichkeit für das *sichere Ereignis* S beträgt Eins. Dieses Ereignis enthält alle Elemente des Ereignisraumes.

$$W(S) = 1$$

Bei dem betrachteten Würfelvorgang gibt es die Wahrscheinlichkeit, eine "Eins, Zwei, Drei, Vier, Fünf oder Sechs" zu würfeln. Es existieren sechs günstige und sechs mögliche Ereignisse. W("Eins, Zwei, ... Sechs") = 6 / 6 = 1.

Wahrscheinlichkeiten können nicht nur für das Eintreten von einzelnen Elementarereignissen angegeben werden, sondern auch bei einer Verknüpfung verschiedener Ereignisse. Zur *Berechnung der Wahrscheinlichkeiten* für solche zusammengesetzten Ereignisse können Wahrscheinlichkeiten addiert oder miteinander multipliziert werden. Im folgenden werden die Grundregeln der *Wahrscheinlichkeitsrechnung* vorgestellt.

Additionssatz für zwei sich ausschließende Ereignisse

Die Wahrscheinlichkeit, daß entweder Ereignis A oder Ereignis B eintritt ("Entweder-oder-Wahrscheinlichkeit"), ist gleich der Summe der Einzelwahrscheinlichkeiten für beide Ereignisse. Dieser *einfache Additionssatz* ist jedoch nur für zwei sich *gegenseitig ausschließende Ereignisse* gültig. A und B müssen Teilmengen des Ereignisraumes S sein : $A, B \subset S$. Formal gilt dann :

$$W(A \cup B) = W(A) + W(B)$$

Beispiel zum Additionssatz

Die Wahrscheinlichkeit, daß man beispielsweise beim einmaligen Würfeln *entweder* eine "Eins" *oder* eine "Sechs" erzielt beträgt demnach :

$$W \text{ (Würfeln einer "Eins" oder einer "Sechs")}$$

$$= W \text{ (Würfeln einer "Eins") + W (Würfeln einer "Sechs")}$$

$$= 1/6 + 1/6 = 2/6 = \underline{1/3}$$

Die Berechnung nach diesem einfachen Additionssatz ist möglich, da sich die beiden Ereignisse "Würfeln einer Eins" und "Würfeln einer Sechs" beim einmaligen Würfeln gegenseitig ausschließen.

Additionssatz für mehrere sich ausschließende Ereignisse

Für mehrere Ereignisse $A_1, A_2 \ldots A_n$, die sich jeweils paarweise ausschließen, lautet der Additionssatz :

$$W(A_1 \cup A_2 \cup \ldots \cup A_n) = W(A_1) + W(A_2) + \ldots + W(A_n)$$

Multiplikationssatz für zwei unabhängige Ereignisse

Die Wahrscheinlichkeit, daß sowohl Ereignis A als auch Ereignis B eintritt ("Sowohl-als-auch-Wahrscheinlichkeit"), ist gleich dem Produkt aus den Einzelwahrscheinlichkeiten der beiden Ereignisse. Die Ereignisse A und B müssen *stochastisch unabhängig* voneinander auftreten, d.h. die Wahrscheinlichkeit für das Auftreten von B darf nicht durch das Auftreten von A beeinflußt werden. Beide Ereignisse stellen Teilmengen des Ereignisraumes S dar. Formal gilt :

$$W(A \cap B) = W(A) \cdot W(B)$$

Beispiel zum Multiplikationssatz

Die Wahrscheinlichkeit, beim Ziehen einer Karte aus einem Kartenspiel von 32 Skatkarten sowohl eine "Karo-Karte" als auch ein "As" zu ziehen, beträgt demnach :

$$W \text{ (Sowohl eine "Karo-Karte" als auch "As" ziehen)}$$

$$= W \text{ ("Karo")} \cdot W(\text{"As"})$$

$$= 8/32 \cdot 4/32 = \underline{1/32}$$

Die Überprüfung dieses Ergebnisses ist einfach : Da es nur ein Karo-As unter den 32 Spielkarten gibt, beträgt die Wahrscheinlichkeit 1/32, ein Karo-As zu ziehen.

Außerdem kann gezeigt werden, daß die beiden Ereignisse A = "Karo" und B = "As" *stochastisch* (bzw. *statistisch*) *unabhängig* sind und dieser Multiplikationssatz daher anzuwenden ist. Der Begriff der *statistischen Unabhängigkeit* wird in Kapitel E 4.1 behandelt. Tabelle F 21-1 zeigt die Zusammensetzung eines Skatkartenspiels als zweidimensionale Häufigkeitsverteilung mit den beiden Merkmalen "Kartenfarbe" und "Kartenwert". Die in den Klammern ausgewiesenen bedingten relativen Häufigkeiten, f (Kartenfarbe / Kartenwert), zeigen eindeutig, daß die beiden Merkmale statistisch unabhängig in einem Skatkartenspiel auftreten : Unabhängig vom Kartenwert zeigen stets 25 Prozent der Karten die Farbe "Karo". Die Ereignisse sind daher stochastisch unabhängig.

Tabelle F 21-1 : **Häufigkeitsverteilung der Merkmale "Farbe" und "Kartenwert" in einem Skatspiel (Bedingte Häufigkeiten in Klammern)**

Kartenfarbe	Kartenwert		Insgesamt
	"As"	"Nicht As"	
"Karo"	1 (0,25)	7 (0,25)	8 (0,25)
"Nicht Karo"	3 (0,75)	21 (0,75)	24 (0,75)
Insgesamt	4 (1,00)	28 (1,00)	32 (1,00)

Additionssatz für zwei beliebige Ereignisse

Die Wahrscheinlichkeit, daß entweder Ereignis A oder Ereignis B eintritt, ist gleich der Summe der Einzelwahrscheinlichkeiten für beide Ereignisse abzüglich der Wahrscheinlichkeit, daß sowohl das Ereignis A als auch das Ereignis B auftritt. Dieser *verallgemeinerte Additionssatz* ist für zwei beliebige Ereignisse gültig. Formal gilt :

$$W(A \cup B) = W(A) + W(B) - W(A \cap B)$$

Beispiel zum allgemeinen Additionssatz

Wie groß ist die Wahrscheinlichkeit, beim Ziehen einer Karte aus einem Skatspiel entweder eine Karokarte oder ein As zu ziehen ? Nach der Formel ergibt sich :

W(Entweder "Karo" oder "As" ziehen)

= W("Karo") + W("As") - W(Sowohl "Karo" als auch "As")

= 8/32 + 4/32 - 1/32 = <u>11/32</u>

Die Wahrscheinlichkeit, eine Karokarte oder ein As zu ziehen, beträgt demnach 11/32. Da die beiden Ereignisse "Karo" und "As" sich nicht gegenseitig ausschließen, sondern gemeinsam auftreten können, muß die Wahrscheinlichkeit für das Auftreten des Karo-As in der Formel gesondert abgezogen werden, denn diese Karte taucht sowohl bei den Karokarten als auch bei den Assen auf und bewirkt somit eine nicht erwünschte Doppelerfassung.

Multiplikations-satz für zwei beliebige Ereignisse

Die Wahrscheinlichkeit, daß sowohl Ereignis A als auch Ereignis B eintritt, ist gleich dem Produkt aus der Wahrscheinlichkeit für Ereignis A und der Wahrscheinlichkeit für Ereignis B, unter der Bedingung (hierfür steht das Zeichen "/"), daß Ereignis A eingetreten ist. Die beiden Ereignisse A und B können somit *stochastisch abhängig* sein. Formal gilt :

$$W(A \cap B) = W(A) \cdot W(B / A)$$

Beispiel zum allgemeinen Multiplikations-satz

Wie groß ist die Wahrscheinlichkeit, beim zweimaligen Ziehen (ohne Zurücklegen !) einer Karte aus einem Skatkartenspiel zwei Asse zu erhalten ? Nach der Formel ergibt sich :

W (Sowohl "beim 1. Ziehen ein As" als auch "beim 2. Ziehen ein As")

= W ("As beim 1. Ziehen") $\cdot$ W ("As beim 2. Ziehen, unter der Bedingung, daß im ersten Zug ein As entnommen wurde")

$$= 4/32 \cdot 3/31 = 12/992 = \underline{3/248}$$

Die beiden Ereignisse "beim ersten Mal ein As ziehen" und "beim zweiten Mal auch ein As ziehen" sind *nicht unabhängig* voneinander, da das erste gezogene As nicht zurückgelegt wird und somit das zweite Ergebnis hiervon beeinflußt wird. Dies wird in der Formel dadurch berücksichtigt, daß die bedingte Wahrscheinlichkeit W(B/A) mit den verbliebenen 31 Karten und den 3 restlichen Assen berechnet wird.

Theorem der absoluten Wahr-scheinlichkeit

Betrachtet werden die Ereignisse A_1, A_2, A_3, ... , A_n , die sich paarweise gegenseitig ausschließen und in ihrer Gesamtheit den Ereignisraum ergeben, sowie das Ereignis B, das eine Teilmenge des Ereignisraumes darstellt.

Sind die Wahrscheinlichkeiten $W(A_i)$, wobei $W(A_i) > 0$, und die bedingten Wahrscheinlichkeiten $W(B/A_i)$ bekannt, so läßt sich mit Hilfe dieser Angaben die Wahrscheinlichkeit für das Ereignis B, W(B), folgendermaßen berechnen:

$$W(B) = W(A_1) \cdot W(B / A_1) + W(A_2) \cdot W(B / A_2) + ... + W(A_n) \cdot W(B / A_n)$$

Beispiel 1 zur absoluten Wahr-scheinlichkeit

Dieses *Theorem der absoluten Wahrscheinlichkeit* soll anhand eines Skat-kartenspiels veranschaulicht werden. Die Ereignisse A1, A2, A3 und A4 ent-sprechen den Kartenfarben "Kreuz", "Pik", "Herz" und "Karo". Die Wahr-scheinlichkeit, eine dieser Farben zufällig aus einem Kartenstapel zu ziehen, beträgt jeweils

$$W(A_i) = W("Farbe\ xy") = 8/32 .$$

Das Ereignis B entspricht dem Ereignis "Ziehen des Kartenwertes As". Unter der Bedingung, sich nur auf eine bestimmte Kartenfarbe zu beschränken, beträgt die Wahrscheinlichkeit ein As zu ziehen

$$W(B/A_i) = W("As"/"Farbe\ xy") = 1/8 .$$

Die Wahrscheinlichkeit, ein As aus allen vorhandenen Karten zu ziehen, beträgt dann nach dem Theorem der absoluten Wahrscheinlichkeit :

$$W("As") = \frac{8}{32} \cdot \frac{1}{8} + \frac{8}{32} \cdot \frac{1}{8} + \frac{8}{32} \cdot \frac{1}{8} + \frac{8}{32} \cdot \frac{1}{8} = 4 \cdot \frac{8}{32} \cdot \frac{1}{8} = \underline{\underline{\frac{1}{8}}}$$

In einer Schachtel (S1) befinden sich 60 Holzwürfel, von diesen sind 50 Prozent rot (R). In einer zweiten Schachtel (S2) sind 40 Holzkugeln, darunter 25 Prozent rote. Der Inhalt der beiden Schachteln wird zusammengeschüttet und gut vermischt. Wie groß ist die Wahrscheinlichkeit, bei der zufälligen Entnahme eines Holzelements, ein rotes zu erhalten ? **Beispiel 2 zur absoluten Wahrscheinlichkeit**

$$W(R) = W(S1) \cdot W(R/S1) + W(S2) \cdot W(R/S2)$$

$$= 0{,}6 \cdot 0{,}5 + 0{,}4 \cdot 0{,}25 = \underline{0{,}4}$$

Die Wahrscheinlichkeit beträgt 0,4 , daß ein rotes Element entnommen wird.

Betrachtet werden wiederum die Ereignisse A_1, A_2, A_3, ... , A_n. Diese müssen die Voraussetzungen des Theorems der absoluten Wahrscheinlichkeit erfüllen. Außerdem gilt $W(B) > 0$. **Bayes-Theorem**

Die *bedingte Wahrscheinlichkeit* $W(A_i/B)$ läßt sich dann nach dem *Bayes-Theorem* folgendermaßen berechnen :

$$W(A_i / B) = \frac{W(A_i) \cdot W(B / A_i)}{W(B)} = \frac{W(A_i \cap B)}{W(B)}$$

Wie groß ist die Wahrscheinlichkeit, aus den Assen eines Skatspiels zufällig eine Karo-Karte zu ziehen ? Mit Hilfe des Bayes-Theorems läßt sich dies folgendermaßen ermitteln : Unter der Bedingung, nur einen Stapel Asse vorliegen zu haben, beträgt die Wahrscheinlichkeit für eine Karo-Karte : **Beispiel 1 zum Bayes-Theorem**

$$W("Karo"/"As") = \frac{\frac{8}{32} \cdot \frac{1}{8}}{\frac{1}{8}} = \frac{8}{32} = \underline{\underline{\frac{1}{4}}}$$

Unter der Bedingung, daß man sich ausschließlich auf die roten Elemente (R) des zweiten Beispiels zur absoluten Wahrscheinlichkeit bezieht, beträgt die Wahrscheinlichkeit, einen Würfel (bzw. ein Teil aus S1) zu entnehmen : **Beispiel 2 zum Bayes-Theorem**

$$W(S_1 / R) = \frac{W(S_1) \cdot W(R / S_1)}{W(R)} = \frac{0{,}6 \cdot 0{,}5}{0{,}4} = \underline{\underline{0{,}75}}$$

Wahrscheinlich-keit des komplementären Ereignisses

Zwei Ereignisse sind *komplementär* zueinander, wenn sie zusammen den Ereignisraum ausmachen. Daher gilt :

$$W(\overline{A}) + W(A) = 1$$

Die Wahrscheinlichkeit für das Eintreten von Ereignis A läßt sich über das komplementäre Ereignis $\overline{A}$ wie folgt berechnen :

$$W(A) = 1 - W(\overline{A})$$

Beispiel

Wie groß ist die Wahrscheinlichkeit, mindestens eine "Zwei" zu würfeln ? Komplementär zum Ereignis "mindestens Zwei" ist das Ereignis "weniger als Zwei" bzw. die "Eins". Die Wahrscheinlichkeit beträgt somit :

$$W(\text{"mindestens eine Zwei"}) = 1 - W(\text{"Eins"}) = 1 - 1/6 = \underline{5/6}$$

Literatur

Menges, G., Grundriß der Statistik, Opladen 1972, §9. Die Wahrscheinlichkeit, §10. Objektive und subjektive Wahrscheinlichkeiten sowie 4. Kapitel, Wahrscheinlichkeitsrechnung.

Eine einfache Darstellung der Wahrscheinlichkeitsrechnung mit vielen Rechenaufgaben bietet *Schweitzer, W. (Hrsg.), Wahrscheinlichkeitsrechnung und Statistik*, Stuttgart 1977.

Übungs-aufgabe 12

Eine Kiste enthält 20 Cremetuben, von denen 50% defekt sind, und 10 Spraydosen, darunter 20% defekte.

Wie groß ist die Wahrscheinlichkeit, bei der zufälligen Entnahme eines Gegenstandes aus der Kiste

(a) eine Spraydose,
(b) ein defektes Teil,
(c) eine Spraydose oder ein defektes Teil,
(d) sowohl ein defektes Teil als auch eine Spraydose
zu erhalten ?

Wie groß ist die Wahrscheinlichkeit, bei einer zufälligen Entnahme (und ohne Zurücklegen) von zwei Gegenständen

(e) zwei Spraydosen,
(f) eine Spraydose und eine Cremetube
zu erhalten ?

2.2 Wahrscheinlichkeitsverteilungen einer Zufallsvariable

Im letzten Kapitel wurden die Wahrscheinlichkeiten für das Eintreten einzelner Ereignisse eines Zufallsvorgangs berechnet. Die Ereignisse wurden mit Worten beschrieben, beispielsweise das Ereignis "Wappen" beim einmaligen Münzwurf. Häufig benötigt man jedoch Informationen über die Wahrscheinlichkeit des Eintretens jedes einzelnen Elementarereignisses des Ereignisraumes. In diesem Fall wäre es sehr mühsam, jedes mögliche Elementarereignis mit Worten zu beschreiben und darzustellen. Aus diesem Grunde ordnet man den Elementarereignissen eines Zufallsvorgangs reelle Zahlen zu. Dies geschieht mit Hilfe der Definition einer *Zufallsvariable*. Entsprechend der Unterscheidung zwischen diskreten und stetigen metrischen Merkmalen (siehe Abschnitt C 3) unterscheidet man *diskrete* und *stetige Zufallsvariablen*. Diskrete Zufallsvariablen besitzen eine abzählbare Menge von Realisationen, stetige Zufallsvariablen dagegen eine unendliche, nicht abzählbare Menge von Realisationen.

Zufallsvariable

Der betrachtete Zufallsvorgang besteht aus dem Werfen dreier Münzen. Die einzelnen Elementarereignisse lauten "Wappen - Wappen - Wappen", "Wappen - Wappen - Zahl", "Wappen - Zahl - Wappen", . . . , "Zahl - Zahl - Zahl". Zur einfacheren Darstellung der Elementarereignisse wird die *Zufallsvariable* "Anzahl der Wappen beim dreimaligen Münzwurf" gebildet.

Beispiel für eine diskrete Zufallsvariable

Tabelle F 22-1 zeigt in der ersten Spalte alle möglichen Elementarereignisse. Die *Zufallsvariable* und ihre möglichen *Realisationen* (Ausprägungen) 0, 1, 2 und 3 sind in Spalte 3 gegenübergestellt.

Tabelle F22-1 : Zufallsvariable und Wahrscheinlichkeitsverteilung am Beispiel des dreimaligen Münzwurfs

Elementar-ereignis	Wahrscheinlichkeit für das Eintreten	Zufallsvariable X "Anzahl der Wappen"	Wahrscheinlich-keit p
1	2	3	4
ZZZ	$0,5 \cdot 0,5 \cdot 0,5$	0	0,125
WZZ	$0,5 \cdot 0,5 \cdot 0,5$	1	0,375
ZWZ	$0,5 \cdot 0,5 \cdot 0,5$		
ZZW	$0,5 \cdot 0,5 \cdot 0,5$		
WWZ	$0,5 \cdot 0,5 \cdot 0,5$	2	0,375
WZW	$0,5 \cdot 0,5 \cdot 0,5$		
ZWW	$0,5 \cdot 0,5 \cdot 0,5$		
WWW	$0,5 \cdot 0,5 \cdot 0,5$	3	0,125
Insgesamt	1,000	-	1,000

Wahrscheinlich-keitsverteilung

Die zweite Spalte der Tabelle zeigt die Wahrscheinlichkeiten für das Eintreten der einzelnen *Elementarereignisse*. Beispielsweise beträgt die Wahrscheinlichkeit, genau in den ersten beiden Würfen "Wappen" und im dritten Wurf "Zahl" zu erzielen $0,5\cdot0,5\cdot0,5 = 0,125$ ("Sowohl-als-auch-Wahrscheinlichkeit"). Spalte 4 weist die Wahrscheinlichkeiten für die einzelnen Realisationen der *Zufallsvariablen* "Anzahl der Wappen" aus. Hierfür werden einzelne Elementarereignisse und deren Eintrittswahrscheinlichkeiten zusammengefaßt.

Die Wahrscheinlichkeit, beim dreimaligen Münzwurf zweimal Wappen zu erzielen - die Zufallsvariable X nimmt den Wert X=2 an - , beträgt demnach 0,375. Dieses Ergebnis kommt dadurch zustande, daß entweder die Folge WWZ oder die Folge WZW oder aber ZWW zum günstigen Ergebnis führt und die Wahrscheinlichkeiten der drei Elementarereignisse addiert werden müssen : $0,125 + 0,125 + 0,125 = 0,375$ ("Entweder-oder-Wahrscheinlichkeit").

Aus den Spalten 3 und 4 der Tabelle läßt sich direkt die *Wahrscheinlichkeitsverteilung* oder *Wahrscheinlichkeitsfunktion* der Zufallsvariable X ablesen:

$$W(X=0) = 0,125$$
$$W(X=1) = 0,375$$
$$W(X=2) = 0,375$$
$$W(X=3) = 0,125$$

Zwar bleibt der Ausgang eines dreimaligen Münzwurfs weiterhin ungewiß und "wie es der Zufall will", kann 0, 1, 2 oder 3 mal Wappen auftreten. Offenbar ist die Wahrscheinlichkeit jedoch höher für ein und zwei Wappen als für kein oder drei Wappen. Die Wahrscheinlichkeitsverteilung beschreibt diese Zufallsgesetzmäßigkeiten des betrachteten Zufallsvorgangs.

Wahrscheinlich-keitsfunktion

Formal gilt :

$$W(X = x_i) = f(x_i) = p_i$$

Die Wahrscheinlichkeit, daß die diskrete Zufallsvariable X genau einen bestimmten Wert x_i annimmt, ist $f(x_i) = p_i$. Oder : Die *Wahrscheinlichkeitsfunktion* f(x) einer diskreten Zufallsvariable X gibt für jede Realisation x_i die Wahrscheinlichkeit p_i ihres Eintretens an.

$$\text{Es gilt}: \sum_{i=1}^{n} p_i = 1 \text{ (Sicheres Ereignis)}$$

Formal läßt sich die Wahrscheinlichkeitsverteilung einer Zufallsvariable mit der in Abschnitt E 3 betrachteten Häufigkeitsverteilung eines Merkmals vergleichen. Die Realisationen der diskreten Zufallsvariable und ihre Eintrittswahrscheinlichkeiten lassen sich graphisch mit Hilfe des in Kapitel E 3.3 kennengelernten Stabdiagramms darstellen (Siehe Kapitel E 3.3, Abbildung E 33-1. An der Abszisse werden bei einer Wahrscheinlichkeitsverteilung die Realisationen der diskreten Zufallsvariable und an der Ordinate die Eintrittswahrscheinlichkeiten abgetragen.)

Für eine *stetige Zufallsvariable* läßt sich keine Verteilung einzelner Wahrscheinlichkeiten bestimmen. Ein einfaches Beispiel mag dies verdeutlichen : Der sich stetig und schnell bewegende Sekundenzeiger einer Stoppuhr wird mit verbundenen Augen zufällig angehalten. Wie groß ist die Wahrscheinlichkeit, daß der Zeiger exakt auf der Zwölf-Uhr-Markierung stehenbleibt ? Die Antwort lautet "Null". Da bei einer stetigen Zufallsvariable unendlich viele Realisationen existieren, ergibt sich nach der Formel zur Ermittlung der theoretischen Wahrscheinlichkeit (günstige dividiert durch mögliche Fälle) Eins dividiert durch Unendlich, und dies ist gleich Null. Dieses Resultat ergibt sich für jede beliebige Realisation einer stetigen Zufallsvariable. Es wird daher eine andere Darstellungsform für Wahrscheinlichkeiten benötigt - z.B. die *Dichtefunktion*.

stetige Zufallsvariable

Eine Funktion wird als *Dichtefunktion* f(x) oder *Wahrscheinlichkeitsdichte* (kurz : *Dichte*) bezeichnet, wenn die Wahrscheinlichkeit dafür, daß die Zufallsvariable X zwischen zwei Werten $x_1 = a$ und $x_2 = b$ liegt, gleich der Fläche zwischen der Abszisse und der Kurve über dem Intervall ist. Eine Dichtefunktion kann sowohl für diskrete als auch für stetige Zufallsvariablen erstellt werden. Sie spielt jedoch eine besondere Rolle für stetige Zufallsvariablen, da in diesem Fall - wie oben gezeigt - keine Wahrscheinlichkeitsfunktion angegeben werden kann.

Dichtefunktion

Die Wahrscheinlichkeit, daß die *stetige Zufallsvariable* X in dem Intervall a bis b (a < b) einen Wert annimmt, wird durch die Fläche unter der Kurve der Dichtefunktion in den Grenzen a und b angegeben. Es gilt :

$$W(a \leq X \leq b) = \int_a^b f(x)\, dx$$

Die Fläche unter der gesamten Kurve hat den Wert Eins.

$$\int_{-\infty}^{+\infty} f(x)\, dx = 1$$

Die *Verteilungsfunktion* F(x) gibt die Wahrscheinlichkeit dafür an, daß die Zufallsvariable X einen Wert annimmt, der kleiner oder gleich x_i ist (bzw. daß X höchstens den Wert x_i annimmt). Verteilungsfunktionen können für diskrete und stetige Zufallsvariablen bestimmt werden.

Verteilungs-funktion

Die Verteilungsfunktion einer diskreten Zufallsvariable ergibt sich formal mit :

$$F(x) = W (X \leq x_i) = p_1 + p_2 + ... + p_i$$

Die Verteilungsfunktion einer stetigen Zufallsvariable X gibt die Wahrscheinlichkeit dafür an, daß die Realisation x der Zufallsvariable X unterhalb einer Grenze a liegt :

$$F(x) = W (X \leq a) = \int_{-\infty}^a f(x)\, dx$$

**Beispiel
für eine
Verteilungs-
funktion**

Beispiel für eine diskrete Zufallsvariable : Die Wahrscheinlichkeit, daß beim dreimaligen Münzwurf *höchstens* zweimal Wappen erzielt wird, beträgt : $0,125 + 0,375 + 0,375 = 0,875$. Die vollständige *Verteilungsfunktion* der Zufallsvariable "Anzahl der Wappen" für den Zufallsvorgang des dreimaligen Münzwurfs lautet :

$$W(X \leq 0) = 0,125$$
$$W(X \leq 1) = 0,500$$
$$W(X \leq 2) = 0,875$$
$$W(X \leq 3) = 1,000$$

Formal entspricht die Konstruktion der Verteilungsfunktion der Summenhäufigkeitsfunktion (siehe die Kapitel E 3.2 und E 3.3). Die graphische Darstellung der Verteilungsfunktion einer diskreten Zufallsvariable kann daher mit Hilfe einer Treppenfunktion erfolgen (siehe Kapitel E 3.3, Abbildung E 33-2).

**Parameter der
Wahrscheinlich-
keitsverteilung**

Vergleichbar mit der Beschreibung von Häufigkeitsverteilungen eines Merkmals mit Hilfe verschiedener *Maßzahlen* (siehe hierzu Abschnitt E 3), lassen sich auch die Wahrscheinlichkeitsverteilungen einer Zufallsvariable durch Maßzahlen (*Parameter*) charakterisieren. Das besondere Augenmerk gilt wiederum der Verteilungsform der Wahrscheinlichkeitsverteilung und der Frage, welche Realisationen der Zufallsvariable bei einem bestimmten Zufallsvorgang wohl am wahrscheinlichsten und welche Ausgänge weniger wahrscheinlich sind.

Erwartungswert

Der *Erwartungswert* beschreibt das Zentrum der Wahrscheinlichkeitsverteilung. Der Erwartungswert $E(X)$ oder μ (My, sprich: "mü") einer diskreten Zufallsvariable X ist die Summe der einzelnen Produkte aus den Realisationen der Zufallsvariable x_i und deren Eintrittswahrscheinlichkeiten p_i .

$$E(X) = \mu = x_1 p_1 + x_2 p_2 + ... + x_n p_n = \sum_{i=1}^{n} x_i p_i = \sum_{i=1}^{n} x_i f(x_i)$$

Formal entspricht der Erwartungswert einer diskreten Zufallsvariable dem gewogenen arithmetischen Mittel der beschreibenden Statistik, das die Mitte einer Häufigkeitsverteilung beschreibt (siehe Kapitel E 3.3).

Der Erwartungswert einer stetigen Zufallsvariable ist definiert als :

$$E(X) = \mu = \int_{-\infty}^{+\infty} x \, f(x) \, dx$$

Beispiel für eine diskrete Zufallsvariable : Für den Zufallsvorgang des dreimaligen Münzwurfs und die Zufallsvariable "Anzahl der Wappen" ergibt sich für den Erwartungswert :

$$E(X) = 0 \cdot 0{,}125 + 1 \cdot 0{,}375 + 2 \cdot 0{,}375 + 3 \cdot 0{,}125 = 1{,}5$$

Beispiel für den Erwartungswert einer diskreten Zufallsvariable

Das Zentrum der Wahrscheinlichkeitsverteilung des betrachteten Zufallsvorgangs liegt demnach bei 1,5. In diesem Bereich liegen die wahrscheinlichsten Ergebnisse des Zufallsvorgangs (Erwartungswert = erwarteter Wert).

Interpretation des Erwartungswertes

Wie schon das arithmetische Mittel kann auch der Erwartungswert Werte annehmen, die als Ausprägungen einer diskreten Variable nicht beobachtet werden können. Dies führt dazu, daß eine anschauliche Interpretation solcher Ergebnisse nicht immer möglich ist und der Parameter selbst nur als technischer *Lageparameter* zu verstehen ist.

Der zweite wichtige Parameter zur Charakterisierung einer Wahrscheinlichkeitsverteilung ist die *Varianz* σ^2 (σ = Sigma) und die *Standardabweichung* σ (= positive Quadratwurzel aus der Varianz). Die Parameter bringen die Variabilität der einzelnen Realisationen der Zufallsvariable zum Ausdruck. Je größer die Varianz (bzw. die Standardabweichung), desto stärker streuen die einzelnen Realisationen um den Erwartungswert. Für eine weitere Interpretation kann auf die Darstellungen der empirischen Varianz und der empirischen Standardabweichung in Kapitel E 3.3 verwiesen werden.

Varianz und Standardabweichung

Die *Varianz* σ^2 einer diskreten Zufallsvariable X ergibt sich mit :

$$\sigma^2 = \sum_{i=1}^{n}(x_i - \mu)^2 p_i = \sum_{i=1}^{n} x_i^2 p_i \;-\; \mu^2$$

Für die stetige Zufallsvariable X gilt :

$$\sigma^2 = \int\limits_{-\infty}^{+\infty} (x - \mu)^2 \, f(x)\, dx$$

$$= \int\limits_{-\infty}^{+\infty} x^2 \, f(x)\, dx \;-\; \mu^2$$

2.3 Spezielle diskrete Wahrscheinlichkeitsverteilungen

Zweipunkt-
verteilung

Die *Zweipunktverteilung* entsteht durch einen Zufallsvorgang, der das Eintreten oder Nichteintreten eines Ereignisses zur Folge hat. Eine zweipunktverteilte Zufallsvariable X besitzt daher nur zwei mögliche Realisationen : $x_0 = 0$ und $x_1 = 1$. Das Ereignis tritt nicht ein (0 = Mißerfolg) oder es tritt ein (1 = Erfolg).

Die Wahrscheinlichkeit für das Eintreten des Ereignisses (Erfolg) wird mit der *Erfolgswahrscheinlichkeit* p angegeben, die Wahrscheinlichkeit für das Nichteintreten (Mißerfolg) mit q. Da die Summe aller Wahrscheinlichkeiten einer Wahrscheinlichkeitsverteilung Eins ergeben muß (das sichere Ereignis), gilt q = 1-p.

Die *Wahrscheinlichkeitsverteilung* einer Zweipunktverteilung läßt sich somit wie folgt darstellen :

$$W (X=1) = p$$
$$W (X=0) = q = 1\text{-}p$$

Parameter der
Zweipunkt-
verteilung

Erwartungswert und *Varianz* ergeben sich mit :

$$E(X) = 0 \cdot (1\text{-}p) + 1 \cdot p = \underline{\underline{p}}$$

$$\sigma^2 = 0^2 \cdot (1\text{-}p) + 1^2 \cdot p - p^2$$
$$= p\text{-}p^2 = p(1\text{-}p) = \underline{\underline{pq}}$$

Beispiel zur
Zweipunkt-
verteilung

Der Zufallsvorgang bestehe aus einem einmaligen Würfeln. Betrachtet wird der Erfolg, "eine Sechs" zu würfeln, und der Mißerfolg, "keine Sechs" zu würfeln. Die Wahrscheinlichkeitsverteilung ergibt sich mit :

$$W (\text{"Sechs"}) = 1/6$$
$$W (\text{"keine Sechs"}) = 5/6$$

Der Erwartungswert E(X) beträgt 1/6, die Varianz σ^2 beträgt 5/36.

Binomial-
verteilung
(BV)

Eine *Binomialverteilung* entsteht durch folgenden Zufallsvorgang :

- Es werden n Versuche durchgeführt.
- Jeder einzelne Versuch folgt einer *Zweipunktverteilung* und hat somit nur zwei mögliche Ausgänge : das Eintreten oder Nichteintreten eines bestimmten Ereignisses (Erfolg / Mißerfolg).
- Jeder der n Versuche läuft unter gleichen Bedingungen ab. Die Ergebnisse der Versuche sind somit *stochastisch unabhängig* voneinander. Dies entspricht dem Modell "Ziehen mit Zurücklegen".

Die hieraus resultierende *binomialverteilte Zufallsvariable* nimmt bei n Versuchen die Realisationen 0, 1, 2, 3, ... , n an. Diese geben die Anzahl der erzielbaren Erfolge k in den n Versuchen an.

Die *Wahrscheinlichkeiten* der Binomialverteilung lassen sich angeben mit : **Wahrscheinlichkeiten der BV**

$$W(X = k) = \binom{n}{k} p^k q^{n-k}$$

n = Anzahl der Versuche

k = Anzahl der Versuche, in denen das Ereignis eintritt = Anzahl der Erfolge

p = Wahrscheinlichkeit für das Eintreten des Ereignisses in einem Versuch (Erfolgswahrscheinlichkeit)

q = 1-p = Wahrscheinlichkeit für das Nichteintreten des Ereignisses in einem Versuch (Wahrscheinlichkeit für den Mißerfolg)

$W(X=k)$ ist dann die *Wahrscheinlichkeit*, daß bei n Versuchen (bzw. zweipunktverteilten Zufallsvorgängen) das Ereignis genau k mal eintritt (bzw. k Erfolge erzielt werden).

Die *Parameter* der Binomialverteilung sind : **Parameter der BV**

$$E(X) = \mu = n \cdot p \quad \text{und} \quad \sigma^2 = n \cdot p \cdot q$$

Wie groß ist die Wahrscheinlichkeit, beim sechsmaligen Würfeln zweimal eine "Eins" zu würfeln ? Der gesamte Zufallsvorgang folgt einer Binomialverteilung, da der einzelne Würfelvorgang einer Zweipunktverteilung folgt und die einzelnen Würfe *stochastisch unabhängig* voneinander sind. **Beispiel zur BV**

Der Erfolg besteht in diesem Beispiel darin, die "Eins" zu würfeln. Die Erfolgswahrscheinlichkeit - das ist die Wahrscheinlichkeit, beim einmaligen Würfeln die "Eins" zu erzielen - beträgt 1/6. Gefragt wird nach k=2 Erfolgen bei n=6 Versuchen. Die Wahrscheinlichkeit beträgt hierfür : **Berechnung einzelner Wahrscheinlichkeiten**

$$W(X = 2) = \binom{6}{2} (1/6)^2 \ (5/6)^4 = \frac{6 \cdot 5}{1 \cdot 2} \cdot 0{,}17^2 \cdot 0{,}83^4 = \underline{0{,}2009}$$

Die Wahrscheinlichkeit beträgt rund 20 Prozent.

Die Konstruktion der verwendeten Formel läßt sich nachvollziehen, indem die im Beispiel gestellte Frage mit den allgemeinen Rechenregeln der Wahrscheinlichkeitsrechnung beantwortet wird : Die Wahrscheinlichkeit, beim einmaligen Würfeln eine "Eins" zu werfen, beträgt p = 1/6, die Wahrscheinlichkeit, keine "Eins" zu werfen q = 5/6. Die Wahrscheinlichkeit, beim sechsmaligen Würfeln genau in zwei Würfen die "Eins" - z.B. genau in den ersten beiden Würfen - und in vier Würfen keine "Eins" zu erhalten, beträgt **Herleitung der Formel**

$$1/6 \cdot 1/6 \cdot 5/6 \cdot 5/6 \cdot 5/6 \cdot 5/6 = (1/6)^2 \cdot (5/6)^4 \ .$$

In diesem Fall ist der Additionssatz für unabhängige Ereignisse anzuwenden : Sowohl im ersten Wurf die "Eins" als auch im zweiten die "Eins" als auch im dritten "keine Eins" ... als auch im sechsten "keine Eins".

Allgemein ergibt sich :

$$p \cdot p \cdot q \cdot q \cdot q \cdot q = p^k q^{n-k}$$

Die eingangs gestellte Frage schließt jedoch das Ergebnis einer "Eins" in zwei beliebigen Würfen ein. Zu diesem Zweck sind alle möglichen Reihenfolgen zu bilden :

$$\mathbf{p} \cdot \mathbf{p} \cdot q \cdot q \cdot q \cdot q = p^k q^{n-k}$$

$$\mathbf{p} \cdot q \cdot \mathbf{p} \cdot q \cdot q \cdot q = p^k q^{n-k}$$

$$\mathbf{p} \cdot q \cdot q \cdot \mathbf{p} \cdot q \cdot q = p^k q^{n-k}$$

$$\ldots$$

$$q \cdot q \cdot q \cdot q \cdot \mathbf{p} \cdot \mathbf{p} = p^k q^{n-k}$$

Für die Berechnung der Anzahl der Möglichkeiten, Elemente auszuwählen und / oder zu vertauschen, bietet die *Kombinatorik* eine Reihe von Formeln an. In dem vorliegenden Beispiel sind die sogenannten *Permutationen mit Wiederholung* zu bilden. Danach ergibt sich der sogenannte *Binomialkoeffizient* für die Anzahl der möglichen Wurfreihenfolgen :

$$\frac{6!}{2! \ 4!} = \binom{6}{2} = 15 \text{ oder allgemein } \binom{n}{k}$$

Wahrscheinlichkeitsverteilung der BV für n = 6 und p = 1/6

Für n=6 und p=1/6 ergibt sich die *Wahrscheinlichkeitsverteilung* der binomialverteilten Zufallsvariable X mit :

$$W(X=0) = 0{,}3349$$
$$W(X=1) = 0{,}4019$$
$$W(X=2) = 0{,}2009$$
$$W(X=3) = 0{,}0536$$
$$W(X=4) = 0{,}0080$$
$$W(X=5) = 0{,}0006$$
$$W(X=6) = 0{,}0000$$

Berechnung der Parameter

Erwartungswert : $E(X) = \mu = n \cdot p = 6 \cdot 1/6 = 1$

Varianz und *Standardabweichung* :

$$\sigma^2 = n \cdot p \cdot q = 6 \cdot 1/6 \cdot 5/6 = 0{,}83$$
$$\sigma = 0{,}91$$

Verteilungsfunktion der BV für n = 6 und p = 1/6

$$W(X \leq 0) = 0{,}3349$$
$$W(X \leq 1) = 0{,}7368$$
$$W(X \leq 2) = 0{,}9377$$
$$W(X \leq 3) = 0{,}9913$$
$$W(X \leq 4) = 0{,}9993$$
$$W(X \leq 5) = 1{,}0000$$
$$W(X \leq 6) = 1{,}0000$$

Die Wahrscheinlichkeit, beim sechsmaligen Würfeln *höchstens dreimal* eine "Eins" zu erzielen, beträgt demnach 0,9913 = 99,13 Prozent.

Die Wahrscheinlichkeit, *mindestens dreimal* die "Eins" zu erzielen, läßt sich über die Wahrscheinlichkeit des komplementären Ereignisses berechnen. Sie beträgt Eins minus die Wahrscheinlichkeit, höchstens zweimal die "Eins" zu Würfeln. Das Ergebnis lautet : 6,23 Prozent.

$$W(X \geq 3) = 1 - W(X < 3) = 1 - W(X \leq 2) = 1 - 0,9377 = 0,0623$$

Verschiedene Wahrscheinlichkeitsverteilungen und Verteilungsfunktionen der Binomialverteilung werden in den statistischen Tabellen 1.1 und 1.2 im Anhang, Teil G, dargestellt.

Für eine *hypergeometrische Verteilung* gilt im Prinzip die gleiche Versuchsanordnung wie für die Binomialverteilung. Allerdings sind die einzelnen n Versuche *stochastisch abhängig* voneinander. Dies entspricht dem Modell "Ziehen ohne Zurücklegen".

hypergeometrische Verteilung (HV)

Die Wahrscheinlichkeit dafür, daß bei n Versuchen genau m Erfolge eintreten, beträgt :

Wahrscheinlichkeiten der HV

$$W(X = m) = \frac{\binom{M}{m} \binom{N-M}{n-m}}{\binom{N}{n}}$$

N   = alle Elemente im Ereignisraum bzw. in der Grundgesamtheit

M   = Anzahl der Elemente mit Merkmal 1 ("Erfolg")

N-M = Anzahl der Elemente mit Merkmal 0 ("Mißerfolg")

n   = Anzahl der Zufallsentnahmen *ohne Zurücklegen*

m   = Anzahl der Erfolge

$$E(X) = \mu = n \cdot p = n \cdot \frac{M}{N}$$

Parameter der HV

$$\sigma^2 = n \cdot \frac{M}{N} \cdot \frac{N-M}{N} \cdot \frac{N-n}{N-1}$$

$$= n \cdot p \cdot q \cdot \frac{N-n}{N-1}$$

Die Verhältnisse (Wahrscheinlichkeiten) p=M/N und q=(N-M)/N sind jedoch wegen des Nichtzurücklegens im Verlauf des Zufallsvorgangs nicht konstant ! Für n/N ≤ 0,05 kann jedoch näherungsweise mit der Formel für die Binomialverteilung gearbeitet werden (siehe Kapitel F 2.5).

Beispiel zur HV   In einer Schachtel befinden sich 20 Energiespar-Glühbirnen (N=20). Von diesen sind 8 defekt (M=8). Wie hoch ist die Wahrscheinlichkeit, bei einer zufälligen Entnahme von 4 Glühbirnen (n=4) und ohne Zurücklegen genau 2 defekte Glühbirnen (m=2) zu erhalten ?

$$W(X=2) = \frac{\binom{8}{2}\binom{12}{2}}{\binom{20}{4}} = \frac{\dfrac{8!}{2!\,6!} \cdot \dfrac{12!}{2!\,10!}}{\dfrac{20!}{4!\,16!}} = \frac{\dfrac{8\cdot7}{1\cdot2} \cdot \dfrac{12\cdot11}{1\cdot2}}{\dfrac{20\cdot19\cdot18\cdot17}{1\cdot2\cdot3\cdot4}} = \frac{1848}{4845} = 0,3814$$

Die Wahrscheinlichkeit beträgt 0,3814 oder rund 38 Prozent.

Die *Wahrscheinlichkeitsverteilung* für N=20, M=8 und n=4 lautet :

$$W(X=0) = 0,1022$$
$$W(X=1) = 0,3633$$
$$W(X=2) = 0,3814$$
$$W(X=3) = 0,1387$$
$$W(X=4) = 0,0144$$

Die zugehörige *Verteilungsfunktion* :

$$W(X\leq0) = 0,1022$$
$$W(X\leq1) = 0,4655$$
$$W(X\leq2) = 0,8469$$
$$W(X\leq3) = 0,9856$$
$$W(X\leq4) = 1,0000$$

Beispielsweise beträgt die Wahrscheinlichkeit knapp 85 Prozent, bei einer zufälligen Entnahme ohne Zurücklegen aus einer Anzahl von 20 Glühbirnen - darunter acht defekte - *höchstens zwei* defekte zu erhalten.

Poissonverteilung   Auch die *Poissonverteilung* kann als Spezialfall der Binomialverteilung
(PV)   angesehen werden. Es werden wiederum n Versuche mit nur zwei sich ausschließenden Ereignissen betrachtet : "Erfolg" oder "Mißerfolg", Eintreten eines bestimmten Ereignisses oder Nichteintreten.

Allerdings existiert bei einem poissonverteilten Zufallsvorgang eine *unbegrenzte Anzahl von Elementarereignissen* im Ereignisraum (N=∞). Der Anteil p der Elementarereignisse im Ereignisraum mit dem untersuchten Merkmal "Erfolg" ist zudem relativ klein - das untersuchte Ereignis tritt also relativ selten auf.

Mit Hilfe der Poissonverteilung kann eine Antwort darauf gegeben werden, wie oft ein Ereignis mit dem untersuchten Merkmal "Erfolg" *in einem bestimmten Zeitraum* eingetreten ist. Wegen der unbegrenzten Anzahl von Elementarereignissen ist jedoch nicht anzugeben, wie oft das Merkmal "Erfolg" nicht eingetreten ist.

Die Parameter der Poissonverteilung lauten : **Parameter der PV**

$$E(X) = \mu = n \cdot p \quad \text{und} \quad \sigma^2 = \mu$$

Der *Erwartungswert* E(X) gibt an, wieviel mal das Merkmal "Erfolg" im vorgegebenen Zeitraum im Durchschnitt auftritt.

Folgt ein Zufallsvorgang den Gesetzen einer Poissonverteilung, so beträgt die Wahrscheinlichkeit, daß ein untersuchtes seltenes Ereignis in einem bestimmten Zeitraum genau k mal eintritt : **Wahrscheinlichkeiten der PV**

$$W(X = k) = \frac{\mu^k \cdot e^{-\mu}}{k!}$$

Ein Unternehmen fertigt mit seinen Maschinen täglich 100000 elektronische **Beispiel zur PV** Bauteile, darunter etwa fünf defekte. Für eine Robot-Maschine, die täglich 10000 Teile produziert, möchte man die Wahrscheinlichkeit dafür wissen, daß drei oder mehr defekte Teile anfallen. Die Wahrscheinlichkeit p für das Auftreten eines defekten Teils beträgt grundsätzlich

$$p = \frac{5}{100000} = 0,00005 = 0,005 \% \ .$$

Somit sind rund 0,005 Prozent der täglichen Produktion fehlerhaft, da

$$E(X) = \mu = n \cdot p = 10000 \cdot 0,00005 = 0,5 \ .$$

Erwartet werden 0,5 fehlerhafte Teile pro Tag. Das Ereignis tritt bei der betrachteten Maschine folglich äußerst selten auf.

Die gefragte Wahrscheinlichkeit ist nur über das komplementäre Ereignis zu berechnen :

$$W(X \geq 3) = 1 - W(X \leq 2)$$

Zu berechnen sind daher zunächst die Wahrscheinlichkeiten für das Auftreten von genau 0, 1 oder 2 fehlerhaften elektronischen Bauteilen :

$$W(X = 0) = \frac{0,5^0 \cdot e^{-0,5}}{0!} = \frac{1 \cdot 0,6065}{1} = 0,6065$$

$$W(X = 1) = \frac{0,5^1 \cdot e^{-0,5}}{1!} = \frac{0,5 \cdot 0,6065}{1} = 0,3033$$

$$W(X = 2) = \frac{0,5^2 \cdot e^{-0,5}}{2!} = \frac{0,25 \cdot 0,6065}{1 \cdot 2} = 0,0758$$

Die Wahrscheinlichkeit für das Auftreten von beispielsweise genau einem defekten Bauteil beträgt rund 30 Prozent. Die Wahrscheinlichkeit für das Auftreten von höchstens zwei defekten Teilen beträgt 98,56 Prozent (0,6065 + 0,3033 + 0,0758 = 0,9856). Die gesuchte Wahrscheinlichkeit, daß mehr als drei defekte Teile anfallen, beträgt demnach 1 - 0,9856 = 0,0144 - das sind 1,44 Prozent. An 100 Produktionstagen kann dies etwa 1,44 mal vorkommen.

Poisson-verteilungen für μ = 0,5

Die *Wahrscheinlichkeitsverteilung* der mit μ = 0,5 poissonverteilten Zufalls-variable lautet :

$$W(X=0) = 0,6065$$
$$W(X=1) = 0,3033$$
$$W(X=2) = 0,0758$$
$$W(X=3) = 0,0126$$
$$W(X=4) = 0,0016$$
$$W(X=5) = 0,0002$$
$$W(X=6) = 0,0000$$
$$\cdots$$

Die zugehörige *Verteilungsfunktion* lautet :

$$W(X\leq 0) = 0,6065$$
$$W(X\leq 1) = 0,9098$$
$$W(X\leq 2) = 0,9856$$
$$W(X\leq 3) = 0,9982$$
$$W(X\leq 4) = 0,9998$$
$$W(X\leq 5) = 1,0000$$
$$W(X\leq 6) = 1,0000$$
$$\cdots$$

Statistische Tabellen

Die beiden Verteilungen können den statistischen Tabellen 1.3 und 1.4 im Anhang (Teil G) entnommen werden. Die dort dargestellten Verteilungen werden nur bis zu einem Erwartungswert von μ = 9 dargestellt. Für höhere Erwartungswerte kann für die Berechnung von Wahrscheinlichkeiten näherungsweise die Normalverteilung verwendet werden (siehe Kapitel 2.5, Approximation).

Übungs-aufgabe 13

Ein Behälter enthält 20 Kugeln, darunter 8 rote und 4 gelbe.
a) Wie groß ist die Wahrscheinlichkeit, bei einer Zufallsentnahme von 6 Kugeln *ohne* Zurücklegen, genau 3 rote Kugeln zu erhalten ?
b) Wie groß ist die Wahrscheinlichkeit, daß unter gleichen Bedingungen nur die letzten drei Kugeln rot sind ?
c) Geben Sie die Wahrscheinlichkeit dafür an, daß bei einer Zufallsentnahme von 6 Kugeln *mit* Zurücklegen 2 gelbe Kugeln gezogen werden !

2.4 Die Normalverteilung

Die *Normalverteilung* (*Gauss-Verteilung*) ist die bedeutendste theoretische | **Bedeutung der**
Verteilung. Im Gegensatz zu den bisher in Kapitel F 2.3 betrachteten Wahr- | **Normalverteilung**
scheinlichkeitsverteilungen beschreibt sie Zufallsvorgänge einer *stetigen*
Zufallsvariable. Ihre Bedeutung besteht u.a. darin, daß sie viele empirisch
ermittelte Häufigkeitsverteilungen näherungsweise zu beschreiben vermag
(approximiert). Auch nicht normalverteilte Zufallsvariablen - darunter auch
diskrete - können unter bestimmten Umständen oder nach einer geeigneten
Transformation durch eine normalverteilte Zufallsvariable näherungsweise
oder genau abgebildet werden.

Eine normalverteilte stetige Zufallsvariable X folgt der Dichtefunktion | **Dichtefunktion**

$$f(x) = \frac{1}{\sigma\sqrt{2\pi}} \cdot e^{\frac{-(x-\mu)^2}{2\sigma^2}}$$

mit dem Erwartungswert μ und der Standardabweichung σ (μ und $\sigma > 0$).
Die Konstanten e (*Eulersche Zahl*) und π (die Zahl Pi) sind gegeben mit e =
2,7182... und π = 3,1415.... . Der Graph dieser Funktion bildet die sogenannte "Glockenkurve" (siehe Abbildung F 24-1). Aus der Funktions-
schreibweise wird ersichtlich, daß unterschiedliche Verteilungen nur von den
Parametern μ und σ abhängen. Für die Spezifikation einer Normalverteilung
benutzt man daher die Schreibweise f(x,μ,σ) oder N(μ,σ). Eine besondere
Rolle unter allen Normalverteilungen spielt die *Standardnormalverteilung*
mit N(0,1).

Abbildung F 24-1 : Die Normalverteilung N(μ,σ)

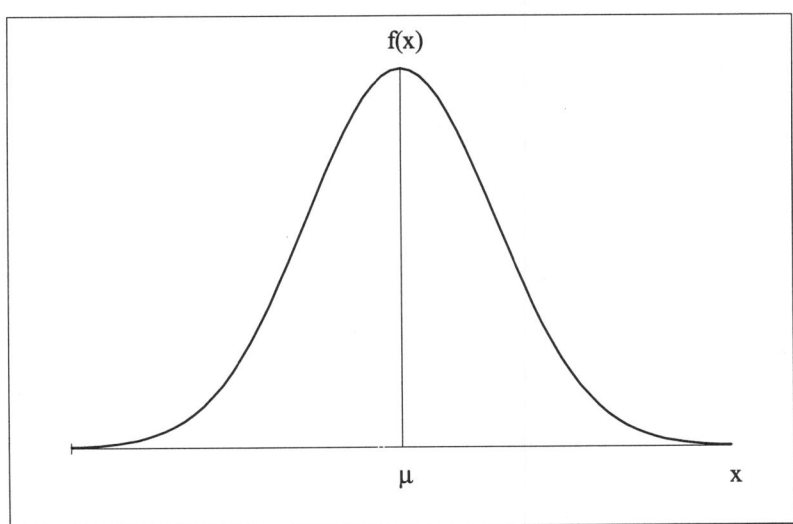

Eigenschaften der Normalverteilung

Die *Normalverteilung* besitzt folgende Eigenschaften :

- Alle Funktionswerte f(x) sind positiv.

- Die Fläche zwischen der Dichtefunktion f(x) und der Abszisse (x- Achse) hat den Wert Eins (zum Begriff der Dichtefunktion siehe auch Kapitel F 2.2).

- Die Funktion verläuft asymptotisch zu den beiden Enden der Abszisse.

- Die Funktion f(x) hat ihr Maximum an der Stelle x = μ.

- Die Wendepunkte liegen bei $\mu \pm \sigma$.

- Die Funktion ist symmetrisch. Die Fläche unter der linken Hälfte der Funktion zwischen -∞ und μ beträgt deshalb 0,5. Die Fläche unter der rechten Hälfte von μ bis +∞ beträgt ebenfalls 0,5.

- Praktisch hat die Fläche schon im Intervall $\mu \pm 4 \cdot \sigma$ den Wert Eins (0,9999).

- Eine Veränderung des Erwartungswertes μ führt - bei gleichbleibendem σ - zu einer Verschiebung der Kurve. Die Form der Kurve bleibt dagegen exakt erhalten.

- Eine Vergrößerung der Standardabweichung σ führt zu einem Auseinanderfließen der Kurve, und das Maximum fällt. Eine Verringerung von σ führt zu einer stärkeren Zentrierung der Kurve um die Stelle x = μ. Das Maximum nimmt entsprechend zu. Die Lage des Maximums und damit der Kurve bleibt dagegen erhalten. Abbildung F 24-2 zeigt verschiedene Normalverteilungen bei unterschiedlichen Werten für μ und σ.

Die Standard- Normalverteilung N(0,1)

Die Normalverteilung mit $\mu = 0$ und $\sigma = 1$ nimmt eine besondere Stellung unter den möglichen Normalverteilungnen ein und wird als *standardisierte Normalverteilung* oder *Standardnormalverteilung*, abgekürzt N(0,1), bezeichnet. Unabhängig von der Größe des Erwartungswertes und der Standardabweichung ist der Wert der Fläche unter der Dichtefunktion einer Normalverteilung gleich "Eins". Diesen Umstand macht man sich für die Berechnung eines Flächenstreifens unter einer beliebigen Normalverteilung N (μ,σ) zunutze, indem man - bildlich gesprochen - diese N(μ,σ)-Verteilung verschiebt und verformt ("standardisiert"), bis sie die exakte Form der N(0,1)- oder Standardnormalverteilung besitzt. Für die Dichtefunktion der Standardnormalverteilung werden dann diejenigen Intervallgrenzen berechnet, innerhalb derer ein gleichgroßer Flächenstreifen wie der gesuchte liegt.

Praktischer Ablauf

Die Intervallgrenzen für das gesuchte Flächenstück unter einer beliebigen N(μ,σ)-Verteilung werden in einem ersten Schritt in die Grenzen eines gleich großen Flächenstreifens unter der N(0,1)-Verteilung *transformiert* (siehe Absatz "Transformation").

Eine *Flächenbestimmung* kann danach mit Hilfe der Standardnormalverteilung erfolgen. Für das praktische Arbeiten wurden die Flächenwerte für verschiedene Intervalle unter der Standardnormalverteilung errechnet und tabelliert, so daß keine originäre Flächenberechnung mehr vorzunehmen ist, sondern nur geeignete Tabellenwerte für die Standardnormalverteilung bestimmt werden müssen (siehe Absatz "Ermittlung der Wahrscheinlichkeit"). Die benötigten Tabellen befinden sich im Anhang, Teil G.

Abbildung F 24-2 : Verschiedene Normalverteilungen

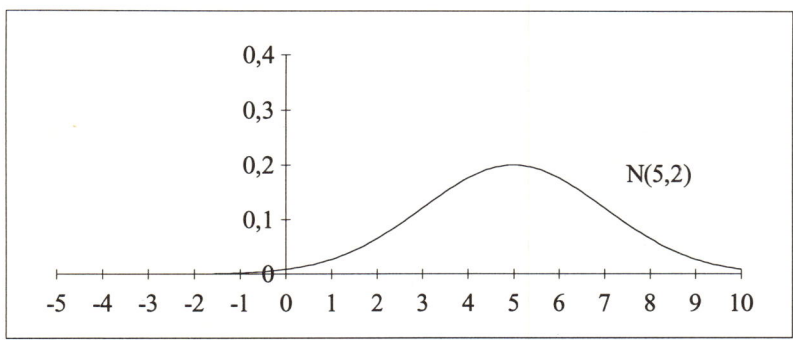

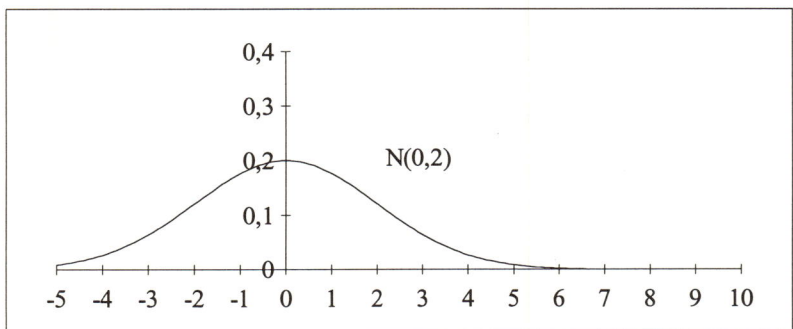

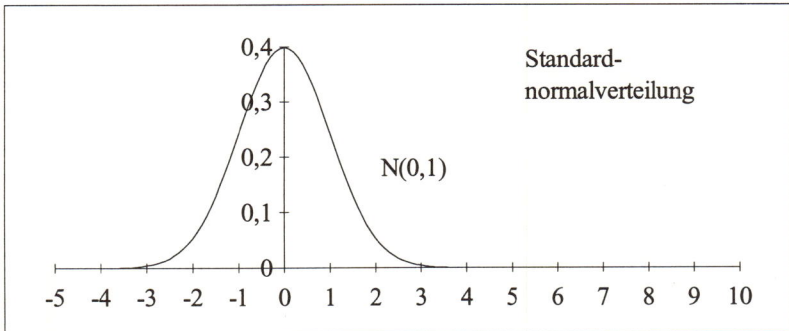

Eine beliebig normalverteilte Zufallsvariable X mit der Dichtefunktion **Transformation** f (x, μ, σ) läßt sich mit Hilfe der Transformationsgleichung

$$z = \frac{x - \mu}{\sigma}$$

in die standardnormalverteilte Zufallsvariable Z mit der Dichtefunktion f (z, 0 ,1) umwandeln.

Die Wahrscheinlichkeit dafür, daß die Zufallsvariable X Werte in einem Intervall [a , b] annimmt, W(a ≤ X ≤ b), kann dann mit Hilfe der standardisierten Zufallsvariable Z beschrieben werden :

$$W(a \leq X \leq b) = W\left(\frac{a - \mu}{\sigma} \leq Z \leq \frac{b - \mu}{\sigma}\right)$$

Die Wahrscheinlichkeit dafür, daß die Zufallsvariable X Werte annimmt, die kleiner oder gleich a sind, (X ≤ a), kann dann nach einer Transformation mit Hilfe der standardisierten Zufallsvariable Z folgendermaßen beschrieben werden :

$$W(X \leq a) = W\left(Z \leq \frac{a - \mu}{\sigma}\right)$$

Beispiel zur Transformation

Die von einer Maschine in Flaschen abgefüllte Menge ist normalverteilt mit einem Erwartungswert von 5 Litern und einer Standardabweichung von 0,01 Litern. Wie groß ist die Wahrscheinlichkeit, daß die abgefüllte Menge 5,025 Liter oder weniger beträgt ?

Formal kann die Fragestellung dargestellt werden mit :

$$W(X \leq 5{,}025) = ? \quad , \text{ wobei } \mu = 5 \text{ und } \sigma = 0{,}01$$

Die Transformation ergibt :

$$z = \frac{x - \mu}{\sigma} = \frac{5{,}025 - 5}{0{,}01} = 2{,}5$$

Die äquivalente Fragestellung, transformiert auf die standardisierte Zufallsvariable Z, lautet :

$$W(Z \leq 2{,}5) = ? \quad \text{wobei } \mu = 0 \text{ und } \sigma = 1$$

Ermittlung der Wahrscheinlichkeit

Im Prinzip wird mit W(Z ≤ 2,5) ein Wert der Verteilungsfunktion der N(0,1)-Verteilung abgefragt. Dieser wird jedoch nicht für jede Aufgabenstellung erneut berechnet, sondern ist einer geeigneten statistischen Tabelle mit den Flächenwerten der Standardnormalverteilung zu entnehmen. Die Vorgehensweise ist in der Praxis weit verbreitet und bietet sich schon deshalb an, weil die Berechnung der Flächenwerte nicht einfach und nur mit einem Näherungsverfahren zu lösen ist.

Im vorliegenden Fall ist der gesuchte Flächenwert der Tabelle 1.5.1 im Anhang zu entnehmen. Für z = 2,50 ist der zugehörige Flächenwert in Zeile 2.5 und Spalte 0 (diese gibt die zweite Nachkommastelle an) mit .9938 abzulesen. Die Lösung lautet

$$W(Z \leq 2{,}5) = 0{,}9938.$$

Die Wahrscheinlichkeit beträgt dann ebenfalls 99,38 Prozent, daß die abgefüllte Menge 5,025 Liter nicht überschreitet.

$$W(X \leq 5{,}025) = \underline{0{,}9938}$$

Wie groß ist die Wahrscheinlichkeit, daß die mit $\mu = 2$ und $\sigma = 0,5$ verteilte Zufallsvariable X Realisationen annimmt, die kleiner oder gleich 2,5 sind ?

$$W\,(X \leq 2,5) = ?$$

Beispiel zur Ermittlung einer Wahrscheinlichkeit

Abbildung F 24-3 zeigt im oberen Bild die gesuchte Wahrscheinlichkeit, dargestellt als schraffierte Fläche unterhalb der Dichtefunktion. Theoretisch wird die Dichtefunktion N(2; 0,5) im Intervall $[-\infty\,;\,+\,2,5]$ untersucht. Das Auftreten von Realisationen $x_i < 0$ ist jedoch sehr unwahrscheinlich, so daß der Bereich unterhalb der Null praktisch zu vernachlässigen ist.

Abbildung F 24-3 : Graphische Darstellung der Wahrscheinlichkeiten
$W(X \leq 2,5)$ und $W(Z \leq 1)$

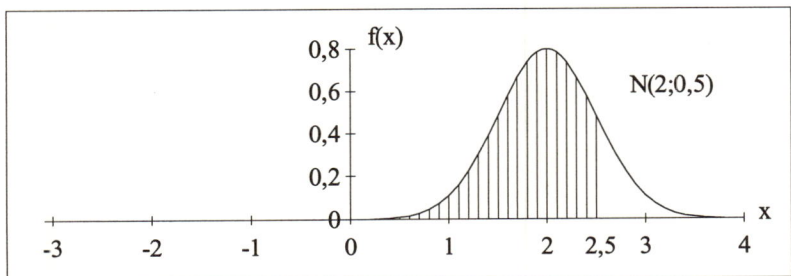

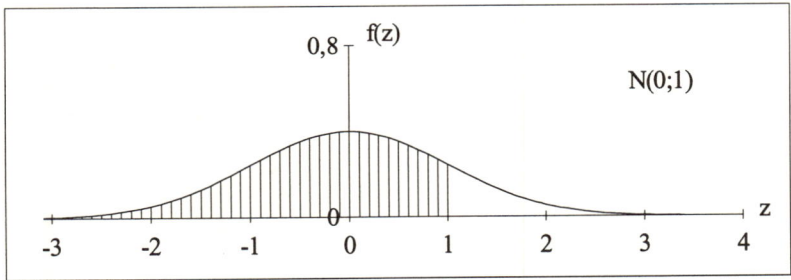

Das untere Schaubild bildet die äquivalente Fläche unterhalb der Dichtefunktion der Standardnormalverteilung ab. Aus der oberen Intervallgrenze von 2,5 in der N(2;0,5)-Verteilung wird mit Hilfe der Transformationsgleichung die entsprechende Intervallgrenze der N(0,1)-Verteilung berechnet :

$$z = \frac{2,5 - 2}{0,5} = 1$$

Der Wert der schraffierten Fläche zwischen (theoretisch) $-\infty$ und $+1$ entspricht dem gesuchten Flächenwert bzw. der gesuchten Wahrscheinlichkeit und ist der Tabelle 1.5.1 im Anhang zu entnehmen. Für $z = +1,00$ kann der Flächenwert in der Zeile 1.0 und der Spalte 0 mit .8413 abgelesen werden. Die gesuchte Wahrscheinlichkeit beträgt daher 84,13 Prozent.

$$W\,(Z \leq 1) = 0,8413 \text{ bzw. } W\,(X \leq 2,5) = \underline{0,8413}$$

Übungs-
aufgabe 14

Die Zufallsvariable X ist normalverteilt mit μ = 2 und σ = 0,5 . Wie groß ist
die Wahrscheinlichkeit, daß Realisationen auftreten, die
(a) kleiner oder gleich 1,5 sind,
(b) größer als 2,5 sind,
(c) zwischen 1,0 und 3,0 liegen ?

Abbildung F 24-4 : Graphische Darstellung der Fragestellungen

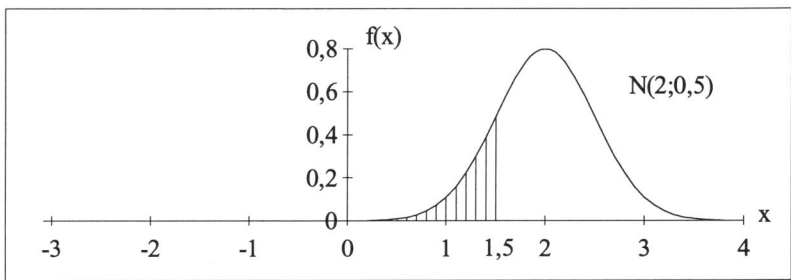

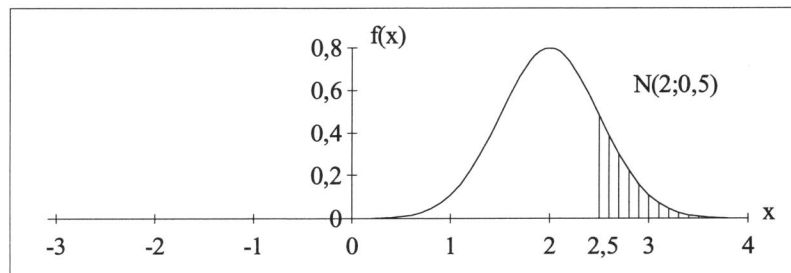

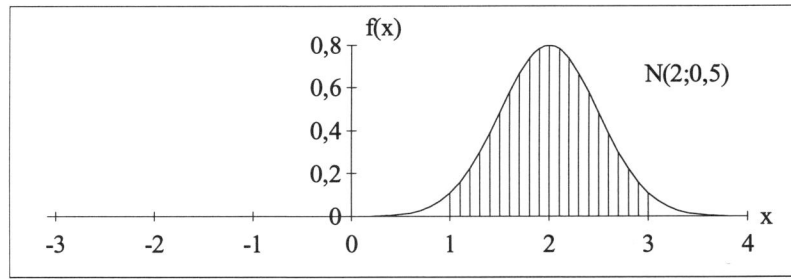

Übungs-
aufgabe 15

Die Zufallsvariable X ist normalverteilt mit μ = 5 und σ = 2,5 .
a) Wie groß ist die Wahrscheinlichkeit, daß die Zufallsvariable Realisationen
   zwischen 2 und 6,5 annimmt ?
b) Geben Sie die Grenzen für das symmetrische Intervall an, in dem 34%
   aller Realisationen der Zufallsvariablen X liegen !

2.5 Approximation von Verteilungen

Sind bestimmte Bedingungen erfüllt, zum Beispiel eine wachsende Anzahl von Versuchen, kann eine Annäherung (Approximation) zwischen den verschiedenen Verteilungstypen beobachtet werden. Wahrscheinlichkeitstheoretische Fragestellungen, die von der Art des Zufallsvorgangs mit einer speziellen Verteilung zu lösen wären, lassen sich dann auch mit einer anderen Verteilung approximativ (näherungsweise, annähernd) bearbeitet. Der praktische Nutzen der Approximation liegt hierbei in einer Reduzierung des Rechenaufwands.

Begriff der Approximation

Für ein sehr großes N (Anzahl aller Elemente der Grundgesamtheit, $N \to \infty$) und ein sehr großes M (Anzahl der Elemente mit Merkmal "Erfolg", $M \to \infty$) bleibt das Verhältnis N/M (dieses entspricht der Erfolgswahrscheinlichkeit p der Binomialverteilung) praktisch auch dann näherungsweise konstant, wenn aus der Grundgesamtheit Elemente "ohne Zurücklegen" entnommen werden. Eine konstante Erfolgswahrscheinlichkeit entspricht aber dem Modell der Binomialverteilung. Faustregel : Ist die Anzahl der Zufallsentnahmen (n) bei einem hypergeometrisch verteilten Zufallsvorgang ("ohne Zurücklegen") im Verhältnis zur Anzahl aller Elemente in der Grundgesamtheit (N) sehr gering, so kann die *hypergeometrische Verteilung durch die Binomialverteilung approximiert* werden. Praktisch kommt es zu einer guten Approximation für:

Approximation der hypergeometrischen Verteilung durch die Binomialverteilung

$$\frac{n}{N} \leq 0,05$$

Der Anteil M/N sollte hierbei nicht unter 0,1 und nicht über 0,9 liegen, da eine Approximation in diesen Fällen nicht zu ausreichend genauen Ergebnissen führt. Typische approximativ binomialverteilte Zufallsvorgänge entstehen durch die zufällige Entnahme von Fertigungsteilen zur Qualitätskontrolle aus einer laufenden Produktion. In diesem Fall ist N sehr groß ($N \to \infty$) und die Approximationsregel $n / N \leq 0,05$ erfüllt, auch wenn keine Angabe über die Anzahl der Elemente in der Grundgesamtheit (N) vorliegt.

Eine Palette enthält 400 Schraubenschlüssel, davon sind 40% Ringschlüssel und 60% Gabelschlüssel. Für eine Materialprüfung werden zufällig und *ohne Zurücklegen* 6 Schraubenschlüssel entnommen. Wie groß ist die Wahrscheinlichkeit, genau 2 Ringschlüssel zu erhalten ?

Beispiel

Dieser Zufallsvorgang folgt einer *hypergeometrischen Verteilung*. Wegen

$$\frac{n}{N} = \frac{6}{400} = 0,015 < 0,05$$

kann die Frage auch näherungsweise mit Hilfe der *Binomialverteilung* gelöst werden. Für die einzelnen Parameter gilt :

p = M/N = 40% = 0,4 ("Erfolg"=Ringschlüssel)
n = 6
k = 2

Als Lösung ergibt sich :

$$W(X = 2) = \binom{6}{2} 0{,}4^2 \cdot 0{,}6^{\,4} = 0{,}3110 = \underline{\underline{31{,}1\%}}$$

Probeweise soll die Aufgabenstellung mit Hilfe der hypergeometrischen Verteilung berechnet werden :

Für die einzelnen Parameter gilt :   N = 400
                                          M = 0,4 · 400 = 160
                                          n = 6
                                          m = 2

$$W(X=2) \;=\; \frac{\binom{160}{2}\binom{240}{4}}{\binom{400}{6}} = \frac{12.720 \cdot 134.810.340}{5.478.557.838.600} = 0{,}3130 = \underline{\underline{31{,}3\%}}$$

Dieser Rechenweg ist nicht nur mühsam, sondern für Binomialkoeffizienten mit großen Fakultäten (n!) nicht mehr realisierbar, denn die Anzahl der Dezimalstellen kann eine Größenordnung erreichen, die auch ein Rechner nicht mehr bewältigen kann. Mit einem einfachen Taschenrechner läßt sich beispielsweise höchstens 69! berechnen.

Approximation der Binomialverteilung durch die Poissonverteilung

Besitzt ein binomialverteilter Zufallsvorgang eine sehr geringe Erfolgswahrscheinlichkeit, das betrachtete Ereignis ist somit sehr selten, so kann anstelle der Binomialverteilung die Poissonverteilung verwendet werden. Die Voraussetzungen für eine gute Approximation der Binomialverteilung durch die Poissonverteilung sind gegeben mit :

$$n \geq 30 \text{ und } p \leq 0{,}1 \text{ (oder } p \geq 0{,}9)$$

Beispiel

Der Anteil defekter Fertigungsteile beträgt 5 Prozent. Wie groß ist die Wahrscheinlichkeit, daß bei einer zufälligen Entnahme von 50 Teilen aus der laufenden Produktion genau sechs defekte Fertigungsteile in der Stichprobe sind ?

Der Zufallsvorgang folgt approximativ einer Poissonverteilung, da die Approximationsregeln erfüllt sind (n = 50 ≥ 30 und p = 0,05 < 0,1). Der Erwartungswert der speziellen Poissonverteilung ist gegeben mit $\mu = n \cdot p$ = 50 · 0,05 = 2,5 . Damit folgt für die gesuchte Wahrscheinlichkeit :

$$W(X = 6) = \frac{2{,}5^6 \cdot e^{-2{,}5}}{6!} = 0{,}0278 = \underline{\underline{2{,}78\%}}$$

Eine Überprüfung mit Hilfe der Binomialverteilung ergibt :

$$W(X = 6) = \binom{50}{6} 0{,}05^{\,6} \cdot 0{,}95^{\,44} = 0{,}0260 = \underline{\underline{2{,}60\%}}$$

Mit der Poissonverteilung wird dieses Ergebnis nur annähernd erreicht. Der Abstand zum exakten Wert verringert sich mit steigendem Stichprobenumfang n .

Mit zunehmender Anzahl der Versuche (n) nähert sich die *Binomialverteilung* der *Normalverteilung* an (*De-Moivre-Laplacescher Grenzübergang*).

In Abbildung F 25-1 wird diese Gesetzmäßigkeit graphisch dargestellt. Aus den drei Schaubildern ist zu erkennen, daß auch eine unsymmetrische Binomialverteilung - in dem dargestellten Fall beträgt p = 0,25 - mit steigendem Stichprobenumfang n gegen die symmetrische Normalverteilung strebt.

Für p = q = 0,5 ist die Binomialverteilung symmetrisch und nimmt schon für kleinere n die für Normalverteilungen typische Form an.

Approximation der Binomialverteilung durch die Normalverteilung

Abbildung F 25-1 : Übergang von der Binomialverteilung zur Normalverteilung

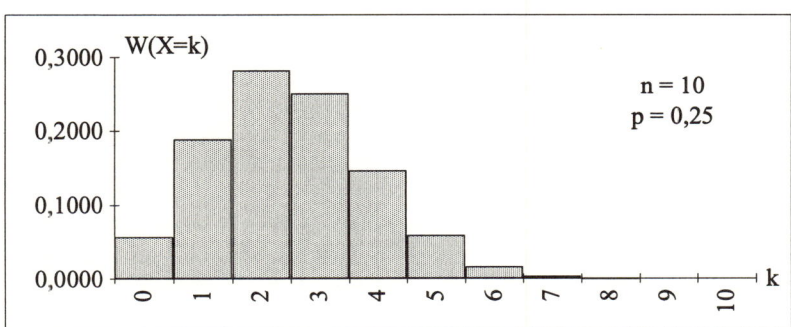

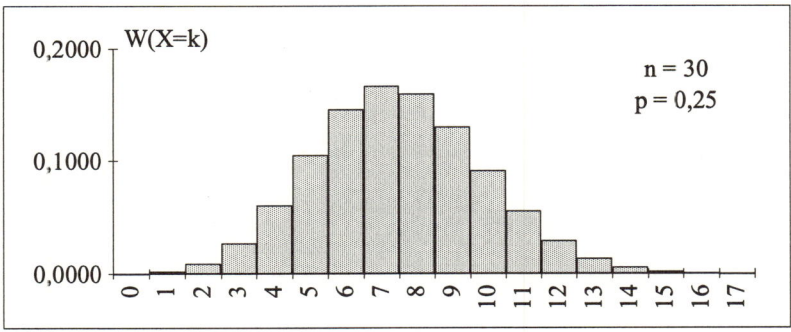

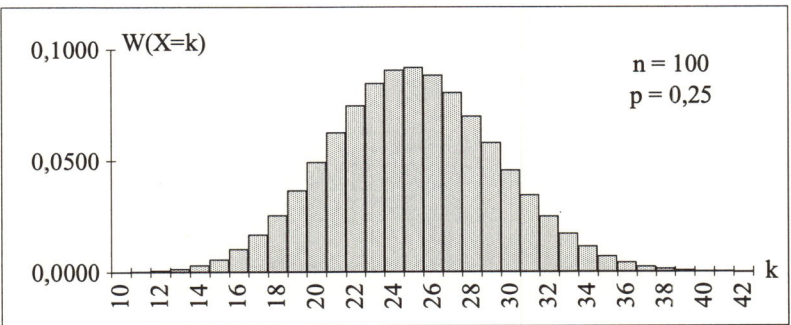

praktische Anwendung

Die graphische Konstruktion der *Wahrscheinlichkeitsfunktion* der Binomialverteilung kann in der Weise erfolgen, daß sie zugleich als *Wahrscheinlichkeitsdichte* interpretiert werden kann. In diesem Fall wird jedem Wahrscheinlichkeitswert p_i die Fäche einer Histogrammsäule zugeordnet : Die Grundseite jeder Säule ist eine Einheit breit, die Höhe einer Säule entspricht der jeweiligen Wahrscheinlichkeit p_i. Grundseite $\times$ Höhe ergibt die Fläche ($1 \times p_i = p_i$) und damit die Wahrscheinlichkeit. Da die Summe der Wahrscheinlichkeiten aller Elementarereignisse Eins ergibt, stellt dann auch die gesamte Histogrammfläche den Wert Eins und somit das sichere Ereignis dar. Die Wahrscheinlichkeit, daß eine binomialverteilte Zufallsvariable beispielsweise Werte zwischen 0 und 2 annimmt, entspricht dann der Fläche der 1., 2. und 3. Säule des Histogramms.

Bei einer Verwendung der *Normalverteilung* anstelle der *Binomialverteilung* werden - bildhaft formuliert - Histogrammsäulen der Binomialverteilung durch ein vergleichbares Flächenstück unter der Glockenkurve der Normalverteilung ersetzt und berechnet (siehe Abbildung F 25-2 auf Seite 215). Für eine gute Approximation muß gelten :

$$n \cdot p \cdot q \geq 9$$

In diesem Fall kann die Binomialverteilung mit dem Erwartungswert $\mu = n \cdot p$ und der Varianz $\sigma^2 = n \cdot p \cdot q$ durch die Normalverteilung mit gleichem Erwartungswert und gleicher Varianz ersetzt werden. Die Wahrscheinlichkeit, daß die binomialverteilte Zufallsvariable X Werte in einem bestimmten Intervall [a,b] annimmt, lautet dann für die *annähernd normalverteilte Zufallsvariable* X :

$$W (a - 0{,}5 \leq X \leq b + 0{,}5)$$

Die Werte -0,5 und +0,5 werden aus technischen Gründen benötigt : Jeder ganzzahligen Realisation x_i der (diskreten) Zufallsvariable X wird eine Histogrammsäule der Dichtefunktion der Binomialverteilung zugeordnet. Die Zuordnung erfolgt so, daß x_i genau in der Mitte der Säule liegt. Die Grundseite einer Säule beginnt daher an der Stelle $x_i - 0{,}5$ und endet an der Stelle $x_i + 0{,}5$. Für größere Werte von n kann diese Korrektur der Intervallgrenzen wegfallen.

Beispiel

Wie groß ist die Wahrscheinlichkeit, bei 64 Würfen mit einer Münze zwischen 32 und 42 mal Wappen als Ergebnis zu erhalten ? Der Zufallsvorgang ist binomialverteilt mit dem Erwartungswert $\mu = n \cdot p = 64 \cdot 0{,}5 = 32$ und der Varianz $\sigma^2 = n \cdot p \cdot q = 64 \cdot 0{,}5 \cdot 0{,}5 = 16$. Die Streuung beträgt demnach $\sigma = 4$.

Überprüfung der Faustregel für eine Approximation durch die Normalverteilung :

$$n \cdot p \cdot q = 64 \cdot 0{,}5 \cdot 0{,}5 = 16 > 9$$

Die Approximationsregel ist erfüllt. Anstelle der Binomialverteilung kann die Normalverteilung zur Berechnung der Wahrscheinlichkeit verwendet werden.

Die dem betrachteten Zufallsvorgang zugrundeliegende Binomialverteilung
läßt sich folglich durch die Normalverteilung N(32;4) annähern. Formal
ergibt sich :

$$W (31,5 \leq X \leq 42,5) = ?$$

Das Intervall schließt bei dieser Formulierung die äußeren beiden halben
Histogrammsäulen ein (-0,5 links und +0,5 rechts).

Transformation zur Standardnormalverteilung :

$$z_1 = \frac{31,5 - 32}{4} = -0,125 \qquad z_2 = \frac{42,5 - 32}{4} = 2,625$$

Übertragen auf die Standardnormalverteilung N(0;1) und die Zufallsvariable Z folgt :

$$W(-0,13 \leq Z \leq 2,63) = 0,0517 + 0,4957 = \underline{0,5474}$$

Die Wahrscheinlichkeit, in 64 Würfen mit einer Münze zwischen 32 und 42
mal Wappen zu erhalten, beträgt somit 54,7 Prozent. Die Werte 0,0517 und
0,4957 können der Tabelle 1.5.3 im Anhang für z = 0,13 und z = 2,63
entnommen werden.

Der Vorteil einer Approximation ist auch in diesem Fall zu erkennen. Bei
einer Berechnung des Problems mit der Formel zur Wahrscheinlichkeitsfunktion der Binomialverteilung müßten die einzelnen Wahrscheinlichkeiten
für die Realisationen k = 32, 33, ... ,42 berechnet und addiert werden.

Abbildung F 25-2 : Approximation der Binomialverteilung durch die
Normalverteilung (Daten aus Übungsaufgabe 16)

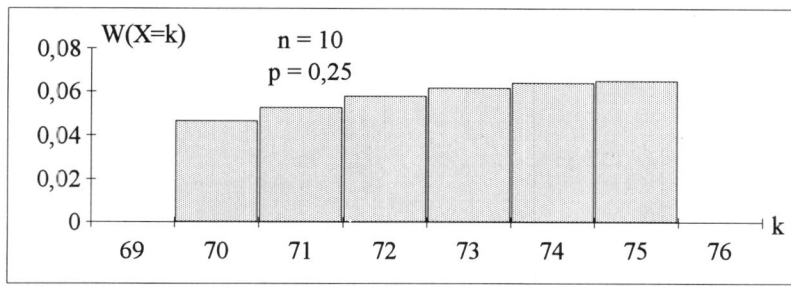

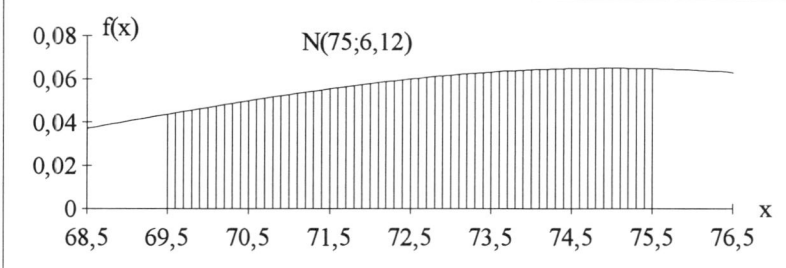

Abbildung F 25-3 : Approximationsregeln im Überblick

Übungs- aufgabe 16	Eine faire Münze wird 150 mal geworfen.

Man bestimme die Wahrscheinlichkeit dafür, daß die Anzahl von Kopf zwischen 70 und 75 liegt (einschließlich der Grenzen) !

3. Schätz- und Testverfahren

3.1 Grundlagen der Stichprobentheorie

Die *Stichprobentheorie* befaßt sich mit der Beziehung zwischen Grundgesamtheit *und* Stichprobe. In den bisherigen Ausführungen wurden dagegen Grundgesamtheit und Stichprobe weitgehend getrennt untersucht. In Teil E stand die (empirische) Häufigkeitsverteilung eines Merkmals X im Mittelpunkt der Untersuchung. Eine Häufigkeitsverteilung zeigt, wie oft einzelne Merkmalsausprägungen in der Grundgesamtheit vorkommen. In Abschnitt F 2 wurde eine Zufallsvariable X und deren (theoretische) Wahrscheinlichkeitsverteilung betrachtet. Diese Verteilung liefert die Gesetzmäßigkeit, nach der einzelne Realisationen der Zufallsvariable in einer Stichprobe enthalten sind.

Beziehung zwischen Grundgesamtheit und Stichprobe

Die Ausprägungen eines betrachteten *Merkmals* X der Grundgesamtheit finden sich in der Definition der *Zufallsvariable* X wieder. Die Wahrscheinlichkeit, daß ein Element der Grundgesamtheit mit einer Merkmalsausprägung von höchstens x_i ausgewählt wird, beträgt :

$$W(X \leq x_i) = F(x)$$

Dies ist die *Verteilungsfunktion* der Zufallsvariable X und zugleich auch die Verteilungsfunktion der Ausprägungen des Merkmals X in der *Grundgesamtheit*. In einer Grundgesamtheit mit einer endlichen Anzahl von Merkmalsträgern entspricht sie der *Summenhäufigkeitsfunktion*, die aus den kumulierten relativen Häufigkeiten gebildet wird (siehe auch die *empirische Verteilungsfunktion* in den Kapiteln E 3.3 und E 3.4). Sind 5 Prozent der Fertigungsteile in der betrachteten Grundgesamtheit defekt, dann beträgt die Wahrscheinlichkeit 5 Prozent, zufällig ein defektes Fertigungsteil aus dieser Grundgesamtheit zu entnehmen.

Die Verteilung der Ausprägungen des Merkmals X in der Grundgesamtheit ist jedoch oftmals gar nicht oder nur teilweise bekannt. Um die Kosten der Informationsgewinnung gering zu halten, um möglichst schnell an Informationen zu gelangen oder weil es in manchen Fällen unmöglich ist, alle Elemente der Grundgesamtheit zu befragen, werden *Stichprobenerhebungen* durchgeführt. Von der Verteilung (und den Parametern) eines Merkmals in der *Stichprobe* - der sogenannten *Stichprobenverteilung* - wird dann auf die Verteilung (und die Parameter) des Merkmals in der Grundgesamtheit geschlossen.

Die in Teil E behandelten Methoden dienen der Beschreibung der erhobenen statistischen Daten. Hierbei kann es sich um Grundgesamtheiten oder Stichproben handeln. In diesem Abschnitt wird davon ausgegangen, daß Daten aus *Zufallsstichproben* vorliegen und Informationen über die unbekannte Grundgesamtheit gesucht werden. Zur *Beschreibung der Stichprobe* können unter Verwendung der Stichprobendaten

Beschreibung von Stichproben

- das arithmetische Mittel $\bar{x}$ (*Stichprobenmittel*),

- die Standardabweichung s bzw. die Varianz s^2 (*Stichprobenvarianz*) für die erhobenen Merkmale in der Stichprobe oder

- der Anteilswert p (in Prozent) für einzelne Merkmalsausprägungen berechnet werden.

Auch die Beziehung zwischen mehreren Merkmalen kann untersucht werden. So läßt sich beispielsweise für die zwei Merkmale X und Y die Regressionsbeziehung $Y = b_0 + b_1 X$ mit den Stichprobendaten bestimmen.

Schluß auf die Grundgesamtheit

Die Vorgehensweise, auf der Grundlage der vorhandenen Informationen über die Merkmalsträger und Merkmale in der Stichprobe auf die weitgehend unbekannte Grundgesamtheit zu schließen, wird als *indirekter Schluß* oder *Rückschluß (auch Repräsentationsschluß, Induktionsschluß)* bezeichnet. Ausgehend von den bekannten Parametern der Stichprobe, z.B. dem arithmetischen Mittel $\bar{x}$, der Streuung s, dem Prozentsatz p oder den Regressionsparametern b_0 und b_1, lassen sich die unbekannten Parameter der Grundgesamtheit μ (für $\bar{x}$ in der Grundgesamtheit), σ (für s), π (für p) sowie β_0 und β_1 (für b_0 und b_1) mit Hilfe der Wahrscheinlichkeitstheorie abschätzen.

Auf eine andere Schlußweise, den *Inklusionsschluß* oder *direkten Schluß* von der Grundgesamtheit auf die Stichprobe, wird hier nicht eingegangen.

Schätzverfahren

Der Schluß von der Stichprobe auf die Grundgesamtheit kommt bei verschiedenen Aufgabenstellungen vor. Sogenannte *Schätzverfahren* werden eingesetzt, wenn die *Parameter der Grundgesamtheit unbekannt* sind. Hierbei wird zwischen *Punkt-* und *Intervallschätzungen* unterschieden.

Punktschätzungen werden ohne die Angabe von Wahrscheinlichkeiten vorgenommen. Ein für die Stichprobe berechneter Mittelwert wird unmittelbar als Schätzung des unbekannten Mittelwertes der Grundgesamtheit verwendet.

Bei *Intervallschätzungen* wird der unbekannte Parameter der Grundgesamtheit unter Angabe von Wahrscheinlichkeiten bestimmt. Beispielsweise liegt der unbekannte Mittelwert der Grundgesamtheit mit einer bestimmten Wahrscheinlichkeit innerhalb eines Intervalls um den bekannten Mittelwert der Stichprobe. Er kann also auch vom Stichprobenmittel abweichen. Mit der entsprechenden Gegenwahrscheinlichkeit (*Irrtumswahrscheinlichkeit*) liegt er möglicherweise auch nicht in dem betrachteten Intervall. Dieses Verfahren hat gegenüber der Punktschätzung den Vorteil, daß Sicherheits- und Unsicherheitsgrad der Schätzung angegeben werden.

Hypothesentestverfahren

Bei *Hypothesentestverfahren* hat man dagegen eine Vorstellung (formuliert als Hypothese) über den genauen Wert eines Parameters der Grundgesamtheit. Vom Ergebnis des berechneten Stichprobenparameters hängt es dann ab, ob die Hypothese angenommen oder verworfen wird. Auch dieses Verfahren bedient sich der Wahrscheinlichkeitstheorie.

Zufallsstichprobe

In Abschnitt C 6 wurden die verschiedenen Prinzipien und Verfahren für eine *Stichprobenauswahl* beschrieben. Das besondere Interesse galt hierbei den *Zufallsstichproben*. Sie basieren auf einem wahrscheinlichkeitstheoretischen Auswahlverfahren (Zufalls- bzw. Wahrscheinlichkeitsauswahl). Deshalb kann für solche Stichproben auch der Zufalls- oder Stichprobenfehler berechnet werden. Eine uneingeschränkte Zufallsauswahl liegt dann vor, wenn *jeder* Merkmalsträger bzw. *jedes* Element der Grundgesamtheit die gleiche Chance hat, in die Stichprobe zu gelangen. Die uneingeschränkte Zufallsauswahl ist Grundlage für die folgenden Ausführungen.

Weil die berechneten Parameter einer Stichprobe von den zufällig gewonnenen Stichprobenergebnissen abhängen, also eine Funktion der Stichprobenergebnisse bzw. der Stichprobe sind , spricht man im Zusammenhang mit der Rechenvorschrift für die Stichprobenparameter auch von *Stichprobenfunktionen*. Bevor diese jedoch näher betrachtet werden können, muß der verwendete Stichprobenbegriff präzisiert werden.

Der mathematische Stichprobenbegriff

Die bisherige Definition und Beschreibung einer Stichprobe ist für die Arbeitsweise der schließenden Statistik noch nicht ausreichend. Unterschieden wird im folgenden zwischen einer *konkreten*, tatsächlich realisierten Stichprobe einerseits und einer abstrakten, aber mathematisch genau definierten *Vorschrift für das Zustandekommen der Stichprobe* andererseits. Der auf diese Weise charakterisierte Stichprobentyp ist Grundlage für die weitere theoretische Argumentation und die praktische Vorgehensweise, also auch für die Hochrechnung der Stichprobenergebnisse.

Eine *konkrete Stichprobe* vom Umfang n wird aus den Realisationen

$$x_1, x_2, ... , x_n$$

der Zufallsvariable X gebildet. Jede Realisation x_i der Variable X kann hierbei auch als Realisation einer einzelnen unabhängigen Zufallsvariable X_i aufgefaßt werden. Auf diese Weise erhält man n Zufallsvariablen $X_1, X_2, ... , X_n$.

Liegt eine Grundgesamtheit mit der Verteilungsfunktion F(x) für das Merkmal X vor, dann bilden die Zufallsvariablen

$$X_1, X_2, ... , X_n$$

(für den Fall, daß sie unabhängig sind und alle der Verteilungsfunktion F(x) folgen) eine *mathematische* oder sogenannte *einfache Stichprobe*. Die Unabhängigkeit der einzelnen Zufallsvariable wird z.B. durch die Vorschrift "Ziehen mit Zurücklegen" erreicht.

Beispiel für eine mathematische (einfache) Stichprobe

Ein Behälter enthält 10 Kugeln, 6 rote und 4 weiße. Aus dem Behälter wird zufällig eine Stichprobe von 3 Kugeln entnommen. Vor dem Ziehen einer Kugel wird die zuvor gezogene Kugel *zurückgelegt*. Jede Ziehung kann daher als eigenständige Zufallsvariable aufgefaßt werden. Die einzelnen Zufallsvariablen X_i lauten dann :

$$X_1 = \text{Anzahl der roten Kugeln beim ersten Ziehen}$$

$$X_2 = \text{Anzahl der roten Kugeln beim zweiten Ziehen}$$

$$X_3 = \text{Anzahl der roten Kugeln beim dritten Ziehen}$$

Die nachstehende Tabelle zeigt alle möglichen Stichproben von 3 Kugeln und die Wahrscheinlichkeit für ihr Eintreten.

Tabelle F 31-1 : Struktur einer mathematischen Stichprobe

Zufallsvariable			Wahrscheinlichkeit
X_1	X_2	X_3	
1	2	3	4
0	0	0	$0,4 \cdot 0,4 \cdot 0,4 = 0,064$
0	0	1	$0,4 \cdot 0,4 \cdot 0,6 = 0,096$
0	1	0	$0,4 \cdot 0,6 \cdot 0,4 = 0,096$
0	1	1	$0,4 \cdot 0,6 \cdot 0,6 = 0,144$
1	0	0	$0,6 \cdot 0,4 \cdot 0,4 = 0,096$
1	0	1	$0,6 \cdot 0,4 \cdot 0,6 = 0,144$
1	1	0	$0,6 \cdot 0,6 \cdot 0,4 = 0,144$
1	1	1	$0,6 \cdot 0,6 \cdot 0,6 = 0,216$
-	-	-	1,000

Der Anteil der roten Kugeln liegt in der Grundgesamtheit bei 60 Prozent, der Anteil der weißen bei 40 Prozent. Für die weiteren Ausführungen ist es wichtig zu zeigen, daß die Zufallsvariablen X_1, X_2 und X_3 die Verteilung der Grundgesamtheit annehmen. Eine Untersuchung der Realisationen von Zufallsvariable X_1 und der Eintrittswahrscheinlichkeit der jeweiligen Stichprobe ergibt :

$$W (X1 = 1) = 0,096 + 0,144 + 0,144 + 0,216 = 0,6$$

Die Wahrscheinlichkeit, beim ersten Ziehen eine rote Kugel zu erhalten, beträgt 60 Prozent. Die Wahrscheinlichkeit für eine weiße Kugel beim ersten Ziehen beträgt dann 40 Prozent :

$$W(X_1 = 0) = 1 - 0,6 = 0,4$$

Für die beiden Zufallsvariablen X_2 und X_3 gelten identische Verteilungen :

$$W (X_2 = 1) = W (X_3 = 1) = 0,096 + 0,144 + 0,144 + 0,216 = 0,6$$
$$W(X_2 = 0) = W(X_3 = 0) = 1 - 0,6 = 0,4$$

Verallge-meinerung

Die unabhängigen Zufallsvariablen X_1, X_2, ... , X_n einer einfachen Zufallsstichprobe vom Umfang n besitzen die gleiche Verteilung wie die Grundgesamtheit.

Stichproben-funktion

Der Wert des mit den Ergebnissen aus einer konkreten Stichprobe berechneten Parameters (z.B. des arithmetischen Mittels) ist abhängig von eben jenen Ergebnissen. Wäre die Stichprobe anders ausgefallen, hätte sich ein anderer Parameterwert ergeben. Stichprobenparameter sind folglich eine Funktion der Stichprobe selbst. Ihre Berechnung wird durch Rechenanweisungen beschrieben, die man als *Stichprobenfunktionen* bezeichnet.

Eine *Stichprobenfunktion* $Z_n = Z (X_1, X_2, ... , X_n)$ der mathematischen Stichprobe X_1, X_2, ... , X_n hat die Aufgabe, Schätzwerte für die unbekannten Parameter der Grundgesamtheit zu liefern. Stichprobenfunktionen setzen sich aus Zufallsvariablen zusammen und stellen deshalb selbst wieder Zufallsvariablen dar. Berechnet werden sie aus den konkreten Stichprobenergebnissen x_1, x_2, ... , x_n (= Realisationen der Zufallsvariablen X_1, X_2, ... , X_n).

Die Stichprobenfunktion für das arithmetische Mittel ist gegeben mit :

$$\overline{X} = \frac{1}{n} \sum_{i=1}^{n} X_i$$

Die Realisierung durch eine konkrete Stichprobe entspricht dem empirischen arithmetischen Mittel :

$$\overline{x} = \frac{1}{n} \sum_{i=1}^{n} x_i$$

Die Stichprobenfunktion für die Varianz lautet :

$$s^2 = \frac{1}{n-1} \sum_{i=1}^{n} (X_i - \overline{X})^2$$

Die Realisierung der Stichprobenvarianz ist die empirische Varianz der Stichprobe :

$$s^2 = \frac{1}{n-1} \sum_{i=1}^{n} (x_i - \overline{x})^2$$

Stichproben-verteilung

Eine einzige Zufallsstichprobe ist praktisch nie genau repräsentativ. Würde man zum Beispiel für alle möglichen Stichproben mit n=30, die aus einer Grundgesamtheit vom Umfang N=1000 stammen, die Stichprobenmittelwerte berechnen, so ergäbe sich die Verteilung des Stichprobenmittelwertes oder die *Stichprobenverteilung*.

Eine *Stichprobenverteilung* beschreibt die Gesetzmäßigkeit, nach der die Realisationen einer *Stichprobenfunktion* auftreten.

Ist die Stichprobenverteilung bekannt (Mittelwert, Streuung, Verteilungsform), so ist mit Hilfe dieser Stichprobenverteilung und den Informationen aus einer einzigen Stichprobe, z.B. dem Stichprobenmittelwert, der unbekannte Mittelwert der Grundgesamtheit abzuschätzen.

Auf die zuvor beschriebene Weise - Ziehen aller möglichen Stichproben - wird man in der Praxis natürlich nicht zu den Erkenntnissen über die Stichprobenverteilung gelangen, denn diese Vorgehensweise käme einer Totalerhebung der Grundgesamtheit gleich, und die will man ja gerade vermeiden. Angaben über die Stichprobenverteilung lassen sich jedoch aus der konkreten Stichprobe und zusätzlichen wahrscheinlichkeitstheoretischen Überlegungen ableiten. Probleme ergeben sich bei kleineren Stichproben, da sie kompliziertere Stichprobenverteilungen besitzen.

Beispiel

Die theoretisch formulierten Zusammenhänge sollen anhand eines Beispiels erläutert und ergänzt werden. Betrachtet wird eine Grundgesamtheit, die 30 Personen umfaßt. Von diesen sind 24 Personen genau 25 Jahre und die übrigen sechs Personen 20 Jahre alt.

Aus der Grundgesamtheit werden zufällig und *mit Zurücklegen* Stichproben gezogen, die sechs Personen umfassen. Die Zufallsvariable X lautet : "Anzahl der 20-jährigen in der Stichprobe". Das Ereignis mit dem Merkmal "Erfolg" ist das "Ziehen einer 20-jährigen Person". Der Zufallsvorgang folgt somit einer Binomialverteilung mit $n = 6$ Versuchen und einer Erfolgswahrscheinlichkeit von $p = 6/30 = 0,2 = 20$ Prozent.

Tabelle F 31-2 zeigt alle möglichen *konkreten* Stichproben und deren unterschiedliche Besetzung bezüglich des Alters der befragten Personen (Spalte 1), die Wahrscheinlichkeit für das Eintreten (Spalte 2) sowie das Durchschnittsalter in der konkreten Stichprobe (Spalte 3).

Tabelle F 31-2 : Die Verteilung des Stichprobenmittels

Besetzung der konkreten Stichprobe	Wahrscheinlichkeit p_i für das Eintreten der konkreten Stichprobe	Stichprobenmittel $\bar{x}_i$	$\bar{x}_i \cdot p_i$	$(\bar{x}_i - E(X))^2 \cdot p_i$
1	2	3	4	5
20 20 20 20 20 20	0,00006	20,00	0,0013	0,00
25 **20 20 20 20 20**	0,00154	20,83	0,0320	0,02
25 25 **20 20 20 20**	0,01536	21,67	0,3328	0,08
25 25 25 **20 20 20**	0,08192	22,50	1,8432	0,18
25 25 25 25 **20 20**	0,24576	23,33	5,7344	0,11
25 25 25 25 25 **20**	0,39322	24,17	9,5027	0,01
25 25 25 25 25 25	0,26214	25,00	6,5536	0,26
Insgesamt	1,00000	-	24,00	0,67

Die Wahrscheinlichkeiten für das Eintreten der konkreten Stichproben können mit der Wahrscheinlichkeitsfunktion der Binomialverteilung für die Realisationen k = 1, 2, ... ,6 berechnet oder direkt der Tabelle 1.1 im Anhang entnommen werden.

Jedes berechnete Durchschnittsalter (Spalte 3) ist eine Realisation $\bar{x}_i$ der *Stichprobenfunktion* für das arithmetische Mittel $\bar{X}$ und hängt von der jeweiligen Stichprobenbesetzung ab.

Die Verteilung des Stichprobenmittels

Spalte 3 stellt die *Stichprobenverteilung* des arithmetischen Mittels dar und in dem speziellen Beispiel die Verteilung des Durchschnittsalters.

Die Summe der Produkte $\bar{x}_i \cdot p_i$ in Spalte 4 ergibt den *Erwartungswert* der Stichprobenfunktion des arithmetischen Mittels bzw. des *Stichprobenmittels*.

$$E(\bar{X}) = \sum_{i=1}^{n} \bar{x}_i \cdot p_i = \underline{\underline{24}} \text{ (Jahre)}$$

Mit den Daten des Beispiels ergibt sich für den Mittelwert μ der Grundgesamtheit ebenfalls ein Durchschnittsalter von 24 Jahren :

$$\mu = \frac{24 \cdot 25 + 6 \cdot 20}{30} = 24 \text{ (Jahre)}$$

Die Ergebnisse verdeutlichen eine wichtige Grundlage der Stichprobentheorie :

Voraussetzung

> Der Erwartungswert aller Stichprobenmittelwerte entspricht dem Mittelwert der Grundgesamtheit :
> $$E(\overline{X}) = \mu$$

Die Berechnung der <u>Varianz für die Stichprobenverteilung</u> des arithmetischen Mittels ergibt :

$$\sigma^2_{\overline{X}} = \sum_{i=1}^{n} (\overline{x}_i - E(\overline{X}))^2 \cdot p_i = 0{,}67$$

Ein anderer grundlegender Satz der Stichprobentheorie lautet :

Voraussetzung

> Die Varianz der Stichprobenverteilung des arithmetischen Mittels ergibt sich aus der Varianz der Grundgesamtheit, dividiert durch den Stichprobenumfang.
> $$\sigma^2_{\overline{X}} = \frac{\sigma^2}{n}$$

Die Berechnung der Varianz der Grundgesamtheit σ^2 ergibt :

wo kommt die Formel her

$$\sigma^2 = \frac{1}{N} \sum_{i=1}^{N} (x_i - \mu)^2 = \frac{24 \cdot (25-24)^2 + 6 \cdot (20-24)^2}{30} = 4$$

Grundgesamtheit

Daraus folgt - den letzten Satz bestätigend - für die Varianz der Verteilung des Stichprobenmittels :

$$\sigma^2_{\overline{X}} = \frac{\sigma^2}{n} = \frac{4}{6} = 0{,}67$$

Stichprobenumfang

Die Verteilung der Stichprobenvarianz

Die ersten beiden Spalten der folgenden Tabelle F 31-3 sind mit den entsprechenden Spalten der Tabelle F 31-2 identisch. Spalte 3 zeigt die Verteilung der Stichprobenvarianz s^2. Die einzelnen Werte stellen die Realisationen s_i^2 dar. Die Summe der Produkte $s_i^2 p_i$ in der letzten Spalte ergibt den Erwartungswert $E(S^2)$ der Verteilung der Stichprobenvarianzen :

$$E(S^2) = \sum_{i=1}^{n} s_i p_i = 4$$

Tabelle F 31-3 : Die Verteilung der Stichprobenvarianz _s²_

Stichprobenvarianz s²

Besetzung der konkreten Stichprobe	Wahrscheinlichkeit p_i für das Eintreten der Stichprobe	Stichprobenvarianz s_i^2 _einzelne Werte Realisationen_	$s_i^2 \cdot p_i$ $= E(s^2)$
1	2	3	4
20 20 20 20 20 20	0,00006	0,00	0,00
25 **20 20 20 20 20**	0,00154	4,17	0,01
25 25 **20 20 20 20**	0,01536	6,67	0,10
25 25 25 **20 20 20**	0,08192	7,50	0,61
25 25 25 25 **20 20**	0,24576	6,67	1,64
25 25 25 25 25 **20**	0,39322	4,17	1,64
25 25 25 25 25 25	0,26214	0,00	0,00
Insgesamt	1,00000	-	4,00

Ein weiterer Satz der Stichprobentheorie lautet :

> Der Erwartungswert aller Stichprobenvarianzen ergibt die Varianz der Grundgesamtheit :
> $$E(S^2) = \sigma^2$$

Dies konnte mit den Daten des aktuellen Beispiels gezeigt werden.

Die Verteilung der mittleren quadratischen Abweichung

Die Verteilung der mittleren quadratischen Abweichung s_n^2 wird beschrieben durch die Stichprobenfunktion :

$$S_n^2 = \frac{1}{n} \sum_{i=1}^{n} (X_i - \overline{X})^2$$

> Der Erwartungswert aller mittleren quadratischen Abweichungen läßt sich aus der Varianz der Grundgesamtheit und dem Stichprobenumfang berechnen :
> $$E(S_n^2) = \frac{n-1}{n} \sigma^2$$

Dieser Zusammenhang wird im nächsten Kapitel zur Schätzung der unbekannten Varianz der Grundgesamtheit verwendet. Mit den Daten des Beispiels ergibt sich ein Erwartungswert von $E(S_n^2) = 3,33$.

Verteilungsform der Stichprobenfunktion

Die bisherigen Ergebnisse zeigen den engen Zusammenhang zwischen einer Grundgesamtheit und den aus ihr gewinnbaren mathematischen Stichproben. Bislang wurden jedoch ausschließlich die Parameter der Verteilung von Stichprobenfunktionen betrachtet und nicht die _Form der Verteilung_. Kenntnisse über die Verteilungsform sind jedoch wichtig, da sie eine Berechnung der Wahrscheinlichkeiten für das Auftreten bestimmter Phänomene ermöglichen. Die Bestimmung des Verteilungstyps einer Stichprobenfunktion stellt daher ein Grundproblem der Stichprobentheorie dar.

Tabelle F 31-3 : Gegenüberstellung der Verteilungen von
Grundgesamtheit und Stichproben

Grundgesamtheit der statistischen Einheiten	Ereignisraum eines Zufallsvorgangs mit seinen Elementarereignissen		Bezugssystem
	Gesamtheit aller möglichen Werte für eine *konkrete Stichprobe*	*Gesamtheit aller möglichen Stichproben* vom Umfang n	
1	2	3	
Merkmal X z.B. das Alter	*Zufallsvariable* X z.B. das Alter	*Stichprobenfunktion* Z z.B. das Stichprobenmittel oder die Stichprobenvarianz	**betrachtete Größe**
Merkmalsaus-prägungen x_i z.B. 20 Jahre, 25 Jahre	*Realisationen* x_i z.B. 20 Jahre, 25 Jahre	*Realisationen* z_i - das sind die konkreten Stichproben und ihre Parameter, z.B. Mittelwerte $\overline{x}_i$ oder Varianzen s_i^2 wie z.B. Stichprobe Nr.4 : 20, 20, 20, 25, 25, 25 mit $\overline{x}_4 = 22,5$ und $s_4^2 = 6,25$ (Tab. 31-2 u. 3)	**Ausprägungen**
Häufigkeitsverteilung (und Verteilungs-funktion)	*Wahrscheinlichkeits-verteilung* (und Verteilungs-funktion)	*Stichprobenverteilung* z.B. Verteilung der Stichprobenmittelwerte und -varianzen	**Verteilung**
Wie häufig kommt die Merkmalsausprägung x_i in der Grund-gesamtheit vor ?	Wie groß ist die Wahrscheinlichkeit, daß die Zufalls-variable X (im diskreten Fall) den Wert x_i annimmt ? Wie groß ist die Wahrscheinlichkeit, daß bestimmte stati-stische Einheiten in der Stichprobe enthalten sind ?	Wie groß ist die Wahr-scheinlichkeit, daß die Zufallsvariable Z den Wert z_i annimmt ? Wie groß ist die Wahrscheinlichkeit, eine bestimmte Stichprobe aus allen möglichen Stichproben zu ziehen ?	**Welche Frage kann beantwortet werden ?**
Mittelwert der Merkmalsaus-prägungen µ und *Varianz* σ^2	*Erwartungswert* der Realisationen einer Zufallsvariable E(X) und *Varianz* σ_X^2	*Erwartungswert* der Realisationen einer Stichprobenfunktion, z.B. des Stichprobenmittels $E(\overline{X}) = \mu$ und *Varianz* $\sigma_{\overline{X}}^2 = \dfrac{\sigma^2}{n}$	**Parameter**

Für kleine Stichproben (für einige Stichprobenfunktionen bedeutet "klein", wenn gilt : n < 30) muß die Verteilung der Stichprobenfunktion bekannt sein. Für große Stichproben kann man sich die Regeln für die Approximation von Verteilungen zunutze machen. In vielen Fällen stellt die *Normalverteilung* für n→∞ (praktisch oft schon für n ≥ 30) die *Grenzverteilung einer Stichprobenfunktion* dar.

Nach dem *zentralen Genzwertsatz von Ljapunoff* ist das arithmetische Mittel $\bar{x}$ aus schon 30 Zufallsvariablen annähernd normalverteilt mit $E(\overline{X}) = \mu$ und $\sigma_{\overline{X}}$. Das *Stichprobenmittel* ist somit $N(\mu, \sigma_{\overline{X}})$-verteilt.

Andere Stichprobenfunktionen folgen wiederum anderen Verteilungen. In der Schätz- und Testtheorie werden sogenannte *Prüfgrößen* aus gegebenen (z.B. normalverteilten) Zufallsvariablen abgeleitet. Diese Prüfgrößen stellen ebenfalls Zufallsvariablen dar und folgen speziellen *Prüf-* oder *Testverteilungen*, mit denen die Gesetzmäßigkeit für das Auftreten ihrer Realisationen beschrieben wird.

Beispielsweise folgt die Stichprobenfunktion $\Sigma(X_i - \mu)^2 / \sigma^2$ einer *Chi-Quadrat-* oder χ^2 (f) -Verteilung und die Stichprobenfunktion $(\overline{X}-\mu)\cdot\sqrt{n}/ S$ einer *Student-* oder t (f-1) - Verteilung. In den Klammern stehen die *Freiheitsgrade* f der Verteilungen. Der Parameter f gibt die Anzahl der betrachteten unabhängigen Zufallsvariablen an. Auf die Konstruktion dieser Verteilungen soll hier nicht eingegangen werden.

Zusammen-
stellung der
wichtigsten
Ergebnisse

Tabelle F 31-3 gibt einen Überblick über die in diesem und vorangestellten Kapiteln behandelten Betrachtungsebenen :

- die Verteilung der Ausprägungen eines Merkmals in der Grundgesamtheit,

- die Verteilung der Realisationen einer Zufallsvariable und

- die Verteilung der Realisationen einer Stichprobenfunktion,
   speziell : die Verteilungen von Stichprobenmittel und Stichprobenvarianz.

Literatur

Bamberg, G., Baur, F., Statistik, München und Wien 1987, Teil III : Induktive Statistik, S.133 ff.
Hartung, J., Statistik, München und Wien 1982, Kapitel IV, Punkt 1, Die Normalverteilung und daraus abgeleitete Verteilungen, S.143 ff.

3.2 Intervallschätzungen

Die im letzten Kapitel dargestellten stichprobentheoretischen Erkenntnisse bilden die Grundlage für dieses und das nächste Kapitel. Während für die theoretische Betrachtung der Beziehungen zwischen Grundgesamtheit und Stichprobe alle möglichen Stichproben aus einer Grundgesamtheit gezogen wurden, wird jetzt von den Informationen aus einer einzigen Stichprobe ausgegangen. Die Grundgesamtheit ist weitgehend unbekannt. Eine Methode zur Abschätzung eines unbekannten Parameters der Grundgesamtheit stellt die *Intervallschätzung* dar. Der Zweck dieser Methode besteht darin, für den "wahren" aber unbekannten Parameter θ der Verteilungsfunktion F(x) der Grundgesamtheit mit Hilfe der Informationen aus der Stichprobe ein Intervall anzugeben, daß den gesuchten Parameter mit einer bestimmten Wahrscheinlichkeit enthält.

$$W(a \leq \theta \leq b) = 1 - \alpha$$

Dieses Intervall heißt *Konfidenz-* oder *Vertrauensintervall.* Die Wahrscheinlichkeit $1 - \alpha$ wird mit *Konfidenzniveau* bezeichnet. Die *Konfidenzgrenzen* a und b, die von der mathematischen Stichprobe $X_1, X_2, ... , X_n$ abhängen, sind Stichprobenfunktionen und damit Zufallsvariablen. Werden 100 Stichproben aus der betrachteten Grundgesamtheit gezogen, dann wird erwartet, daß $(1 - \alpha) \cdot 100$ Stichproben den gesuchten wahren Parameter der Grundgesamtheit enthalten. In durchschnittlich $\alpha \cdot 100$ *untypischen (nicht repräsentativen)* Stichproben ist der gesuchte Parameter nicht enthalten. Wird dennoch eine solche untypische Stichprobe gezogen, führt das Konfidenzintervall zu einer falschen Schätzung - es kommt zum Irrtum. Der Parameter α gibt hierfür die sogenannte *Irrtumswahrscheinlichkeit* an, $1 - \alpha$ wird auch als *Signifikanzniveau* oder *Sicherheitsgrad* bezeichnet. In der Praxis werden für die Irrtumswahrscheinlichkeit häufig die Werte $\alpha = 0,05$ und $\alpha = 0,01$ gewählt. Im folgenden werden spezielle Konfidenzintervalle dargestellt und berechnet. Sie bauen auf den im letzten Kapitel gewonnenen Erkenntnissen auf.

Gesucht wird der unbekannte Mittelwert μ der Grundgesamtheit; die Varianz der Grundgesamtheit σ^2 wird als bekannt vorausgesetzt. Wie läßt sich der unbekannte Mittelwert mit Hilfe der Informationen aus einer Stichprobe abschätzen ?

Die Vorgehensweise wird anhand einer Zufallsstichprobe mit dem Umfang $n=100$ und einem Stichprobenmittelwert von $\bar{x} = 12,5$ veranschaulicht. Die Varianz der Grundgesamtheit beträgt $\sigma^2 = 16.$ gegeben

Die Varianz der Stichprobenverteilung von X ergibt sich nach den Erkenntnissen des letzten Kapitels aus

$$\sigma_{\bar{X}}^2 = \frac{\sigma^2}{n} = \frac{16}{100} = 0,16$$

Der Mittelwert $\bar{x} = 12,5$ stellt eine Schätzung des gesuchten Parameters μ dar. Dieser wird etwa diese Größenordnung besitzen, aber vermutlich nicht gleich 12,5 sein. Wie weit weicht die Schätzung vom wahren Parameter ab ?

Das Stichprobenmittel von 12,5 stellt eine *Realisation der Stichproben-funktion* für das arithmetische Mittel dar. Wie bereits im letzten Kapitel dargestellt, gibt es verschiedene Möglichkeiten, Stichproben zu ziehen. Stichproben, die einen vom wahren Mittelwert der Grundgesamtheit stark abweichenden Mittelwert ergeben, sind eher unwahrscheinlich. Stichproben-mittelwerte, die nahe dem gesuchten Parameter liegen, sind wahrscheinlicher. Die Wahrscheinlichkeitsverteilung aller möglichen Stichprobenmittelwerte folgt für n = 100 gemäß dem *zentralen Grenzwertsatz* näherungsweise einer Normalverteilung. Diese bildet eine wichtige Grundlage für die weitere Vor-gehensweise.

Für eine normalverteilte Zufallsvariable X läßt sich angeben, mit welcher Wahrscheinlichkeit die Realisationen der Zufallsvariable in einem bestimmten symmetrischen Intervall liegen. Mit 68,27%-iger Wahrscheinlichkeit liegen die Realisationen in dem Intervall [X-σ; X+σ], mit 95,45%-iger Wahr-scheinlichkeit liegen sie im Intervall [X-2σ; X+2σ] und mit 99,73%-ger Wahrscheinlichkeit im Intervall [X-3σ; X+3σ]. Die angegebenen Wahr-scheinlichkeiten lassen sich leicht der Tabelle 1.5.4 im Anhang entnehmen. Diese enthält die Flächenwerte unter der Dichtefunktion der standardisierten Normalverteilung, N(0,1), für symmetrische Intervalle. Die Transformation der beschriebenen Intervallgrenzen ergibt die z-Werte ±1, ±2 und ±3. In diesem Zusammenhang sind auch die Bezeichnungen "1-Sigma-", "2-Sigma-" und "3-Sigma-Bereich" gebräuchlich. Beispielsweise 68,27 Prozent der Realisationen liegen im 1-Sigma-Bereich einer normalverteilten Zufalls-variable.

Auf diese Weise läßt sich auch eine normalverteilte Stichprobenverteilung für das arithmetische Mittel interpretieren : 68,27 Prozent der möglichen Stichprobenmittelwerte liegen im 1-Sigma-Bereich der Verteilung. Vertraut man auf diese Erkenntnis, dann liegt auch der konkrete Stichproben-mittelwert von $\bar{x}$ = 12,5 in diesem Intervall. Der Erwartungswert der Stich-probenverteilung ist nach den Erkenntnissen des letzten Kapitels identisch mit dem gesuchten Mittelwert der Grundgesamtheit μ, der somit die Mitte des Intervalls markiert. Umgekehrt liegt dann aber auch μ in einem symmetrischen Intervall um $\bar{x}$, zum Beispiel mit 68,27%-iger Wahrschein-lichkeit im 1-Sigma-Bereich von $\bar{x}$:

$$W(\bar{x}-1\cdot\sigma_{\bar{x}} \leq \mu \leq \bar{x}+1\cdot\sigma_{\bar{x}}) = 0,6827$$

Mit den Angaben des Beispiels ergibt sich :

$$W(12,5-1\cdot\sqrt{0,16} \leq \mu \leq 12,5+1\cdot\sqrt{0,16}) = 68,27\%$$

$$W(12,1 \leq \mu \leq 12,9) = 68,27\%$$

Mit 68,27%-iger Wahrscheinlichkeit liegt der gesuchte Mittelwert der Grundgesamtheit μ zwischen 12,1 und 12,9 , "im Vertrauen darauf", daß der Stichprobenmittelwert aus einer repräsentativen Stichprobe stammt und tatsächlich im 1-Sigma-Bereich des gesuchten Parameters liegt.

Das *Konfidenzintervall* für den unbekannten Mittelwert μ der Grundgesamtheit bei bekannten σ^2 ist dann allgemein anzugeben mit :

Formel für das Konfidenzintervall um μ , σ bekannt

$$W(\overline{x} - c\frac{\sigma}{\sqrt{n}} \leq \mu \leq \overline{x} + c\frac{\sigma}{\sqrt{n}}) = 1 - \alpha$$

$\overline{x}$ = Mittelwert der konkreten Stichprobe

σ = Standardabweichung der Grundgesamtheit = $\sqrt{\sigma^2}$

n = Stichprobenumfang

c = Absolutwert der Grenzen eines symmetrischen Intervalls um den Erwartungswert der Standardnormalverteilung. Das Intervall enthält $(1-\alpha)\cdot 100$ Prozent aller Realisationen der Zufallsvariable.

α = Irrtumswahrscheinlichkeit

In dem zuvor betrachteten Beispiel beträgt das Signifikanzniveau $(1-\alpha)\cdot 100$ Prozent = 68,27 Prozent. Die Irrtumswahrscheinlichkeit beträgt $\alpha \cdot 100$ Prozent = 31,73 Prozent. Für den 2-Sigma-Bereich ergibt sich ein Signifikanzniveau von 95,45 Prozent (siehe Anhang, Tabelle 1.5.4 für symmetrische Intervalle unter der Dichtefunktion der standardisierten Normalverteilung, z = 2.00). Das Konfidenzintervall ist dann anzugeben mit :

Die Wahl des Signifikanzniveaus

$$W(12,5 - 2 \cdot \sqrt{0,16} \leq \mu \leq 12,5 + 2 \cdot \sqrt{0,16}) = 95,45\%$$

$$W(11,7 \leq \mu \leq 13,3) = 95,45\%$$

Die *Vorgabe des c-Sigma-Bereichs* hat zur Konsequenz, daß hiermit Konfidenzniveau und Irrtumswahrscheinlichkeit bestimmt sind. Gebräuchlich ist auch die *Vorgabe der Irrtumswahrscheinlichkeit*, z.B. $\alpha = 0,05$ oder $\alpha = 0,01$. Damit sind auch die Konfidenzniveaus von 95 und 99 Prozent vorgegeben. Die zugehörigen Intervallgrenzen sind dann laut Normalverteilungstabelle 1.5.4 im Anhang mit c=1,96 und c=2,58 bestimmt.

Für die Konfidenzintervalle folgt :

$$W(12,5 - 1,96 \cdot \sqrt{0,16} \leq \mu \leq 12,5 + 1,96 \cdot \sqrt{0,16}) = 95\%$$

$$W(11,72 \leq \mu \leq 13,28) = 95\%$$

und

$$W(12,5 - 2,58 \cdot \sqrt{0,16} \leq \mu \leq 12,5 + 2,58 \cdot \sqrt{0,16}) = 99\%$$

$$W(11,47 \leq \mu \leq 13,53) = 99\%$$

Es ist zu erkennen, daß mit steigendem Konfidenzniveau, d.h. die Schätzung wird mit größerer Sicherheit angegeben, die Aussage über den unbekannten Mittelwert immer unschärfer wird, denn das Intervall wird breiter. Eine genauere Aussage läßt sich folglich mit einem geringeren Signifikanzniveau erkaufen.

Stichproben-
umfang
und absoluter
Fehler

Aus der Formel für das Konfidenzintervall ist ersichtlich, daß die Intervall-grenzen vom Stichprobenumfang n abhängen. Ein größerer Stichproben-umfang führt dazu, daß die Breite des Konfidenzintervalls abnimmt und somit die Schärfe der Schätzung bei gleichbleibendem Signifikanzniveau zu-nimmt.

Der Term $c \dfrac{\sigma}{\sqrt{n}}$ gibt die halbe Intervallbreite $\Delta\mu$ an. Die Breite des gesamten

Konfidenzintervalls beträgt dann $2 \cdot \Delta\mu = 2 \cdot c \dfrac{\sigma}{\sqrt{n}}$. Die Größe $\Delta\mu$ wird auch

als *absoluter Fehler der Intervallschätzung* bezeichnet :

$$\Delta\mu = c \frac{\sigma}{\sqrt{n}}$$

Für den Stichprobenumfang n ergibt sich dann bei vorgegebener Intervall-breite (bzw. Genauigkeit), vorgegebener Varianz σ^2 der Grundgesamtheit und einem durch den Wert c bestimmten Signifikanzniveau :

$$n = \frac{c^2 \sigma^2}{\Delta\mu^2}$$

Läuft ein Zufallsvorgang durch *Ziehen ohne Zurücklegen* ab, gilt für n :

$$n = \frac{c^2 \cdot \sigma^2 \cdot N}{\Delta\mu^2 \cdot (N-1) + c^2 \cdot \sigma^2}$$

Beispiel für eine
Berechnung des
notwendigen
Stichproben-
umfangs

Für ein mit c = 1,96 festgelegtes 95%-Signifikanzniveau, einer Varianz von $\sigma^2 = 16$ und einer gewünschten Intervallbreite von beispielsweise $2 \cdot \Delta\mu = 1$ ergibt sich für den zugehörigen Stichprobenumfang n :

$$n = \frac{1,96^2 \cdot 16}{0,5^2} = 245,9$$

Der gesuchte Stichprobenumfang beträgt n=246 (unterstellt wurde ein Zufallsvorgang mit Zurücklegen).

Das Ergebnis dieser Berechnung läßt sich durch die Erweiterung des vorangestellten Beispiels überprüfen : Eine neue Stichprobe vom Umfang n = 246 liefert einen Stichprobenmittelwert von x = 12,2. Das Konfidenz-intervall lautet :

$$W(12,2 - 1,96 \cdot \frac{4}{\sqrt{246}} \leq \mu \leq 12,2 + 1,96 \cdot \frac{4}{\sqrt{246}}) = 95\%$$

$$W(11,7 \leq \mu \leq 12,7) = 95\ \%$$

Der absolute Fehler der Schätzung hat sich durch den vergrößerten Stich-probenumfang von 0,78 auf 0,5 verringert.

Die bisher verwendete Stichprobenfunktion für das arithmetische Mittel bezog sich auf den Idealfall einer mathematischen Stichprobe und geht von unabhängigen Zufallsvariablen X_i aus. Die Stichprobenverteilung für das arithmetische Mittel besitzt in diesem Fall die Varianz

Bestimmung der Varianz $\sigma^2_{\overline{X}}$

$$\sigma^2_{\overline{X}} = \frac{\sigma^2}{n} \; .$$

Für den Fall, daß die einzelnen Realisationen in der Stichprobe durch Ziehen *ohne Zurücklegen* zustandekommen, ist die Varianz bestimmt durch :

$$\sigma^2_{\overline{X}} = \frac{\sigma^2}{n} \cdot \frac{N-n}{N-1}$$

Der Term $(N-n)/(N-1)$ wird in Kapitel F 2.3 zur Formulierung der Varianz der hypergeometrischen Verteilung verwendet und dokumentiert den Unterschied zwischen Binomialverteilung (Ziehen mit Zurücklegen) und hypergeometrischer Verteilung (Ziehen ohne Zurücklegen). Er kann für $n/N \leq 0{,}05$ entfallen (siehe auch S.201 unten).

Ein weiteres Problem entsteht dann, wenn die Varianz der Grundgesamtheit σ^2 nicht bekannt ist. In diesem Fall muß σ^2 mit Hilfe der mittleren quadratischen Abweichung (Streuung) aus den Realisationen der konkreten Stichprobe geschätzt werden.

Vorgehensweise bei unbekannter Varianz σ^2 der Grundgesamtheit

Aus dem letzten Kapitel ist bekannt, daß die Stichprobenfunktion für die mittlere quadratische Abweichung den Erwartungswert

$$E(S^2_n) = \frac{n-1}{n}\sigma^2$$

besitzt (S.224). Es ist anzunehmen, daß die mit den Daten einer konkreten Stichprobe berechnete mittlere quadratische Abweichung ungefähr dem Erwartungswert entspricht :

$$\frac{1}{n}\sum_{i=1}^{n}(x_i - \overline{x})^2 \approx \frac{n-1}{n}\sigma^2$$

Durch Umformung dieser Gleichung ergibt sich für σ^2 der *Schätzwert* $\hat{\sigma}^2$:

$$\hat{\sigma}^2 = \frac{n}{n-1}\cdot\frac{1}{n}\cdot\sum_{i=1}^{n}(x_i - \overline{x})^2 = \frac{1}{n-1}\cdot\sum_{i=1}^{n}(x_i - \overline{x})^2 = s^2$$

Eingesetzt in die Gleichung $\sigma^2_{\overline{X}} = \sigma^2/n$ ergibt sich daraus eine *Schätzung* für die Varianz der Stichprobenverteilung des arithmetischen Mittels :

$$\hat{\sigma}^2_{\overline{X}} = \frac{s^2}{n}$$

Für den Fall, daß die Stichprobe durch Ziehen ohne Zurücklegen zustande gekommen ist, muß die Schätzung um den Term (N-n)/(N-1) erweitert werden. Der Term kann jedoch wiederum für n / N ≤ 0,05 entfallen.

$$\hat{\sigma}^2_{\overline{X}} = \frac{s^2}{n} \cdot \frac{N-n}{N-1}$$

Durch die Standardisierung entsteht eine Zufallsvariable, die nicht mehr standardnormalverteilt ist, sondern - wenn das betrachtete Merkmal in der Grundgesamtheit normalverteilt ist - der *t-Verteilung* oder *Studentverteilung* folgt.

$$t = (X-\mu) / \hat{\sigma}^2_{\overline{X}}$$

t-Veblin

Die Parameter der t-Verteilung sind $\mu = 0$ und $\sigma^2 = f / (f - 2)$. Den Wert f bezeichnet man als *Zahl der Freiheitsgrade*. Die Freiheitsgrade geben die Anzahl der unabhängigen Zufallsvariablen an, die einer betrachteten Stichprobenfunktion zugrunde liegen. Für Untersuchungen der Stichprobenverteilung des arithmetischen Mittels sind dies $f = n - 1$ Freiheitsgrade (siehe hierzu die t-Verteilung im Anhang, Tabelle 1.6).

Für einen Stichprobenumfang, der über n = 30 liegt, läßt sich die t-Verteilung durch die Normalverteilung approximieren. Die t-Verteilung ist daher nur für kleine Stichproben von Bedeutung.

Beispiel

Aus einer Grundgesamtheit von 100 neuentwickelten elektronischen Bauelementen wird eine Stichprobe von Umfang n = 8 gezogen. Die durchschnittliche Lebensdauer der Bauelemente beträgt vorerst nur 10 Stunden. Die Standardabweichung beträgt 1,6 Stunden. Die unbekannte Lebensdauer μ soll mit einer Wahrscheinlichkeit von 95% angegeben werden.

$$\hat{\sigma}^2_{\overline{X}} = \frac{s^2}{n} \cdot \frac{N-n}{N-1} = \frac{1,6^2}{8} \cdot \frac{100-8}{100-1} = 0,2974$$

$$\hat{\sigma}_{\overline{X}} = 0,545$$

Für ein Signifikanzniveau von 95% und f = 8-1 = 7 Freiheitsgraden ergibt sich ein t-Wert von 2,37 (siehe Tabelle 1.6 im Anhang).

Damit folgt für das Konfidenzintervall :

$$W (10 - 2,37 \cdot 0,545 \leq \mu \leq 10 + 2,37 \cdot 0,545) = 95\%$$

$$W(8,71 \leq \mu \leq 11,29) = 95\ \%$$

Mit einem Sicherheitsgrad von 95 Prozent liegt die Lebensdauer der Bauelemente zwischen 8,7 und 11,3 Stunden.

Eine Intervallschätzung für den unbekannten Anteilswert π einer Merkmals- **Intervallschätzung**
ausprägung in der Grundgesamtheit läuft nach den oben beschriebenen **für Anteile**
Prinzipien ab. Ausgehend von einer konkreten Stichprobe ist der Anteilswert
p der Stichprobe und die Schätzung für die Varianz der Stichprobenfunktion
des Anteilswertes zu berechnen. Das Konfidenzintervall ergibt sich dann mit :

$$W(p - c\,\hat{\sigma}_p \leq \pi \leq p + c\,\hat{\sigma}_p) = 1 - \alpha$$

mit :

$$\hat{\sigma}_p = \sqrt{\frac{pq}{n-1}}$$

Für kleine Stichproben bzw. für den Fall, daß *ohne Zurücklegen* gezogen
wird, gilt :

$$\hat{\sigma}_p = \sqrt{\frac{pq}{n-1} \cdot \frac{N-n}{N-1}}$$

Eine Stichprobe aus der laufenden Produktion vom Umfang n=100 enthält 10 **Beispiel**
Ausschußstücke. Der unbekannte Anteil in der Grundgesamtheit ist mit 95%-
iger Wahrscheinlichkeit zu bestimmen.

$$\hat{\sigma}_p = \sqrt{\frac{pq}{n-1}} = \sqrt{\frac{0,1 \cdot 0,9}{100-1}} = 0,0302$$

$$\Rightarrow \quad W(0,1 - 1,96 \cdot 0,0302 \leq \pi \leq 0,1 + 1,96 \cdot 0,0302) = 95\%$$

$$W(0,041 \leq \pi \leq 0,159) = 95\%$$

Der Anteil defekter Stücke in der Grundgesamtheit liegt mit 95%-iger
Wahrscheinlichkeit zwischen 4,1 und 15,9 Prozent.

Prinzipiell kann auch die unbekannte Varianz der Grundgesamtheit σ^2 mit **Intervallschätzung**
Hilfe der aus einer konkreten Stichprobe bekannten Varianz s^2 durch ein **für Varianzen**
Konfidenzintervall geschätzt werden. Die Stichprobenfunktion der Varianz
folgt der sogenannten χ^2-Verteilung (sprich Chi-Quadrat-Verteilung). Auf
eine Darstellung soll jedoch verzichtet werden.

Eine weitgehend unmathematische Beschreibung der Schätzproblematik ist **Literatur**
zu finden bei *Ehrenberg, A.S.C., Statistik oder der Umgang mit Daten*,
Weinheim 1986. Eine grundlegende theoretische Auseinandersetzung mit
dem Schätzproblem bietet *Menges,G.*, a.a.O., 10. Kapitel : Grundbegriffe des
Schätzens und der Hypothesenprüfung. Siehe auch *Schaich, E., Schätz- und
Testmethoden für Sozialwissenschaftler*, München 1977.

3.3 Hypothesentestverfahren

Testen einer Hypothese

Hypothesentestverfahren oder *statistische (Signifikanz-) Tests* sind darauf ausgelegt, Annahmen bzw. Hypothesen über den wahren Parameter der Grundgesamtheit oder aber den Verteilungstyp mit den beobachteten Stichprobenergebnissen zu vergleichen. Praktisch wird es immer einen Unterschied zwischen dem vermuteten und dem mittels einer Stichprobe gemessenen Parameterwert geben. Das Ergebnis eines statistischen Tests legt mit einem bestimmten Sicherheitsgrad fest, ob dieser Unterschied bedeutsam (signifikant) ist oder nur zufallsbedingt durch die konkrete Stichprobe hervorgerufen wurde und deshalb als unbedeutend einzustufen ist.

Für unterschiedliche Zwecke sind verschiedene Typen von Tests entwickelt worden: Hypothesen- und Parametertests, Verteilungstests und verteilungsfreie Tests.

Nullhypothese

Über die sogenannte *Nullhypothese* H_0 wird die Vermutung über die Größe des wahren Parameterwertes der Grundgesamtheit in das Testverfahren eingebracht. Beispielsweise : "Die Studenten eines bestimmten Semesters sind durchschnittlich 23 Jahre alt." Die Bezeichnung "Null"-Hypothese entstand durch die häufig aufgestellte Annahme, daß der wahre Parameter in der Grundgesamtheit Null ist. Beispiele hierfür sind :

- Die durchschnittliche Abweichung von einem vorgegebenen Wert in der Qualitätskontrolle beträgt Null.
- Das Steigungsmaß in einer linearen Regressionsgleichung ist Null. Dies würde bedeuten, daß zwischen den beiden betrachteten Merkmalen X und Y kein Zusammenhang besteht.
- Der Anteil einer bestimmten Merkmalsausprägung in der Grundgesamtheit ist Null.

Allerdings können auch Werte für die Nullhypothese verwendet werden, die von Null verschieden sind.

Alternativhypothese

Es gibt zwei mögliche Ergebnisse des statistischen Tests : Die Nullhypothese wird beibehalten (Fall der Nichtablehnung) oder sie wird abgelehnt. Für den Fall, daß sie abgelehnt wird, muß die *Gegen- oder Alternativhypothese* H_1 formuliert werden. Sie gibt an, was geschehen soll, falls die Nullhypothese verworfen wird. Lautet die Nullhypothese beispielsweise $\mu=5$, so kann die Gegenhypothese mit $\mu\neq5$, $\mu>5$ oder $\mu<5$ angegeben werden. Für die unterschiedlichen Gegenhypothesen sind zweiseitige, rechtsseitige oder linksseitige Tests zu formulieren.

Anstelle der Formulierung "Nichtablehnung der Nullhypothese" wird häufig auch die mißverständliche Bezeichnung "Annahme der Nullhypothese" verwendet. Die weitgehende Übereinstimmung des hypothetischen Wertes mit dem Stichprobenwert kann jedoch nicht als Beweis für die Wahrheit der Hypothese (z.B. der Mittelwert der Grundgesamtheit beträgt $\mu=24$) betrachtet werden. Vielmehr kann die Hypothese nur mit dem Attribut "nicht widerlegt" versehen werden. Schon eine weitere Stichprobe könnte die Hypothese möglicherweise widerlegen. Methodologisch betrachtet können Hypothesen nicht *verifiziert* (bewahrheitet, verifizieren = die Wahrheit nachweisen), sondern bestenfalls *nicht falsifiziert* (falsifizieren = widerlegen) werden.

Der Begriff *Signifikanzniveau* ist schon von der Betrachtung des Konfidenz- **Signifikanzniveau**
intervalls bekannt. Das Signifikanzniveau ist die Wahrscheinlichkeit $1 - \alpha$,
mit der die Ergebnisse des Tests als sicher gelten können. Der Parameter α
gibt die hiermit direkt verbundene Irrtumswahrscheinlichkeit an. Durch diese
wird die Wahrscheinlichkeit für *nicht repräsentative* bzw. *untypische*
Stichproben festgelegt, die bei einer Zufallsauswahl auch auftreten können,
aber doch äußerst unwahrscheinlich sind. Gebräuchliche Werte für α sind 1,
5 oder 10 Prozent. Dadurch sind die Signifikanzniveaus von 99, 95 und 90
Prozent bestimmt.

Sollte wider Erwarten eine *untypische Stichprobe* gezogen werden, der **Fehler erster**
Stichprobenmittelwert beispielsweise liegt in diesem Fall relativ weit entfernt **und zweiter Art**
vom wahren Mittelwert der Grundgesamtheit, so wird die Nullhypothese
abgelehnt, obwohl sie richtig ist. Untypische Stichproben treten mit einer
Wahrscheinlichkeit von $\alpha \cdot 100$ Prozent auf, sind also relativ unwahrscheinlich. Der damit verbundene Fehler wird α-*Fehler* oder *Fehler erster Art*
genannt. Die Wahrscheinlichkeit, eine richtige Nullhypothese abzulehnen,
beträgt somit $\alpha \cdot 100$ Prozent.

Was aber, wenn die nicht abgelehnte bzw. beibehaltene Nullhypothese falsch
ist, und der wahre Wert in Wirklichkeit weit entfernt vom hypothetischen
Wert liegt ? In diesem Fall wird der sogenannte *Fehler zweiter Art* begangen.
Auf welche Weise kann dieser eintreten ? Unter Umständen hat man von
vornherein eine falsche Vorstellung von dem wahren Wert des betrachteten
Parameters der Grundgesamtheit. Die gezogene Stichprobe müßte genau-
genommen einen Stichprobenwert liefern, der relativ weit entfernt vom angenommenen Parameterwert liegt. Wurde jedoch - obwohl unwahrscheinlich -
eine untypische Stichprobe gezogen, die nahe dem angenommenen (falschen)
Wert liegt, kann eine falsche Nullhypothese bestätigt werden. In diesem Fall
ist jedoch das Testergebnis falsch. Die Wahrscheinlichkeit für das Auftreten
einer untypischen Stichprobe aus einer Stichprobenverteilung mit dem genau-
genommen "richtigen" Erwartungswert des gesuchten Parameters wird mit ß
bezeichnet. Daher spricht man in diesem Fall auch vom *ß-Fehler*.

Eine Verringerung des *Fehlers erster Art* verringert zwar auch das Risiko,
eine richtige Nullhypothese abzulehnen, erhöht aber zugleich das Risiko,
einen *Fehler zweiter Art* zu begehen, d.h. eine richtige Gegenhypothese
abzulehnen. Daher ist es nicht sinnvoll, die sogenannte "Irrtums"-Wahr-
scheinlichkeit α allzu klein zu wählen.

Prinzipiell spielt der genaue Wert von α nur eine untergeordnete Rolle, denn
Probleme treten nur bei bestimmten Testergebnissen auf. Liegt der
Parameterwert einer konkreten Stichprobe außerhalb des 2,5-Sigma-
Bereichs, kann die Nullhypothese mit hoher Gewißheit abgelehnt werden.
Die Irrtumswahrscheinlichkeit beträgt in diesem Fall ungefähr ein Prozent
(Tabelle 1.5.4, $1 - 0,9876 = 0,0124$). Das bedeutet, daß nur eine von 100
Stichproben untypisch ist. Die gezogene Stichprobe ist daher als Realisation
aus einer Stichprobenverteilung mit einem von H_0 verschiedenen Erwar-
tungswert anzusehen.

Liegt der Stichprobenwert innerhalb des 1,5-Sigma-Bereichs, dies entspricht einer Irrtumswahrscheinlichkeit von mehr als 10 Prozent (Tabelle 1.5.4, 1 - 0,8664 = 0,1336), sollte die Nullhypothese beibehalten werden. Mindestens 10 von 100 Stichproben sind dann untypisch und würden zufällig eine Differenz zwischen hypothetischen und wahren Wert anzeigen. Außerdem ist die Wahrscheinlichkeit für einen Fehler zweiter Art relativ gering.

Liegt der Stichprobenwert zwischen dem 1,5- und dem 2,5-Sigma-Bereich, liefert der statistische Test keine klare und praktisch eindeutig verwendbare Entscheidung. Je nach Wahl der Irrtumswahrscheinlichkeit kann eine Nichtablehnung oder Ablehnung der Nullhypothese erreicht werden. Ein Ausweg kann in diesem Fall die Erhöhung des Stichprobenumfangs darstellen.

Ablauf eines statistischen Tests

Die Schritte des Hypothesentests sind :

1. Aufstellen von Null- und Alternativhypothese

2. Festlegen der Irrtumswahrscheinlichkeit und damit des Signifikanzniveaus

3. Festlegen der geeigneten Prüfverteilung und der Prüfgröße

4. Aufstellen der Entscheidungsregel für die Nichtablehnung oder Ablehnung der Nullhypothese

5. Berechnung der Prüfgröße

6. Anwendung der Entscheidungsregel und Interpretation des Ergebnisses

Beispiele zum statistischen Test

Prinzipiell führt der *statistische Test* zu keinem anderen Ergebnis wie das *Konfidenzintervall*. Ein durch den Test nicht abgelehnter hypothetischer Parameterwert liegt bei der Betrachtung des entsprechenden Konfidenzintervalls stets innerhalb der Intervallgrenzen. Aus diesem Grunde wird im folgenden nur das Grundprinzip des statistischen Tests anhand von Beispielen dargestellt. Stellvertretend für den *Parametertest* wird der Test über den Mittelwert der Grundgesamtheit und bekannter Varianz σ^2 herangezogen. Gezeigt werden in diesem Zusammenhang die unterschiedlichen Vorgehensweisen beim zweiseitigen, linksseitigen und rechtsseitigen Test.

Im Anschluß daran werden schließlich zwei weitere Tests anhand von Beispielen aus den Kapiteln E 3.4 und E 4.1 dargestellt : Mit dem Chi-Quadrat-Anpassungstest (χ^2-Anpassungstest) wird ein Vertreter der Verteilungstests behandelt. Abschließend wird der sogenannte Chi-Quadrat-Unabhängigkeitstest (χ^2-Unabhängigkeitstest) präsentiert, mit dem der Zusammenhang zweier nominal-skalierter Merkmale überprüft werden kann.

Zunächst wird ein sogenannter zweiseitiger Test über den Mittelwert der Grundgesamtheit und bei bekannter Varianz σ^2 dargestellt. Die verwendeten Ausgangsdaten wurden bereits in Kapitel F 3.2 verwendet.

Aus einer Zufallsstichprobe von 100 Naturfaser-Ballen wird ein durchschnittliches Gewicht von 12,5 Kilogramm je Ballen errechnet. Die Varianz der Grundgesamtheit ist mit $\sigma^2 = 16$ aus früheren Untersuchungen bekannt. Nach den bestehenden Lieferverträgen soll ein Ballen 12 Kilogramm wiegen. Kann dies aus den Stichprobenergebnissen mit 95%-iger Wahrscheinlichkeit bestätigt werden?

1. Aufstellen von *Null- und Alternativhypothese* :

$$H_0 : \mu = 12 \text{ kg}$$
$$H_1 : \mu \neq 12 \text{ kg}$$

2. Festlegen der *Irrtumswahrscheinlichkeit* : $\alpha = 0,05$

3. Festlegen von *Prüfverteilung* und *Prüfgröße* Z :

$$Z = \frac{\bar{x} - \mu}{\sigma_{\bar{x}}}$$

Die Prüfgröße ist standardnormalverteilt.

4. Aufstellen der *Entscheidungsregel* :

$$|Z| > 1,96 \implies H_0 \text{ wird abgelehnt.}$$
$$|Z| < 1,96 \implies H_0 \text{ wird beibehalten.}$$

Anmerkung : Mit $\alpha = 0,05$ wird ein symmetrischer, standardisierter Annahmebereich von -1,96 bis +1,96 festgelegt. Der Wert 1,96 ist der Tabelle 1.5.4 im Anhang für die vorgegebene Wahrscheinlichkeit von 0.9500 (=$1-\alpha$) zu entnehmen. Er wird in der Testtheorie als sogenannter *kritischer Wert* und der Ablehnungsbereich $|Z| > 1,96$ als *kritischer Bereich* bezeichnet.

5. *Berechnung* der Prüfgröße :

$$Z = \frac{12,5 - 12}{0,4} = 1,25$$

muß errechnet werde

6. *Interpretation des Ergebnisses* :

$$Z = 1,25 > 1,96$$

Die Nullhypothese wird beibehalten. Mit einer Wahrscheinlichkeit von 95% wird die Annahme, daß das durchschnittliche Gewicht der Faser-Ballen 12 Kilogramm beträgt, beibehalten.

Beispiel

<u>**Linksseitiger Test**</u> **über den Mittelwert μ**

Ein PKW-Hersteller ermittelt aufgrund einer Stichprobe von 50 Testwagen einer neuen Modellreihe einen durchschnittlichen Bremsweg von 55,8 Meter. Die Geschwindigkeit der PKW betrug zuvor jeweils 100 km/h. Die Standardabweichung ist bekannt mit σ = 5 Meter. Frühere Untersuchungen mit der alten Modellreihe ergaben noch einen Bremsweg von durchschnittlich 60 Meter. Kann aufgrund des Stichprobenergebnisses darauf geschlossen werden, daß der Bremsweg der neuen Modellreihe signifikant kürzer ist ?

1. Aufstellen von *Null- und Alternativhypothese* :

$$H_0 : \mu = 60$$
$$H_1 : \mu < 60$$

2. Festlegen der *Irrtumswahrscheinlichkeit* : α = 0,05

3. Festlegen von *Prüfverteilung* und *Prüfgröße Z* :

$$Z = \frac{\overline{x} - \mu}{\sigma_{\overline{x}}}$$

Die Prüfgröße ist standardnormalverteilt.

4. Aufstellen der *Entscheidungsregel* :

$$Z < -1,65 \implies H_0 \text{ wird abgelehnt.}$$
$$Z \geq -1,65 \implies H_0 \text{ wird beibehalten.}$$

Anmerkung : Mit α = 0,05 wird ein standardisierter fünfprozentiger Ablehnungsbereich (theoretisch von -∞ bis -1,65) auf der linken Seite der Prüfverteilung festgelegt. Für 0,0495 (≈ 0,05) ist in Tabelle 1.5.2 im Anhang der korrespondierende z-Wert von -1,65 abzulesen.

5. *Berechnung* der Prüfgröße :

$$Z = \frac{55,8 - 60}{\frac{5}{\sqrt{50}}} = -5,94$$

6. *Interpretation des Ergebnisses* :

$$Z = -5,94 < -1,65$$

Die Nullhypothese wird verworfen! Aufgrund der Stichprobe läßt sich auf einen Bremsweg unter 60 Meter schließen. Das Konfidenzniveau für diese Aussage beträgt 95 Prozent.

Die Lebensdauer eines Motorentyps sei normalverteilt mit $\mu = 85000$ km und einer Standardabweichung von $\sigma = 5000$ km. Für einen neuen Motorentyp ergibt eine Stichprobe von $n = 30$ eine durchschnittliche Lebensdauer von 95200 km. Läßt die Stichprobe darauf schließen, daß die Lebensdauer des neuen Motorentyps verbessert wurde ?

Beispiel

Rechtsseitiger Test **über den** **Mittelwert μ**

1. Aufstellen von *Null- und Alternativhypothese* :

$$H_0 : \mu = 85000$$
$$H_1 : \mu > 85000$$

2. Festlegen der *Irrtumswahrscheinlichkeit* : $\alpha = 0{,}05$

3. Festlegen von *Prüfverteilung* und *Prüfgröße Z* :

$$Z = \frac{\overline{x} - \mu}{\sigma_{\overline{x}}}$$

Die Prüfgröße ist standardnormalverteilt.

4. Aufstellen der *Entscheidungsregel* :

$$Z > 1{,}65 \quad \Rightarrow \quad H_0 \text{ wird abgelehnt.}$$
$$Z \le 1{,}65 \quad \Rightarrow \quad H_0 \text{ wird beibehalten.}$$

Anmerkung : Mit $\alpha = 0{,}05$ wird ein standardisierter fünfprozentiger Ablehnungsbereich (theoretisch von $+1{,}65$ bis $+\infty$) auf der rechten Seite der Prüfverteilung festgelegt. Für $0{,}9505$ ($\approx 0{,}95 = 1-\alpha$) ist in Tabelle 1.5.3 im Anhang der korrespondierende z-Wert von $+1{,}65$ abzulesen.

5. *Berechnung* der Prüfgröße :

$$Z = \frac{95200 - 85000}{\dfrac{5000}{\sqrt{30}}} = 11{,}17$$

6. *Interpretation des Ergebnisses* :

$$Z = 11{,}17 > 1{,}65$$

H_0 wird abgelehnt. Die Lebensdauer ist aufgrund des Stichprobenergebnisses und einem Signifikanzniveau von 95 Prozent größer als 85000 km anzunehmen.

Beispiel

Chi-Quadrat-Anpassungstest

Die Bruttomonatsverdienste (siehe hierzu das Beispiel in Kapitel E 3.4, Ausgangsdaten auf S.71) werden daraufhin untersucht, ob sie normalverteilt sind oder nicht.

1. Aufstellen von *Null- und Alternativhypothese* :

H_0 :   Die Bruttomonatsverdienste (in DM) sind normalverteilt mit
       N (3324 ; 1180,49).
H_1 :   Die Verteilung folgt keiner Normalverteilung.

Hinweis: Mittelwert und Standardabweichung wurden auf S.76 f. berechnet.

2. Festlegen der *Irrtumswahrscheinlichkeit* : $\alpha = 0,05$

3. Festlegen von *Prüfverteilung* und *Prüfgröße* Z :

$$\chi^2 = \sum_{i=1}^{k} \frac{(h_i - h_i{}^*)^2}{h_i{}^*}$$

Die Prüfgröße folgt einer χ^2- Verteilung mit f = k-1 Freiheitsgraden.
Für das Beispiel beträgt f = 10.

4. Aufstellen der *Entscheidungsregel* :

$$\chi^2 > 18,31 \implies H_0 \text{ wird abgelehnt.}$$
$$\chi^2 \leq 18,31 \implies H_0 \text{ wird beibehalten.}$$

Der Wert 18,31 ist der Tabelle 1.7 im Anhang für f=10 zu entnehmen.

5. *Berechnung* der Prüfgröße :

Klasse	$x_0(i)$	h(i)	z(i)	F(i)	p(i)	h(i)*	χ^2
1	2	3	4	5	6	7	8
1	1500	7	-1,55	0,0606	0,0606	15,2	4,38
2	2000	23	-1,12	0,1314	0,0708	17,7	1,59
3	2500	35	-0,70	0,2420	0,1106	27,7	1,95
4	3000	46	-0,27	0,3936	0,1516	37,9	1,73
5	3500	42	0,15	0,5596	0,1660	41,5	0,01
6	4000	33	0,57	0,7157	0,1561	39,0	0,93
7	4500	23	1,00	0,8413	0,1256	31,4	2,25
8	5000	15	1,42	0,9222	0,0809	20,2	1,35
9	5500	12	1,84	0,9671	0,0449	11,2	0,05
10	6000	8	2,27	0,9884	0,0213	5,30	1,34
11 u. 12	7000	6	3,11	0,9991	0,0107	2,70	4,13
250	-	250	-	-	0,9991	249,78	19,72

$$\chi^2 = \underline{19,72}$$

Spalte 1 : Klassen, bereinigt um die gering besetzte Klasse 12

Spalte 2 : Klassenobergrenze

Spalte 3 : absolute Häufigkeit in der Klasse

Spalte 4 : standardisierte Klassenobergrenze

Spalte 5 : Wert der Verteilungsfunktion der standardisierten Normalverteilung F(z) zur standardisierten Obergrenze z

Spalte 6 : Wahrscheinlichkeit für das Auftreten von Realisationen innerhalb der Klassengrenzen, berechnet als Differenz der Werte in Spalte 5

Spalte 7 : theoretische absolute Häufigkeit in der Klasse bei Annahme der Normalverteilung N (3324 ; 1180,49), berechnet aus dem Wert bzw. Anteil der Spalte 6, multipliziert mit 250

Spalte 8 : Summand für die Prüfgröße, berechnet aus den Werten der Spalten 3 und 7 nach der Formel unter Punkt 3

6. Interpretation des Ergebnisses :

$$\chi^2 = 19,72 > 18,86$$

Die Nullhypothese wird abgelehnt. Die Bruttomonatsverdienste sind nicht normalverteilt.

Beispiel

Chi-Quadrat-Unabhängig-keitstest

Getestet wird, ob zwei nominal-skalierte Merkmale voneinander abhängig sind oder nicht. Zur Berechnung werden die Daten des Kapitels E 4.1 auf Seite 98 ff. verwendet.

1. Aufstellen von *Null- und Alternativhypothese* :

H_0 :   Die Merkmale "Standort" und "Fleischsorte" sind voneinander unabhängig.

H_1 :   Die beiden Merkmale sind voneinander abhängig.

2. Festlegen der *Irrtumswahrscheinlichkeit* : $\alpha = 0,05$

3. Festlegen von *Prüfverteilung* und *Prüfgröße* χ^2 :

$$\chi^2 = \sum_{i=1}^{r} \sum_{j=1}^{c} \frac{(h_{ij} - h_{ij}{}^*)^2}{h_{ij}{}^*}$$

Die Prüfgröße folgt einer χ^2- Verteilung mit $f = (r-1)(c-1)$.

Der Zahlenteil der Tabelle auf Seite 98 besteht aus fünf Zeilen (r) und vier Spalten (c). Damit ist $f = (5-1)\cdot(4-1) = 12$.

4. Aufstellen der *Entscheidungsregel* :

$\chi^2 > 21,03 \Rightarrow H_0$ wird abgelehnt.

$\chi^2 \leq 21,03 \Rightarrow H_0$ wird beibehalten.

Der Wert 21,03 ist der Tabelle 1.7 im Anhang für f=12 zu entnehmen.

5. Die *Berechnung* der Prüfgröße erfolgte auf S.106 in Tabelle E 41-5 :

$$\chi^2 = 11,65$$

6. *Interpretation des Ergebnisses* :

$$\chi^2 = 11,65 < 21,03$$

Die Nullhypothese wird beibehalten. Es besteht keine Abhängigkeit zwischen dem Standort der Filialen und der Struktur des Absatzes nach verschiedenen Fleischsorten.

Übungs-aufgabe 17

Bei den 3000 Beschäftigten eines Großunternehmens wird im laufenden Jahr mit Hilfe einer Stichprobe das durchschnittliche Alter geschätzt. Aus vorangegangenen Untersuchungen weiß man, daß die Standardabweichung des Alters in der Grundgesamtheit (σ) 4 Jahre beträgt. Außerdem ist das Alter der Beschäftigten normalverteilt.

Eine Stichprobe vom Umfang n = 100 ergibt ein durchschnittliches Alter von 38,5 Jahren. Bestimmen Sie ein 97%-Konfidenzintervall für das unbekannte Durchschnittsalter (μ) der Grundgesamtheit !

G Anhang

1. Statistische Tabellen

2. Lösungen zu den Übungsaufgaben

1.1 Die Wahrscheinlichkeitsfunktion der Binomialverteilung
$1 \leq n \leq 8$ und $0{,}05 \leq p \leq 0{,}50$

n	k	0.05	0.10	0.15	0.20	0.25	0.30	0.35	0.40	0.45	0.50
						p					
1	0	.9500	.9000	.8500	.8000	.7500	.7000	.6500	.6000	.5500	.5000
1	1	.0500	.1000	.1500	.2000	.2500	.3000	.3500	.4000	.4500	.5000
2	0	.9025	.8100	.7225	.6400	.5625	.4900	.4225	.3600	.3025	.2500
2	1	.0950	.1800	.2550	.3200	.3750	.4200	.4550	.4800	.4950	.5000
2	2	.0025	.0100	.0225	.0400	.0625	.0900	.1225	.1600	.2025	.2500
3	0	.8574	.7290	.6141	.5120	.4219	.3430	.2746	.2160	.1664	.1250
3	1	.1354	.2430	.3251	.3840	.4219	.4410	.4436	.4320	.4084	.3750
3	2	.0071	.0270	.0574	.0960	.1406	.1890	.2389	.2880	.3341	.3750
3	3	.0001	.0010	.0034	.0080	.0156	.0270	.0429	.0640	.0911	.1250
4	0	.8145	.6561	.5220	.4096	.3164	.2401	.1785	.1296	.0915	.0625
4	1	.1715	.2916	.3685	.4096	.4219	.4116	.3845	.3456	.2995	.2500
4	2	.0135	.0486	.0975	.1536	.2109	.2646	.3105	.3456	.3675	.3750
4	3	.0005	.0036	.0115	.0256	.0469	.0756	.1115	.1536	.2005	.2500
4	4	.0000	.0001	.0005	.0016	.0039	.0081	.0150	.0256	.0410	.0625
5	0	.7738	.5905	.4437	.3277	.2373	.1681	.1160	.0778	.0503	.0313
5	1	.2036	.3280	.3915	.4096	.3955	.3601	.3124	.2592	.2059	.1563
5	2	.0214	.0729	.1382	.2048	.2637	.3087	.3364	.3456	.3369	.3125
5	3	.0011	.0081	.0244	.0512	.0879	.1323	.1811	.2304	.2757	.3125
5	4	.0000	.0004	.0022	.0064	.0146	.0284	.0488	.0768	.1128	.1563
5	5	.0000	.0000	.0001	.0003	.0010	.0024	.0053	.0102	.0185	.0313
6	0	.7351	.5314	.3771	.2621	.1780	.1176	.0754	.0467	.0277	.0156
6	1	.2321	.3543	.3993	.3932	.3560	.3025	.2437	.1866	.1359	.0938
6	2	.0305	.0984	.1762	.2458	.2966	.3241	.3280	.3110	.2780	.2344
6	3	.0021	.0146	.0415	.0819	.1318	.1852	.2355	.2765	.3032	.3125
6	4	.0001	.0012	.0055	.0154	.0330	.0595	.0951	.1382	.1861	.2344
6	5	.0000	.0001	.0004	.0015	.0044	.0102	.0205	.0369	.0609	.0938
6	6	.0000	.0000	.0000	.0001	.0002	.0007	.0018	.0041	.0083	.0156
7	0	.6983	.4783	.3206	.2097	.1335	.0824	.0490	.0280	.0152	.0078
7	1	.2573	.3720	.3960	.3670	.3115	.2471	.1848	.1306	.0872	.0547
7	2	.0406	.1240	.2097	.2753	.3115	.3177	.2985	.2613	.2140	.1641
7	3	.0036	.0230	.0617	.1147	.1730	.2269	.2679	.2903	.2918	.2734
7	4	.0002	.0026	.0109	.0287	.0577	.0972	.1442	.1935	.2388	.2734
7	5	.0000	.0002	.0012	.0043	.0115	.0250	.0466	.0774	.1172	.1641
7	6	.0000	.0000	.0001	.0004	.0013	.0036	.0084	.0172	.0320	.0547
7	7	.0000	.0000	.0000	.0000	.0001	.0002	.0006	.0016	.0037	.0078
8	0	.6634	.4305	.2725	.1678	.1001	.0576	.0319	.0168	.0084	.0039
8	1	.2793	.3826	.3847	.3355	.2670	.1977	.1373	.0896	.0548	.0313
8	2	.0515	.1488	.2376	.2936	.3115	.2965	.2587	.2090	.1569	.1094
8	3	.0054	.0331	.0839	.1468	.2076	.2541	.2786	.2787	.2568	.2188
8	4	.0004	.0046	.0185	.0459	.0865	.1361	.1875	.2322	.2627	.2734
8	5	.0000	.0004	.0026	.0092	.0231	.0467	.0808	.1239	.1719	.2188
8	6	.0000	.0000	.0002	.0011	.0038	.0100	.0217	.0413	.0703	.1094
8	7	.0000	.0000	.0000	.0001	.0004	.0012	.0033	.0079	.0164	.0313
8	8	.0000	.0000	.0000	.0000	.0000	.0001	.0002	.0007	.0017	.0039

1.1 Die Wahrscheinlichkeitsfunktion der Binomialverteilung
$$9 \leq n \leq 12 \ \text{ und } \ 0,05 \leq p \leq 0,50$$

						p					
n	k	0.05	0.10	0.15	0.20	0.25	0.30	0.35	0.40	0.45	0.50
9	0	.6302	.3874	.2316	.1342	.0751	.0404	.0207	.0101	.0046	.0020
9	1	.2985	.3874	.3679	.3020	.2253	.1556	.1004	.0605	.0339	.0176
9	2	.0629	.1722	.2597	.3020	.3003	.2668	.2162	.1612	.1110	.0703
9	3	.0077	.0446	.1069	.1762	.2336	.2668	.2716	.2508	.2119	.1641
9	4	.0006	.0074	.0283	.0661	.1168	.1715	.2194	.2508	.2600	.2461
9	5	.0000	.0008	.0050	.0165	.0389	.0735	.1181	.1672	.2128	.2461
9	6	.0000	.0001	.0006	.0028	.0087	.0210	.0424	.0743	.1160	.1641
9	7	.0000	.0000	.0000	.0003	.0012	.0039	.0098	.0212	.0407	.0703
9	8	.0000	.0000	.0000	.0000	.0001	.0004	.0013	.0035	.0083	.0176
9	9	.0000	.0000	.0000	.0000	.0000	.0000	.0001	.0003	.0008	.0020
10	0	.5987	.3487	.1969	.1074	.0563	.0282	.0135	.0060	.0025	.0010
10	1	.3151	.3874	.3474	.2684	.1877	.1211	.0725	.0403	.0207	.0098
10	2	.0746	.1937	.2759	.3020	.2816	.2335	.1757	.1209	.0763	.0439
10	3	.0105	.0574	.1298	.2013	.2503	.2668	.2522	.2150	.1665	.1172
10	4	.0010	.0112	.0401	.0881	.1460	.2001	.2377	.2508	.2384	.2051
10	5	.0001	.0015	.0085	.0264	.0584	.1029	.1536	.2007	.2340	.2461
10	6	.0000	.0001	.0012	.0055	.0162	.0368	.0689	.1115	.1596	.2051
10	7	.0000	.0000	.0001	.0008	.0031	.0090	.0212	.0425	.0746	.1172
10	8	.0000	.0000	.0000	.0001	.0004	.0014	.0043	.0106	.0229	.0439
10	9	.0000	.0000	.0000	.0000	.0000	.0001	.0005	.0016	.0042	.0098
10	10	.0000	.0000	.0000	.0000	.0000	.0000	.0000	.0001	.0003	.0010
11	0	.5688	.3138	.1673	.0859	.0422	.0198	.0088	.0036	.0014	.0005
11	1	.3293	.3835	.3248	.2362	.1549	.0932	.0518	.0266	.0125	.0054
11	2	.0867	.2131	.2866	.2953	.2581	.1998	.1395	.0887	.0513	.0269
11	3	.0137	.0710	.1517	.2215	.2581	.2568	.2254	.1774	.1259	.0806
11	4	.0014	.0158	.0536	.1107	.1721	.2201	.2428	.2365	.2060	.1611
11	5	.0001	.0025	.0132	.0388	.0803	.1321	.1830	.2207	.2360	.2256
11	6	.0000	.0003	.0023	.0097	.0268	.0566	.0985	.1471	.1931	.2256
11	7	.0000	.0000	.0003	.0017	.0064	.0173	.0379	.0701	.1128	.1611
11	8	.0000	.0000	.0000	.0002	.0011	.0037	.0102	.0234	.0462	.0806
11	9	.0000	.0000	.0000	.0000	.0001	.0005	.0018	.0052	.0126	.0269
11	10	.0000	.0000	.0000	.0000	.0000	.0000	.0002	.0007	.0021	.0054
11	11	.0000	.0000	.0000	.0000	.0000	.0000	.0000	.0000	.0002	.0005
12	0	.5404	.2824	.1422	.0687	.0317	.0138	.0057	.0022	.0008	.0002
12	1	.3413	.3766	.3012	.2062	.1267	.0712	.0368	.0174	.0075	.0029
12	2	.0988	.2301	.2924	.2835	.2323	.1678	.1088	.0639	.0339	.0161
12	3	.0173	.0852	.1720	.2362	.2581	.2397	.1954	.1419	.0923	.0537
12	4	.0021	.0213	.0683	.1329	.1936	.2311	.2367	.2128	.1700	.1208
12	5	.0002	.0038	.0193	.0532	.1032	.1585	.2039	.2270	.2225	.1934
12	6	.0000	.0005	.0040	.0155	.0401	.0792	.1281	.1766	.2124	.2256
12	7	.0000	.0000	.0006	.0033	.0115	.0291	.0591	.1009	.1489	.1934
12	8	.0000	.0000	.0001	.0005	.0024	.0078	.0199	.0420	.0762	.1208
12	9	.0000	.0000	.0000	.0001	.0004	.0015	.0048	.0125	.0277	.0537
12	10	.0000	.0000	.0000	.0000	.0000	.0002	.0008	.0025	.0068	.0161
12	11	.0000	.0000	.0000	.0000	.0000	.0000	.0001	.0003	.0010	.0029
12	12	.0000	.0000	.0000	.0000	.0000	.0000	.0000	.0000	.0001	.0002

1.1 Die Wahrscheinlichkeitsfunktion der Binomialverteilung
13 ≤ n ≤ 15 und 0,05 ≤ p ≤ 0,50

		p									
n	k	0.05	0.10	0.15	0.20	0.25	0.30	0.35	0.40	0.45	0.50
13	0	.5133	.2542	.1209	.0550	.0238	.0097	.0037	.0013	.0004	.0001
13	1	.3512	.3672	.2774	.1787	.1029	.0540	.0259	.0113	.0045	.0016
13	2	.1109	.2448	.2937	.2680	.2059	.1388	.0836	.0453	.0220	.0095
13	3	.0214	.0997	.1900	.2457	.2517	.2181	.1651	.1107	.0660	.0349
13	4	.0028	.0277	.0838	.1535	.2097	.2337	.2222	.1845	.1350	.0873
13	5	.0003	.0055	.0266	.0691	.1258	.1803	.2154	.2214	.1989	.1571
13	6	.0000	.0008	.0063	.0230	.0559	.1030	.1546	.1968	.2169	.2095
13	7	.0000	.0001	.0011	.0058	.0186	.0442	.0833	.1312	.1775	.2095
13	8	.0000	.0000	.0001	.0011	.0047	.0142	.0336	.0656	.1089	.1571
13	9	.0000	.0000	.0000	.0001	.0009	.0034	.0101	.0243	.0495	.0873
13	10	.0000	.0000	.0000	.0000	.0001	.0006	.0022	.0065	.0162	.0349
13	11	.0000	.0000	.0000	.0000	.0000	.0001	.0003	.0012	.0036	.0095
13	12	.0000	.0000	.0000	.0000	.0000	.0000	.0000	.0001	.0005	.0016
13	13	.0000	.0000	.0000	.0000	.0000	.0000	.0000	.0000	.0000	.0001
14	0	.4877	.2288	.1028	.0440	.0178	.0068	.0024	.0008	.0002	.0001
14	1	.3593	.3559	.2539	.1539	.0832	.0407	.0181	.0073	.0027	.0009
14	2	.1229	.2570	.2912	.2501	.1802	.1134	.0634	.0317	.0141	.0056
14	3	.0259	.1142	.2056	.2501	.2402	.1943	.1366	.0845	.0462	.0222
14	4	.0037	.0349	.0998	.1720	.2202	.2290	.2022	.1549	.1040	.0611
14	5	.0004	.0078	.0352	.0860	.1468	.1963	.2178	.2066	.1701	.1222
14	6	.0000	.0013	.0093	.0322	.0734	.1262	.1759	.2066	.2088	.1833
14	7	.0000	.0002	.0019	.0092	.0280	.0618	.1082	.1574	.1952	.2095
14	8	.0000	.0000	.0003	.0020	.0082	.0232	.0510	.0918	.1398	.1833
14	9	.0000	.0000	.0000	.0003	.0018	.0066	.0183	.0408	.0762	.1222
14	10	.0000	.0000	.0000	.0000	.0003	.0014	.0049	.0136	.0312	.0611
14	11	.0000	.0000	.0000	.0000	.0000	.0002	.0010	.0033	.0093	.0222
14	12	.0000	.0000	.0000	.0000	.0000	.0000	.0001	.0005	.0019	.0056
14	13	.0000	.0000	.0000	.0000	.0000	.0000	.0000	.0001	.0002	.0009
14	14	.0000	.0000	.0000	.0000	.0000	.0000	.0000	.0000	.0000	.0001
15	0	.4633	.2059	.0874	.0352	.0134	.0047	.0016	.0005	.0001	.0000
15	1	.3658	.3432	.2312	.1319	.0668	.0305	.0126	.0047	.0016	.0005
15	2	.1348	.2669	.2856	.2309	.1559	.0916	.0476	.0219	.0090	.0032
15	3	.0307	.1285	.2184	.2501	.2252	.1700	.1110	.0634	.0318	.0139
15	4	.0049	.0428	.1156	.1876	.2252	.2186	.1792	.1268	.0780	.0417
15	5	.0006	.0105	.0449	.1032	.1651	.2061	.2123	.1859	.1404	.0916
15	6	.0000	.0019	.0132	.0430	.0917	.1472	.1906	.2066	.1914	.1527
15	7	.0000	.0003	.0030	.0138	.0393	.0811	.1319	.1771	.2013	.1964
15	8	.0000	.0000	.0005	.0035	.0131	.0348	.0710	.1181	.1647	.1964
15	9	.0000	.0000	.0001	.0007	.0034	.0116	.0298	.0612	.1048	.1527
15	10	.0000	.0000	.0000	.0001	.0007	.0030	.0096	.0245	.0515	.0916
15	11	.0000	.0000	.0000	.0000	.0001	.0006	.0024	.0074	.0191	.0417
15	12	.0000	.0000	.0000	.0000	.0000	.0001	.0004	.0016	.0052	.0139
15	13	.0000	.0000	.0000	.0000	.0000	.0000	.0001	.0003	.0010	.0032
15	14	.0000	.0000	.0000	.0000	.0000	.0000	.0000	.0000	.0001	.0005
15	15	.0000	.0000	.0000	.0000	.0000	.0000	.0000	.0000	.0000	.0000

1.1 Die Wahrscheinlichkeitsfunktion der Binomialverteilung
$1 \le n \le 8$ und $0{,}55 \le p \le 0{,}95$

						p				
n	k	0.55	0.60	0.65	0.70	0.75	0.80	0.85	0.90	0.95
1	0	.4500	.4000	.3500	.3000	.2500	.2000	.1500	.1000	.0500
1	1	.5500	.6000	.6500	.7000	.7500	.8000	.8500	.9000	.9500
2	0	.2025	.1600	.1225	.0900	.0625	.0400	.0225	.0100	.0025
2	1	.4950	.4800	.4550	.4200	.3750	.3200	.2550	.1800	.0950
2	2	.3025	.3600	.4225	.4900	.5625	.6400	.7225	.8100	.9025
3	0	.0911	.0640	.0429	.0270	.0156	.0080	.0034	.0010	.0001
3	1	.3341	.2880	.2389	.1890	.1406	.0960	.0574	.0270	.0071
3	2	.4084	.4320	.4436	.4410	.4219	.3840	.3251	.2430	.1354
3	3	.1664	.2160	.2746	.3430	.4219	.5120	.6141	.7290	.8574
4	0	.0410	.0256	.0150	.0081	.0039	.0016	.0005	.0001	.0000
4	1	.2005	.1536	.1115	.0756	.0469	.0256	.0115	.0036	.0005
4	2	.3675	.3456	.3105	.2646	.2109	.1536	.0975	.0486	.0135
4	3	.2995	.3456	.3845	.4116	.4219	.4096	.3685	.2916	.1715
4	4	.0915	.1296	.1785	.2401	.3164	.4096	.5220	.6561	.8145
5	0	.0185	.0102	.0053	.0024	.0010	.0003	.0001	.0000	.0000
5	1	.1128	.0768	.0488	.0284	.0146	.0064	.0022	.0005	.0000
5	2	.2757	.2304	.1811	.1323	.0879	.0512	.0244	.0081	.0011
5	3	.3369	.3456	.3364	.3087	.2637	.2048	.1382	.0729	.0214
5	4	.2059	.2592	.3124	.3601	.3955	.4096	.3915	.3281	.2036
5	5	.0503	.0778	.1160	.1681	.2373	.3277	.4437	.5905	.7738
6	0	.0083	.0041	.0018	.0007	.0002	.0001	.0000	.0000	.0000
6	1	.0609	.0369	.0205	.0102	.0044	.0015	.0004	.0001	.0000
6	2	.1861	.1382	.0951	.0595	.0330	.0154	.0055	.0012	.0001
6	3	.3032	.2765	.2355	.1852	.1318	.0819	.0415	.0146	.0021
6	4	.2780	.3110	.3280	.3241	.2966	.2458	.1762	.0984	.0305
6	5	.1359	.1866	.2437	.3025	.3560	.3932	.3993	.3543	.2321
6	6	.0277	.0467	.0754	.1176	.1780	.2621	.3771	.5314	.7351
7	0	.0037	.0016	.0006	.0002	.0001	.0000	.0000	.0000	.0000
7	1	.0320	.0172	.0084	.0036	.0013	.0004	.0001	.0000	.0000
7	2	.1172	.0774	.0466	.0250	.0115	.0043	.0012	.0002	.0000
7	3	.2388	.1935	.1442	.0972	.0577	.0287	.0109	.0026	.0002
7	4	.2918	.2903	.2679	.2269	.1730	.1147	.0617	.0230	.0036
7	5	.2140	.2613	.2985	.3177	.3115	.2753	.2097	.1240	.0406
7	6	.0872	.1306	.1848	.2471	.3115	.3670	.3960	.3720	.2573
7	7	.0152	.0280	.0490	.0824	.1335	.2097	.3206	.4783	.6983
8	0	.0017	.0007	.0002	.0001	.0000	.0000	.0000	.0000	.0000
8	1	.0164	.0079	.0033	.0012	.0004	.0001	.0000	.0000	.0000
8	2	.0703	.0413	.0217	.0100	.0038	.0011	.0002	.0000	.0000
8	3	.1719	.1239	.0808	.0467	.0231	.0092	.0026	.0004	.0000
8	4	.2627	.2322	.1875	.1361	.0865	.0459	.0185	.0046	.0004
8	5	.2568	.2787	.2786	.2541	.2076	.1468	.0839	.0331	.0054
8	6	.1569	.2090	.2587	.2965	.3115	.2936	.2376	.1488	.0515
8	7	.0548	.0896	.1373	.1977	.2670	.3355	.3847	.3826	.2793
8	8	.0084	.0168	.0319	.0576	.1001	.1678	.2725	.4305	.6634

1.1 Die Wahrscheinlichkeitsfunktion der Binomialverteilung
9 ≤ n ≤ 12 und 0,55 ≤ p ≤ 0,95

n	k	p								
		0.55	0.60	0.65	0.70	0.75	0.80	0.85	0.90	0.95
9	0	.0008	.0003	.0001	.0000	.0000	.0000	.0000	.0000	.0000
9	1	.0083	.0035	.0013	.0004	.0001	.0000	.0000	.0000	.0000
9	2	.0407	.0212	.0098	.0039	.0012	.0003	.0000	.0000	.0000
9	3	.1160	.0743	.0424	.0210	.0087	.0028	.0006	.0001	.0000
9	4	.2128	.1672	.1181	.0735	.0389	.0165	.0050	.0008	.0000
9	5	.2600	.2508	.2194	.1715	.1168	.0661	.0283	.0074	.0006
9	6	.2119	.2508	.2716	.2668	.2336	.1762	.1069	.0446	.0077
9	7	.1110	.1612	.2162	.2668	.3003	.3020	.2597	.1722	.0629
9	8	.0339	.0605	.1004	.1556	.2253	.3020	.3679	.3874	.2985
9	9	.0046	.0101	.0207	.0404	.0751	.1342	.2316	.3874	.6302
10	0	.0003	.0001	.0000	.0000	.0000	.0000	.0000	.0000	.0000
10	1	.0042	.0016	.0005	.0001	.0000	.0000	.0000	.0000	.0000
10	2	.0229	.0106	.0043	.0014	.0004	.0001	.0000	.0000	.0000
10	3	.0746	.0425	.0212	.0090	.0031	.0008	.0001	.0000	.0000
10	4	.1596	.1115	.0689	.0368	.0162	.0055	.0012	.0001	.0000
10	5	.2340	.2007	.1536	.1029	.0584	.0264	.0085	.0015	.0001
10	6	.2384	.2508	.2377	.2001	.1460	.0881	.0401	.0112	.0010
10	7	.1665	.2150	.2522	.2668	.2503	.2013	.1298	.0574	.0105
10	8	.0763	.1209	.1757	.2335	.2816	.3020	.2759	.1937	.0746
10	9	.0207	.0403	.0725	.1211	.1877	.2684	.3474	.3874	.3151
10	10	.0025	.0060	.0135	.0282	.0563	.1074	.1969	.3487	.5987
11	0	.0002	.0000	.0000	.0000	.0000	.0000	.0000	.0000	.0000
11	1	.0021	.0007	.0002	.0000	.0000	.0000	.0000	.0000	.0000
11	2	.0126	.0052	.0018	.0005	.0001	.0000	.0000	.0000	.0000
11	3	.0462	.0234	.0102	.0037	.0011	.0002	.0000	.0000	.0000
11	4	.1128	.0701	.0379	.0173	.0064	.0017	.0003	.0000	.0000
11	5	.1931	.1471	.0985	.0566	.0268	.0097	.0023	.0003	.0000
11	6	.2360	.2207	.1830	.1321	.0803	.0388	.0132	.0025	.0001
11	7	.2060	.2365	.2428	.2201	.1721	.1107	.0536	.0158	.0014
11	8	.1259	.1774	.2254	.2568	.2581	.2215	.1517	.0710	.0137
11	9	.0513	.0887	.1395	.1998	.2581	.2953	.2866	.2131	.0867
11	10	.0125	.0266	.0518	.0932	.1549	.2362	.3248	.3835	.3293
11	11	.0014	.0036	.0088	.0198	.0422	.0859	.1673	.3138	.5688
12	0	.0001	.0000	.0000	.0000	.0000	.0000	.0000	.0000	.0000
12	1	.0010	.0003	.0001	.0000	.0000	.0000	.0000	.0000	.0000
12	2	.0068	.0025	.0008	.0002	.0000	.0000	.0000	.0000	.0000
12	3	.0277	.0125	.0048	.0015	.0004	.0001	.0000	.0000	.0000
12	4	.0762	.0420	.0199	.0078	.0024	.0005	.0001	.0000	.0000
12	5	.1489	.1009	.0591	.0291	.0115	.0033	.0006	.0000	.0000
12	6	.2124	.1766	.1281	.0792	.0401	.0155	.0040	.0005	.0000
12	7	.2225	.2270	.2039	.1585	.1032	.0532	.0193	.0038	.0002
12	8	.1700	.2128	.2367	.2311	.1936	.1329	.0683	.0213	.0021
12	9	.0923	.1419	.1954	.2397	.2581	.2362	.1720	.0852	.0173
12	10	.0339	.0639	.1088	.1678	.2323	.2835	.2924	.2301	.0988
12	11	.0075	.0174	.0368	.0712	.1267	.2062	.3012	.3766	.3413
12	12	.0008	.0022	.0057	.0138	.0317	.0687	.1422	.2824	.5404

1.1 Die Wahrscheinlichkeitsfunktion der Binomialverteilung
13 ≤ n ≤ 15 und 0,55 ≤ p ≤ 0,95

n	k	p								
		0.55	0.60	0.65	0.70	0.75	0.80	0.85	0.90	0.95
13	0	.0000	.0000	.0000	.0000	.0000	.0000	.0000	.0000	.0000
13	1	.0005	.0001	.0000	.0000	.0000	.0000	.0000	.0000	.0000
13	2	.0036	.0012	.0003	.0001	.0000	.0000	.0000	.0000	.0000
13	3	.0162	.0065	.0022	.0006	.0001	.0000	.0000	.0000	.0000
13	4	.0495	.0243	.0101	.0034	.0009	.0001	.0000	.0000	.0000
13	5	.1089	.0656	.0336	.0142	.0047	.0011	.0001	.0000	.0000
13	6	.1775	.1312	.0833	.0442	.0186	.0058	.0011	.0001	.0000
13	7	.2169	.1968	.1546	.1030	.0559	.0230	.0063	.0008	.0000
13	8	.1989	.2214	.2154	.1803	.1258	.0691	.0266	.0055	.0003
13	9	.1350	.1845	.2222	.2337	.2097	.1535	.0838	.0277	.0028
13	10	.0660	.1107	.1651	.2181	.2517	.2457	.1900	.0997	.0214
13	11	.0220	.0453	.0836	.1388	.2059	.2680	.2937	.2448	.1109
13	12	.0045	.0113	.0259	.0540	.1029	.1787	.2774	.3672	.3512
13	13	.0004	.0013	.0037	.0097	.0238	.0550	.1209	.2542	.5133
14	0	.0000	.0000	.0000	.0000	.0000	.0000	.0000	.0000	.0000
14	1	.0002	.0001	.0000	.0000	.0000	.0000	.0000	.0000	.0000
14	2	.0019	.0005	.0001	.0000	.0000	.0000	.0000	.0000	.0000
14	3	.0093	.0033	.0010	.0002	.0000	.0000	.0000	.0000	.0000
14	4	.0312	.0136	.0049	.0014	.0003	.0000	.0000	.0000	.0000
14	5	.0762	.0408	.0183	.0066	.0018	.0003	.0000	.0000	.0000
14	6	.1398	.0918	.0510	.0232	.0082	.0020	.0003	.0000	.0000
14	7	.1952	.1574	.1082	.0618	.0280	.0092	.0019	.0002	.0000
14	8	.2088	.2066	.1759	.1262	.0734	.0322	.0093	.0013	.0000
14	9	.1701	.2066	.2178	.1963	.1468	.0860	.0352	.0078	.0004
14	10	.1040	.1549	.2022	.2290	.2202	.1720	.0998	.0349	.0037
14	11	.0462	.0845	.1366	.1943	.2402	.2501	.2056	.1142	.0259
14	12	.0141	.0317	.0634	.1134	.1802	.2501	.2912	.2570	.1229
14	13	.0027	.0073	.0181	.0407	.0832	.1539	.2539	.3559	.3593
14	14	.0002	.0008	.0024	.0068	.0178	.0440	.1028	.2288	.4877
15	0	.0000	.0000	.0000	.0000	.0000	.0000	.0000	.0000	.0000
15	1	.0001	.0000	.0000	.0000	.0000	.0000	.0000	.0000	.0000
15	2	.0010	.0003	.0001	.0000	.0000	.0000	.0000	.0000	.0000
15	3	.0052	.0016	.0004	.0001	.0000	.0000	.0000	.0000	.0000
15	4	.0191	.0074	.0024	.0006	.0001	.0000	.0000	.0000	.0000
15	5	.0515	.0245	.0096	.0030	.0007	.0001	.0000	.0000	.0000
15	6	.1048	.0612	.0298	.0116	.0034	.0007	.0001	.0000	.0000
15	7	.1647	.1181	.0710	.0348	.0131	.0035	.0005	.0000	.0000
15	8	.2013	.1771	.1319	.0811	.0393	.0138	.0030	.0003	.0000
15	9	.1914	.2066	.1906	.1472	.0917	.0430	.0132	.0019	.0000
15	10	.1404	.1859	.2123	.2061	.1651	.1032	.0449	.0105	.0006
15	11	.0780	.1268	.1792	.2186	.2252	.1876	.1156	.0428	.0049
15	12	.0318	.0634	.1110	.1700	.2252	.2501	.2184	.1285	.0307
15	13	.0090	.0219	.0476	.0916	.1559	.2309	.2856	.2669	.1348
15	14	.0016	.0047	.0126	.0305	.0668	.1319	.2312	.3432	.3658
15	15	.0001	.0005	.0016	.0047	.0134	.0352	.0874	.2059	.4633

1.2 Die Verteilungsfunktion der Binomialverteilung
$1 \leq n \leq 8$ und $0,05 \leq p \leq 0,50$

n	k	p 0.05	0.10	0.15	0.20	0.25	0.30	0.35	0.40	0.45	0.50
1	0	0.9500	0.9000	0.8500	0.8000	0.7500	0.7000	0.6500	0.6000	0.5500	0.5000
1	1	1.0000	1.0000	1.0000	1.0000	1.0000	1.0000	1.0000	1.0000	1.0000	1.0000
2	0	0.9025	0.8100	0.7225	0.6400	0.5625	0.4900	0.4225	0.3600	0.3025	0.2500
2	1	0.9975	0.9900	0.9775	0.9600	0.9375	0.9100	0.8775	0.8400	0.7975	0.7500
2	2	1.0000	1.0000	1.0000	1.0000	1.0000	1.0000	1.0000	1.0000	1.0000	1.0000
3	0	0.8574	0.7290	0.6141	0.5120	0.4219	0.3430	0.2746	0.2160	0.1664	0.1250
3	1	0.9927	0.9720	0.9393	0.8960	0.8438	0.7840	0.7182	0.6480	0.5747	0.5000
3	2	0.9999	0.9990	0.9966	0.9920	0.9844	0.9730	0.9571	0.9360	0.9089	0.8750
3	3	1.0000	1.0000	1.0000	1.0000	1.0000	1.0000	1.0000	1.0000	1.0000	1.0000
4	0	0.8145	0.6561	0.5220	0.4096	0.3164	0.2401	0.1785	0.1296	0.0915	0.0625
4	1	0.9860	0.9477	0.8905	0.8192	0.7383	0.6517	0.5630	0.4752	0.3910	0.3125
4	2	0.9995	0.9963	0.9880	0.9728	0.9492	0.9163	0.8735	0.8208	0.7585	0.6875
4	3	1.0000	0.9999	0.9995	0.9984	0.9961	0.9919	0.9850	0.9744	0.9590	0.9375
4	4	1.0000	1.0000	1.0000	1.0000	1.0000	1.0000	1.0000	1.0000	1.0000	1.0000
5	0	0.7738	0.5905	0.4437	0.3277	0.2373	0.1681	0.1160	0.0778	0.0503	0.0313
5	1	0.9774	0.9185	0.8352	0.7373	0.6328	0.5282	0.4284	0.3370	0.2562	0.1875
5	2	0.9988	0.9914	0.9734	0.9421	0.8965	0.8369	0.7648	0.6826	0.5931	0.5000
5	3	1.0000	0.9995	0.9978	0.9933	0.9844	0.9692	0.9460	0.9130	0.8688	0.8125
5	4	1.0000	1.0000	0.9999	0.9997	0.9990	0.9976	0.9947	0.9898	0.9815	0.9688
5	5	1.0000	1.0000	1.0000	1.0000	1.0000	1.0000	1.0000	1.0000	1.0000	1.0000
6	0	0.7351	0.5314	0.3771	0.2621	0.1780	0.1176	0.0754	0.0467	0.0277	0.0156
6	1	0.9672	0.8857	0.7765	0.6554	0.5339	0.4202	0.3191	0.2333	0.1636	0.1094
6	2	0.9978	0.9841	0.9527	0.9011	0.8306	0.7443	0.6471	0.5443	0.4415	0.3438
6	3	0.9999	0.9987	0.9941	0.9830	0.9624	0.9295	0.8826	0.8208	0.7447	0.6563
6	4	1.0000	0.9999	0.9996	0.9984	0.9954	0.9891	0.9777	0.9590	0.9308	0.8906
6	5	1.0000	1.0000	1.0000	0.9999	0.9998	0.9993	0.9982	0.9959	0.9917	0.9844
6	6	1.0000	1.0000	1.0000	1.0000	1.0000	1.0000	1.0000	1.0000	1.0000	1.0000
7	0	0.6983	0.4783	0.3206	0.2097	0.1335	0.0824	0.0490	0.0280	0.0152	0.0078
7	1	0.9556	0.8503	0.7166	0.5767	0.4449	0.3294	0.2338	0.1586	0.1024	0.0625
7	2	0.9962	0.9743	0.9262	0.8520	0.7564	0.6471	0.5323	0.4199	0.3164	0.2266
7	3	0.9998	0.9973	0.9879	0.9667	0.9294	0.8740	0.8002	0.7102	0.6083	0.5000
7	4	1.0000	0.9998	0.9988	0.9953	0.9871	0.9712	0.9444	0.9037	0.8471	0.7734
7	5	1.0000	1.0000	0.9999	0.9996	0.9987	0.9962	0.9910	0.9812	0.9643	0.9375
7	6	1.0000	1.0000	1.0000	1.0000	0.9999	0.9998	0.9994	0.9984	0.9963	0.9922
7	7	1.0000	1.0000	1.0000	1.0000	1.0000	1.0000	1.0000	1.0000	1.0000	1.0000
8	0	0.6634	0.4305	0.2725	0.1678	0.1001	0.0576	0.0319	0.0168	0.0084	0.0039
8	1	0.9428	0.8131	0.6572	0.5033	0.3671	0.2553	0.1691	0.1064	0.0632	0.0352
8	2	0.9942	0.9619	0.8948	0.7969	0.6785	0.5518	0.4278	0.3154	0.2201	0.1445
8	3	0.9996	0.9950	0.9786	0.9437	0.8862	0.8059	0.7064	0.5941	0.4770	0.3633
8	4	1.0000	0.9996	0.9971	0.9896	0.9727	0.9420	0.8939	0.8263	0.7396	0.6367
8	5	1.0000	1.0000	0.9998	0.9988	0.9958	0.9887	0.9747	0.9502	0.9115	0.8555
8	6	1.0000	1.0000	1.0000	0.9999	0.9996	0.9987	0.9964	0.9915	0.9819	0.9648
8	7	1.0000	1.0000	1.0000	1.0000	1.0000	0.9999	0.9998	0.9993	0.9983	0.9961
8	8	1.0000	1.0000	1.0000	1.0000	1.0000	1.0000	1.0000	1.0000	1.0000	1.0000

1.2 Die Verteilungsfunktion der Binomialverteilung
$9 \leq n \leq 12$ und $0{,}05 \leq p \leq 0{,}50$

n	k	p 0.05	0.10	0.15	0.20	0.25	0.30	0.35	0.40	0.45	0.50
9	0	0.6302	0.3874	0.2316	0.1342	0.0751	0.0404	0.0207	0.0101	0.0046	0.0020
9	1	0.9288	0.7748	0.5995	0.4362	0.3003	0.1960	0.1211	0.0705	0.0385	0.0195
9	2	0.9916	0.9470	0.8591	0.7382	0.6007	0.4628	0.3373	0.2318	0.1495	0.0898
9	3	0.9994	0.9917	0.9661	0.9144	0.8343	0.7297	0.6089	0.4826	0.3614	0.2539
9	4	1.0000	0.9991	0.9944	0.9804	0.9511	0.9012	0.8283	0.7334	0.6214	0.5000
9	5	1.0000	0.9999	0.9994	0.9969	0.9900	0.9747	0.9464	0.9006	0.8342	0.7461
9	6	1.0000	1.0000	1.0000	0.9997	0.9987	0.9957	0.9888	0.9750	0.9502	0.9102
9	7	1.0000	1.0000	1.0000	1.0000	0.9999	0.9996	0.9986	0.9962	0.9909	0.9805
9	8	1.0000	1.0000	1.0000	1.0000	1.0000	1.0000	0.9999	0.9997	0.9992	0.9980
9	9	1.0000	1.0000	1.0000	1.0000	1.0000	1.0000	1.0000	1.0000	1.0000	1.0000
10	0	0.5987	0.3487	0.1969	0.1074	0.0563	0.0282	0.0135	0.0060	0.0025	0.0010
10	1	0.9139	0.7361	0.5443	0.3758	0.2440	0.1493	0.0860	0.0464	0.0233	0.0107
10	2	0.9885	0.9298	0.8202	0.6778	0.5256	0.3828	0.2616	0.1673	0.0996	0.0547
10	3	0.9990	0.9872	0.9500	0.8791	0.7759	0.6496	0.5138	0.3823	0.2660	0.1719
10	4	0.9999	0.9984	0.9901	0.9672	0.9219	0.8497	0.7515	0.6331	0.5044	0.3770
10	5	1.0000	0.9999	0.9986	0.9936	0.9803	0.9527	0.9051	0.8338	0.7384	0.6230
10	6	1.0000	1.0000	0.9999	0.9991	0.9965	0.9894	0.9740	0.9452	0.8980	0.8281
10	7	1.0000	1.0000	1.0000	0.9999	0.9996	0.9984	0.9952	0.9877	0.9726	0.9453
10	8	1.0000	1.0000	1.0000	1.0000	1.0000	0.9999	0.9995	0.9983	0.9955	0.9893
10	9	1.0000	1.0000	1.0000	1.0000	1.0000	1.0000	1.0000	0.9999	0.9997	0.9990
10	10	1.0000	1.0000	1.0000	1.0000	1.0000	1.0000	1.0000	1.0000	1.0000	1.0000
11	0	0.5688	0.3138	0.1673	0.0859	0.0422	0.0198	0.0088	0.0036	0.0014	0.0005
11	1	0.8981	0.6974	0.4922	0.3221	0.1971	0.1130	0.0606	0.0302	0.0139	0.0059
11	2	0.9848	0.9104	0.7788	0.6174	0.4552	0.3127	0.2001	0.1189	0.0652	0.0327
11	3	0.9984	0.9815	0.9306	0.8389	0.7133	0.5696	0.4255	0.2963	0.1911	0.1133
11	4	0.9999	0.9972	0.9841	0.9496	0.8854	0.7897	0.6683	0.5328	0.3971	0.2744
11	5	1.0000	0.9997	0.9973	0.9883	0.9657	0.9218	0.8513	0.7535	0.6331	0.5000
11	6	1.0000	1.0000	0.9997	0.9980	0.9924	0.9784	0.9499	0.9006	0.8262	0.7256
11	7	1.0000	1.0000	1.0000	0.9998	0.9988	0.9957	0.9878	0.9707	0.9390	0.8867
11	8	1.0000	1.0000	1.0000	1.0000	0.9999	0.9994	0.9980	0.9941	0.9852	0.9673
11	9	1.0000	1.0000	1.0000	1.0000	1.0000	1.0000	0.9998	0.9993	0.9978	0.9941
11	10	1.0000	1.0000	1.0000	1.0000	1.0000	1.0000	1.0000	1.0000	0.9998	0.9995
11	11	1.0000	1.0000	1.0000	1.0000	1.0000	1.0000	1.0000	1.0000	1.0000	1.0000
12	0	0.5404	0.2824	0.1422	0.0687	0.0317	0.0138	0.0057	0.0022	0.0008	0.0002
12	1	0.8816	0.6590	0.4435	0.2749	0.1584	0.0850	0.0424	0.0196	0.0083	0.0032
12	2	0.9804	0.8891	0.7358	0.5583	0.3907	0.2528	0.1513	0.0834	0.0421	0.0193
12	3	0.9978	0.9744	0.9078	0.7946	0.6488	0.4925	0.3467	0.2253	0.1345	0.0730
12	4	0.9998	0.9957	0.9761	0.9274	0.8424	0.7237	0.5833	0.4382	0.3044	0.1938
12	5	1.0000	0.9995	0.9954	0.9806	0.9456	0.8822	0.7873	0.6652	0.5269	0.3872
12	6	1.0000	0.9999	0.9993	0.9961	0.9857	0.9614	0.9154	0.8418	0.7393	0.6128
12	7	1.0000	1.0000	0.9999	0.9994	0.9972	0.9905	0.9745	0.9427	0.8883	0.8062
12	8	1.0000	1.0000	1.0000	0.9999	0.9996	0.9983	0.9944	0.9847	0.9644	0.9270
12	9	1.0000	1.0000	1.0000	1.0000	1.0000	0.9998	0.9992	0.9972	0.9921	0.9807
12	10	1.0000	1.0000	1.0000	1.0000	1.0000	1.0000	0.9999	0.9997	0.9989	0.9968
12	11	1.0000	1.0000	1.0000	1.0000	1.0000	1.0000	1.0000	1.0000	0.9999	0.9998
12	12	1.0000	1.0000	1.0000	1.0000	1.0000	1.0000	1.0000	1.0000	1.0000	1.0000

1.2 Die Verteilungsfunktion der Binomialverteilung
$13 \le n \le 15$ und $0,05 \le p \le 0,50$

n	k	p									
		0.05	0.10	0.15	0.20	0.25	0.30	0.35	0.40	0.45	0.50
13	0	0.5133	0.2542	0.1209	0.0550	0.0238	0.0097	0.0037	0.0013	0.0004	0.0001
13	1	0.8646	0.6213	0.3983	0.2336	0.1267	0.0637	0.0296	0.0126	0.0049	0.0017
13	2	0.9755	0.8661	0.6920	0.5017	0.3326	0.2025	0.1132	0.0579	0.0269	0.0112
13	3	0.9969	0.9658	0.8820	0.7473	0.5843	0.4206	0.2783	0.1686	0.0929	0.0461
13	4	0.9997	0.9935	0.9658	0.9009	0.7940	0.6543	0.5005	0.3530	0.2279	0.1334
13	5	1.0000	0.9991	0.9925	0.9700	0.9198	0.8346	0.7159	0.5744	0.4268	0.2905
13	6	1.0000	0.9999	0.9987	0.9930	0.9757	0.9376	0.8705	0.7712	0.6437	0.5000
13	7	1.0000	1.0000	0.9998	0.9988	0.9944	0.9818	0.9538	0.9023	0.8212	0.7095
13	8	1.0000	1.0000	1.0000	0.9998	0.9990	0.9960	0.9874	0.9679	0.9302	0.8666
13	9	1.0000	1.0000	1.0000	1.0000	0.9999	0.9993	0.9975	0.9922	0.9797	0.9539
13	10	1.0000	1.0000	1.0000	1.0000	1.0000	0.9999	0.9997	0.9987	0.9959	0.9888
13	11	1.0000	1.0000	1.0000	1.0000	1.0000	1.0000	1.0000	0.9999	0.9995	0.9983
13	12	1.0000	1.0000	1.0000	1.0000	1.0000	1.0000	1.0000	1.0000	1.0000	0.9999
13	13	1.0000	1.0000	1.0000	1.0000	1.0000	1.0000	1.0000	1.0000	1.0000	1.0000
14	0	0.4877	0.2288	0.1028	0.0440	0.0178	0.0068	0.0024	0.0008	0.0002	0.0001
14	1	0.8470	0.5846	0.3567	0.1979	0.1010	0.0475	0.0205	0.0081	0.0029	0.0009
14	2	0.9699	0.8416	0.6479	0.4481	0.2811	0.1608	0.0839	0.0398	0.0170	0.0065
14	3	0.9958	0.9559	0.8535	0.6982	0.5213	0.3552	0.2205	0.1243	0.0632	0.0287
14	4	0.9996	0.9908	0.9533	0.8702	0.7415	0.5842	0.4227	0.2793	0.1672	0.0898
14	5	1.0000	0.9985	0.9885	0.9561	0.8883	0.7805	0.6405	0.4859	0.3373	0.2120
14	6	1.0000	0.9998	0.9978	0.9884	0.9617	0.9067	0.8164	0.6925	0.5461	0.3953
14	7	1.0000	1.0000	0.9997	0.9976	0.9897	0.9685	0.9247	0.8499	0.7414	0.6047
14	8	1.0000	1.0000	1.0000	0.9996	0.9978	0.9917	0.9757	0.9417	0.8811	0.7880
14	9	1.0000	1.0000	1.0000	1.0000	0.9997	0.9983	0.9940	0.9825	0.9574	0.9102
14	10	1.0000	1.0000	1.0000	1.0000	1.0000	0.9998	0.9989	0.9961	0.9886	0.9713
14	11	1.0000	1.0000	1.0000	1.0000	1.0000	1.0000	0.9999	0.9994	0.9978	0.9935
14	12	1.0000	1.0000	1.0000	1.0000	1.0000	1.0000	1.0000	0.9999	0.9997	0.9991
14	13	1.0000	1.0000	1.0000	1.0000	1.0000	1.0000	1.0000	1.0000	1.0000	0.9999
14	14	1.0000	1.0000	1.0000	1.0000	1.0000	1.0000	1.0000	1.0000	1.0000	1.0000
15	0	0.4633	0.2059	0.0874	0.0352	0.0134	0.0047	0.0016	0.0005	0.0001	0.0000
15	1	0.8290	0.5490	0.3186	0.1671	0.0802	0.0353	0.0142	0.0052	0.0017	0.0005
15	2	0.9638	0.8159	0.6042	0.3980	0.2361	0.1268	0.0617	0.0271	0.0107	0.0037
15	3	0.9945	0.9444	0.8227	0.6482	0.4613	0.2969	0.1727	0.0905	0.0424	0.0176
15	4	0.9994	0.9873	0.9383	0.8358	0.6865	0.5155	0.3519	0.2173	0.1204	0.0592
15	5	0.9999	0.9977	0.9832	0.9389	0.8516	0.7216	0.5643	0.4032	0.2608	0.1509
15	6	1.0000	0.9997	0.9964	0.9819	0.9434	0.8689	0.7548	0.6098	0.4522	0.3036
15	7	1.0000	1.0000	0.9994	0.9958	0.9827	0.9500	0.8868	0.7869	0.6535	0.5000
15	8	1.0000	1.0000	0.9999	0.9992	0.9958	0.9848	0.9578	0.9050	0.8182	0.6964
15	9	1.0000	1.0000	1.0000	0.9999	0.9992	0.9963	0.9876	0.9662	0.9231	0.8491
15	10	1.0000	1.0000	1.0000	1.0000	0.9999	0.9993	0.9972	0.9907	0.9745	0.9408
15	11	1.0000	1.0000	1.0000	1.0000	1.0000	0.9999	0.9995	0.9981	0.9937	0.9824
15	12	1.0000	1.0000	1.0000	1.0000	1.0000	1.0000	0.9999	0.9997	0.9989	0.9963
15	13	1.0000	1.0000	1.0000	1.0000	1.0000	1.0000	1.0000	1.0000	0.9999	0.9995
15	14	1.0000	1.0000	1.0000	1.0000	1.0000	1.0000	1.0000	1.0000	1.0000	1.0000
15	15	1.0000	1.0000	1.0000	1.0000	1.0000	1.0000	1.0000	1.0000	1.0000	1.0000

1.2 Die Verteilungsfunktion der Binomialverteilung
$1 \leq n \leq 8$ und $0{,}55 \leq p \leq 0{,}95$

		p								
n	k	0.55	0.60	0.65	0.70	0.75	0.80	0.85	0.90	0.95
1	0	0.4500	0.4000	0.3500	0.3000	0.2500	0.2000	0.1500	0.1000	0.0500
1	1	1.0000	1.0000	1.0000	1.0000	1.0000	1.0000	1.0000	1.0000	1.0000
2	0	0.2025	0.1600	0.1225	0.0900	0.0625	0.0400	0.0225	0.0100	0.0025
2	1	0.6975	0.6400	0.5775	0.5100	0.4375	0.3600	0.2775	0.1900	0.0975
2	2	1.0000	1.0000	1.0000	1.0000	1.0000	1.0000	1.0000	1.0000	1.0000
3	0	0.0911	0.0640	0.0429	0.0270	0.0156	0.0080	0.0034	0.0010	0.0001
3	1	0.4252	0.3520	0.2818	0.2160	0.1563	0.1040	0.0607	0.0280	0.0072
3	2	0.8336	0.7840	0.7254	0.6570	0.5781	0.4880	0.3859	0.2710	0.1426
3	3	1.0000	1.0000	1.0000	1.0000	1.0000	1.0000	1.0000	1.0000	1.0000
4	0	0.0410	0.0256	0.0150	0.0081	0.0039	0.0016	0.0005	0.0001	0.0000
4	1	0.2415	0.1792	0.1265	0.0837	0.0508	0.0272	0.0120	0.0037	0.0005
4	2	0.6090	0.5248	0.4370	0.3483	0.2617	0.1808	0.1095	0.0523	0.0140
4	3	0.9085	0.8704	0.8215	0.7599	0.6836	0.5904	0.4780	0.3439	0.1855
4	4	1.0000	1.0000	1.0000	1.0000	1.0000	1.0000	1.0000	1.0000	1.0000
5	0	0.0185	0.0102	0.0053	0.0024	0.0010	0.0003	0.0001	0.0000	0.0000
5	1	0.1312	0.0870	0.0540	0.0308	0.0156	0.0067	0.0022	0.0005	0.0000
5	2	0.4069	0.3174	0.2352	0.1631	0.1035	0.0579	0.0266	0.0086	0.0012
5	3	0.7438	0.6630	0.5716	0.4718	0.3672	0.2627	0.1648	0.0815	0.0226
5	4	0.9497	0.9222	0.8840	0.8319	0.7627	0.6723	0.5563	0.4095	0.2262
5	5	1.0000	1.0000	1.0000	1.0000	1.0000	1.0000	1.0000	1.0000	1.0000
6	0	0.0083	0.0041	0.0018	0.0007	0.0002	0.0001	0.0000	0.0000	0.0000
6	1	0.0692	0.0410	0.0223	0.0109	0.0046	0.0016	0.0004	0.0001	0.0000
6	2	0.2553	0.1792	0.1174	0.0705	0.0376	0.0170	0.0059	0.0013	0.0001
6	3	0.5585	0.4557	0.3529	0.2557	0.1694	0.0989	0.0473	0.0159	0.0022
6	4	0.8364	0.7667	0.6809	0.5798	0.4661	0.3446	0.2235	0.1143	0.0328
6	5	0.9723	0.9533	0.9246	0.8824	0.8220	0.7379	0.6229	0.4686	0.2649
6	6	1.0000	1.0000	1.0000	1.0000	1.0000	1.0000	1.0000	1.0000	1.0000
7	0	0.0037	0.0016	0.0006	0.0002	0.0001	0.0000	0.0000	0.0000	0.0000
7	1	0.0357	0.0188	0.0090	0.0038	0.0013	0.0004	0.0001	0.0000	0.0000
7	2	0.1529	0.0963	0.0556	0.0288	0.0129	0.0047	0.0012	0.0002	0.0000
7	3	0.3917	0.2898	0.1998	0.1260	0.0706	0.0333	0.0121	0.0027	0.0002
7	4	0.6836	0.5801	0.4677	0.3529	0.2436	0.1480	0.0738	0.0257	0.0038
7	5	0.8976	0.8414	0.7662	0.6706	0.5551	0.4233	0.2834	0.1497	0.0444
7	6	0.9848	0.9720	0.9510	0.9176	0.8665	0.7903	0.6794	0.5217	0.3017
7	7	1.0000	1.0000	1.0000	1.0000	1.0000	1.0000	1.0000	1.0000	1.0000
8	0	0.0017	0.0007	0.0002	0.0001	0.0000	0.0000	0.0000	0.0000	0.0000
8	1	0.0181	0.0085	0.0036	0.0013	0.0004	0.0001	0.0000	0.0000	0.0000
8	2	0.0885	0.0498	0.0253	0.0113	0.0042	0.0012	0.0002	0.0000	0.0000
8	3	0.2604	0.1737	0.1061	0.0580	0.0273	0.0104	0.0029	0.0004	0.0000
8	4	0.5230	0.4059	0.2936	0.1941	0.1138	0.0563	0.0214	0.0050	0.0004
8	5	0.7799	0.6846	0.5722	0.4482	0.3215	0.2031	0.1052	0.0381	0.0058
8	6	0.9368	0.8936	0.8309	0.7447	0.6329	0.4967	0.3428	0.1869	0.0572
8	7	0.9916	0.9832	0.9681	0.9424	0.8999	0.8322	0.7275	0.5695	0.3366
8	8	1.0000	1.0000	1.0000	1.0000	1.0000	1.0000	1.0000	1.0000	1.0000

1.2 Die Verteilungsfunktion der Binomialverteilung
$9 \leq n \leq 12$ und $0{,}55 \leq p \leq 0{,}95$

		p								
n	k	0.55	0.60	0.65	0.70	0.75	0.80	0.85	0.90	0.95
9	0	0.0008	0.0003	0.0001	0.0000	0.0000	0.0000	0.0000	0.0000	0.0000
9	1	0.0091	0.0038	0.0014	0.0004	0.0001	0.0000	0.0000	0.0000	0.0000
9	2	0.0498	0.0250	0.0112	0.0043	0.0013	0.0003	0.0000	0.0000	0.0000
9	3	0.1658	0.0994	0.0536	0.0253	0.0100	0.0031	0.0006	0.0001	0.0000
9	4	0.3786	0.2666	0.1717	0.0988	0.0489	0.0196	0.0056	0.0009	0.0000
9	5	0.6386	0.5174	0.3911	0.2703	0.1657	0.0856	0.0339	0.0083	0.0006
9	6	0.8505	0.7682	0.6627	0.5372	0.3993	0.2618	0.1409	0.0530	0.0084
9	7	0.9615	0.9295	0.8789	0.8040	0.6997	0.5638	0.4005	0.2252	0.0712
9	8	0.9954	0.9899	0.9793	0.9596	0.9249	0.8658	0.7684	0.6126	0.3698
9	9	1.0000	1.0000	1.0000	1.0000	1.0000	1.0000	1.0000	1.0000	1.0000
10	0	0.0003	0.0001	0.0000	0.0000	0.0000	0.0000	0.0000	0.0000	0.0000
10	1	0.0045	0.0017	0.0005	0.0001	0.0000	0.0000	0.0000	0.0000	0.0000
10	2	0.0274	0.0123	0.0048	0.0016	0.0004	0.0001	0.0000	0.0000	0.0000
10	3	0.1020	0.0548	0.0260	0.0106	0.0035	0.0009	0.0001	0.0000	0.0000
10	4	0.2616	0.1662	0.0949	0.0473	0.0197	0.0064	0.0014	0.0001	0.0000
10	5	0.4956	0.3669	0.2485	0.1503	0.0781	0.0328	0.0099	0.0016	0.0001
10	6	0.7340	0.6177	0.4862	0.3504	0.2241	0.1209	0.0500	0.0128	0.0010
10	7	0.9004	0.8327	0.7384	0.6172	0.4744	0.3222	0.1798	0.0702	0.0115
10	8	0.9767	0.9536	0.9140	0.8507	0.7560	0.6242	0.4557	0.2639	0.0861
10	9	0.9975	0.9940	0.9865	0.9718	0.9437	0.8926	0.8031	0.6513	0.4013
10	10	1.0000	1.0000	1.0000	1.0000	1.0000	1.0000	1.0000	1.0000	1.0000
11	0	0.0002	0.0000	0.0000	0.0000	0.0000	0.0000	0.0000	0.0000	0.0000
11	1	0.0022	0.0007	0.0002	0.0000	0.0000	0.0000	0.0000	0.0000	0.0000
11	2	0.0148	0.0059	0.0020	0.0006	0.0001	0.0000	0.0000	0.0000	0.0000
11	3	0.0610	0.0293	0.0122	0.0043	0.0012	0.0002	0.0000	0.0000	0.0000
11	4	0.1738	0.0994	0.0501	0.0216	0.0076	0.0020	0.0003	0.0000	0.0000
11	5	0.3669	0.2465	0.1487	0.0782	0.0343	0.0117	0.0027	0.0003	0.0000
11	6	0.6029	0.4672	0.3317	0.2103	0.1146	0.0504	0.0159	0.0028	0.0001
11	7	0.8089	0.7037	0.5744	0.4304	0.2867	0.1611	0.0694	0.0185	0.0016
11	8	0.9348	0.8811	0.7999	0.6873	0.5448	0.3826	0.2212	0.0896	0.0152
11	9	0.9861	0.9698	0.9394	0.8870	0.8029	0.6779	0.5078	0.3026	0.1019
11	10	0.9986	0.9964	0.9912	0.9802	0.9578	0.9141	0.8327	0.6862	0.4312
11	11	1.0000	1.0000	1.0000	1.0000	1.0000	1.0000	1.0000	1.0000	1.0000
12	0	0.0001	0.0000	0.0000	0.0000	0.0000	0.0000	0.0000	0.0000	0.0000
12	1	0.0011	0.0003	0.0001	0.0000	0.0000	0.0000	0.0000	0.0000	0.0000
12	2	0.0079	0.0028	0.0008	0.0002	0.0000	0.0000	0.0000	0.0000	0.0000
12	3	0.0356	0.0153	0.0056	0.0017	0.0004	0.0001	0.0000	0.0000	0.0000
12	4	0.1117	0.0573	0.0255	0.0095	0.0028	0.0006	0.0001	0.0000	0.0000
12	5	0.2607	0.1582	0.0846	0.0386	0.0143	0.0039	0.0007	0.0001	0.0000
12	6	0.4731	0.3348	0.2127	0.1178	0.0544	0.0194	0.0046	0.0005	0.0000
12	7	0.6956	0.5618	0.4167	0.2763	0.1576	0.0726	0.0239	0.0043	0.0002
12	8	0.8655	0.7747	0.6533	0.5075	0.3512	0.2054	0.0922	0.0256	0.0022
12	9	0.9579	0.9166	0.8487	0.7472	0.6093	0.4417	0.2642	0.1109	0.0196
12	10	0.9917	0.9804	0.9576	0.9150	0.8416	0.7251	0.5565	0.3410	0.1184
12	11	0.9992	0.9978	0.9943	0.9862	0.9683	0.9313	0.8578	0.7176	0.4596
12	12	1.0000	1.0000	1.0000	1.0000	1.0000	1.0000	1.0000	1.0000	1.0000

1.2 Die Verteilungsfunktion der Binomialverteilung
$13 \leq n \leq 15$ und $0{,}55 \leq p \leq 0{,}95$

		p								
n	k	0.55	0.60	0.65	0.70	0.75	0.80	0.85	0.90	0.95
13	0	0.0000	0.0000	0.0000	0.0000	0.0000	0.0000	0.0000	0.0000	0.0000
13	1	0.0005	0.0001	0.0000	0.0000	0.0000	0.0000	0.0000	0.0000	0.0000
13	2	0.0041	0.0013	0.0003	0.0001	0.0000	0.0000	0.0000	0.0000	0.0000
13	3	0.0203	0.0078	0.0025	0.0007	0.0001	0.0000	0.0000	0.0000	0.0000
13	4	0.0698	0.0321	0.0126	0.0040	0.0010	0.0002	0.0000	0.0000	0.0000
13	5	0.1788	0.0977	0.0462	0.0182	0.0056	0.0012	0.0002	0.0000	0.0000
13	6	0.3563	0.2288	0.1295	0.0624	0.0243	0.0070	0.0013	0.0001	0.0000
13	7	0.5732	0.4256	0.2841	0.1654	0.0802	0.0300	0.0075	0.0009	0.0000
13	8	0.7721	0.6470	0.4995	0.3457	0.2060	0.0991	0.0342	0.0065	0.0003
13	9	0.9071	0.8314	0.7217	0.5794	0.4157	0.2527	0.1180	0.0342	0.0031
13	10	0.9731	0.9421	0.8868	0.7975	0.6674	0.4983	0.3080	0.1339	0.0245
13	11	0.9951	0.9874	0.9704	0.9363	0.8733	0.7664	0.6017	0.3787	0.1354
13	12	0.9996	0.9987	0.9963	0.9903	0.9762	0.9450	0.8791	0.7458	0.4867
13	13	1.0000	1.0000	1.0000	1.0000	1.0000	1.0000	1.0000	1.0000	1.0000
14	0	0.0000	0.0000	0.0000	0.0000	0.0000	0.0000	0.0000	0.0000	0.0000
14	1	0.0003	0.0001	0.0000	0.0000	0.0000	0.0000	0.0000	0.0000	0.0000
14	2	0.0022	0.0006	0.0001	0.0000	0.0000	0.0000	0.0000	0.0000	0.0000
14	3	0.0114	0.0039	0.0011	0.0002	0.0000	0.0000	0.0000	0.0000	0.0000
14	4	0.0426	0.0175	0.0060	0.0017	0.0003	0.0000	0.0000	0.0000	0.0000
14	5	0.1189	0.0583	0.0243	0.0083	0.0022	0.0004	0.0000	0.0000	0.0000
14	6	0.2586	0.1501	0.0753	0.0315	0.0103	0.0024	0.0003	0.0000	0.0000
14	7	0.4539	0.3075	0.1836	0.0933	0.0383	0.0116	0.0022	0.0002	0.0000
14	8	0.6627	0.5141	0.3595	0.2195	0.1117	0.0439	0.0115	0.0015	0.0000
14	9	0.8328	0.7207	0.5773	0.4158	0.2585	0.1298	0.0467	0.0092	0.0004
14	10	0.9368	0.8757	0.7795	0.6448	0.4787	0.3018	0.1465	0.0441	0.0042
14	11	0.9830	0.9602	0.9161	0.8392	0.7189	0.5519	0.3521	0.1584	0.0301
14	12	0.9971	0.9919	0.9795	0.9525	0.8990	0.8021	0.6433	0.4154	0.1530
14	13	0.9998	0.9992	0.9976	0.9932	0.9822	0.9560	0.8972	0.7712	0.5123
14	14	1.0000	1.0000	1.0000	1.0000	1.0000	1.0000	1.0000	1.0000	1.0000
15	0	0.0000	0.0000	0.0000	0.0000	0.0000	0.0000	0.0000	0.0000	0.0000
15	1	0.0001	0.0000	0.0000	0.0000	0.0000	0.0000	0.0000	0.0000	0.0000
15	2	0.0011	0.0003	0.0001	0.0000	0.0000	0.0000	0.0000	0.0000	0.0000
15	3	0.0063	0.0019	0.0005	0.0001	0.0000	0.0000	0.0000	0.0000	0.0000
15	4	0.0255	0.0093	0.0028	0.0007	0.0001	0.0000	0.0000	0.0000	0.0000
15	5	0.0769	0.0338	0.0124	0.0037	0.0008	0.0001	0.0000	0.0000	0.0000
15	6	0.1818	0.0950	0.0422	0.0152	0.0042	0.0008	0.0001	0.0000	0.0000
15	7	0.3465	0.2131	0.1132	0.0500	0.0173	0.0042	0.0006	0.0000	0.0000
15	8	0.5478	0.3902	0.2452	0.1311	0.0566	0.0181	0.0036	0.0003	0.0000
15	9	0.7392	0.5968	0.4357	0.2784	0.1484	0.0611	0.0168	0.0022	0.0001
15	10	0.8796	0.7827	0.6481	0.4845	0.3135	0.1642	0.0617	0.0127	0.0006
15	11	0.9576	0.9095	0.8273	0.7031	0.5387	0.3518	0.1773	0.0556	0.0055
15	12	0.9893	0.9729	0.9383	0.8732	0.7639	0.6020	0.3958	0.1841	0.0362
15	13	0.9983	0.9948	0.9858	0.9647	0.9198	0.8329	0.6814	0.4510	0.1710
15	14	0.9999	0.9995	0.9984	0.9953	0.9866	0.9648	0.9126	0.7941	0.5367
15	15	1.0000	1.0000	1.0000	1.0000	1.0000	1.0000	1.0000	1.0000	1.0000

1.3 Die Wahrscheinlichkeitsfunktion der Poissonverteilung
$0.005 \leq \mu \leq 3{,}8$

k\μ	.005	.01	.02	.03	.04	.05	.06	.07	.08	.09	.10	.20
0	0.995	.9900	.9802	.9704	.9608	.9512	.9418	.9324	.9231	.9139	.9048	.8187
1	0.005	.0099	.0196	.0291	.0384	.0476	.0565	.0653	.0738	.0823	.0905	.1637
2	0.000	.0000	.0002	.0004	.0008	.0012	.0017	.0023	.0030	.0037	.0045	.0164
3	0.000	.0000	.0000	.0000	.0000	.0000	.0000	.0001	.0001	.0001	.0002	.0011
4	0.000	.0000	.0000	.0000	.0000	.0000	.0000	.0000	.0000	.0000	.0000	.0001

k\μ	0.3	0.4	0.5	0.6	0.7	0.8	0.9	1.0	1.1	1.2	1.3	1.4
0	0.741	.6703	.6065	.5488	.4966	.4493	.4066	.3679	.3329	.3012	.2725	.2466
1	0.222	.2681	.3033	.3293	.3476	.3595	.3659	.3679	.3662	.3614	.3543	.3452
2	0.033	.0536	.0758	.0988	.1217	.1438	.1647	.1839	.2014	.2169	.2303	.2417
3	0.003	.0072	.0126	.0198	.0284	.0383	.0494	.0613	.0738	.0867	.0998	.1128
4	0.000	.0007	.0016	.0030	.0050	.0077	.0111	.0153	.0203	.0260	.0324	.0395
5	0.000	.0001	.0002	.0004	.0007	.0012	.0020	.0031	.0045	.0062	.0084	.0111
6	0.000	.0000	.0000	.0000	.0001	.0002	.0003	.0005	.0008	.0012	.0018	.0026
7	0.000	.0000	.0000	.0000	.0000	.0000	.0000	.0001	.0001	.0002	.0003	.0005
8	0.000	.0000	.0000	.0000	.0000	.0000	.0000	.0000	.0000	.0000	.0001	.0001

k\μ	1.5	1.6	1.7	1.8	1.9	2.0	2.1	2.2	2.3	2.4	2.5	2.6
0	0.223	.2019	.1827	.1653	.1496	.1353	.1225	.1108	.1003	.0907	.0821	.0743
1	0.335	.3230	.3106	.2975	.2842	.2707	.2572	.2438	.2306	.2177	.2052	.1931
2	0.251	.2584	.2640	.2678	.2700	.2707	.2700	.2681	.2652	.2613	.2565	.2510
3	0.126	.1378	.1496	.1607	.1710	.1804	.1890	.1966	.2033	.2090	.2138	.2176
4	0.047	.0551	.0636	.0723	.0812	.0902	.0992	.1082	.1169	.1254	.1336	.1414
5	0.014	.0176	.0216	.0260	.0309	.0361	.0417	.0476	.0538	.0602	.0668	.0735
6	0.004	.0047	.0061	.0078	.0098	.0120	.0146	.0174	.0206	.0241	.0278	.0319
7	0.001	.0011	.0015	.0020	.0027	.0034	.0044	.0055	.0068	.0083	.0099	.0118
8	0.000	.0002	.0003	.0005	.0006	.0009	.0011	.0015	.0019	.0025	.0031	.0038
9	0.000	.0000	.0001	.0001	.0001	.0002	.0003	.0004	.0005	.0007	.0009	.0011
10	0.000	.0000	.0000	.0000	.0000	.0000	.0001	.0001	.0001	.0002	.0002	.0003
11	0.000	.0000	.0000	.0000	.0000	.0000	.0000	.0000	.0000	.0000	.0000	.0001

k\μ	2.7	2.8	2.9	3.0	3.1	3.2	3.3	3.4	3.5	3.6	3.7	3.8
0	0.067	.0608	.0550	.0498	.0450	.0408	.0369	.0334	.0302	.0273	.0247	.0224
1	0.181	.1703	.1596	.1494	.1397	.1304	.1217	.1135	.1057	.0984	.0915	.0850
2	0.245	.2384	.2314	.2240	.2165	.2087	.2008	.1929	.1850	.1771	.1692	.1615
3	0.220	.2225	.2237	.2240	.2237	.2226	.2209	.2186	.2158	.2125	.2087	.2046
4	0.149	.1557	.1622	.1680	.1733	.1781	.1823	.1858	.1888	.1912	.1931	.1944
5	0.080	.0872	.0940	.1008	.1075	.1140	.1203	.1264	.1322	.1377	.1429	.1477
6	0.036	.0407	.0455	.0504	.0555	.0608	.0662	.0716	.0771	.0826	.0881	.0936
7	0.014	.0163	.0188	.0216	.0246	.0278	.0312	.0348	.0385	.0425	.0466	.0508
8	0.005	.0057	.0068	.0081	.0095	.0111	.0129	.0148	.0169	.0191	.0215	.0241
9	0.001	.0018	.0022	.0027	.0033	.0040	.0047	.0056	.0066	.0076	.0089	.0102
10	0.000	.0005	.0006	.0008	.0010	.0013	.0016	.0019	.0023	.0028	.0033	.0039
11	0.000	.0001	.0002	.0002	.0003	.0004	.0005	.0006	.0007	.0009	.0011	.0013
12	0.000	.0000	.0000	.0001	.0001	.0001	.0001	.0002	.0002	.0003	.0003	.0004
13	0.000	.0000	.0000	.0000	.0000	.0000	.0000	.0000	.0001	.0001	.0001	.0001

1.3 Die Wahrscheinlichkeitsfunktion der Poissonverteilung
3,9 ≤ μ ≤ 9,0

k\μ	3.9	4.0	4.1	4.2	4.3	4.4	4.5	5.0	6.0	7.0	8.0	9.0
0	0.020	.0183	.0166	.0150	.0136	.0123	.0111	.0067	.0025	.0009	.0003	.0001
1	0.079	.0733	.0679	.0630	.0583	.0540	.0500	.0337	.0149	.0064	.0027	.0011
2	0.154	.1465	.1393	.1323	.1254	.1188	.1125	.0842	.0446	.0223	.0107	.0050
3	0.200	.1954	.1904	.1852	.1798	.1743	.1687	.1404	.0892	.0521	.0286	.0150
4	0.195	.1954	.1951	.1944	.1933	.1917	.1898	.1755	.1339	.0912	.0573	.0337
5	0.152	.1563	.1600	.1633	.1662	.1687	.1708	.1755	.1606	.1277	.0916	.0607
6	0.099	.1042	.1093	.1143	.1191	.1237	.1281	.1462	.1606	.1490	.1221	.0911
7	0.055	.0595	.0640	.0686	.0732	.0778	.0824	.1044	.1377	.1490	.1396	.1171
8	0.027	.0298	.0328	.0360	.0393	.0428	.0463	.0653	.1033	.1304	.1396	.1318
9	0.012	.0132	.0150	.0168	.0188	.0209	.0232	.0363	.0688	.1014	.1241	.1318
10	0.005	.0053	.0061	.0071	.0081	.0092	.0104	.0181	.0413	.0710	.0993	.1186
11	0.002	.0019	.0023	.0027	.0032	.0037	.0043	.0082	.0225	.0452	.0722	.0970
12	0.001	.0006	.0008	.0009	.0011	.0013	.0016	.0034	.0113	.0263	.0481	.0728
13	0.000	.0002	.0002	.0003	.0004	.0005	.0006	.0013	.0052	.0142	.0296	.0504
14	0.000	.0001	.0001	.0001	.0001	.0001	.0002	.0005	.0022	.0071	.0169	.0324
15	0.000	.0000	.0000	.0000	.0000	.0000	.0001	.0002	.0009	.0033	.0090	.0194
16	0.000	.0000	.0000	.0000	.0000	.0000	.0000	.0000	.0003	.0014	.0045	.0109
17	0.000	.0000	.0000	.0000	.0000	.0000	.0000	.0000	.0001	.0006	.0021	.0058
18	0.000	.0000	.0000	.0000	.0000	.0000	.0000	.0000	.0000	.0002	.0009	.0029
19	0.000	.0000	.0000	.0000	.0000	.0000	.0000	.0000	.0000	.0001	.0004	.0014
20	0.000	.0000	.0000	.0000	.0000	.0000	.0000	.0000	.0000	.0000	.0002	.0006

1.4 Die Verteilungsfunktion der Poissonverteilung
$0.005 \le \mu \le 3{,}8$

k\μ	.005	.01	.02	.03	.04	.05	.06	.07	.08	.09	.10	.20
0	0.995	0.990	0.980	0.970	0.961	0.951	0.942	0.932	0.923	0.914	0.905	0.819
1	1.000	1.000	1.000	1.000	0.999	0.999	0.998	0.998	0.997	0.996	0.995	0.982
2	1.000	1.000	1.000	1.000	1.000	1.000	1.000	1.000	1.000	1.000	1.000	0.999
3	1.000	1.000	1.000	1.000	1.000	1.000	1.000	1.000	1.000	1.000	1.000	1.000

k\μ	0.3	0.4	0.5	0.6	0.7	0.8	0.9	1.0	1.1	1.2	1.3	1.4
0	0.741	0.670	0.607	0.549	0.497	0.449	0.407	0.368	0.333	0.301	0.273	0.247
1	0.963	0.938	0.910	0.878	0.844	0.809	0.772	0.736	0.699	0.663	0.627	0.592
2	0.996	0.992	0.986	0.977	0.966	0.953	0.937	0.920	0.900	0.879	0.857	0.833
3	1.000	0.999	0.998	0.997	0.994	0.991	0.987	0.981	0.974	0.966	0.957	0.946
4	1.000	1.000	1.000	1.000	0.999	0.999	0.998	0.996	0.995	0.992	0.989	0.986
5	1.000	1.000	1.000	1.000	1.000	1.000	1.000	0.999	0.999	0.998	0.998	0.997
6	1.000	1.000	1.000	1.000	1.000	1.000	1.000	1.000	1.000	1.000	1.000	0.999
7	1.000	1.000	1.000	1.000	1.000	1.000	1.000	1.000	1.000	1.000	1.000	1.000

k\μ	1.5	1.6	1.7	1.8	1.9	2.0	2.1	2.2	2.3	2.4	2.5	2.6
0	0.223	0.202	0.183	0.165	0.150	0.135	0.122	0.111	0.100	0.091	0.082	0.074
1	0.558	0.525	0.493	0.463	0.434	0.406	0.380	0.355	0.331	0.308	0.287	0.267
2	0.809	0.783	0.757	0.731	0.704	0.677	0.650	0.623	0.596	0.570	0.544	0.518
3	0.934	0.921	0.907	0.891	0.875	0.857	0.839	0.819	0.799	0.779	0.758	0.736
4	0.981	0.976	0.970	0.964	0.956	0.947	0.938	0.928	0.916	0.904	0.891	0.877
5	0.996	0.994	0.992	0.990	0.987	0.983	0.980	0.975	0.970	0.964	0.958	0.951
6	0.999	0.999	0.998	0.997	0.997	0.995	0.994	0.993	0.991	0.988	0.986	0.983
7	1.000	1.000	1.000	0.999	0.999	0.999	0.999	0.998	0.997	0.997	0.996	0.995
8	1.000	1.000	1.000	1.000	1.000	1.000	1.000	1.000	0.999	0.999	0.999	0.999
9	1.000	1.000	1.000	1.000	1.000	1.000	1.000	1.000	1.000	1.000	1.000	1.000

k\μ	2.7	2.8	2.9	3.0	3.1	3.2	3.3	3.4	3.5	3.6	3.7	3.8
0	0.067	0.061	0.055	0.050	0.045	0.041	0.037	0.033	0.030	0.027	0.025	0.022
1	0.249	0.231	0.215	0.199	0.185	0.171	0.159	0.147	0.136	0.126	0.116	0.107
2	0.494	0.469	0.446	0.423	0.401	0.380	0.359	0.340	0.321	0.303	0.285	0.269
3	0.714	0.692	0.670	0.647	0.625	0.603	0.580	0.558	0.537	0.515	0.494	0.473
4	0.863	0.848	0.832	0.815	0.798	0.781	0.763	0.744	0.725	0.706	0.687	0.668
5	0.943	0.935	0.926	0.916	0.906	0.895	0.883	0.871	0.858	0.844	0.830	0.816
6	0.979	0.976	0.971	0.966	0.961	0.955	0.949	0.942	0.935	0.927	0.918	0.909
7	0.993	0.992	0.990	0.988	0.986	0.983	0.980	0.977	0.973	0.969	0.965	0.960
8	0.998	0.998	0.997	0.996	0.995	0.994	0.993	0.992	0.990	0.988	0.986	0.984
9	0.999	0.999	0.999	0.999	0.999	0.998	0.998	0.997	0.997	0.996	0.995	0.994
10	1.000	1.000	1.000	1.000	1.000	1.000	0.999	0.999	0.999	0.999	0.998	0.998
11	1.000	1.000	1.000	1.000	1.000	1.000	1.000	1.000	1.000	1.000	1.000	0.999
12	1.000	1.000	1.000	1.000	1.000	1.000	1.000	1.000	1.000	1.000	1.000	1.000

1.4 Die Verteilungsfunktion der Poissonverteilung
$$3,9 \leq \mu \leq 9,0$$

k\μ	3.9	4.0	4.1	4.2	4.3	4.4	4.5	5.0	6.0	7.0	8.0	9.0
0	0.020	0.018	0.017	0.015	0.014	0.012	0.011	0.007	0.002	0.001	0.000	0.000
1	0.099	0.092	0.085	0.078	0.072	0.066	0.061	0.040	0.017	0.007	0.003	0.001
2	0.253	0.238	0.224	0.210	0.197	0.185	0.174	0.125	0.062	0.030	0.014	0.006
3	0.453	0.433	0.414	0.395	0.377	0.359	0.342	0.265	0.151	0.082	0.042	0.021
4	0.648	0.629	0.609	0.590	0.570	0.551	0.532	0.440	0.285	0.173	0.100	0.055
5	0.801	0.785	0.769	0.753	0.737	0.720	0.703	0.616	0.446	0.301	0.191	0.116
6	0.899	0.889	0.879	0.867	0.856	0.844	0.831	0.762	0.606	0.450	0.313	0.207
7	0.955	0.949	0.943	0.936	0.929	0.921	0.913	0.867	0.744	0.599	0.453	0.324
8	0.981	0.979	0.976	0.972	0.968	0.964	0.960	0.932	0.847	0.729	0.593	0.456
9	0.993	0.992	0.990	0.989	0.987	0.985	0.983	0.968	0.916	0.830	0.717	0.587
10	0.998	0.997	0.997	0.996	0.995	0.994	0.993	0.986	0.957	0.901	0.816	0.706
11	0.999	0.999	0.999	0.999	0.998	0.998	0.998	0.995	0.980	0.947	0.888	0.803
12	1.000	1.000	1.000	1.000	0.999	0.999	0.999	0.998	0.991	0.973	0.936	0.876
13	1.000	1.000	1.000	1.000	1.000	1.000	1.000	0.999	0.996	0.987	0.966	0.926
14	1.000	1.000	1.000	1.000	1.000	1.000	1.000	1.000	0.999	0.994	0.983	0.959
15	1.000	1.000	1.000	1.000	1.000	1.000	1.000	1.000	0.999	0.998	0.992	0.978
16	1.000	1.000	1.000	1.000	1.000	1.000	1.000	1.000	1.000	0.999	0.996	0.989
17	1.000	1.000	1.000	1.000	1.000	1.000	1.000	1.000	1.000	1.000	0.998	0.995
18	1.000	1.000	1.000	1.000	1.000	1.000	1.000	1.000	1.000	1.000	0.999	0.998
19	1.000	1.000	1.000	1.000	1.000	1.000	1.000	1.000	1.000	1.000	1.000	0.999
20	1.000	1.000	1.000	1.000	1.000	1.000	1.000	1.000	1.000	1.000	1.000	1.000

1.5 Die Verteilungsfunktion der Standardnormalverteilung N(0;1)

1.5.1 Flächen unter der standardisierten Normalverteilung von -∞ bis +z

z	0	1	2	3	4	5	6	7	8	9
0.0	.5000	.5040	.5080	.5120	.5160	.5199	.5239	.5279	.5319	.5359
0.1	.5398	.5438	.5478	.5517	.5557	.5596	.5636	.5675	.5714	.5753
0.2	.5793	.5832	.5871	.5910	.5948	.5987	.6026	.6064	.6103	.6141
0.3	.6179	.6217	.6255	.6293	.6331	.6368	.6406	.6443	.6480	.6517
0.4	.6554	.6591	.6628	.6664	.6700	.6736	.6772	.6808	.6844	.6879
0.5	.6915	.6950	.6985	.7019	.7054	.7088	.7123	.7157	.7190	.7224
0.6	.7257	.7291	.7324	.7357	.7389	.7422	.7454	.7486	.7517	.7549
0.7	.7580	.7611	.7642	.7673	.7704	.7734	.7764	.7794	.7823	.7852
0.8	.7881	.7910	.7939	.7967	.7995	.8023	.8051	.8078	.8106	.8133
0.9	.8159	.8186	.8212	.8238	.8264	.8289	.8315	.8340	.8365	.8389
1.0	.8413	.8438	.8461	.8485	.8508	.8531	.8554	.8577	.8599	.8621
1.1	.8643	.8665	.8686	.8708	.8729	.8749	.8770	.8790	.8810	.8830
1.2	.8849	.8869	.8888	.8907	.8925	.8944	.8962	.8980	.8997	.9015
1.3	.9032	.9049	.9066	.9082	.9099	.9115	.9131	.9147	.9162	.9177
1.4	.9192	.9207	.9222	.9236	.9251	.9265	.9279	.9292	.9306	.9319
1.5	.9332	.9345	.9357	.9370	.9382	.9394	.9406	.9418	.9429	.9441
1.6	.9452	.9463	.9474	.9484	.9495	.9505	.9515	.9525	.9535	.9545
1.7	.9554	.9564	.9573	.9582	.9591	.9599	.9608	.9616	.9625	.9633
1.8	.9641	.9649	.9656	.9664	.9671	.9678	.9686	.9693	.9699	.9706
1.9	.9713	.9719	.9726	.9732	.9738	.9744	.9750	.9756	.9761	.9767
2.0	.9772	.9778	.9783	.9788	.9793	.9798	.9803	.9808	.9812	.9817
2.1	.9821	.9826	.9830	.9834	.9838	.9842	.9846	.9850	.9854	.9857
2.2	.9861	.9864	.9868	.9871	.9875	.9878	.9881	.9884	.9887	.9890
2.3	.9893	.9896	.9898	.9901	.9904	.9906	.9909	.9911	.9913	.9916
2.4	.9918	.9920	.9922	.9925	.9927	.9929	.9931	.9932	.9934	.9936
2.5	.9938	.9940	.9941	.9943	.9945	.9946	.9948	.9949	.9951	.9952
2.6	.9953	.9955	.9956	.9957	.9959	.9960	.9961	.9962	.9963	.9964
2.7	.9965	.9966	.9967	.9968	.9969	.9970	.9971	.9972	.9973	.9974
2.8	.9974	.9975	.9976	.9977	.9977	.9978	.9979	.9979	.9980	.9981
2.9	.9981	.9982	.9982	.9983	.9984	.9984	.9985	.9985	.9986	.9986
3.0	.9986	.9987	.9987	.9988	.9988	.9989	.9989	.9989	.9990	.9990
3.1	.9990	.9991	.9991	.9991	.9992	.9992	.9992	.9992	.9993	.9993
3.2	.9993	.9993	.9994	.9994	.9994	.9994	.9994	.9995	.9995	.9995
3.3	.9995	.9995	.9996	.9996	.9996	.9996	.9996	.9996	.9996	.9997
3.4	.9997	.9997	.9997	.9997	.9997	.9997	.9997	.9997	.9997	.9998
3.5	.9998	.9998	.9998	.9998	.9998	.9998	.9998	.9998	.9998	.9998
3.6	.9998	.9998	.9999	.9999	.9999	.9999	.9999	.9999	.9999	.9999
3.7	.9999	.9999	.9999	.9999	.9999	.9999	.9999	.9999	.9999	.9999
3.8	.9999	.9999	.9999	.9999	.9999	.9999	.9999	.9999	.9999	.9999
3.9	1.000	1.000	1.000	1.000	1.000	1.000	1.000	1.000	1.000	1.000

1.5 Die Verteilungsfunktion der Standardnormalverteilung N(0;1)

1.5.2 Flächen unter der standardisierten Normalverteilung von -∞ bis -z

z	0	1	2	3	4	5	6	7	8	9
-0.0	.5000	.4960	.4920	.4880	.4840	.4801	.4761	.4721	.4681	.4641
-0.1	.4602	.4562	.4522	.4483	.4443	.4404	.4364	.4325	.4286	.4247
-0.2	.4207	.4168	.4129	.4090	.4052	.4013	.3974	.3936	.3897	.3859
-0.3	.3821	.3783	.3745	.3707	.3669	.3632	.3594	.3557	.3520	.3483
-0.4	.3446	.3409	.3372	.3336	.3300	.3264	.3228	.3192	.3156	.3121
-0.5	.3085	.3050	.3015	.2981	.2946	.2912	.2877	.2843	.2810	.2776
-0.6	.2743	.2709	.2676	.2643	.2611	.2578	.2546	.2514	.2483	.2451
-0.7	.2420	.2389	.2358	.2327	.2296	.2266	.2236	.2206	.2177	.2148
-0.8	.2119	.2090	.2061	.2033	.2005	.1977	.1949	.1922	.1894	.1867
-0.9	.1841	.1814	.1788	.1762	.1736	.1711	.1685	.1660	.1635	.1611
-1.0	.1587	.1562	.1539	.1515	.1492	.1469	.1446	.1423	.1401	.1379
-1.1	.1357	.1335	.1314	.1292	.1271	.1251	.1230	.1210	.1190	.1170
-1.2	.1151	.1131	.1112	.1093	.1075	.1056	.1038	.1020	.1003	.0985
-1.3	.0968	.0951	.0934	.0918	.0901	.0885	.0869	.0853	.0838	.0823
-1.4	.0808	.0793	.0778	.0764	.0749	.0735	.0721	.0708	.0694	.0681
-1.5	.0668	.0655	.0643	.0630	.0618	.0606	.0594	.0582	.0571	.0559
-1.6	.0548	.0537	.0526	.0516	.0505	.0495	.0485	.0475	.0465	.0455
-1.7	.0446	.0436	.0427	.0418	.0409	.0401	.0392	.0384	.0375	.0367
-1.8	.0359	.0351	.0344	.0336	.0329	.0322	.0314	.0307	.0301	.0294
-1.9	.0287	.0281	.0274	.0268	.0262	.0256	.0250	.0244	.0239	.0233
-2.0	.0228	.0222	.0217	.0212	.0207	.0202	.0197	.0192	.0188	.0183
-2.1	.0179	.0174	.0170	.0166	.0162	.0158	.0154	.0150	.0146	.0143
-2.2	.0139	.0136	.0132	.0129	.0125	.0122	.0119	.0116	.0113	.0110
-2.3	.0107	.0104	.0102	.0099	.0096	.0094	.0091	.0089	.0087	.0084
-2.4	.0082	.0080	.0078	.0075	.0073	.0071	.0069	.0068	.0066	.0064
-2.5	.0062	.0060	.0059	.0057	.0055	.0054	.0052	.0051	.0049	.0048
-2.6	.0047	.0045	.0044	.0043	.0041	.0040	.0039	.0038	.0037	.0036
-2.7	.0035	.0034	.0033	.0032	.0031	.0030	.0029	.0028	.0027	.0026
-2.8	.0026	.0025	.0024	.0023	.0023	.0022	.0021	.0021	.0020	.0019
-2.9	.0019	.0018	.0018	.0017	.0016	.0016	.0015	.0015	.0014	.0014
-3.0	.0014	.0013	.0013	.0012	.0012	.0011	.0011	.0011	.0010	.0010
-3.1	.0010	.0009	.0009	.0009	.0008	.0008	.0008	.0008	.0007	.0007
-3.2	.0007	.0007	.0006	.0006	.0006	.0006	.0006	.0005	.0005	.0005
-3.3	.0005	.0005	.0005	.0004	.0004	.0004	.0004	.0004	.0004	.0003
-3.4	.0003	.0003	.0003	.0003	.0003	.0003	.0003	.0003	.0003	.0002
-3.5	.0002	.0002	.0002	.0002	.0002	.0002	.0002	.0002	.0002	.0002
-3.6	.0002	.0002	.0001	.0001	.0001	.0001	.0001	.0001	.0001	.0001
-3.7	.0001	.0001	.0001	.0001	.0001	.0001	.0001	.0001	.0001	.0001
-3.8	.0001	.0001	.0001	.0001	.0001	.0001	.0001	.0001	.0001	.0001
-3.9	.0000	.0000	.0000	.0000	.0000	.0000	.0000	.0000	.0000	.0000

1.5 Die Verteilungsfunktion der Standardnormalverteilung N(0;1)

1.5.3 Flächen unter der standardisierten Normalverteilung von 0 bis +z

z	0	1	2	3	4	5	6	7	8	9
0.0	.0000	.0040	.0080	.0120	.0160	.0199	.0239	.0279	.0319	.0359
0.1	.0398	.0438	.0478	.0517	.0557	.0596	.0636	.0675	.0714	.0753
0.2	.0793	.0832	.0871	.0910	.0948	.0987	.1026	.1064	.1103	.1141
0.3	.1179	.1217	.1255	.1293	.1331	.1368	.1406	.1443	.1480	.1517
0.4	.1554	.1591	.1628	.1664	.1700	.1736	.1772	.1808	.1844	.1879
0.5	.1915	.1950	.1985	.2019	.2054	.2088	.2123	.2157	.2190	.2224
0.6	.2257	.2291	.2324	.2357	.2389	.2422	.2454	.2486	.2517	.2549
0.7	.2580	.2611	.2642	.2673	.2704	.2734	.2764	.2794	.2823	.2852
0.8	.2881	.2910	.2939	.2967	.2995	.3023	.3051	.3078	.3106	.3133
0.9	.3159	.3186	.3212	.3238	.3264	.3289	.3315	.3340	.3365	.3389
1.0	.3413	.3438	.3461	.3485	.3508	.3531	.3554	.3577	.3599	.3621
1.1	.3643	.3665	.3686	.3708	.3729	.3749	.3770	.3790	.3810	.3830
1.2	.3849	.3869	.3888	.3907	.3925	.3944	.3962	.3980	.3997	.4015
1.3	.4032	.4049	.4066	.4082	.4099	.4115	.4131	.4147	.4162	.4177
1.4	.4192	.4207	.4222	.4236	.4251	.4265	.4279	.4292	.4306	.4319
1.5	.4332	.4345	.4357	.4370	.4382	.4394	.4406	.4418	.4429	.4441
1.6	.4452	.4463	.4474	.4484	.4495	.4505	.4515	.4525	.4535	.4545
1.7	.4554	.4564	.4573	.4582	.4591	.4599	.4608	.4616	.4625	.4633
1.8	.4641	.4649	.4656	.4664	.4671	.4678	.4686	.4693	.4699	.4706
1.9	.4713	.4719	.4726	.4732	.4738	.4744	.4750	.4756	.4761	.4767
2.0	.4772	.4778	.4783	.4788	.4793	.4798	.4803	.4808	.4812	.4817
2.1	.4821	.4826	.4830	.4834	.4838	.4842	.4846	.4850	.4854	.4857
2.2	.4861	.4864	.4868	.4871	.4875	.4878	.4881	.4884	.4887	.4890
2.3	.4893	.4896	.4898	.4901	.4904	.4906	.4909	.4911	.4913	.4916
2.4	.4918	.4920	.4922	.4925	.4927	.4929	.4931	.4932	.4934	.4936
2.5	.4938	.4940	.4941	.4943	.4945	.4946	.4948	.4949	.4951	.4952
2.6	.4953	.4955	.4956	.4957	.4959	.4960	.4961	.4962	.4963	.4964
2.7	.4965	.4966	.4967	.4968	.4969	.4970	.4971	.4972	.4973	.4974
2.8	.4974	.4975	.4976	.4977	.4977	.4978	.4979	.4979	.4980	.4981
2.9	.4981	.4982	.4982	.4983	.4984	.4984	.4985	.4985	.4986	.4986
3.0	.4986	.4987	.4987	.4988	.4988	.4989	.4989	.4989	.4990	.4990
3.1	.4990	.4991	.4991	.4991	.4992	.4992	.4992	.4992	.4993	.4993
3.2	.4993	.4993	.4994	.4994	.4994	.4994	.4994	.4995	.4995	.4995
3.3	.4995	.4995	.4996	.4996	.4996	.4996	.4996	.4996	.4996	.4997
3.4	.4997	.4997	.4997	.4997	.4997	.4997	.4997	.4997	.4997	.4998
3.5	.4998	.4998	.4998	.4998	.4998	.4998	.4998	.4998	.4998	.4998
3.6	.4998	.4998	.4999	.4999	.4999	.4999	.4999	.4999	.4999	.4999
3.7	.4999	.4999	.4999	.4999	.4999	.4999	.4999	.4999	.4999	.4999
3.8	.4999	.4999	.4999	.4999	.4999	.4999	.4999	.4999	.4999	.4999
3.9	.5000	.5000	.5000	.5000	.5000	.5000	.5000	.5000	.5000	.5000

1.5 Verteilungsfunktion der Standardnormalverteilung N(0;1)

1.5.4 Flächen unter der standardisierten Normalverteilung von -z bis +z

$|z|$	0	1	2	3	4	5	6	7	8	9
0.0	.0000	.0080	.0160	.0239	.0319	.0399	.0478	.0558	.0638	.0717
0.1	.0797	.0876	.0955	.1034	.1113	.1192	.1271	.1350	.1428	.1507
0.2	.1585	.1663	.1741	.1819	.1897	.1974	.2051	.2128	.2205	.2282
0.3	.2358	.2434	.2510	.2586	.2661	.2737	.2812	.2886	.2961	.3035
0.4	.3108	.3182	.3255	.3328	.3401	.3473	.3545	.3616	.3688	.3759
0.5	.3829	.3899	.3969	.4039	.4108	.4177	.4245	.4313	.4381	.4448
0.6	.4515	.4581	.4647	.4713	.4778	.4843	.4907	.4971	.5035	.5098
0.7	.5161	.5223	.5285	.5346	.5407	.5467	.5527	.5587	.5646	.5705
0.8	.5763	.5821	.5878	.5935	.5991	.6047	.6102	.6157	.6211	.6265
0.9	.6319	.6372	.6424	.6476	.6528	.6579	.6629	.6680	.6729	.6778
1.0	.6827	.6875	.6923	.6970	.7017	.7063	.7109	.7154	.7199	.7243
1.1	.7287	.7330	.7373	.7415	.7457	.7499	.7540	.7580	.7620	.7660
1.2	.7699	.7737	.7775	.7813	.7850	.7887	.7923	.7959	.7995	.8029
1.3	.8064	.8098	.8132	.8165	.8198	.8230	.8262	.8293	.8324	.8355
1.4	.8385	.8415	.8444	.8473	.8501	.8529	.8557	.8584	.8611	.8638
1.5	.8664	.8690	.8715	.8740	.8764	.8789	.8812	.8836	.8859	.8882
1.6	.8904	.8926	.8948	.8969	.8990	.9011	.9031	.9051	.9070	.9090
1.7	.9109	.9127	.9146	.9164	.9181	.9199	.9216	.9233	.9249	.9265
1.8	.9281	.9297	.9312	.9328	.9342	.9357	.9371	.9385	.9399	.9412
1.9	.9426	.9439	.9451	.9464	.9476	.9488	.9500	.9512	.9523	.9534
2.0	.9545	.9556	.9566	.9576	.9586	.9596	.9606	.9615	.9625	.9634
2.1	.9643	.9651	.9660	.9668	.9676	.9684	.9692	.9700	.9707	.9715
2.2	.9722	.9729	.9736	.9743	.9749	.9756	.9762	.9768	.9774	.9780
2.3	.9786	.9791	.9797	.9802	.9807	.9812	.9817	.9822	.9827	.9832
2.4	.9836	.9840	.9845	.9849	.9853	.9857	.9861	.9865	.9869	.9872
2.5	.9876	.9879	.9883	.9886	.9889	.9892	.9895	.9898	.9901	.9904
2.6	.9907	.9909	.9912	.9915	.9917	.9920	.9922	.9924	.9926	.9929
2.7	.9931	.9933	.9935	.9937	.9939	.9940	.9942	.9944	.9946	.9947
2.8	.9949	.9950	.9952	.9953	.9955	.9956	.9958	.9959	.9960	.9961
2.9	.9963	.9964	.9965	.9966	.9967	.9968	.9969	.9970	.9971	.9972
3.0	.9973	.9974	.9975	.9976	.9976	.9977	.9978	.9979	.9979	.9980
3.1	.9981	.9981	.9982	.9983	.9983	.9984	.9984	.9985	.9985	.9986
3.2	.9986	.9987	.9987	.9988	.9988	.9988	.9989	.9989	.9990	.9990
3.3	.9990	.9991	.9991	.9991	.9992	.9992	.9992	.9992	.9993	.9993
3.4	.9993	.9994	.9994	.9994	.9994	.9994	.9995	.9995	.9995	.9995
3.5	.9995	.9996	.9996	.9996	.9996	.9996	.9996	.9996	.9997	.9997
3.6	.9997	.9997	.9997	.9997	.9997	.9997	.9997	.9998	.9998	.9998
3.7	.9998	.9998	.9998	.9998	.9998	.9998	.9998	.9998	.9998	.9998
3.8	.9999	.9999	.9999	.9999	.9999	.9999	.9999	.9999	.9999	.9999
3.9	.9999	.9999	.9999	.9999	.9999	.9999	.9999	.9999	.9999	.9999

1.6 Die Student-Verteilung (t-Verteilung)

Kritische Werte symmetrischer Intervalle für $\alpha = 0,05$

f	1	2	3	4	5	6	7	8	9	10
t	12,71	4,30	3,18	2,78	2,57	2,45	2,37	2,31	2,26	2,23

f	11	12	13	14	15	16	17	18	19	20
t	2,20	2,18	2,16	2,15	2,13	2,12	2,11	2,10	2,09	2,09

f	21	22	23	24	25	26	27	28	29	30
t	2,08	2,07	2,07	2,06	2,06	2,06	2,05	2,05	2,05	2,04

1.7 Die Chi-Quadrat-Verteilung (χ^2-Verteilung)

Kritische Werte für $\alpha = 0,05$

f	1	2	3	4	5	6	7	8	9	10
χ^2	3,84	5,99	7,82	9,49	11,07	12,59	14,07	15,51	16,92	18,31

f	11	12	13	14	15	16	17	18	19	20
χ^2	19,68	21,03	22,36	23,69	25,00	26,30	27,59	28,87	30,14	31,41

f	21	22	23	24	25	26	27	28	29	30
χ^2	32,67	33,92	35,17	36,42	37,65	38,89	40,11	41,34	42,56	43,77

f	40	50	60	70	80
χ^2	55,76	67,51	79,08	90,53	101,88

2. Lösungen zu den Übungsaufgaben

Übungsaufgabe 1
(S. 70)

$\bar{x} = 4,2$

$Me = 4$

$Mo = 3$

Übungsaufgabe 2
(S. 78)

$$\bar{x} = \frac{11390}{130} = 87,6 \text{ (km/h)}$$

$$Me = 80 + 10 \cdot \frac{0,50 - 0,346}{0,192} = 80 + 10 \cdot \frac{65 - 45}{25} = 88,0 \text{ (km/h)}$$

$$Mo = 90 + 10 \cdot \frac{3}{3 + 8} = 92,7 \text{ (km/h)}$$

Übungsaufgabe 3
(S. 90)

Es wird nach der Beziehung "Zeit je Werkstück" gefragt. Gegeben ist jedesmal eine feste Zeitspanne von 8 Stunden, die dem Zähler der Beziehung entspricht. Deshalb ist das harmonische Mittel zu bilden.

$$H = \frac{5}{\dfrac{1}{4} + \dfrac{1}{5} + \dfrac{1}{6} + \dfrac{1}{10} + \dfrac{1}{12}} = \frac{5}{\dfrac{48}{60}} = \frac{300}{48} = 6,25 \text{ Minuten}$$

Übungsaufgabe 4
(S. 90)

In diesem Fall ist das arithmetische Mittel anzuwenden, denn in der Beziehung "Zeit je Werkstück" ist die Anzahl der Werkstücke fest vorgegeben.

$$\bar{x} = \frac{4 + 5 + 6 + 10 + 12}{5} = \frac{37}{5} = 7,4 \text{ Minuten je Werkstück}$$

Übungsaufgabe 5
(S. 90)

Die Zählergröße "Preis" der Beziehung "Preis je Liter" ist fest vorgegeben. Die Lösung lautet daher :

$$H = \frac{3}{\dfrac{1}{50} + \dfrac{1}{60} + \dfrac{1}{70}} = 59,01 \text{ Pfennig je Liter}$$

Übungsaufgabe 6
(S. 90)

$$G = \sqrt[4]{\frac{1380}{1520} \cdot \frac{1124}{1380} \cdot \frac{907}{1124} \cdot \frac{784}{907}} = \sqrt[4]{\frac{784}{1520}} = 0,847$$

oder :

$$G = \sqrt[4]{0,908 \cdot 0,814 \cdot 0,807 \cdot 0,864} = \sqrt[4]{0,515} = 0,847 \text{ (Wachstumsfaktor)}$$

$$0,847 - 1 = -0,15 \text{ (Wachstumsrate)}$$

Die deutschen Direktinvestitionen in Afrika gingen von 1985 bis 1989 um durchschnittlich 15 % pro Jahr zurück.

Übungsaufgabe 7
(S. 97)

Artikel	Verbrauch kumuliert (in Prozent)	Materialkosten kumuliert (in Prozent)
Stuhlbein	4,4	40,7
Armlehne	6,7	56,1
Rückenlehne	7,8	66,3
Stoff	11,1	75,6
Sitzrahmen	12,2	81,7
Leiste	16,7	86,7
Gewindeeinsatz	26,7	91,3
Füllung	33,3	94,4
Polsterknopf	42,2	96,8
Stuhlbeinnagel	46,7	98,5
Schrauben	60,0	99,5
Holzdübel	77,8	99,8
Nägel	100,0	100,0

Konzentrationskurve :

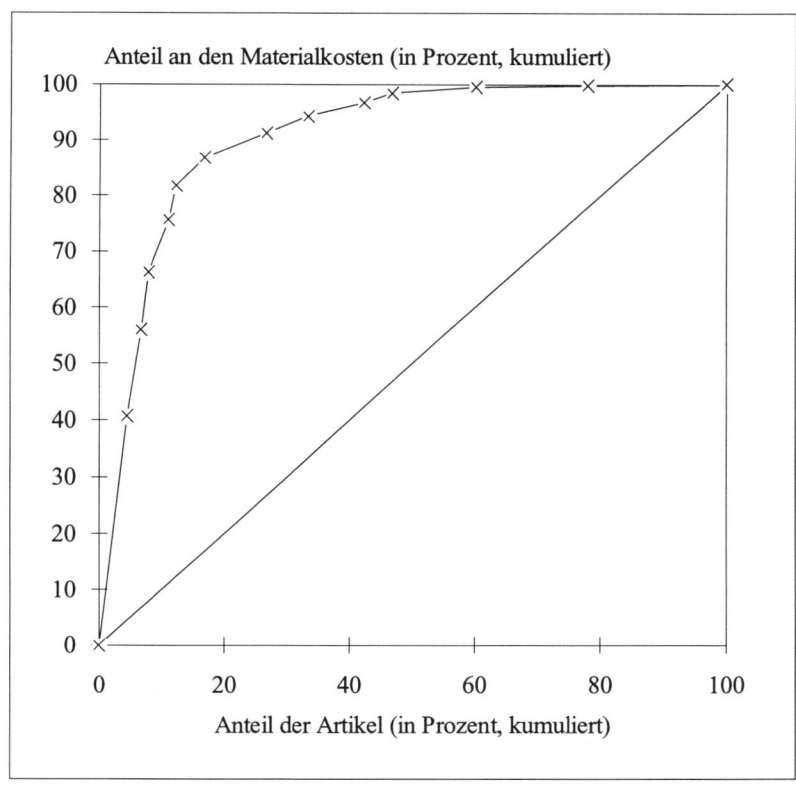

Pro-	Beurteilung von		Rangzahlen		
dukt	Geschmack X	Haltbarkeit Y	R(x)	R(y)	[R(x)-R(y)]^2
1	2	3	4	5	6
A	ausgezeichnet	schlecht	2	7,5	30,25
B	ausgezeichnet	mittel	2	5,5	12,25
C	mittel	ausgezeichnet	6,5	1,5	25
D	schlecht	ausgezeichnet	8	1,5	42,25
E	sehr gut	mittel	4	5,5	2,25
F	mittel	sehr gut	6,5	3	12,25
G	ausgezeichnet	schlecht	2	7,5	30,25
H	gut	gut	5	4	1
Insges.	-	-	36	36	155,5

Übungsaufgabe 8
(S. 110)

Der Rangkorrelationskoeffizient beträgt $\rho = 1 - (6 \cdot 155,5) / [8 \cdot (64 - 1)]$ = - 0,85119 . Die Rangnummern verlaufen gegensinnig - die Merkmale "Geschmack" und "Haltbarkeit" sind negativ korreliert. Dies bedeutet, daß Produkte mit einem besseren Geschmack als weniger haltbar eingestuft werden und geschmacklich schlechtere Produkte in diesem Beispiel einen höheren Haltbarkeitsgrad besitzen.

a) $X = 8924,34 - 36,12 \cdot P$

b) $R = \dfrac{-3378,68}{4787,37} = -0,7058$

c) $X(110) = 4951,14$

Übungsaufgabe 9
(S. 122)

Preisindizes nach Laspeyres :

1985	1987	1989
100	80,7	94,2

Übungsaufgabe 10
(S. 168)

1985/87 Preisrückgang um 19,3 Prozent ; 1987/89 Preisanstieg um 16,7 Prozent.

Preisindizes nach Paasche :

1985	1987	1989
100	80,5	93,6

1985/87 Preisrückgang um 19,5 Prozent ; 1987/89 Preisanstieg um 16,3 Prozent.

Das Preisniveau von 1985 wurde jedoch im Jahr 1989 noch nicht erreicht.

Übungsaufgabe 11
(S. 178)

$$Y^*_2 = 0,8 \cdot 1 + 0,2 \cdot 2 = 1,2$$

$$Y^*_3 = 0,8 \cdot 3 + 0,2 \cdot 1,2 = 2,64$$

$$Y^*_4 = 0,8 \cdot 1 + 0,2 \cdot 2,64 = 1,33$$

$$Y^*_5 = 0,8 \cdot 2 + 0,2 \cdot 1,33 = 1,87$$

$$Y^*_6 = 0,8 \cdot 4 + 0,2 \cdot 1,87 = 3,57$$

$$Y^*_7 = 0,8 \cdot 3 + 0,2 \cdot 3,57 = 3,11$$

$$Y^*_8 = 0,8 \cdot 5 + 0,2 \cdot 3,11 = \underline{4,62}$$

Übungsaufgabe 12
(S. 192)

(a) $\dfrac{10}{30} = 0,333$

(b) $\dfrac{20}{30} \cdot 0,5 + \dfrac{10}{30} \cdot 0,2 = 0,4$

(c) $\dfrac{10}{30} + \dfrac{12}{30} - \dfrac{2}{30} = \dfrac{20}{30} = 0,667$

(d) $\dfrac{12}{30} \cdot \dfrac{2}{12} = 0,067$

(e) $\dfrac{10}{30} \cdot \dfrac{9}{29} = 0,103$

(f) $\dfrac{10}{30} \cdot \dfrac{20}{29} + \dfrac{20}{30} \cdot \dfrac{10}{29} = 0,460$

Übungsaufgabe 13
(S. 204)

a) $HV : W = 0,3179 = 31,79\,\%$

b) $W(A) = \dfrac{12}{20} \cdot \dfrac{11}{19} \cdot \dfrac{10}{18} \cdot \dfrac{8}{17} \cdot \dfrac{7}{16} \cdot \dfrac{6}{15} = 0,0159 = 1,59\,\%$

c) $BV : W = 0,2458 = 24,58\,\%$

Übungsaufgabe 14
(S. 210)

(a) $W(z \leq -1) = 0,1587$ (Anhang, Tabelle 1.5.2) $\Rightarrow W(x \leq 1,5) = 15,87\,\%$

(b) $W(z > 1) = 1 - 0,8413$ (Anhang, Tabelle 1.5.1) $\Rightarrow W(x > 2,5) = 15,87\,\%$

(c) $W(-2 \leq z \leq +2) = 0,9545$ (Anhang, Tabelle 1.5.4)
$\Rightarrow W(1 \leq x \leq 3) = 95,45\%$

Hierbei hat das Gleichheitszeichen keine praktische Bedeutung, denn die Wahrscheinlichkeit, daß die stetige Zufallsvariable einen diskreten Wert annimmt, ist gleich Null, z.B. $W(X = 2,5) = 0$.

(siehe auch die Abbildung auf der nächsten Seite)

Abbildung : Graphische Darstellung der gesuchten Flächenwerte in der Standardnormalverteilung

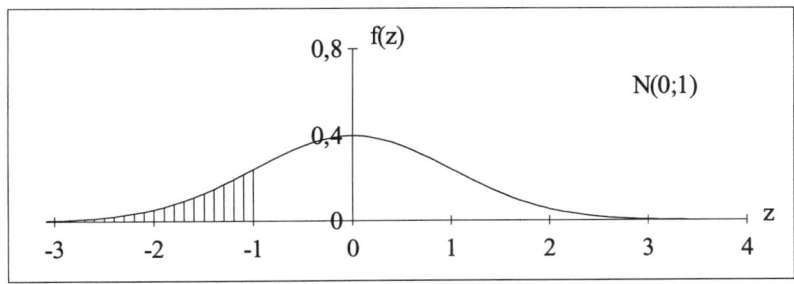

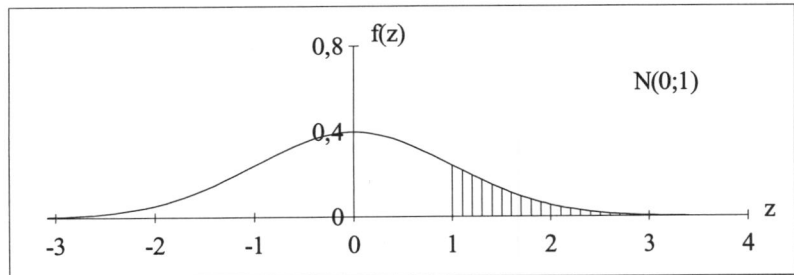

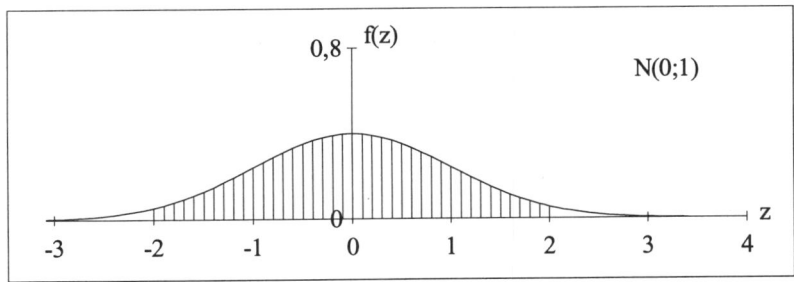

a) $z_1 = -1,2$; $z_2 = 0,6$

$W = 0,3848 + 0,2257 = 0,6106 = 61,06\,\%$

Übungsaufgabe 15 (S. 210)

b) $\pm z = 0,44$ (aus Tabelle 1.5.4 !) $\Rightarrow W(3,9 \le x \le 6,1) = 34\%$

$W(\dfrac{69,5 - 75}{6,1} \le x \le \dfrac{75,5 - 75}{6,1}) = ?$ $z_1 = -0,90$; $z_2 = 0,08$

Übungsaufgabe 16 (S. 216)

$W = 0,3159 + 0,0319 = 0,3478$ (siehe auch Abbildung F 25-2 auf S.215)

$c = 2,17$; $\dfrac{\sigma}{\sqrt{n}} = 0,4$; $W(37,6 \le \mu \le 39,4) = 97\%$

Übungsaufgabe 17 (S. 242)

Autoren- und Herausgeberverzeichnis *)

Abels, H. 51

Bamberg, G. 226

Baur, F. 226

Bayerische Hypotheken und Wechsel-Bank AG (Hrsg.) 39

Bleymüller, J. 97

Bruckmann, G. 97

Degen, H. 51

Dürr, W. 185

Ehrenberg, A.S.C. 233

Elpelt, B. 184

Fahrmeir, L. (Hrsg.) 184

Förster, E. 122, 129

Fürst, G. 24

Gehlert, G. 97

Gesellschaft für Information und Dokumentation (Hrsg.) 39

Gülicher, H. 97

Hamerle, A. (Hrsg.) 184

Hartung, J. 184, 226

Holm, K. (Hrsg.) 36

Hoppenstedt & Co (Hrsg.) 39

Kopp, N. 51

Krug, W. 33

Langer, K. 184

Laux, G. 97

Lützel, H. 154

Lux, M. 24

Marinell, G. 184

Mayer, H. 185

Menges, G. 2, 27, 33, 192, 233

Nicolas 90

Nourney, M. 33

Piesch, W. 97

Reiser, B. 24

Riedel, G. 3, 138

Riedwyl, H. 51

Rönz, B. 122, 129

Schaich, E. 233

Scharnbacher, K. 3

Schlittgen, R. 168

Schulze, P.M. 168

Schweitzer, W. (Hrsg.) 192

Skala, H.J. 27, 33

Statistisches Bundesamt (Hrsg.) 38 f., 51, 97

Steinhausen, D. 184

Streitberg, H.J. 168

Stöwe, H. 122, 168

Überla, K. 184

Zwer, R. 39, 154

*) Die vollständigen Quellenangaben befinden sich auf den angegebenen Seiten.

Symbolverzeichnis [*)]

α	Irrtumswahrscheinlichkeit bzw.	F 3.2
	Fehler erster Art	F 3.3
β	Fehler zweiter Art	F 3.3
b_0, b_1	Regressionskoeffizienten	E 4.3
c	- Klassenbreite	E 3.4
	- Anzahl der Spalten	E 4.1
	- Anzahl der Klassen von Merkmal Y	E 4.5
	- Intervallgrenze	F 3.2
C	Kontingenzkoeffizient	E 4.1
C_m	Konzentrationsrate	E 3.7
d	Differenz zweier Häufigkeiten	E 3.4
D	Determinante	E 4.4
$E(X)$	Erwartungswert	F 2.2
$E(\bar{X})$	Erwartungswert einer Verteilung von	
	Stichprobenmittelwerten	F 3.1
$E(S^2)$	Erwartungswert einer Verteilung von	
	Stichprobenvarianzen	F 3.1
f	- relative Häufigkeit	E 3.1
	- Freiheitsgrad	F 3.2
$f(x)$	Wahrscheinlichkeitsfunktion einer	
	stetigen Zufallsvariable	F 2.2
$f(x_i)$	Wahrscheinlichkeitsfunktion einer	
	diskreten Zufallsvariable	F 2.2
$f(x/y)$	bedingte (relative) Häufigkeit	E 4.1
F	Summenhäufigkeit	E 3.2
$F(x)$	Verteilungsfunktion	F 2.2
g	Gewicht	E 5.2
G	Geometrisches Mittel	E 3.6
GK	Gini-Koeffizient	E 3.7
h	Häufigkeit	E 3.1
H	Harmonisches Mittel	E 3.6
H_0, H_1	Nullhypothese, Alternativhypothese	F 3.3
i	Summationsindex	E, F
I	Preis- Mengen- oder Wertindex	E 5.2
j	Summationsindex	E 4.1

k	- Anzahl der verschiedenen Ausprägungen	E 3.1
	- Anzahl der Klassen eines Merkmals	E 3.5
	- Anzahl der Saisonzyklen	E 5.4
μ	Erwartungswert	
m	- Anzahl der beobachten Merkmalsträger	
	für die Berechnung von C	E 3.7
	- Anzahl der Werte im Saisonzyklus	E 5.4
	- Anzahl der Erfolge (Hyperg. Verteilung)	F 2.3
Me	Median	E 3.1
Mo	Modus	E 3.1
MZ	Meßzahl	E 5.2
n	- Anzahl der Beobachtungen	E 3.1
	- Anzahl der Elementarereignisse	F 2.1
	- Anzahl der Elemente in der Stichprobe	F 3.1
N	Anzahl der Elemente in der Gundgesamtheit	F 2.3
$N(\mu,\sigma)$	Normalverteilung mit den Parametern	
	μ und σ	F 2.4
p	- Prozentsatz	E 3.1
	- Preis	E 5.3
	- Wahrscheinlichkeit	F 2.2
q	- Menge	E 5.3
	- Gegenwahrscheinlichkeit (1-p)	F 2.3
Q	Quartile	E 3.3
r	- Anzahl der Zeilen	E 4.1
	- Anzahl der Klassen von Merkmal X	E 4.5
	- Autoregressiver Koeffizient	E 5.4
R	- empirischer Korrelationskoeffizient	E 4.3
	- Restkomponente	E 5.4
$R(x)$	Rang (x)	E 4.2
ρ	(Rho) Rangkorrelationskoeffizient	E 4.2
s	Standardabweichung der Stichprobenwerte	F 3.1
s^2	Stichprobenvarianz	F 3.1
σ	Standardabweichung, Streuung	
	(einer theoretischen Verteilung)	F 2.2
σ^2	Varianz	F 2.2
$\sigma^2_{\bar{X}}$	Varianz einer Verteilung von Stichproben mittelwerten	F 3.1
S	- empirische Standardabweichung	E 3.3
	- Saisonkomponente	E 5.4
S_x	Standardabweichung der Verteilung von X	E 4.3
S^2	- empirische Varianz	E 3.3
	- Stichprobenfunktion für S^2	F 3.1

S^2_n	Stichprobenfunktion für die mittlere quadratische Abweichung	F 3.1
S_{xy}	empirische Kovarianz	E 4.3
SMP	Schiefemaß nach Pearson	E 3.3
SPW	Spannweite	E 3.3
t	- Zeitindex	E 5.4
	- t-verteilte Zufallsvariable	F 3.1
T	Trendkomponente	E 5.4
u	Restwert	
V	Variationskoeffizient	E 3.3
W(A)	Wahrscheinlichkeit, daß A eintritt	F 2.1
W(A/B)	bedingte Wahrscheinlichkeit	F 2.1
x	- Merkmalsausprägung des Merkmals X	E 3.3
	- Realisation einer Zufallsvariable X	F 2.2
	- Klassenmitte	E 3.4
x_u	Klassenuntergrenze	E 3.4
$\bar{x}$	arithmetisches Mittel	E 3.3
	Stichprobenmittel	F 3.1
$\bar{X}$	Stichprobenfunktion für das arithmetische Mittel	F 3.1
X	- Merkmal X	E 4.1
	- Zufallsvariable X	F 2.2
χ^2	- Quadratische Kontingenz	E 4.1
	- χ^2-verteilte Zufallsvariable	F 3.1
y	Merkmalsausprägung des Merkmals Y	E 4.3
y^*	Wert des Merkmals Y auf der Regressionsgeraden	E 4.3
Y	Merkmal Y	E 4.1
Y_{gl}	gleitender Durchschnitt	E 5.4
Y^*	Prognosewert	E 5.5
z	Realisation der Zufallsvariable Z	F 2.4
Z	- standardnormalverteilte Zufallsvariable Z	F 2.4
	- Prüfgröße Z	F 3.3

*) In dem angegebenen Kapitel wird das Symbol erstmals mit der speziellen Bedeutung verwendet.

Sachwortverzeichnis

Standardwerke

asw-Handbuch
**Marketing-Forschung
in Deutschland 1996**
Unternehmen – Adressen –
Daten
*absatzwirtschaft –
Schriften zum Marketing*
1996. 408 S. Geb., DM 128,–
ISBN 3-7910-1048-4
Erscheint jährlich im März.
Detaillierte Auskunft über
Forschungsfelder, Methoden,
Qualifikationen und Leistungs-
fähigkeit von Marktforschungs-
unternehmen sowie wissen-
schaftlichen Einrichtungen.

Jens Oenicke
Online-Marketing
Kommerzielle Kommunikation
im interaktiven Zeitalter
*absatzwirtschaft –
Schriften zum Marketing*
1996. 208 S. Geb., DM 58,–
ISBN 3-7910-0971-0
Praktische Einblicke in das
Online-Marketing renommier-
ter Unternehmen weisen uns
den Weg in die „schöne neue
Welt".

Werner Pepels
Kommunikationsmanagement
Marketing-Kommunikation vom
Briefing bis zur Realisation
2., überarb. und erw. Auflage
1996. 801 S. Geb., DM 98,–
ISBN 3-7910-1081-6
Die Elemente der Kommunika-
tionspolitik erfahren in die-
sem Buch eine eingehende,
direkt an den praktischen
Erfordernissen orientierte
Darstellung.

Philip Kotler/Friedhelm Bliemel
Marketing-Management
Analyse, Planung, Umsetzung
und Steuerung
8., vollst. neu bearb. und erw.
Auflage 1995.
1.260 S. Geb., DM 68,–
ISBN 3-7910-0882-X
Auch die 8. Auflage ist weiterhin „das grundlegende und
unentbehrliche Lehr- und
Nachschlagewerk für die Mar-
keting-Praxis und die Marke-
ting-Ausbildung".
Marketing Journal

Bruno Tietz/Richard
Köhler/Joachim Zentes (Hrsg.)
**Handwörterbuch des
Marketing (HWM)**
*Enzyklopädie der Betriebs-
wirtschaftslehre (EdBWL),
Band IV*
2., vollst. überarb. Auflage
1995. XXX, 2.936 Spalten.
Geb., DM 348,–
ISBN 3-7910-8041-5
In der aktuellen Auflage des
HWM wird ein Gesamtüber-
blick über Grundlagen und
aktuelle Entwicklungen des
Marketing gegeben.

Christian Gündling
Maximale Kundenorientierung
Instrumente · Individuelle Pro-
blemlösungen · Erfolgsstories
WirtschaftsWoche Edition
1995. 477 S. Geb., DM 78,–
ISBN 3-7910-0970-2
Anhand von zahlreichen Beispielen und Erfolgsstories aus
ganz unterschiedlichen Branchen erfährt der Leser, wie er
seinen persönlichen und vor
allem unternehmerischen
Erfolg steigern kann.

Manfred Bruhn (Hrsg.)
Handbuch Markenartikel
Anforderungen an die
Markenpolitik aus Sicht von
Wissenschaft und Praxis
1994. 3 Bände, gesamt 2.204 S.
Geb., zahlr. Abb., DM 395,–
ISBN 3-7910-0718-1
Die Aufgaben der Industrie
und des Dienstleistungsge-
werbes, einen Markenartikel
überhaupt zu schaffen und zu
schützen, werden von kompe-
tenten Autoren in diesem
Buch beschrieben.

Schäffer-Poeschel Verlag
Postfach 10 32 41
70028 Stuttgart
http://www.schaeffer-poeschel.de

UTB
FÜR WISSEN SCHAFT

Auswahl Fachbereich
Statistik

Hippmann: Statistik für Wirtschafts-
und Sozialwissenschaftler
UTB-GROSSE REIHE
(Schäffer-Poeschel). 2. Aufl. 1996.
Ca. DM 48,–, öS 350,–, sFr 46.–

209 von der Lippe:
Wirtschaftsstatistik
(Lucius & Lucius). 5. Aufl. 1996.
DM 44,80, öS 327,–, sFr. 43.–

1293 Zöfel:
Statistik in der Praxis
(Lucius & Lucius). 3. Aufl. 1993.
DM 38,80, öS 283,–, sFr. 38.80

1538 Hübler:
Ökonometrie
(Lucius & Lucius). 1989.
DM 39,80, öS 291,–, sFr. 39.80

1585 Krotz:
Statistik – Einstieg am PC
(Lucius & Lucius). 1991.
DM 22,80, öS 166,–, sFr. 22.80

1601 Küffner/Gogolok:
Handbuch für computerunterstützte
Datenanalyse 4
Datenanalyse mit SAS
(Lucius & Lucius). 1996.
Ca. DM 19,80, öS 145,–, sFr. 19.80

1602 Wittenberg/Cramer:
Handbuch für computerunterstützte
Datenanalyse 2
Datenanalyse mit SPSS
(Lucius & Lucius). 1992.
DM 24,80, öS 181,–, sFr. 24.80

1603 Wittenberg:
Handbuch für computer-
unterstützte Datenanalyse 1
Grundlagen computerunterstützter
Datenanalyse
(Lucius & Lucius). 1991.
DM 36,80, öS 269,– , sFr. 36.80

1632 v. d. Lippe:
Deskriptive Statistik
(Lucius & Lucius). 1993.
DM 46,80, öS 342,–, sFr. 44.–

1692 Engfer: Datenanalyse
mit CSS: STATISTICA
(Lucius & Lucius). 1993.
DM 24,80, öS 181,– , sFr. 24.80

1693 Passenberger:
Management komplexer Datenstruk-
turen mit dem Datenbanksystem SIR
(Lucius & Lucius). 1995.
DM 34,80, öS 254,– , sFr. 34.80

1694 Wittenberg:
Datenanalyse mit BMDP
(Lucius & Lucius). 1993.
DM 26,80, öS 196,–, sFr. 26.80

1779 Klemm: Computerunterstützte
Datenerfassung
(Lucius & Lucius). 1994.
DM 28,80, öS 210,– , sFr. 28.80

1890 Hippmann:
Formelsammlung Statistik
(Schäffer-Poeschel). 1995.
DM 24,80, öS 181,–, sFr. 24.80

Preisänderungen vorbehalten.

Das UTB-Gesamtverzeichnis erhalten Sie bei Ihrem Buchhändler oder
direkt von UTB, Postfach 80 11 24,
70511 Stuttgart.